신언

愼言

실학의 태두 왕정상

신언

愼言

왕정상 지음
권오향 옮김

學古房

　동아시아 철학은 유교(儒敎), 도교(道敎), 불교(佛敎)가 주가 된다. 교(敎)는 가르침의 뜻이다. 불교와 도교는 세상과 단절하고 자신만을 수양하는 삶을 살도록 가르치지만, 유교는 사회 공동체 안에서 조화롭게 살아가는 방법을 가르친다.

　공자(孔丘, BC 551~BC 479)가 춘추(BC 770~BC 403) 이전의 학술사상을 집대성하여 '자기 수양[修己]과 사회·국가에 기여[治人]'의 두 명제를 제시하는 유학(儒學)을 창시하였다. 한(漢)나라는 무제(BC 141~BC 81, 재위)가 동중서의 건의에 따라 유교를 국교로 삼았으나 한나라가 멸망하자 유학은 잠들게 되었고 700여 년 후 당나라 말기에 다시 깨어나기 시작했다.

　북송(北宋, 960~1127) 때에 신유학이 등장하였다. 주렴계, 장횡거, 정명도, 정이천에 의해 천리(天理)를 중시하는 이학(理學)이 생겨나 신유학의 기틀이 마련되었고, 남송(南宋, 1127~1279)의 주희(朱熹, 1130~1200)가 고대 유학과 이학을 집대성하여 주자학을 만들었다. 주자학은 한당(漢唐)시기의 경학(經學)과 정이천의 이학(理學)을 결합하고 사서(四書)로 공자 사상을 보충하였으며 당시 민중 사상 저변에 깃들어 있었던 불교와 도교의 부분까지도 가미되어 방대한 학문이 되었다. 게다가 예(禮)를 중시하여 공자의 유학보다 더 엄격한 도덕적 삶을 요구하였다. 공자가 제시한 두 명제 수기(修己)와 치인(治人)이 주자학에서는 내성(內聖)과 외왕(外王)으로 표현하였고 정

5

치가들은 더 엄격한 내성을 갖추어야 했다. 북송에서는 신유학을 앞세운 신진사대부들이 정치의 중심에 있게 되었으나, 주자학은 당대에 민(閩) 지역의 지방학[閩學]에 그쳤다. 원명(元明)시기에 주자학이 관학으로 채택되면서 다시 정치사상으로 등장하였다.

명(明, 1368~1644) 초기부터 일부 유학자들에 의해 주자학은 이론과 관념에 몰두하고 공리(空理)와 공담(空談)을 일삼는 학문이라는 비판이 일기 시작했다. 이러한 사회 조류에 따라 명 중기에 이르러 왕수인(王守仁, 1472~1528)에 의해 심학(心學)이 세상에 드러났고, 왕정상(王廷相, 1474~1544)에 의해 기학(氣學)이 정립되었다. 왕수인의 심학은 후대에 양명학(陽明學)이라 불리고, 왕정상의 기학은 실학(實學)이라 불린다.

명나라는 왕의 나라도 사대부의 나라도 아니었다. 환관들이 판치는 나라였고, 간신들이 득실거려 왕실의 힘이 사대부와 백성에게 미치지 못했다. 당시 환관 중 유근(劉瑾)을 포함한 8명의 힘이 막강했는데 그들을 팔호(八豪)라고 불렀다. 대 유학자였던 두 사람은 유근에 의해 궁벽한 한지로 귀양길에 올랐다. 하지만 이 고난의 길이 두 사람에게 오히려 기회가 되어 심학과 기학을 정립하는 계기가 되었다. 왕수인은 유배지에서 깨달음을 얻어 양지학(良知學)을 설파하였고, 왕정상은 백성과 가장 가까운 곳에서 민생을 위한 개혁을 감행하며, 실천 경세 철학 사상을 정립하여 실학사상의 태두가 되었다.

공자의 유학에도 치인을 중요하게 여기니 실학의 요소가 있다. 왕정상이 이룩한 실학은 공자 유학의 틀을 벗어나지 않으면서 주자학의 공리공담 부분과 현실과 맞지 않는 예(禮)의 부분을 수정 보충하여 내성은 실체(實體)로 외왕은 달용(達用)으로 전환되었다. 실학은 학문적 이론을 중시하는 허학(虛學)에 상대되는 철학 개념으로 경세치용(經世致用)과 실사구시(實事求是)를 추구하는 경세의 학이다.

『신언』은 기일원(氣一元)의 우주론, 원기실체와 심성론, 성인론, 인식론, 경세론, 교육론, 오행론, 군자론, 역대 정치와 인물들에 관해 서술하고 있다. 특히 경세론은 나라를 바로잡고자 정치 일선에서 전제(田制), 수리(水利), 조운(漕運), 부세(賦稅), 황정(荒政), 병제(兵制), 변방(邊防), 이치(吏治), 과거(科擧) 등 각 방면에서 생겨난 사회 폐단을 개혁하면서 얻은 실천적이고 실질적 지식을 전한다.

왕정상의 경세 실학은 공부의 깊이와 정치 경험이 토대가 된 실체와 달용의 학문이다. 『신언』은 정치·사회 각 방면에 적용해야 할 원칙들이 구체적이고 실제적으로 설명하고 있어서 철학에 관심이 있거나 정치에 관심이 있는 사람은 꼭 읽으면 좋을 책이라고 생각된다.

오늘날 정신문명은 빠르게 질주하는 물질문명을 따를 수 없어 여러 곳에서 유학의 부흥을 소리높이고 있다. 이러한 시대의 요구에 따라 많은 학자들이 현대화에 최적화할 수 있는 유학을 연구하고 있다. 필자가 왕정상의 철학서 『신언』을 번역하고 '주'를 붙여 내놓은 것은 시대에 부응하고 유학의 현대화에 기여하고자 함이다.

옮긴이 해여(海餘) 권오향

왕정상(王廷相)은 누구인가?

왕정상(王廷相, 1474~1543)은 명대 정치가이고 문학가이며 사상 가였다. 그는 병조판서와 태자소부에 올랐으며 세종(1522~1567 재 위)이 그를 가까이 두고 아꼈다. 그는 청렴하였고 늘 백성을 생각하 는 관리였다. 그는 정치 일선에 있으면서도 폭넓게 공부하여 박식했 고 장재(張載)의 기철학보다 한층 발전한 기일원론의 이론을 편 대 학자였다.

그의 자는 자형(子衡)이고 호는 준천(浚川)이고 별호는 평신(平臣) 이다. 성화 7년(1474)에 하남성 의봉(儀封, 지금의 난고현)에서 태어 났으며, 가정 23년(1544)에 죽었다. 22세에 거인(擧人)이 되었고 홍 치 15년(1502)에 진사가 된 후 한림원 서길사(庶吉士), 병부 급사중 (給事中)을 지냈다. 정덕 3년(1508) 35세 때에 당시 막강한 권력을 휘두르던 환관 유근에 맞서다 유배되어 호주판관(毫州判官)으로 있 다가, 1510년에 다시 감찰어사(監察御史)가 되었다.

왕정상은 어사가 되어 섬서성의 포정사사(布政使司)와 안찰사사 (按察使司) 등의 관원과 유근의 무리인 우조웅(羽曹雄)의 가산을 조 사하여 압수했다. 그리고 "그의 가산과 집을 팔아서 순도의 은으로 만들어서 군대에서 쓰는 양식과 사료를 사라"고 마을마다 지시했다. 또 권력에 붙어 부를 취해 가산을 일으킨 세력가들의 장전과 토지는 부근 마을의 밭이 없는 빈민들에게 나누어 주어 계속 농사를 짓게 하고 양식을 세금으로 바치도록 했다. 이에 그치지 않고 세력가, 부호, 간활한 사람들이 토지를 점령하는 것을 금지하도록 했다. 이 일이 태감 유근에게 보고되자 그는 옥에 갇히게 된다. 이부상서 양일청 등이 구원해 줄 것을 청하여, 풀려났으나 1514년에 다시 환관의 모함으로 감유현승으로 좌천되었다.

그의 좌천은 백성들과 더 가까이서 실천 정치를 할 기회가 되었고, 그로 인해 과감하게 개혁을 추진할 수 있었다. 예를 들면, 가호의 수를 줄이고 세금을 줄여주고 그 늙은이와 어린이를 우대해주고, 농사 시기를 알려주니 백성들이 더욱 열심히 일에 종사했다. 또 폐전을 구획하여 개간하게 하니 공적·사적으로 넉넉해졌다. 그의 치적은 백성들의 사랑을 받게 되었고, 또 백성들과 함께 소통하며 그의 사상을 정립하는 계기가 되었다.

그는 좌천된 곳에서 백성들에게 펼친 어진 정치가 소문이 나서 2년 후 승진하게 된다. 후에 산동의 제학부사(提學副使), 호광의 안찰사, 산동의 우포정사, 병부 좌우시랑(左右侍郎), 남경 병부상서, 도찰원(都察院) 좌도어사(左都御史) 등을 지냈으며 태자 소부에 올랐다. 68세에 낙향하기를 청하여 71세에 병사했다. 그가 54세 되던 해 철학서 신언(愼言)을 지었고 65세 때 또 다른 철학서 아술(雅述)을 지었다. 신언과 아술 두 편은 청대 실학자들에게 많은 영향을 끼쳤다. 분야별로 살펴보면,

철학에서는, 기일원론(氣一元論)을 주장하여 이(理) 본위의 성리학 사상에 반대하였다. 즉 원기(元氣) 상에는 물(物)·도(道)·이(理) 어느 것도 없고 오로지 원기만이 있을 뿐이라고 하며 물질이 본래 원기였음을 주장하였다. 천인관에서는 천인교승론(天人交勝論)을, 지행관에서는 지행겸거설(知行兼擧說)을 내세웠고 성(性)과 기(氣)가 하나로 통한다는 성기일관론(性氣一貫論)과 역사 진화론을 주장하였다. 그는 북송 장재의 기론을 발전시켜 기일원론을 중심으

로 하는 실학사상을 확립하였고, 청대 왕부지(王夫之)와 대진(戴震) 등이 그의 사상을 이어받게 되어 청대 실학이 흥성하게 되었다.

문학에서는, 이몽양(李夢陽)·하경명(何景明)·서정경(徐禎卿)· 변공(邊貢)·강해(康海)·왕구사(王九思)등과 함께 고문사설(古文辭 說)을 주창하였는데, 이 7명의 문인들을 명(明)의 '전칠자(前七者)'라 고 부른다. 그는 이몽양과 하경명과 친밀하게 지냈으며, 이몽양의 『공동집(空同集)』과 하경명의 『대부전집(大復全集)』등에 서문을 썼 고, 그들이 죽은 후에도 직접 묘지명을 썼다. 그들은 사상적으로도 서로 접촉하였으며, 왕정상의 『준천집(浚川集)』에도 그들의 시와 글 을 남겼다. 그의 문학적 활동과 정치참여에서 일어난 일들이 바탕이 되어『준천집(浚川集)』이 나오게 되었다.

정치면에서는, 법도 오래되면 폐해야 하고 당한 때에 알맞는 것으 로 바꾸어야 하며, 사람이 잘하는 것을 알아서 어진 인재를 등용해야 한다고 주장하는 등 반드시 백성을 이롭게 하는 정치를 펼쳤다.

명 후기에 유종주 등 몇몇 학자들이 그의 사상을 따랐고 청대 실 학자들이 그의 뒤를 이었으나 그가 늙어 사직을 청했을 때까지 국정 을 돌보느라 안타깝게도 제자를 양성할 수 없었고 더 많은 저서를 남기지 못했다. 이 때문에 그의 기 철학은 명대에 널리 보급되지 못 했고 그의 이름은 같은 시기 심학을 논한 왕수인에 비해 철학사에 덜 알려졌다.

고대 선진유학은 송대 신유학이 생겨나면서 장재와 정이천, 정명 도의 사상에 의해 기학, 이학, 심학으로 솥[鼎]의 세 다리처럼 갈라지 게 되었는데, 이학은 남송의 주희가 집대성하였고, 심학은 명 중기 왕수인이, 기학은 왕정상이 재확립하였다. 왕정상은 주희, 왕양명과 함께 신유학 확립의 선두주자이며 실학의 태두로서 철학사에 있어 중요한 인물이다.

그가 남긴 저서에는 『왕씨가장집(王氏家藏集)』, 『신언(愼言)』, 『아술(雅述)』, 『답설군채론성서(答薛君采論性書)』, 『석룡서원학변(石龍書院學辯)』, 『답하백재조화론(答何柏齋造化論)』등이 있다.

1. 이 책은 왕정상의 철학서인 『신언』을 번역하며 직역(直譯)을 원칙으로 삼았다. 의역(意譯)은 쉽게 읽어 이해할 수 있지만 원전의 의미를 살리는 데에는 어려움이 있어 대부분을 직역하였다.

2. 왕정상이 전거(典據)를 가지고 설명한 부분은 문헌에서 출처를 찾고 그 원문을 적은 다음 번역도 함께 **注**에 적었다. 그리고 원문과 번역에 " "로 처리하였다.

3. 번역에 있어 보충 설명이 필요한 경우나 왕정상의 견해는 **注** 아래에 다시 적어두었다.

4. 조목을 구분함에 있어 단락이 짧아 이해하기 어려움이 없는 곳은 **注**를 두지 않았다.

5. 번역문에는 단원마다 처음 나오거나 혹은 한글이 한자어라서 독자가 이해하기 어려울 경우 ( )로 한자를 명기하였다. 또 사람의 이름과 지명은 ( )에 한자를 표기하였다.

仲尼沒而微言絶: 異端起而正義鑿. 斯道以之蕪雜, 其所由來漸矣. 非異端能雜之, 諸儒自雜之也. 故擬議過貪, 則援取必廣; 性靈弗神, 則詮擇失精, 由是旁涉九流, 淫及緯術, 卒使牽合傳會之妄, 以迷乎聖人中庸之軌.

공재[仲尼]가 죽고 나니 뜻이 깊은 말은 단절되었다. 이단이 일어나니 정확한 본래의 의미[正義]가 천착되었다.[1] 유학이 그 때문에 무잡(蕪雜)[2]하게 되었던 것인데 그 유래한 바의 시작이었다. 이단이 무잡하게 할 수 있었던 것이 아니고 여러 유가[諸儒]들이 스스로 무잡하게 했던 것이다. 그래서 논의[擬議][3]를 지나치게 탐하면 인용하여 취하는 것이 반드시 장황[廣]하게 되고 성령(性靈)[4]을 펴지 못하면 진리를 택함[詮擇][5]이 정밀함을 잃게 된다. 이로부터 옆길로 구류(九流)로 흘러가고, 심지어는 위술(緯術)에 이르게 되니 끝내 견합(牽合)하고 부회(傳會)한 망령함으로써 성인(聖人)의 중용의 법도[中庸之軌]를 어지럽히게 되었다.

注

1 유흠(劉歆), 『이서양태상박사(移書讓太常博士)』: "及夫子沒而微言絶, 七十子卒而大義乖. 이윽고 공자가 죽고 나니 뜻이 깊은 말은 끊어졌고, 70세에 돌아가시니 큰 뜻이 허물어졌다."라고 하였다. 착(鑿)은 천착(穿鑿)의 뜻이다. 천착은 억지로 이치에 닿지 않는 말

2 무잡(蕪雜)은 뒤엉기어 어수선한 것이다.
3 의의(擬議)는 일의 시비곡직(是非曲直)을 헤아려 그 가부를 의논(議論)하는 일이다.
4 성령(性靈)은 총명함이다.
5 전(詮)은 설명하다, 혹은 진리, 도리로 쓰인다.

故曰非異端能雜之, 諸儒自雜之也. 予自知道以來, 仰觀俯察, 驗幽覈明, 有會於心, 卽記於冊. 三十餘年, 言積數萬. 信陽無涯孟君見之曰: "義守中正, 不惑非道, 此非慎言其餘乎!" 逐以慎言名之. 類分爲十三篇, 附諸集, 以藏於家.

그래서 이단이 무잡하게 할 수 있었던 것이 아니라 여러 유가들이 스스로 무잡하게 했다고 말한 것이다. 나는 도를 알게 된 이래 천문을 살피고 지리를 관찰하며[仰觀俯察], 깊은 뜻을 징험하고 밝게 밝혀서[驗幽覈明][1] 마음에 깨침이 있으면 즉시 책에 기록한 지가 삼십여 년이 되니 말이 수만 마디로 쌓였다. 신양(信陽)의 무애(無涯) 맹군(孟君)[2]이 그것을 보고 말하기를 "뜻이 중정(中正)을 지키고 그릇된 도에 미혹되지 않았으니, 이는 '신언기여(慎言其餘)'[3]한 것이 아니겠는가?"라고 했다. 마침내 신언(慎言)[4]으로 이름을 지었다. 십삼 편을 분류하여 문집에 붙여서 집에 보관하였다.

注

1 『주역 · 계사 상』: "仰以觀於天文, 俯以察於地理, 是故知幽明之故. 위로는 천문을 살피고 아래로는 지리를 관찰하여 밝음과 어두움을 안다."라고 하였다.
앙관부찰(仰觀俯察)은 천문(天文)을 살피고 지리를 관찰하는 것이고, 험유핵명(驗幽覈明)에서 핵명은 자세히 조사하여 밝힌다는 뜻이며 험유핵명은 깊은 뜻을 징험하여 밝게 밝힌다는 뜻이다.

2 신양(信陽)은 하남성 최남단에 위치한 신현(信縣)의 행정중심지이다. 무애(無涯)는 맹군(孟君)의 호일 수도 있고 무애와 맹군 두 사람이 학문을 논하는 벗일 수도 있다. 짐작할 뿐이다.

3 『논어·위정』에 "多聞闕疑 愼言其餘, 則寡尤. 많이 듣고서 의심스러운 것은 빼두고, 그 나머지를 조심해서 말하면 실수가 적을 것이다."라고 하였다.

공자가 삶의 목표를 달성하기 위해서는 견문(見聞)이 중요하니 많이 묻고[多聞] 많이 들어서[多見] 다양한 지식을 받아들여야 가치관을 형성하게 된다고 하였다. 다만 의심스러운 것은 잠시 판단중지[闕]하고 그 나머지도 조심스럽게 말을 하여야[愼言其餘] 허물이 적다고 하고 남에게서 들은 이야기를 확인하지 않고 옮기는 것은 덕을 버리는 것이라고 하였다.

왕정상은 이 신언(愼言)을 택하여 책의 제목으로 정했다.

4 신언(愼言)은 말을 조심해서 하는 것인데, 뜻이 중정하면서 그릇된 도에 미혹되지 않는 말을 하라는 뜻이다. 『논어』의 '신언기여(愼言其餘)'에서 가져온 언어이다.

嗟乎! 講學以明道爲先, 論道以稽聖爲至. 斯文也, 間於諸儒之論, 雖覼涉於刺辯, 其於仲尼之道, 則衛守之嚴, 而不敢以異論雜之, 蓋確如也. 知我罪我, 其惟春秋. 敢竊附於孔氏之徒云. 時嘉靖丁亥冬十二月望日, 浚川王廷相序.

아! 학문을 강론하는 것[講學]은 도를 밝히는 것을 우선으로 삼고 도를 논하는 것은 성인(聖人)을 살피는 것을 최고로 삼아야 한다. 이 글은[1] 여러 유자들의 의론 사이에서 비록 신랄한 논쟁을 좀 거칠 수 있겠으나 중니(仲尼)의 도를 엄격하게 지켰으며 감히 이단의 논의로써 무잡하게 하지 않았음은 확실하다. 나를 알고 나를 죄줄 수 있는 것은 아마 오직 춘추(春秋)일 뿐일 것이다. 감히 공씨(孔氏)의 무리에게 아부하겠는가? 가정(嘉靖) 정해(丁亥) 겨울 12월 보름 준천(浚川) 왕정상(王廷相)이 서문을 쓰다.

注

1 사문(斯文)은 공자가 교리(敎理)에 어긋나는 언동(言動)으로 유교(儒敎)를 어지럽히는 사람을 사문난적(斯文亂賊)이라고 한 것에서 비롯되어, 유교의 도의(道義)나 또는 문화(文化), 혹은 유학자를 일컫는 말이 되었다. 여기서는 자기의 글이 유가의 도의에 어긋나지 않는다고 여겨 사문이라고 일컬었다.

도체편
道體篇

1.

道體不可言無, 生有有無, 天地未判, 元氣混涵, 清虛無間, 造化之元機也. 有虛即有氣. 虛不離氣, 氣不離虛, 無所始、無所終之妙也. 不可知其所至, 故曰太極; 不可以爲象, 故曰太虛. 非曰陰陽之外有極有虛也. 二氣感化, 群象顯設, 天地萬物所由以生也, 非實體乎! 是故即其象, 可稱曰有; 及其化, 可稱曰無. 而造化之元機, 實未嘗泯. 故曰, 道體不可言無, 生有有無.

도체[1]를 무라고 말할 수 없고, 만물의 생성은 유와 무가 있다. 천지가 아직 분리되지 않았을 때는 원기[2]가 뒤섞여 있었고, 맑고 깨끗하며 틈이 없으니 조화하게 하는 초기 작용[元機]이다. 빈 곳[虛]이 있으면 곧 기가 있게 된다. 허는 기에서 분리될 수 없고 기는 허에서 분리될 수 없다. 이것이 시작된 바도 없고 끝나는 바도 없는 신묘함이다. 그것이 도달하는 곳을 알 수 없기 때문에 태극[3]이라 한다. 형상이 될 수 없기 때문에 태허[4]라고 한다. 음양 이외에 극(極)이 있고 허(虛)가 있다고 말하는 것이 아니다. 음양의 두 기가 감응하여 변화하니 여러 형상들이 드러나게 되어 천지 만물이 그로 말미암아 생성되니, 이것이 실체가 아니겠는가! 이런 까닭에 그 형상으로써 말한다면 유라고 칭할 수 있고 그 변화로써 말한다면 무라고 칭할 수 있다. 조화의 초기 작용은 실제로 없어진 적이 없다. 그래서 도체를 무라고 말할 수 없으니 만물의 생성에는 유와 무가 있기 때문이다.

注

1 『근사록』, 제 1권: "此卷論性之本原, 道之體統, 蓋學問之綱領也. 이 권에서는 성(性)의 본원과 도(道)의 체 계통을 논하였으니 학문의 강령이다."라고 하였다.

책의 1권 명칭이 '도체'이며 도체편 첫머리에 도체(道體)는 도(道)의 큰 줄기로 천지의 도와 인간의 도의 총체임을 밝혔다.

2 원기(元氣)는 태극에 있는 기이다. 태극은 우주 만물의 근원이 되는 실체이며, 원기로 가득 차 있다. 그 원기는 맑고 깨끗하며[淸虛] 꽉 차 있어 틈이 없다.[無間]

3 태극(太極)은 주돈이가 무극(無極)이라 하여, 우주 만물의 근원인 음양이 분리되지 않은 상태, 모든 존재와 가치의 근원이 되는 궁극적 실체를 의미한다. 왕정상은 도달하는 곳을 알 수 없기 때문에 태극이 라 하였고, 태극은 빈 곳에 기(氣)가 가득 차 있으며 빈 곳이 있으면 기가 가득 차 있기 때문에 기(氣)와 허(虛)는 바로 베어놓을 수 없으 니 무극이 아니라고 하였다.

4 태허(太虛)는 태극과 같으나 태극 안에 기가 가득한 것을 말한다. 장 재가 처음으로 태극을 태허라 하였다. 왕정상은 그 형상을 드러내지 않기 때문에 태허라고 말할 뿐, 음양 이외에 별도로 극(極)과 허(虛) 가 있는 것은 아니라고 하였다. 태허는 음양을 낳는 기의 본체이다.

2.

有形亦是氣, 無形亦是氣, 道寓其中矣. 有形生氣也, 無形元氣 也. 元氣無息, 故道亦無息. 是故無形者道之氐也; 有形者道之 顯也.

형태가 있는 것도 기(氣)[1]이며 형태가 없는 것도 기 이다. 도[2] 가 그 가운데에 존재한다. 형태가 있는 것은 생기[3]이고 형태가 없는 것은 원기이다. 원기는 쉼이 없기 때문에 도도 역시 쉼이 없다. 이 때문에 무형이란 것은 도의 근본이고 유형이라는 것은 도가 드러난 것이다.

注

1 기(氣)는 『설문해자(設文解字)』에 운기(雲氣), 즉 구름이라 하여 고대 농경시대에는 기상의 의미로 쓰였다. 기상의 변화가 사계절을 생기게 하여 곡물의 생장과 관계했기 때문이다. 기는 생태계에 두루 작용하니 우주의 생명력을 뜻하게 된다. 만물이 형태가 있어도 기이며 만물이 생기기 전 태허의 기도 역시 기이다. 만물이 생명력을 잃으면 그 기는 다시 태허의 기로 돌아간다.

2 도(道)는 사람들이 다니는 길이라는 뜻이며, 인간이나 사물이 반드시 그곳을 통하는 도리 · 법칙 · 규범, 우주 · 자연 · 만물의 보편적 규율이나 근원적 진리 등을 의미한다.

『중용』: "道不遠人. 도가 사람에게서 멀지 않다."라고 하였다.

도는 천지 만물에 없는 곳이 없지만, 특히 사람이 지닌 본성(本性)의 근원이 되니 더욱 가깝다고 할 수 있다.

왕정상의 도는 도가(道家)의 도와 같이 만물을 생성하는 일을 한다.

3 생기(生氣)는 형체를 지닌 물(物)에 있는 기(氣)이다. 반면에 원기(元氣)는 태허에 있는 기이다.

3.

山澤水土, 氣皆入乘之, 造化之大宅也, 故洪而育物. 氣乘之無息, 故育物而無息. 生而循化者, 造化之小物也, 與日俱銷矣. 氣不得久而乘之也, 盡化其初, 氣乃已.

산과 늪지와 물과 땅에는 기가 모두 들어와 그것에 올라타는데, 이는 조화의 큰 집[1]이기 때문에 크게 만물을 자라게 한다. 기가 그것을 올라타는데[2] 쉬지 않기 때문에 만물을 자라게 하는 것도 쉼이 없다. 생겨나서 일정한 법칙에 따라 변화하는 것은 조화의 작은 물질[3]이고 더불어 함께 사라진다고 말한다. 기는 그 안에 오래 타지 못한다. 변화를 다하여 그 처음으로 돌아가면 기는 이에 없어지게 된다.

注

1 조화의 큰집[造化之大宅]은 산, 연못, 물, 흙 등이다. 여기에 기(氣)가 깃들면 변화를 이루어 만물을 생장하게 하는 힘이 된다. 기가 사라지면 조화의 큰 집도 없다.

2 기승지(氣乘之)는 산, 연못, 물, 흙 등에 기가 깃든다는 뜻이다.

3 조화의 작은 물질[造化之小物]은 기를 말한다. 기는 일정한 규칙으로 변화를 하기 때문에 조화의 소물(小物)이 된다. 기는 부피도 무게도 없고 보이지도 않으며 만질 수도 없지만 하나의 물질이다.

4.

天地之始, 靜而無擾, 故氣化行焉. 化生之後, 動而有匹, 故種類相生焉. 種類繁則氣擾而化生之機息矣. 然有之者, 肖翹之屬也.

천지는 처음에 안정되어 동요가 없었기 때문에 기의 변화[1]가 진행되었다. 만물이 변화하여 생성된 후에 동하여 곧 짝이 있게 된다. 그로 인하여 각종 종류가 서로 생겨났다. 종류가 많아지면 기가 어수선하게 되어 변화하고 생성하는 작용[機]이 멈추게 된다. 그래서 남아있는 것은 초교(肖翹)[2]와 같은 작은 벌레들이다.

注

1 기의 변화는 만물을 생성하는 작용을 한다. 기는 안정되어 고요할 때 변화하는데, 변화하여 많은 종(種)들이 생겨나 움직임이 있게 되면 어수선해져서 생성작용을 하지 못한다.

『장자(莊子)·거협(胠篋)』에 나온다. 초교(肖翹)는 작은 날벌레이다.

5.

象者氣之成, 數者象之積.

형상은 기가 이룬 것이고[1], 수(數)는 상이 누적된 것[2]이다.

注

1 상자기지성(象者氣之成): 만물의 형상은 기가 이룬 것이다. 만물의 형상이 생기고 없어짐은 기의 취산(聚散)이다. 기가 모이면[聚] 형상이 만들어지고 기가 흩어지면[散] 형상은 사라진다.
2 수자상지적(數者象之積)은 만물 개체의 수가 많아짐을 말한다.

6.

氣、物之原也; 理、氣之具也; 器、氣之成也. 易曰: "形而上者爲道, 形而下者爲器." 然謂之形, 以氣言之矣. 故曰, 神與性乃氣所固有者, 此也.

기(氣)는 만물의 근원이고 이(理)는 기(氣)가 갖추고 있는 것이고 기(器)는 기(氣)가 이룬 것이다. 『역경』에 "형이상자는 도이고 형이하자는 기(器)라고 한다"[1]고 했다. 그런데 형이라고 한 것은 기(氣)로써 말한 것이다. 그래서 "신(神)과 성(性)은 기(氣)가 원래 지니고 있는 것이다"[2]라고 한 것이 바로 이것이다.

注

1 『역경·계사 상』: "是故形而上者爲之道, 形而下者爲之器. 이 때문에 형이상자는 도이고 형이하자는 기(器)라고 한다."라고 하였다. 이는 도(道)는 천리이고 기(器)는 기가 만들어낸 만물을 지칭한 것이다. 하지만 왕정상은 기(氣)가 만물의 근원이고 이(理)는 단지 기

(氣)가 갖추고 있는 것이다. 그래서 형이상과 형이하를 구분하지 않
는다.

2 장재, 『정몽(正蒙)·건칭(乾稱)』: "神與性, 乃氣所固有者. 신(神)과
성(性)은 기(氣)가 원래 지니고 있는 것이다."라고 하였다.
기(氣)가 만물을 생성하여, 만물이 신(神)과 성(性)을 지니게 한다.
타고난 본성이 이(理)가 아니고 기(氣)임을 말하고 있다. '성즉기(性
卽氣)'의 이론이다.

7.

天者、太虛氣化之先物也, 地不得而並焉. 天體成則氣化屬之
天矣; 譬人化生之後, 形自相禪也. 是故太虛真陽之氣感於太
虛真陰之氣, 一化而爲日、星、雷、電, 一化而爲月, 雲、雨、
露, 則水火之種具矣. 有水火則蒸結而土生焉. 日滷之成鹺, 水
煉之成膏, 可類測矣. 土則地之道也, 故地可以配天, 不得以對
天, 謂天之生之也. 有土則物之生益衆, 而地之化益大. 金木
者, 水火土之所出, 化之最末者也. 五行家謂金能生水, 豈其然
乎! 豈其然乎!

하늘은 태허가 기화되기 이전의 물질로서 땅은 하늘과 함께 나란히
열거될 수 없었다. 천체가 형성되자 기의 변화는 하늘에 귀속되었다.
사람에 비유하자면 변화하여 생성된 후에 형체가 스스로 전하는 것
과 같다. 이런 까닭에 태허의 진양의 기는 태허의 진음의 기[1]와 감응
하여 한 번 변화하여 해와 별과 천둥과 번개가 되고, 한 번 변화하여
달과 구름과 비와 이슬이 되니, 물과 불의 종자가 구비되었다. 물과
불이 있으면 증발하고 결합하여 흙이 생성된다. 해는 짠물을 증발하
게 하여 소금을 생성[2]하고 물은 졸여서 기름을 생성하는 것은 유추
할 수 있다. 흙은 땅의 도이기 때문에 땅은 하늘에 짝이 될 수 있지

만 하늘과 상대할 수 없기 때문에 하늘이 생성했다고 말한다. 흙이 있으면 만물의 생성이 더욱 많아져 땅이 변화가 더욱 커진다. 금(金)과 목(木)은 수(水)와 화(火)와 토(土)가 생성해낸 것으로서 이는 변화한 중에서 가장 끝의 것이다. 오행가(五行家)는 금(金)이 수(水)를 생성³해낼 수 있다고 하는데 어찌 그러한가! 어찌 그러한가!

注

1 태허의 기가 분화를 하여 음양의 기가 된다. 그 기를 진양(真陽)의 기와 진음(真陰)의 기라고 한다. 하늘[天]은 태허가 기화하기 이전에 있던 물질이다. 가장 먼저 진양의 기가 진음의 기와 만나 변화하여 하늘의 요소들을 만들어내는데, 양기가 더 강하면 해, 별, 천둥, 번개가 되고 음기가 더 강하면 달, 구름, 비, 이슬이 된다. 하늘의 요소들이 구비되고 난 후 땅의 요소가 구비되니 물, 불, 흙, 소금, 기름 등이 생성된다. 물과 불과 흙이 나무와 쇠[金]를 만든다. 쇠[金]가 가장 늦게 생성되었다.

2 일로지성차(日滷之成鹺)에서 노(滷)는 소금기가 있는 짠물이고 차(鹺)는 소금이다. '소금물에 햇빛이 비추어 수분이 증발하면 소금이 만들어진다.'는 뜻이다.

3 금(金)이 수(水)를 생성하는 것은 오행의 상생설(相生說) 중 하나이다. 상생설은 '나무가 타서 불을 지피고[木生火], 불에 태우면 잿더미가 남아 흙이 되며[火生土], 쇠붙이가 녹아내려 물이 되고 [金生水], 흙이 쌓여 금속을 생기게 한다[土生金], 물은 나무를 자라게 한다.[水生木]'이다.

8.

木石之有火, 母藏於子也. 求其化始, 日、火宗也, 星、火隕也, 雷、火擊也, 皆能焚灼, 此火之元氣也. 謂木能生火, 是以子掩其母, 非化理本然之序矣 大觀造化者所不取焉.

나무와 돌이 안에 화(火)를 지니고 있는데 어미가 자식을 안에 간직하는 것이다. 그 변화의 시초를 살펴본다면 해는 불의 종주(宗主)이고, 별은 화가 추락한 것이고, 천둥은 화가 부딪힌 것인데 모두 불을 지를 수 있으니[1] 이는 화의 원기(元氣)이다. 나무가 불을 생성할 수 있다고 하는 것은 자식으로써 그 어미를 덮어버리는 것이니 변화의 이치인 것이고 원리 본연의 질서가 아니다. 사물의 조화를 통달하고 철저히 관찰[大觀]하는 자는 취하지 않는 바이다.

注

1 분작(焚灼)은 불에 지피는 것인데 해, 별과 천둥이 불을 지필 수 있다. 오행설에서 목생화(木生火)는 오히려 변화의 원리가 아니기 때문에 취할 수 없다고 주장한다.

9.

木濕不燧, 陰過陽也; 木朽不燧, 陽過陰也. 火也者、陰陽得中之化與?

나무가 습하면 연소 될 수 없는 것은 음이 양을 뛰어넘기 때문이고 나무가 썩으면 연소 될 수 없는 것은 양이 음을 지나치기 때문이다.[1] 불이라는 것은 음양이 그 중도의 변화를 얻은 것이던가?

注

1 변화는 중도를 지켜야 한다. 나무는 너무 습해도 안 되고 너무 말라 시들어도 잘 타지 않는다. 음과 양이 중도를 지킬 때 잘 탈 수 있다.

10.

有太虛之氣而後有天地, 有天地而後有氣化, 有氣化而後有牝牡, 有牝牡而後有夫婦, 有夫婦而後有父子, 有父子而後有君臣, 有君臣而後名教立焉. 是故太虛者、性之本始也; 天地者、性之先物也; 夫婦、父子、君臣、性之後物也; 禮義者, 性之善也, 治教之中也.

태허의 기가 있게 된 후에 천지가 있었고, 천지가 있게 된 후에 기의 변화가 있었으며, 기의 변화가 있게 된 후에 암수의 구별이 있게 되고, 암수의 구별이 있게 된 후에 부부의 관계가 있게 되며, 부부의 관계가 있게 된 후에 부자의 관계가 있게 되며, 부자의 관계가 있게 된 후에 군신의 관계가 있게 되며, 군신의 관계가 있게 된 후에 명교가 세워졌다. 이 때문에 태허는 성(性)의 근본이자 시작이며, 천지는 성에 앞서는 것이요,[1] 부부, 부자, 군신의 관계는 성에 뒤따르는 것이다. 예의는 성이 선한 것[2]이고 다스리고 가르치는 것의 핵심이다.

注

1 각종 종(種)이 지니는 성(性)은 태허(太虛)가 근본이 되지만. 태허에 가득 차 있는 기가 가장 먼저 천지를 만든 후에 만물을 만들고 형상이 있게 된 후에 부여받는 것이다. 때문에 천지는 성에 앞서고 예교는 성에 뒤따르는 것이다.

2 예의자, 성지선(禮義者, 性之善)에서 예의는 성을 선(善)이 되게 하는 것인데, 가르침으로 가능하다. 성이 불선(不善)이 되게 하는 것은 인간이 태어나며 본래 지닌 욕망[欲]이 원인인데, 예와 의로움[義]에 어긋나지 않는 욕망은 불선이 되지 않으나 사사로운 이익을 추구하려는 욕망은 선이 될 수 없다.

11.

陰陽在形氣, 其義有四: 以形言之, 天地、男女、牝牡之類也; 以氣言之, 寒暑、晝夜、呼吸之類也; 總言之, 凡屬氣者皆陽也, 凡屬形者皆陰也; 極言之, 凡有形體以至氤氳蔥蒼之氣可象者皆陰也, 所以變化、運動、升降、飛揚之不可見者皆陽也.

음양은 형기에 있는데 그 뜻은 네 가지를 지닌다. 형(形)으로 그것을 말하면 천지, 남녀, 암수와 같은 종류이다. 기(氣)로서 말하면 추위와 더위, 낮과 밤, 숨소리 같은 종류이다. 종합하여 그것을 말하면, 무릇 기에 속하는 것은 모두 양이고 형에 속하는 것은 모두 음이다. 궁극적으로 그것을 말하면, 모든 형체를 지닌 것에서부터 천지의 지극히 기운이 성하고 우거진 기까지 형상을 가능하게 하는 것은 모두 음이다.[1] 변화, 운동, 승강, 비양 등 볼 수 없는 것은 모두 양이다.[2]

注

> 1 만물을 만드는 것은 음양의 기가 모두 같이 작용을 해야 하는데 그 중 형기를 만드는 것은 음기의 작용이고 정신을 불어 넣는 것은 양기의 작용이다. 하늘의 운행에서도 보이지 않는 변화는 양기가 작용한 것이다.
>
> 2 변화, 운동, 승강, 비양 등과 같은 하늘의 운동변화는 모두 양기에 의해 생긴다.

12.

日曝濕而氣生, 陰從陽也; 口呵石而水生, 陽從陰也.

햇볕이 습기를 쬐면 기가 생기는 것은 음이 양을 따른 것이고, 입으로 돌에 입김을 불면 물이 생기는 것은 양이 음을 따른 것이다.[1]

注

> 1 변화는 음양의 기가 서로 도우며 함께 하는 것임을 설명하였다.

13.

有聚氣, 有遊氣, 遊聚合, 物以之而化. 化則育, 育則大, 大則久, 久則衰, 衰則散, 散則無, 而遊聚之本未嘗息焉.

기에는 취기와 유기[1]가 있는데 유기와 취기가 합하여 사물은 그것으로써 변화한다. 변화하면 자라고 자라면 커지고 커지면서 오래되니 오래되면 쇠퇴하고 쇠퇴하면 흩어지고 흩어지면 없어지는데 유기와 취기의 근본은 멈춘 적이 없다.

注

1 취기(聚氣)는 형체에 부여된 기이고 유기(遊氣)는 정신 활동에 작용하는 기이다. 만물은 취기와 유기가 함께 작용을 하여 자라고 그 자람이 오래되면 시들게 한다. 다만 취기와 유기는 만물에게만 작용하고 만물이 죽게 되면 두 기도 소멸되어 태허의 원기로 돌아간다.

14.

氣通乎形而靈. 人物之所以生, 氣機不息也; 機壞則魂氣散滅矣, 惡乎! 靈, 有附物而能者, 亦乘其氣機者也. 頃亦散滅而已矣. 故鬼者、歸也, 散滅之義也. 子路問死, 孔子曰: "未知生, 焉知死!" 子貢問死而有知, 孔子曰: "賜也! 爾終當自知之, 未晩也!" 夫仲尼聖者也, 豈不能如後儒之辨乎! 而終不言者, 聖人之意, 可以識矣.

기는 형기를 통과하여 영명[靈]하게 된다. 사람과 사물이 생성되는 이유는 기의 작동이 멈추지 않기 때문이다. 작동이 붕괴되면 혼기(魂氣)가 흩어져 소멸된다.[1] 어찌 영명한가! 사물에 부착하여 능함을 지니는 것은 또한 그 기의 작동에 올라타는 것이다. 얼마 후 또한 흩어져 소멸될 뿐이다. 그래서 귀(鬼)는 돌아가는 것인데 흩어져 소멸한다는 뜻이다. 자로(子路)가 죽음에 대하여 질문하자, 공자가 대답하기를 "아직 삶도 알지 못하는데 어찌 죽음을 알겠는가!"[2]라고 했다. 자공(子貢)은 죽음에 대하여 질문한 후 깨달음이 있었다. 공자가 말하기를 "사(賜)³야! 너는 마침내 스스로 깨달았으니, 오히려 늦지 않았구나!"라고 했다. 공자는 성인이신데 어찌 후대의 유자들이 분별한 것처럼 할 수 없었겠는가? 그러나 끝내 말하지 않았으니, 성인의 뜻을 알 수 있다.

注

1 삶은 기의 작용이 쉬지 않고 하는 것이고 죽음은 기가 작용이 멈추고 혼백이 흩어져 소멸되는 것이다.

2 『논어·선진』: "未知生, 焉知死. 삶도 아직 알지 못하는데 어찌 죽음을 알겠는가?"라고 했다.

공자가 생을 모른다고 했으나 실제로 그는 삶을 중시하였고 죽음과 귀신에 대해서는 말씀하지 않았다. 다만 조상에 대한 효(孝)가 중요하다고 여기어 제사는 중시하였다.

3 『논어·학이』: "賜也, 始可與言詩已矣! 사(賜)는 비로소 더불어 시를 말할 만하구나!"라고 하였다.

사(賜)는 자공(子貢)의 이름이다. 자공의 성이 단목(端木)이라 본명은 단목사이다. 그는 공문십철(孔門十哲)의 한 사람으로 재아(宰我)와 더불어 언어에 뛰어났으며, 안회 다음으로 영특했다. 이재가(理財家)로서도 알려져 공자 문하에는 그의 경제적 원조가 컸다고 한다. 공자가 죽은 뒤 노나라를 떠나 위나라에 가서 벼슬하였으며 제나라에서 죽었다.

15.

莊子曰: "百昌皆生於土, 皆歸於土, 土者所以始萬物而終萬物也." 得矣, 而未盡焉. 物有不生於土者矣; 不如氣焉, 出於機, 入於機, 至矣哉!

장자가 말하기를 "온갖 만물은 모두 흙에서 생겨나고 모두 흙으로 돌아간다. 흙은 만물을 발생시키고 만물을 끝나게 하기 때문이다."[1]라고 했다. 훌륭한 말이지만 완벽하지는 못하다. 사물 중에는 흙에서 생겨나지 않는 것이 있으니, 기(氣)가 더 중요하다고 말하는 것보다 못하다. "작용[機]에서 나와서 작용[機]으로 들어간다"[2]는 말은 참으로 적절하지 않은가!

注

1 『장자 · 재유(在宥)』: "百昌皆生於土而反於土, 온갖 만물은 모두 흙에서 생겨나고 모두 흙으로 돌아간다."라고 하였다.
  장자는 만물이 흙에서 나오고 흙으로 돌아간다고 했지만, 왕정상은 기로 만들어지고 기로 돌아가는 것이 옳다고 하였다.
2 『장자 · 지락(至樂)』: "萬物皆出於機, 皆人於機. 만물은 모두 작용[機]에서 나온다. 사람도 작용[機]에서 나온다."라고 하였다.

16.

天內外皆氣, 地中亦氣, 物虛實皆氣, 通極上下造化之實體也. 是故虛受乎氣, 非能生氣也; 理載於氣, 非能始氣也. 世儒謂 "理能生氣", 即老氏道生天地矣; 謂理可離氣而論, 是形性不相待而立, 即佛氏以山河大地爲病, 而別有所謂眞性矣, 可乎不可乎! 由是, "本然之性超乎形氣之外", "太極爲理而生動靜, 陰陽", 謬幽誣怪之論作矣.

하늘의 안과 밖은 모두 기이고, 땅의 안도 또한 기이며 사물의 빈 곳과 가득 찬 곳도 모두 기이다. 기는 위와 아래에 두루 통하는 조화의 실체이다. 이런 까닭에 허(虛)는 기를 받아들이는 것이지 기를 생성할 수 있는 것은 아니다. 이(理)는 기에 실려 있는 것이지 기를 탄생시킬 수 없다. 세상의 유학자들이 "이가 기를 생성할 수 있다."[1]고 말하는 것은 곧 노자가 도가 천지를 생성한다[2]는 것이다. 이가 기를 떠날 수 있다고 말하여 논한 것은 형체와 본성이 서로 의존하지 않고 자립한다는 것인데, 곧 불가에서 산과 강과 대지를 골칫거리로 여기고 별도로 이른바 진성(眞性)이 있다고 말하는 것[3]이다. 옳은가? 옳지 않은가? 이로부터 "본연지성[4]은 형기 밖을 초월한다." "태극은 이(理)가 되고, 동정과 음양을 생기게 한다."[5]는 등의 그릇되고 괴이한 논리가 만들어졌다.

注

1 이(理)가 기를 생성한다는 설은 성리학의 사유이다. 성리학은 이(理)를 중심으로 하고 기는 이(理)를 따르는 것으로 설명한다.

2 노자, 『도덕경』: "道生一, 一生二, 二生三, 三生萬物. 도는 하나를 생기게 하고 하나가 둘을 생기게 하고 둘이 셋을 생기게 하고 셋이 만물을 생기게 한다."라고 하였다.
  도가 무(無)에서 하나를 만드니 결국 도가 만물을 만든 것이다.

3 불가에서는 윤회의 고리에서 벗어나기 위해 산천초목과 가족 등 모든 일체중생과 인연을 단절하게 한다. 이것은 기를 버리고 이를 따르는 것과 다름이 없다고 하였다.

4 본연지성(本然之性)은 성리학자들이 본성이 기질을 초월한 것으로 말한 것이다. 그들은 본연지성은 형이상으로, 기질지성은 형이하로 여기어 성이 기질보다 우위에 있다고 하는데, 이는 태극을 이(理)라고 설정하고 태극의 순수한 이가 동정과 음양의 기를 생기게 한다고 본 것이다.

5 주돈이, 『태극도설(太極圖說)』: "음양은 하나의 태극이며, 태극은 본래 무극이다."라고 하였다.
  이를 이정이 태극을 천리[理]라고 하였다.
  주희는 "有陰陽則, 一變一合, 而五行具. 음양(陰陽)이 있어 한번 변(變)하고 한번 합(合)하여 오행(五行)이 갖추어진다."라고 하였다.
  왕정상은 "태극은 비어 태허인데 태허는 기를 생성할 수 없다. 태허에 존재하는 기를 받아들여 조화로써 사물을 생성하면 그때 기가 거기에 실리어 작용하고 만물이 생성되어 형기를 받으면 기에 이가 올라타는 것이다."라고 하였다.

17.

氣至而滋息, 伸乎合一之妙也. 氣返而遊散, 歸乎太虛之體也. 是故氣有聚散無滅息. 雨水之始, 氣化也; 得火之炎, 復蒸而爲氣. 草木之生, 氣結也; 得火之灼, 復化而爲煙. 以形觀之, 若有有無之分矣, 而氣之出入於太虛者, 初未嘗滅也. 譬冰之於海矣, 寒而爲冰, 聚也; 融澌而爲水, 散也. 其聚其散, 冰固有有無也, 而海之水無損焉. 此氣機開闔、有無、生死之說也. 三才之實化極矣.

기가 도달하여 만물은 자라서 번식하는데, 음양이 하나로 합하는 묘함을 펴낸다. 기가 돌아가니 자유롭게 흩어져서 태허의 본체로 돌아간다. 이 때문에 기는 모이고 흩어짐은 있지만 소멸되거나 멈춤은 없다. 빗물이 생겨남은 기의 변화이다. 불의 열기를 얻으면 다시 증발하여 기가 된다. 초목의 생성은 기의 응결이다. 불에 타게 되면 다시 변화하여 연기가 된다. 형체로 본다면 유형과 무형의 구분이 있는 듯하다. 그러나 기가 태허에 출입하는 것이지 처음부터 소멸된 적이 없다. 얼음이 바다에 있는 것에 비유하자면 추워서 얼음이 되는 것은 기의 모임[聚]이고, 녹아서 물이 되는 것은 기의 흩어짐[散]이다.[1] 그 취와 산은 얼음이 본래 지니고 있는 유형과 무형인데 바닷물에는 손실이 없다.[2] 이것은 기의 작용이 열리고 닫힘 · 유무 · 생사의 설이다. 삼재(三才)[3]는 실제로 궁극을 변화시킨다.

注

1 만물의 생성과 소멸은 기가 모이고 흩어지는 것 때문에 생긴다. 이를 기의 취산이라 한다. 생명을 오래도록 보존하려면 기가 흩어지지 못하고 응집하도록 해야 한다. 맹자는 이를 호연지기로 설명한다. 즉, 의로움을 쌓아서[集義] 기를 단단하게 붙잡아야 하는 것이다.

2 화극(化極)은 궁극을 변화시키는 것을 말하는데, 이는 만물이 기의 취산으로 형성되어 생기고 사라짐으로 궁극이 되고 유와 무로 또 생

과 사로 되는 궁극을 변화시킨다. 이때 기는 소멸하지 않고 태허로 돌아가기 때문에 유기(遊氣)와 생기(生氣)를 합하면 질량불변의 법칙이 성립한다.

3 『주역 · 계사 하』: "易之爲書也 廣大悉備. 有天道焉 有人道焉 有地道焉. 兼三才而兩之. 역이 글 됨이 넓고 커서 세상 이치를 다 갖추어, 천도가 있으며 인도가 있으며 지도가 있으니, 삼재를 겸해서 둘로 한다."라고 하였다.

삼재(三才)는 하늘의 되[天道], 사람의 되[人道], 땅의 되[地道]이다. 천(天) · 지(地) · 인(人)의 천은 하늘 · 만물의 근본 · 조물주 · 진리 · 임금 · 아버지 · 지아비 · 남성 등을 뜻한다. 지(地)는 상대 되는 것들인 땅 · 만물의 생육 · 신하 · 어머니 · 아내 · 여성 등을 뜻한다.

18.

陰陽、氣也, 變化、機也, 機則神, 是天地者萬物之大圜也. 陰陽者、造化之橐籥也. 水、火、土、陰陽之大用也. 故氣得土之鬱而含, 得水之潤而滋, 得火之燥而堅. 氣有翕聚, 則形有萌蘖, 而生化顯矣. 氣有盛衰, 則形有壯老, 而始終著矣.

음양은 기(氣)이고 변화는 작용[機]이다. 작용은 바로 신(神)[1]이다. 이 때문에 천지는 만물의 대순환이다. 음양은 조화의 풀무[橐籥][2]이다. 물과 불과 흙은 음양의 큰 운용이다. 그래서 기는 흙이 울창하게 하는 작용을 얻어서 품고, 물이 윤택하게 하는 작용을 얻어 번식하고, 불이 건조시키는 작용을 얻어 단단해진다. 기가 취합하면 형체는 생성을 시작하여[3] 만물의 생성변화가 드러난다. 기는 성장함과 쇠함이 있고, 형체에는 장성함과 늙음이 있어서 만물의 시작함과 마침이 나타난다.

注

1 기즉신(機則神)은 작용이 바로 신(神)이라는 뜻이다. 기가 변화작용

으로 만물이 형성될 때 만물의 형체에 성(性)과 신(神)이 같이 들어온다. 신은 생성과 성장의 작용을 활발하게 하는 작용을 한다.

2 조화지탁약(造化之槖籥)에서 탁약(槖籥)은 풀무이다. 풀무는 불을 피울 때 바람을 일으키는 기구이다. 기가 작용을 할 때 음과 양이 있는 것은 그 변화작용에 풀무질하여 변화를 활성화하는 것을 말한다.

3 맹얼(萌櫱)은 새싹이 처음 나와 싹을 띄우는 것이다. 맹(萌)은 새싹이 발아하는 것이고, 얼(櫱)은 초목이 죽은 후에 다시 자라나오는 새싹을 말한다. 사물이 생성되는 시작 단계를 가리킨다.

19.

氣得濕而化質, 生物之塗也, 百昌皆然矣. 氣之靈爲魂, 無質以附麗之則散. 燈火離其膏木而光滅是矣. 質之靈爲魄, 無氣以流通之則死. 手足不仁, 而爲痿痺是矣. 二者相須以爲用, 相待而一體也. 精也者、質盛而凝, 氣與力同科, 質衰則踈弛而精力減矣. 神也者、氣盛而攝, 質與識同科也, 氣衰則虛弱而神識困矣. 是故氣質合而凝者, 生之所由得也; 氣質合而靈者, 性之所由得也.

기가 습기를 얻어서 질(質)¹을 변화하는 것이 만물을 생성하게 하는 과정이다. 온갖 만물이 모두 그러하다. 기의 영명함[靈]이 혼(魂)이 되는데, 질이 부착하여 얽어매지 않으면 혼은 흩어진다. 등불은 그 기름과 나무가 분리되어 빛이 소멸하는 데 이런 것이다. 질의 영명함은 백(魄)인데, 기가 유통하지 않으면 사멸한다. 손과 발이 감각이 없어지고 저리는 것이 이런 것이다. 기와 질은 서로 반드시 작용을 일으키고 서로 상대하여야 일체를 이룬다. 정(精)²이라는 것은 질이 왕성하여 응고한 것이고, 기는 역(力)과 같은 부류라서 질이 쇠하면 느슨해져서 정력이 감소한다. 신(神)이란 것은 기가 왕성하면 굳건하다. 질과 식(識)³은 같은 것으로서 기가 쇠하면 허약하여 신식(神識)이 흐트러진다. 이런 까닭에 기와 질이 합하여 응고된 것은 생명이 탄생하는 근원이고, 기와 질이 결합하여 영명[靈]⁴을 지니는 것은 성(性)이 생성되는 근원이다.

注

1 질(質)은 혼이 흩어지지 않도록 얽어매는 역할을 한다. 질은 본질(本質), 품질(品質), 성질(性質), 품성(稟性), 재질(才質), 자질(資質) 등으로 쓰이며, 만물이 갖추고 있는 기본적 능력이다. 질(質)은 식(識)과 같다. 질이 왕성하면 정기가 왕성하고 신이 굳건해지며 영명함을 지니게 된다. 질은 유기가 돌아다니며 혼에 작용하여 영명함을 지킬 수 있도록 도와준다.

2 정(精)은 정신에서 정(精)과 신(神)중 하나이다. 정은 에너지로써 힘을 생성하는 바탕이 된다. 즉, 질이 왕성하면 응고되고 질이 쇠하면 느슨해져서 정력이 감소한다. 또 정(精)은 신(神)을 밝게 해주는 역할을 한다.

3 식(識)은 질과 같다. 기가 쇠하면 허약해져서 신식(神識)이 흐트러진다. 식(識) 역시 영명함을 주는 것이다.

4 영명[靈]은 재질(才質)이 밖으로 드러나게 하는 작용을 한다. 기에 질이 합쳐져서 영명함이 생겨나고 이 작용으로 성이 생성된다.

20.

萬物巨細柔剛, 各異其材. 聲色、臭味, 各殊其性. 閱千古而不
變者, 氣種之有定也. 人不肖其父則肖其母; 數世之後, 必有與
祖同其體貌者, 氣種之復其本也.

만물은 크고 작고 부드럽고 강함이 각기 그 재질[材]¹을 달리한다. 소리와 색깔, 냄새와 맛 등이 각기 그 성(性)²을 달리한다. 천고의 세월을 겪고도 변하지 않는 것은 기의 종이 일정함이 있기 때문이다. 사람이 그 부친을 닮지 않으면 그 모친을 닮는데 수 세대를 지난 후에도 반드시 조상과 그 질과 모습이 같은 것은 기의 종이 그 본원을 회복[3]한 것이다.

注

1 재(材)는 바탕이 되는 원료이다. 재료(材料), 재질(材質), 소재(素材) 등으로 쓰인다.
2 성(性)은 기가 만물을 생성할 때 형체와 같이 부여하는 것이다. 왕정상은 태허의 기가 음양의 기로 분화하여 만물을 만드는데 음양의 기는 맑은 기와 탁한 기가 혼재되어 있어 순선하지 않다고 하였다. 기론은 성에 선도 있고 불선도 있다고 보아 유선유악(有善有惡)의 사상이다.
3 복귀본(復其本)은 근본으로 돌아가는 것이다. 만물의 회귀본능을 말하여 기의 종들은 모두 원기(元氣)로 회귀한다. 하지만 원기에서도 그 종을 지니고 있어 그 자손이 태어나면 부모의 유전인자뿐만 아니라 선조의 것까지 받아서 다시 세상에 태어난다.

21.

陰陽也者, 氣之體也, 闔辟動靜者, 性之能也. 屈伸相感者機之由也. 縕絪而化者, 神之妙也. 生生不息, 閒閒如不得已者命之自然也.

음양이란 것은 기의 체이다. 닫고 열고 움직이고 고요한 것은 성(性)이 지닌 능력이다. 굽히고 펼치고 서로 감응하는 것은 작용[機]에서 유래한 것이다. 천지의 기운[1]이 변화하는 것은 신(神)의 묘함이다. 낳고 낳는 것이 쉬지 않고 부지런히 그치지 않는 것은 명(命)[2]이 저절로 그러한 것이다.

1 인온(絪縕)은 하늘 기운과 땅 기운이 서로 합해져 어리는 것을 말한
   다. 우주 안에 있는 가장 작은 물질이다.
2 명(命)은 하늘의 자연법칙이며 자연 혹은 저절로 그러함이다.

22.

木有津液卽血, 暢發卽氣, 心之堅强卽骨, 皮之柔潤卽肉, 結實
卽精. 石者土之結, 金者石之精. 五金之質異者, 氣之種殊也.
是金木之生, 與人物類也者. 是故水火得陰陽之精, 先萬物成;
昆蟲草木金石, 後天而化. 謂金木匹水火而能生物, 其探道化
之不精者與!

나무가 진액이 있는 것은 혈(血)이고, 뻗어 나온 것은 기(氣)이며, 중
심이 견강(堅剛)한 것은 골(骨)이고, 껍질의 부드럽고 윤택한 것은
육(肉)이며, 열매를 맺는 것은 정(精)이다.[1] 돌은 흙의 응결이고, 쇠
[金]는 돌의 정화(精華)이다. 오행[2]의 질이 같지 않은 것은 기의 종류
가 같지 않은 데서 나왔기 때문이다. 이것은 쇠와 나무의 생성이 사
람과 사물의 생성과 유사하다는 것을 말한다. 이런 까닭에 물과 불이
음양의 정기(精氣)를 얻으면 만물보다 먼저 생성된다. 곤충과 초목
과 금석은 물과 불이 생성된 이후에 변화하여 생성된다. 쇠와 나무가
물과 불에 짝하여 사물을 생성해낼 수 있다고 여기는 것은 도체(道
體)의 조화에 대한 탐색이 정확하지 않은 것이 아니겠는가!

1 나무를 사람에 비유하였다. 만물의 생성은 다 같다. 나무 진액이 사
   람의 피이고 열매를 맺는 것은 사람의 정기에 해당한다. 곤충이나
   초목 등 생명체는 모두 기의 변화에 따른다.
2 오행(五行)은 『서경·홍범』: "一五行, 一曰水. 二曰火, 三曰木, 四

曰金, 五曰土. 水曰潤下, 火曰炎上, 木曰曲直, 金曰從革, 土爰稼穡. 潤下作鹹, 炎上作苦, 曲直作酸, 從革作辛, 稼穡作甘. 오행에 관하여 그 첫째는 수(水), 둘째는 화(火), 셋째는 목(木), 넷째는 금(金), 다섯째는 토(土)이다. 수는 아래로 스며들며, 화는 위로 타올라가는 것이며, 목은 휘어지기도 하고 곧게 나가기도 하며, 금은 주형(鑄型)에 따르는 성질이 있고, 토는 씨앗을 뿌려 추수를 할 수 있게 한다. 젖게 하고 방울져 떨어지는 것은 짠맛 [鹹味] 을 내며, 타거나 뜨거워지는 것은 쓴맛 [苦味] 을 낸다. 곡면(曲面)이나 곧은 막대기를 만들 수 있는 것은 신맛 [酸味] 을 내고, 주형에 따르며 이윽고 단단해지는 것은 매운맛 [辛味] 을 내고, 키우고 거두어들일 수 있는 것은 단맛 [甘味] 을 낸다."라고 하였다.

오행의 개념은 다섯 종류의 기본적 물질이라기보다는 다섯 가지의 기본 과정을 나타내려는 노력의 소산이며, 영원히 순환운동을 하고 있는 다섯 개의 강력한 힘을 나타낸다. 음양과 원래 독립되어 있었으나 전국시대(戰國時代) 제(齊)나라의 추연(騶衍)이 체계적으로 결합시켰다.

23.

有太虛之氣, 則有陰陽. 有陰陽則萬物之種一本皆具. 隨氣之美惡大小而受化, 雖天之所得亦然也. 陰陽之精, 一化而爲水火, 再化而爲土, 萬物莫不藉以生之, 而其種則本於元氣之固有, 非水火土所得而專也.

태허의 기[1]가 있으면 음양이 있다. 음양이 있으면 만물의 종(種)인 한 근원이 모두 갖추어진다. 만물은 기의 아름다움과 추악함, 대소(大小)를 따라서 변화하여 생성된다. 비록 하늘이 얻은 것일지라도 또한 이와 같다. 음양의 정기는 한 번 변화하여 물과 불을 생성하고, 두 번 변화하여 흙이 된다. 만물은 이것들에 의지하여 생성되지 않음이 없다. 그 종은 원기의 고유한 것에 근본을 두었고, 물과 불과 흙이 얻어서 전담한 것은 아니다.

注

1 태허지기(太虛之氣)에서 태허는 처음 『장자·지북유』에 나오는데 만물을 포함하는 거대한 공간을 말하였다. 하지만 송대 장재에 의해 태허는 우주 만물의 근원이 되는 원기(元氣)를 담은 형이상학적 공간의 의미를 지니게 되었다. 태허의 기는 음양의 기이고 음양의 기가 만물형성에 작용을 한다.

24.

上世論五行以材用, 取其養民之義也, 故曰天地之生財也, 本不過五. 聖人節五行, 則治不荒. 後世以五行論造化, 戾於古人之論遠矣, 誕矣! 水火土, 似也; 昆蟲草木金石, 厥生類也, 假借於造化, 何居? 始也小儒異端鑿之, 終也大儒大賢信之, 壞人心之正, 亂『六經』之言, 吾爲仲尼嗟哉!

상고(上古)에는 재질(材質)의 사용으로서 오행을 논하여 생민을 양육하는 뜻을 취했다. 그래서 천지가 재질을 낸 것은 본래 다섯 종류에 불과했는데 성인이 오행을 절용한다면 다스림이 황폐해지지 않는다고 하였다. 후세에서는 오행으로써 조화를 논했는데 옛사람의 의론과 어긋남이 현격했으니, 황탄하구나! 물과 불과 흙은 서로 유사하고, 곤충과 초목과 금석은 그 생성이 서로 같다. 이런 생성을 조화에서 빌려온 것은 무슨 근거인가? 처음에는 소유(小儒)와 이단들이 천착하였는데 마침내 대유(大儒)와 대현(大賢)들도 또한 믿게 되어서 인심의 올바름을 붕괴시키고, 육경(六經)의 말을 어지럽게 만들었으니, 나는 공자[仲尼]를 위하여 탄식한다!

공자는 『주역 · 계사전』에서 오행을 기로써 설명하였는데, 음양과 오행의 기가 있어 만물을 탄생하고 생육하게 하는 원천으로 해석했다. 그러나 전국시대에 오행가들이 나와 음양오행의 조화로서 상생 · 상극의 설을 폈고, 진 · 한 시대에는 주역과 결합하여 오행술수로 쓰였다. 이를 주희는 오행이 기가 뭉쳐 생긴 질(質)로 보았다. 기의 차원에서 생겨난 순서는 목 → 화 → 토 → 금 → 수가 되나 질의 차원에서 본 오행이 생긴 순서는 수 → 화 → 목 → 금 → 토이다. 왕정상은 주희가 『주역』을 점서로 보았기 때문에, 오행이 공자의 사유에서 벗어나게 만들었다며, 후대 유자들을 비판한다.

25.

春夏陽漸達於上, 火氣薰蒸而遠, 水泉湧溢, 土釋而潤泛, 金氣鬱熱, 化石成鑛, 木發育而茂. 秋冬陰漸盛于上, 火氣斂而近, 水泉消涸而冰, 土結燥而凍, 金以石寒而不滋, 水氣歸根而彫落. 此五行消息之大分, 達人神聖之大觀也. 五行家假配四時, 以論盛衰, 謬矣, 周衰, 處士橫議, 邪說成俗, 至于今由之, 惜哉!

봄여름의 양기가 점차 위로 오르니 화기(火氣)가 찌는 듯이 무더워 멀리 퍼지고, 샘물이 솟아 넘치고, 흙이 풀려서 윤택하게 부풀고, 금기(金氣)가 몹시 뜨거워지며, 화석은 쇳물을 이루고, 나무는 발육하여 무성해진다. 가을 겨울의 음기가 점차 위로 왕성해지면 화기는 거둬져서 가까워지고, 샘물은 말라서 얼음이 되고, 흙은 건조해져서 얼고, 금(金)은 돌[石]의 차가움으로써 자라지 못하고, 수기(水氣)는 뿌리로 돌아가서 시들게 된다.[1] 이것이 오행이 소장(消長)하는 대강[2]이고, 통달한 사람과 신성한 성인의 대관(大觀)[3]이다. 오행가는 오행을 빌려서 사시(四時)에 배합하여 세상일의 성쇠를 논하는데 이는 오류이다. 주(周)나라가 쇠퇴하자 처사(處士)가 제멋대로 의론하고, 사설(邪說)이 풍속을 이루어서 지금까지 그것으로 말미암으니 참으로 애석하다!

1 봄의 기운은 목기(木氣)이다. 목기는 양기가 조금 있는 소양(少陽)의 기운인데 산천의 초목이 푸릇푸릇 싹이 트고 생장한다. 여름이 되면서 화기(火氣)가 멀리 퍼진다. 나무는 무성하게 자라고 양기가 극에 달한다. 가을에는 음기가 드러나기 시작하며 소음의 기운인 금기(金氣)가 차갑게 느껴지고 겨울이 되어 음기가 성하니 수기(水氣)가 뿌리로 들어가 초목을 시들게 하고 강의 물은 얼어붙는다.

2 소장(消長)은 쇠하여 사라지고 성하여 자라나는 것이며 흥망과 성쇠를 뜻한다. 대강(大分)은 기본적이고 중심이 되는 일의 내용이고 가장 중요한 부분이다.

3 대관(大觀)은 대요(大要)를 관찰하는 것으로 위대한 경관, 장관의 뜻을 지닌다.

26.

氣者造化之本, 有渾渾者, 有生生者, 皆道之體也. 生則有滅, 故有始有終. 渾然者充塞宇宙, 無跡無執. 不見其始, 安知其終. 世儒止知氣化, 而不知氣本, 皆於道遠.

기는 조화의 근본이며 기에는 혼혼(渾渾)한 것과 생생(生生)한 것이 있는데[1] 모두 도의 본체이다. 생겨나면 소멸이 있기 때문에 처음과 끝이 있다. 혼연한 기는 우주에 가득 차 있지만 흔적도 없고 붙잡을 수도 없다. 그 처음을 볼 수 없는데 어찌 그 마지막을 알 수 있겠는가? 세상의 유자들은 단지 기의 변화만 알 뿐 기의 근본은 알지 못하기 때문에 모두 도에서 멀어졌다.

1 혼혼자(渾渾者)는 혼탁한 기이고 생생자(生生者)는 생동감이 있고 활발한 기이다. 기는 생생한 기도 있고 혼혼한 기도 섞여 있다. 이

두 기가 섞여 있음이 도의 본체이다.

27.

離氣無道, 離造化無道, 離性情無道.

기를 떠나면 도가 없고, 조화를 떠나면 도가 없으며, 성정을 떠나면
도가 없다.[1]

注

1 기(氣), 조화(造化), 성(性), 정(情)은 모두 도의 본체이다.

건운편
乾運篇

1.

乾運之度, 七政之躔, 有常次也, 故天之象數可得而推. 風霆流
行, 變異突出, 無機兆也, 故天之神用不可得而測.

하늘의 운행 규칙은 해와 달과 다섯 개 별의 궤도[1]가 일정한 질서가
있기 때문에 하늘의 형상과 수[2]를 추산해낼 수 있다. 바람과 천둥의
운행은 변이가 돌출하여 작용하는 조짐이 없기 때문에 하늘의 신묘
한 부림은 추측해낼 수 없다.

注

1 칠정지전(七政之躔)에서 칠정(七政)은 칠요(七曜)라고도 한다. 칠
    요는 일(日)·월(月)과 오성(五星)을 말하고, 오성은 화(火)·수(水)
    ·목(木)·금(金)·토(土)의 별이다. 또 하늘에는 28수(二十八宿)
    가 사방으로 넓게 퍼져 있는데, 한 방향의 7개 별[七宿] 만을 말하기
    도 한다. 전(躔)은 움직이는 궤도를 말한다.

2 상수(象數)의 상(象)은 고대의 사람들이 하늘의 모양과 움직임을 형
    상화 한 것인데, 황도(黃道)와 적도(赤道) 부근의 28개의 성수(星
    宿)를, 동방의 7수는 청룡, 북방의 7수는 현무, 서방의 7수는 백호,
    남방의 7수는 주작이라 하고 각기 동물의 형상을 빌어 사상(四象)이
    라 하였다. 수(數)는 역법으로 천체의 움직임을 수로 계산한 것이다.

황도(黃道)는 고대인들이 상상한 태양이 1년 운행하는 궤도이다.

2.

陰不離於陽, 陽不離於陰, 曰道. 故陰陽之合, 有賓主偏勝之
義. 而偏勝者恒主之, 無非道之形體也. 曰陽精, 星陽餘, 風陽
激, 雷陽奮, 電陽泄, 雲陽乘; 月陰精, 辰陰餘, 雨陰施, 雪如之,
露陰結、霜如之, 皆性之不得已而然也. 故造化之道, 陽不足、
陰有餘, 而陰恒宗陽; 陽一陰二, 而陰恒含陽.

음은 양에서 분리될 수 없고 양은 음에서 분리될 수 없기 때문에 도
(道)라고 한다. 그래서 음양의 결합에는 손님과 주인처럼 편승한 상
황[1]이 있다. 편승한 것은 항상 주인이 되는데 이것은 도의 형체가 아
님이 없다. 해는 양의 정화(精華)이고, 별은 양의 여분의 본체이며,
바람은 양의 격동(激動)이고, 천둥은 양의 분발(奮發)이며, 번개는
양의 설로(泄露)이고, 구름은 양이 타는 것이다. 달은 음의 정화이
고, 별은 음의 여분이며, 비는 음의 발산(發散)이고, 눈노 그와 같나.
이슬은 음의 응결이고, 서리도 그와 같으며, 모두 성질이 부득이하여
그러한 것이다. 그래서 조화의 도는 양은 부족하지만 음이 남음이 있
고, 음은 항상 양을 종주로 삼으며, 양은 하나이고 음은 둘인데 음은
항상 양을 머금는다.

注

1 편승(便勝)은 주인과 손님처럼 한쪽이 우세하다는 뜻이다. 우세한
  것이 주인이 되고 지는 것이 손님이 된다. 해, 일부 별, 바람, 천둥,
  번개, 구름은 양이 우세하여 만들어 진 것이고 달, 일부의 별, 비,
  눈, 이슬, 서리 등은 음이 우세하여 생긴 것들이다.

3.

四時寒暑, 其機由日之進退, 氣不得而專焉. 日南至而寒甚, 北
至而暑甚, 所積既深, 不可驟變也. 日出而蒼涼, 夜陰之積未遽
消, 光不甚於旁達也. 日中而暄熱, 晝陽之積盛, 光復熾於下射
也. 陰雨之氣, 雖夏亦寒; 晴明之日, 雖冬亦熱, 此不可以時拘者
也. 向陽多暖, 背陰多寒; 窪下春先, 高峻雪積, 此不可以南北大
分拘者也. 雖然, 亦由日之氣得行與否耳! 斯皆變也, 非常也.

사계절과 추위와 더위는 그 작용이 해의 진퇴에서 말미암은 것으로
서 기가 전담할 수 없는 것이다. 해가 남쪽에 이르면 추위가 심해지
고, 북쪽에 이르면 더위가 심해지는데 쌓인 것이 이미 깊어지면 갑자
기 변할 수 없다. 해가 떴는데도 기온이 서늘한 것은 밤의 음기가 쌓
인 것이 미처 소멸하지 않았고, 햇빛도 널리 퍼지지 못한 것이다. 해
가 중천에 있는데도 온난한 것은 대낮의 양기가 왕성하게 쌓이고, 햇
빛이 다시 치열하게 아래를 쏘는 것이다. 음우[1]의 기운으로 비록 여
름이더라도 또한 춥고, 청명한 날은 비록 겨울이더라도 또한 따뜻한
것은 시절로써 구애될 수 없는 것이다. 양지를 향하면 많이 따뜻하고
음지를 등지면 많이 춥다. 움푹 패인 땅에 봄이 먼저 오고 높이 솟은
곳에는 눈이 쌓이는데 이는 남북이라는 큰 구분으로 구애될 수 없는
것이다. 비록 그러하지만 또한 햇빛의 기운이 통행할 수 있는지의 여
부에 달려있을 뿐이다. 이는 모두 변이[2]에 속하는 것이고 일정한 것
은 아니다.

注

1 음우(陰雨)는 음기의 비를 말한다. 물기는 음의 기운이기에 비는 음
  이 강하다. 그래서 음우가 되고 비가 오면 음산해진다.
2 변이(變異)란 음양의 이치에서 조금씩 어긋나는 것으로 그 원인은
  해의 위치에 따라 달라질 수 있기 때문이다.

4.

風揚塵土於下, 濛雨自上而降, 遇結而爲霾. 風之微不足以散雨, 雨之微不足以斂塵, 陰陽緩弱之氣也夫.

바람은 아래로부터 먼지를 일으키고, 가랑비[1]는 위로부터 떨어지는데 먼지와 합쳐지면 흙비가 된다. 바람이 약하면 흩어지는 비가 될 수 없고 비가 약하면 먼지를 머금을 수 없다. 이것은 모두 음양의 느리고 약한 기운 때문이다.

注

1 몽우(濛雨)는 가랑비이고 매우(霾雨)는 흙비이다.

5.

雹之始雨也, 感於陰氣之冽, 故旋轉凝結以漸而大爾. 其陰陽之濁而不和者與? 謂蜥蜴所爲者, 得乎哉!

우박[1]의 시초는 비었는데 음기의 차가움에 감응하였기 때문에 돌며 응결되어서 점차 커졌을 뿐이다. 아마 그 음양이 탁하여 조화롭지 못함이 아니겠는가? 도마뱀이 행한 것이라고[2] 하는 것이 어찌 가능하겠는가?

注

1 박(雹)은 우박이다.
2 『주자어류』, 권 3에 귀신에 대한 담론 중에 '도마뱀 우박 생산설'에 대한 글이 나온다. 어떤 과정을 거쳐 만들어졌을까? 아마 도마뱀이 용과 닮아서 생김새의 유사성 때문에 연결된 것 인듯하다.

6.

陰過乎陽, 畜之極轉而爲風. 大過則大吹, 小過則小吹. 夏無巨風者, 陽盛之極, 陰不能以遏之也. 陽伏於陰, 發之暴聲而爲雷. 其聲緩者, 厥伏淺; 其聲迅者, 厥伏固. 冬而雷收其聲者, 陰盛之極, 陽不得以發之也. 時有之者、變也, 非常也.

음이 양을 막아 쌓임이 극에 이르면 전환하여 바람을 일으킨다.[1] 크게 막으면 크게 불고 작게 막으면 작게 분다. 여름에 큰 바람이 없는 것은 양의 왕성함이 극에 이르러 음이 그것을 막아낼 수 없는 것이다. 양은 음에 잠복해 있다가 터져 폭발 소리를 내는데 그 소리가 천둥이 된다.[2] 그 소리가 느린 것은 잠복한 것이 얕고 그 소리가 빠른 것은 잠복한 것이 견고하다. 겨울에 천둥이 그 소리를 거두는 것은 음의 왕성함이 극에 이르러 양이 터질 수 없는 것이다. 때때로 천둥이 있는 것은 변이에 속하는 것이고 항상 그런 것은 아니다.

注

1 우주에는 음과 양의 두 기운이 서로 작용하여 무궁한 변화를 일으킨다. 음이 양을 막아 음이 왕성하면 바람을 일으킨다.
2 양의 기운이 음에 가려져 있다가 터져 나오며 소리를 내는 것이 천동이다.

7.

雪之始、雨也, 下遇寒氣乃結. 花必六出, 何也? 氣種之自然也. 草木枝幹花葉, 人耳目口鼻, 物蹄角羽毛, 胡爲而然耶? 氣各正其性命, 不得已而然爾. 應陰數有諸? 曰: 傅會之擬矣, 孰主宰爲之. 花萼亦有然者矣. 四出、五出、六出同時而成, 又奚應哉!

눈의 시초는 비인데 내려오며 한기를 만나서 곧 응결된 것이다. 설화는 반드시 꽃잎이 여섯 개로 나오는데 무슨 까닭인가? 기의 종류가 저절로 그러한 것이다. 초목의 가지와 줄기, 꽃과 이파리, 사람의 이

목구비, 동물의 발굽과 뿔, 깃털 등은 어찌하여 그런 것인가? 기가 각기 그 성명(性命)을 바르게 하니 부득이하여 그런 것이다.[1] 음수 (陰數)에 응하여 그런 것인가? 그것은 견강부회의 말이다. 무엇이 주재하여 그렇게 하겠는가? 꽃받침도 또한 그러한 것이 있다. 네 잎으로 나온 것, 다섯 잎으로 나온 것, 여섯 잎으로 나온 것이 동시에 이루어지니, 또한 무엇에 응한 것이던가?

注

1 사물의 현상은 주재자가 없다. 저절로 그러한 것이다. 기(氣)가 모두 성명(性命)을 바르게 하여 태어나도록 한다. 성명이란 기가 본래 지닌 것으로 사물이 태어날 때 각기 바른 성명을 부여한다. 즉, 불교에서 업을 종자로 지니고 다시 태어나듯 조상의 씨앗을 간직하여 그대로 자손을 탄생시킨다.

8.

人之世也近, 天地之世也久, 是故先者罔以審而稽也; 後者難以俟而證也. 惟跡與理, 可以會通矣. 山石之欹側, 古地之曾傾墜也. 山有壑谷, 水道之蕩而日下也. 地有平曠, 水土之漫演也. 高峻者日以剝, 下平者日以益, 江河日趨而下, 咸勢之不得已也夫!

인간의 한 세대는[1] (시간이) 가깝지만 천지의 한 세대는 영구하기 때문에 천지가 생기기 이전의 것은 살펴서 고증하기가 어렵고, 천지가 생긴 이후는 기다려서 증명할 수 없다. 오직 자취와 이치로써 회통할 수 있다. 산석이 기울어 있는 것은 옛날 땅이 기울어 무너진 적이 있었던 것이다. 산에 골짜기가 있는 것은 물길이 매일 아래로 쓸어내려 왔던 것이다. 땅에 평야가 있는 것은 물과 흙이 넘쳐 퍼진 것이고, 높이 솟은 곳은 날로 깎여지고, 낮고 평평한 곳에는 날로 쌓이고, 강과 하천은 날로 빠르게 흘러내려가는 것은 모두 형세가 부득이 한 것[2]이 아니겠는가!

1 인간의 한세대는 30년이다.
2 세의 부득이함[勢之不得已]에서 세(勢)는 형편을 말한다. 즉, 형세(形勢), 지세(地勢), 시세(時勢), 전세(戰勢) 등 다양한 세가 존재하는데 이는 어찌 할 수 없는 상황이다. 산이 생기고 골짜기가 생긴 것은 음양의 조화가 아니라 세의 부득이한 상황인 것이다.

9.

三垣十二舍, 經星終古不移, 天亦有定體矣. 曰浮氣戴之, 寧無一之變動也乎?

북극 주변의 삼원[1]과 목성 주위의 십이사성(十二舍星)과 항성들이 예로부터 변하지 않은 것은 하늘도 또한 일정한 체[2]가 있다는 것이다. 떠다니는 기가 그것을 이고 있다고 말한다면 어찌 한 번의 변동도 없었겠는가?

1 삼원(三垣)은 28수(宿)과 함께 고대 별자리[星座]의 명칭으로, 자미원(紫微垣), 태미원(太微垣), 천시원(天市垣)을 총칭하는 말이다.
2 정체(定體)는 일정한 체제나 법도를 말한다.

10.

星之隕也, 光氣之溢也, 本質未始窮也, 隕而卽滅也. 天之辟至於今, 經緯之象盡矣. 隕而散滅者, 光氣之微者也. 墮而爲石, 感地氣而凝也, 陰陽妙合之義也. 上下飛流不齊者, 隕之機各發於所向也, 如進激而噴也.

별이 떨어지는 것은 광기(光氣)가 넘친 것이다. 본질은 애초에 없어
진 적이 없는데 떨어진 것은 즉시 소멸한다. 하늘이 개벽한 후 지금
에 이르기까지 경위의 형상이 모두 갖추어졌다. 떨어져서 흩어져 소
멸한 것은 광기가 작은 것이다. 떨어져서 돌이 된 것은 지기(地氣)에
감응하여 응결된 것으로 음양이 묘하게 결합했다는 의미이다. 별이
떨어지는 것이 위아래로 날고 흐르는 것이 나란하지 않은 것은 떨어
지는 작용[機]이 각기 향하고자 하는 곳으로 일어나는 것이 마치 진
격하며 뿜어지는 듯하다.

11.

地氣夜則鬱達, 故遇物而凝. 淸則氛氳, 爲霜, 爲露; 濁則烟霧,
爲濛, 爲木稼. 日高而散, 風洌而不凝者, 陰化於陽之義也.

땅의 기운은 밤이 되면 침울하기 때문에 사물을 만나면 응결된다. 맑
은 기가 번성하면 서리가 되고, 이슬이 된다. 탁한 기는 안개[煙霧]가
되고 가랑비[1]가 되고, 서리[木稼][2]가 된다. 해가 뜨면 흩어지고 바람
이 세면 응결되지 않는 것은 양기에서 음화(陰化)[3] 된다는 뜻이다.

注

1 몽우(濛雨)는 가랑비이다.
2 목가(木稼)는 나무나 풀에 내려 눈꽃처럼 만들어진 서리이다.
3 음화(陰化)는 양기가 음기로 바뀐다는 뜻이다.

12.

月食日, 形體掩之也; 日食月, 闇虛射之也. 日光正灼, 積暈成

蔽, 故曰闇虛. 觀夫燈燭, 上射黑焰, 蔽光不照, 足以知之.

달이 해를 가리는 것은 형체가 그것을 가리는 것이고, 해가 달을 가리는 것은 암허(暗虛)가 가리는 것이다.[1] 일광이 정면에서 쏠 때 쌓인 햇무리가 가리기 때문에 암허라고 한다. 등불을 살펴보면 등불 위로 사출되는 검은 불꽃이 광선을 막아 비추지 않는데 이것으로써 알 수 있다.

注

1 월식은 달이 지구의 그림자 속으로 들어가 가리는 것으로 달과 해가 겹쳐 해의 형체를 완전히 가리게 되고 일식은 지구와 해 사이에 달이 들어가서 가리는 것이다. 일식은 태양, 달, 지구의 순으로 일직선을 이루는 삭일 때 일어나고, 월식은 태양, 지구, 달 순으로 일직선을 이루는 망일 때 일어난다. 일식 때에는 햇무리 때문에 달이 빛을 발한 것이 드러나지 않아 암허라고 한다.

13.

天亦有定體, 遠不可測也. 觀恒星河漢終古不移, 可以驗之. 七曜麗天, 而非附天也, 故自爲運行. 其動也乘天之機也, 雖遲速不齊, 皆順天.

하늘도 또한 일정한 체가 있는데 멀어서 헤아릴 수 없다. 항성과 은하수를 살펴보면 옛날부터 변하지 않았으니, 그것을 징험할 수 있다. 칠요(七曜)[1]는 하늘을 따라가지만 하늘에 부착된 것은 아니기 때문에 스스로 운행을 한다. 그것들의 운행은 하늘의 변화를 타는 것인데 비록 늦고 빠른 것이 같지 않지만 모두 하늘을 따른다.

注

1 칠요(七曜)는 해와 달과 오성(五星)을 말한다. 칠정(七政)과 같다.

이들은 스스로 운행하지만 하늘의 운행법칙을 따른다.

14.

日中暗黑, 非地影也. 質有查滓, 不受日光者爾. 月行九道, 勢
有高下東西. 果由地形, 則人之視之, 如鏡受物, 影當變易. 今
隨在無殊, 是由月體, 而匪外入也. 月與日火皆外景, 安能受物!

해가 중천에 있는데 암흑인 것은 땅 그림자가 아니다. 본 바탕에 찌
꺼기가 있어서 일광을 받아들이지 못했을 뿐이다. 달의 운행에는 구
도(九道)[1]가 있는데 그 형세에는 높낮이와 동서가 있다. 만일 지형으
로부터 비롯된 것이라면 사람이 그것을 보면 마치 거울이 사물을 비
추는 것처럼 그림자가 마땅히 변할 것이다. 지금도 따르는 것이 변하
지 않았으니, 이는 달의 형체에서 비롯된 것이고 외부에서 들어온 것
이 아니다. 달과 해의 빛은 모두 바깥 그림자인데 어떻게 사물을 받
아들일 수 있겠는가?

注

1 구도(九道)는 달이 운행하는 길이며 아홉 가지이다. 구도는 황도(黃
   道), 흑도(黑道). 적도(赤道), 백도(白道), 청도(靑道)인데, 황도는
   1개이고 나머지 네 개는 2개씩이다.

15.

天乘夫氣機, 故運而有常; 地竅於山川, 故浮而不墜. 磑之轉於
水, 機在外也; 匏之浮於水, 空在內也. 地, 天, 內之物, 無可倚
之道. 故曰天以機動, 地以竅浮.

하늘은 기의 작용을 타기 때문에 운행에 일정한 규칙이 있다. 땅은

산천의 중심으로 뚫려있어서 떠 있지만 떨어지지 않는다. 맷돌이 물 속에서 도는 것은 작용이 밖에 있는 것이고, 바가지가 물에 뜨는 것은 빈 곳이 그 가운데 있는 것이다. 땅과 하늘은 내면의 사물로서 의지할 수 있는 방도가 없기 때문에 "하늘은 작용[機]으로써 움직이고, 땅은 뚫려있어서[竅] 뜬다."[1]고 말하였다.

注

1 천이기동(天以機動)은 천의 움직임은 어떤 작용이 있어 일정한 움직임이 된다는 것이고, 지이규부(地以竅浮)는 산이 패여 구릉과 골짜기를 이루고 또다시 패여 강과 하천을 이루니 땅에 많은 구멍들이 생겨 물체가 떠 있게 한다는 것이다.

16.

天体近極者高, 遠極者下. 黃道橫斜交絡, 故日行近極則光之被於人者久, 故晝長夜短而氣暑; 遠極則光之被於人者不久, 故晝短夜長而氣寒. 行兩極之中, 則晝夜均而氣淸和, 何也? 日, 大火也, 近人則暑, 而遠人則寒也. 是故陰陽過盛, 四時寒暑, 咸日之進退主之. 謂氣自有升降, 何待日遠近乃成寒暑! 謂地有四遊, 何人去極無有高下!

천체가 극에 가까운 것은 높고 극에서 먼 것은 낮다. 황도(黃道)[1]가 횡으로 기울어 서로 이어졌기 때문에 해의 운행이 극에 가까우면 햇빛이 사람을 비추는 것이 오래가고, 그 때문에 낮은 길고 밤은 짧고 기후는 덥다. 극에서 멀어지면 햇빛이 사람에게 비추는 것이 오래가지 못하기 때문에 낮은 짧고 밤은 길고 기후는 춥다. 해가 양 극의 중간을 지날 때는 밤낮이 균등하고 기후가 화창한데 무엇 때문인가? 해는 커다란 불덩이[大火]이기 때문에 사람에게 가까우면 무덥고 사람에게 멀면 추운 것이다. 이런 이유로 음양의 지나친 왕성함과 사시의 추위와 더위는 모두 해의 진퇴가 주재한다. 만약 기가 스스로 오르내린다고 한다면 어찌 해의 멀고 가까움을 기다려서 추위와 더위를 이루겠는가! 땅에 사유(四遊)[2]가 있다고 한다면 어찌 사람과 극과의 거리에 높낮이의 구분이 없겠는가?

注

1 황도(黃道)는 달이 운행하는 궤도로 구도(九道) 중 하나이다.

2 『태평어람(太平御覽)·상서고령요(尙書考靈曜)』: "地有四遊, 冬至地上, 北而西三萬里; 夏至地下, 南而東復三萬里; 春秋分則其中義. 땅에는 사유(四遊)가 있는데, 겨울이 땅 위로 북과 서에 삼만리에 이르고 여름이 땅 아래로 남과 동에 다시 삼만리에 이른다. 봄가을은 나누어지면 그 가운데가 의미한다."라고 하였다.

봄, 여름, 가을, 겨울의 사계절을 사유(四遊)라 하였다.

17.

兩儀未判, 太虛固氣也. 天地既生, 中虛亦氣也. 是天地萬物不越乎氣機聚散而已. 是故太虛無形, 氣之本體, 清通而不可爲象也. 太虛絪縕, 萬物化醇, 生生而不容以息也, 其性命之本原乎!

양의(兩儀)[1]가 분리되지 않았을 때 태허는 본래 기였다. 천지가 이미 생겨나니 천지 중간의 허공도 또한 기이다. 이 때문에 천지만물은 기의 취산(聚散)에서 벗어나지 않는다. 이런 이유로 태허가 무형인 것은 기의 본체가 맑게 통하여 형상을 이룰 수 없는 것이다. 태허는 인온[2]하여 만물이 화순하고 기가 끊임없이 생성하여 휴식이 없으니, 아마 성명(性命)의 본원이던가!

注

1 『주역·계사 상』: "易有太極 是生兩儀. 역에 태극이 있으니 이것이 양의를 낳았다."라고 하였다.

양의(兩儀)는 음(陰)과 양(陽), 또는 하늘과 땅이다.

2 『주역·서(序)』: "莫不有太極, 莫不有兩儀, 絪縕交感, 變化不窮. 태극이 있지 않음이 없으며, 양의가 있지 않음이 없으니, 인온하여 교감함에 변화가 다함이 없다."라고 하였다.

인온(絪縕)은 음양(陰陽)의 두 기(氣)가 교합하고 결합한 상태다. 날씨가 화창하고 따뜻한 것을 말하기도 한다. 여기서는 태허의 맑고 따뜻한 기를 인온이라 했다. 때문에 인온은 만물을 변화하여 정순(精醇)하게 한다.

18

天之運無已, 故無度數, 以日行所曆之數爲之. 日行三百六十五日有餘與天會, 故天之度有三百六十五度四分度之一也. 是日與度會爲一日, 與月會爲一月, 與天會爲一歲. 月之晦、朔、弦、望, 歷於日之義也. 月會日而明盡, 故曰晦; 初離日而光蘇, 故曰朔; 月與日相去四分天之一, 如弓之張, 故曰弦; 月與日相去四分天之二, 相對, 故曰望.

하늘의 운행은 그치지 않기 때문에 도수(度數)[1]가 없고, 해의 운행이 지나가는 숫자로써 계산을 한다. 해의 운행은 365일 남짓에 하늘과 만나기 때문에 하늘의 도수는 365와 1/4도이다.[2] 해와 도수가 만나는 것은 하루가 되고, 달과 만나는 것은 한 달이 되고, 하늘과 만나는 것은 한 해가 된다. 달의 회(晦: 그믐), 삭(朔: 초하루), 현(弦: 상현, 하현), 망(望: 보름)은 달이 해를 지나가는 과정이다. 달이 해를 만나면 밝음이 없어지기 때문에 회라 하고, 처음 해에서 떨어질 때 빛이 소생하기 때문에 삭이라 하고, 달과 해의 서로의 거리가 1/4 천(千)일 때 활을 당기는 것과 같기 때문에 현이라 하고, 달과 해의 서로의 거리가 2/4 천(千)일 때 서로 마주하기 때문에 망이라 한다.

1 도수(度數)는 수로 헤아리는 것이다.
2 『정역(正易)』에 이미 해의 운행을 보고 하늘의 도수는 365와 1/4도
   이라고 했으며 진나라 갈홍(葛洪) 등 많은 학자들이 확인했다.

19.

**向月熟摩其蛤, 則水生, 謂之方諸. 向日熟摩其鑒, 則火生; 謂
之夫遂. 相去甚遠, 而相感甚速, 精之至也.**

달을 향해 그 조개껍질[蛤]을 많이 문지르면 물이 생기는데[1] 이를 방
저(方諸)라고 한다. 해를 향해 그 거울을 많이 문지르면 불이 생기는
데 이를 부수(夫遂)라고 한다.[2] 서로의 거리는 너무 멀지만 서로의
감응은 몹시 빠른데 정밀함이 지극한 것이다.

注

1 『회남자(淮南子)·천문훈(天文訓)』: "蛤殼月下取水用. 조개껍질은
  달 아래서 물을 취하는데 사용했다."라고 하였다.
2 『주례(周禮)·추관(秋官) 사훤씨(司烜氏)』: "日下取火的凹形銅鏡.
  해 아래에서 불을 취하는데 凹모양의 동 거울이었다."라고 하였다.

20.

**本乎天者, 親上, 謂氣之屬, 雲霧烟火之類, 其氣必勝上是也.
本乎地者, 親下, 謂質之屬, 土石水金之類, 氣質必下沈是也.**

하늘을 근본 삼는 것은 위를 가까이하는데, 기의 등속을 말한다. 운
무와 연화 같은 종류는 그 기가 반드시 위로 오르는데 바로 그것이
다. 땅을 근본 삼는 것은 아래로 가까이하는데, 질의 등속을 이른다.

흙, 돌, 물, 쇠붙이와 같은 종류는 기질이 반드시 아래로 가라앉는데
바로 이것이다.[1]

注

1 연기, 구름 등의 기는 위로 올라가려는 속성이 있으며 하늘에 근본을
    둔 것들이며 흙, 돌, 물, 쇠 등의 기는 아래로 가라앉으려는 속성이
    있고 땅에 근본을 둔 것들이다.

작성편
作聖篇

1.

作聖之塗, 其要也二端而已矣: 澄思寡欲以致睿也; 補過從義
以日新也. 卒以成之, 曰誠.

성인(聖人)이 되는 길은 그 요점이 두 가지일 뿐이다. 생각을 맑게
하고 욕심을 적게 하고[1] 밝은 지혜에 도달하는 것과 허물을 보완하
고 의로움을 따르는 것[2]으로서 매일 새롭게 하는 것[3]이다. 마침내 그
것을 성취하니 성(誠)이라 한다.

注

1 징사과욕(澄思寡欲)은 맑고 깨끗한 생각을 하고 욕을 적게 한다는
뜻이다.
2 보과종의(補過從義)는 잘못을 보충하고 의로움을 따른다는 뜻이다.
3 『대학』: "湯之盤銘 曰 苟日新 日日新 又日新. 탕의 「반명(盤銘)」에
'진실로 날마다 새로워지면, 나날이 새로워지고 또 날로 새로워진다.'
라 했다."라고 하였다.

2.

物沓至, 惟有道者能御之, 蓋心虛而氣和爾. 心虛無先物間之, 氣

和無客意撓之. 無間故能公, 無撓故能平, 君子可以御天下矣.

사물이 어지럽게 이를 때 오직 도를 지닌 자만이 그것을 다스릴 수
있는데, (도를 지닌 자는) 대체로 심이 텅비고 기가 온화하다. 마음이
텅 비는 것은 선물[1]이 끼어들지 않았고, 기가 온화하여 객의[2]가 동요
하지 않는다. 끼어드는 것이 없기 때문에 공정할 수 있고, 동요함이
없기 때문에 평화로울 수 있으니 군자는 천하를 다스릴 수 있다.

> **注**
>
> 1 선물(先物)은 도리에 앞서는 물질이며 욕(欲)에 관계하는 물질을 말
>   한다. 선물은 마음을 어지럽게 하는 사물이다.
> 2 객의(客意)는 집을 떠나온 나그네의 쓸쓸한 마음이다. 또 객의는 동
>   요하기 쉬운 마음이기도 하다.

3.

聖人之辭簡, 其理渾; 賢人之辭繁, 其理辯.

성인의 말은 간략하지만 그 이치는 혼융하고, 현인의 말은 번다하지
만 그 이치는 변통(辯通)하다.[1]

> **注**
>
> 1 혼융[渾]한 것은 여러 가지가 섞여서 녹아있는 것이고, 번다함[繁]은
>   뒤섞이어 복잡하다는 뜻이다. 성인은 모든 이치를 파악하고 달관하
>   여 말이 필요치 않으나, 현인은 아는 것이 많아서 말로 설명을 하며
>   그 이치들을 변론하여 통하게 한다.

4.

"省其私, 足以發", 明道之幾也. "不遷怒, 不貳過", 進德之塗也.

"用之則行, 舍之則藏", 動以時矣. "簞瓢陋巷, 不改其樂", 純乎天矣. 是故顏子亞聖.

"그 사생활을 살펴보니, 충분히 계발할 만했다"[1]고 한 것은 도의 기미를 밝힌 것이다. "남에게 화를 옮기지 않고 같은 잘못을 두 번 저지르지 않는다."[2]고 한 것은 덕의 길로 나아간 것이다. "기용되면 자신의 뜻을 행하고, 기용되지 못하면 자신의 재능을 감춘다."[3]고 한 것은 시기를 살펴서 행동한다는 것이다. "가난한 동네에서 가난하게 살더라도 도를 즐거워하는 것을 고치지 않았다."[4]고 한 것은 천명에 순수하게 의지한다는 것이다. 이 때문에 안자(顏子)는 아성(亞聖)이다.

注

1 『논어 · 위정(爲政)』: "子曰, 吾與回言終日, 不違如愚. 退而省其私, 亦足以發, 回也不愚. 공자가 말씀하셨다. 내가 회(回)와 더불어 온종일 이야기를 하였으나, 내 말을 어기지 않아 어리석은 사람인 듯하더니, 물러간 뒤에 그 사생활을 살펴봄에 충분히 분명하게 행동하니[發明], 회(回)는 어리석지 않구나!"라고 하였다.
여기서 '省其私, 足以發'을 발췌한 것이다.

2 『논어 · 옹야(雍也)』: "有顏回者好學, 不遷怒, 不貳過. 不幸短命死矣, 今也則亡, 未聞好學者也. 안회라는 사람이 배우기를 좋아해서, 노여움을 남에게 옮기지 않고 같은 잘못을 두 번 저지르지 않았는데, 불행히도 단명하여 죽었습니다. 이제는 그런 사람이 없으니, 그 후로는 아직 배우기를 좋아한다는 사람을 들어 보지 못했습니다."라고 하였다.

3 『논어 · 술이(述而)』: "子謂顏淵曰, 用之則行, 舍之則藏, 唯我與爾有是夫! 공자께서 안연에게 일러 말하였다. 써 주면 도를 천하에 행하고, 써 주지 않으면 도를 몸에 간직한다. 오직 나와 네가 할 수 있을 것이니라."라고 하였다.

4 『논어 · 옹야』: "子曰, 賢哉, 回也! 一簞食, 一瓢飮, 在陋巷, 人不堪其憂, 回也不改其樂. 賢哉, 回也! 공자께서 말하였다. 안회야말로

현인이로다. 한 주발의 밥과 한 바가지의 물을 먹고 누추한 골목에
살고 있다는 것은, 사람들은 그 어려움을 견디어 내기가 힘든 일이
다. 하지만 안회는 안빈낙도를 바꾸지 않으니 안회는 참으로 현인이
로다."라고 하였다.

5.

從容純熟, 與道脗合, 化也. 學至於化, 大之跡泯矣, 而曰 "化
而後能有其大", 何也? 大有跡也, 猶有事於外也. 在外猶有存
亡也, 安能保而有之. 化則斂於精, 貫於一矣. 其出入由我也,
故謂之有.

조용하면서도 무르익어 자연스럽게 도(道)에 들어맞게 되는 것이 화
(化)이다. 학문이 화에 도달하면 큰 자취가 소멸된다. "화한 이후에
도 그 큼을 지닐 수 있다"[1]고 한 것은 무엇 때문인가? 큼이 자취를
지니는 것은 외부에 사물이 있는 것과 같다. 외부에 있는 것은 존망
이 있는 것과 같은데 어떻게 보존하여 지닐 수가 있겠는가? 화하면
정밀함을 거두어들여 하나로 꿰뚫는다.[2] 그 출입은 나에게서 말미암
기 때문에 지닌다[有]라고 말한다.

注

1 『맹자·진심 하』: "充實而有光輝之謂大, 大而化之之謂聖. 가득 차
서 빛을 발함이 있는 것을 '대(大)'라 하며, 대의 상태가 되어서 남을
변화시키는 것을 '성(聖)'이라 한다."라고 하였다.
2 화(化)는 수양 후에 이루어지는 교화이고 변화이다. 존양을 실천하
여 무르익으면 자연스럽게 되는 것이다. 학문을 하여 화(化)의 경지
에 도달하면 대(大)의 경지에 든다.

6.

萬物累天地, 而天地不以爲功, 故化育不息. 天地累聖人, 而聖人以爲己分, 故窮達一道.

만물은 천지에 의지하지만 천지는 공으로 여기지 않기 때문에 화육을 멈추지 않는다. 천지는 성인에게 의지하지만 성인은 자신의 분수로 여기기 때문에 궁핍과 달성은 하나의 도이다.

> 천지는 만물을 화육하지만 자기 공으로 여기지 않고 성인는 천지의 이치를 다 알아서 운용하지만 자신의 일로 여긴다. 인간이 궁하고 달하는 것은 성인이나 천지가 관여하는 것이 아니고 자신이 노력으로 만들어 내는 인도(人道)인 것이다.

7.

聖人志氣如神, 生質之美也; "精義入神", 盡性之極也.

성인의 지기(志氣)는 신(神)과 같은데[1] 이는 태어나면서 지니는 바탕의 아름다움이다.[2] "정밀하게 이치를 따지고 신묘한 경지로 들어간다"[3]는 것은 성(性)을 다함의 극치이다.

注

1 「예기·공자한거」: "淸明在躬, 氣志如神. 맑고 밝음이 몸에 있으면 기지가 신과 같다."라고 하였다.

2 『맹자·진심 하』에 '充實之謂美'로 나온다. 충실지미(充實之美)는 충실(充實)한 것을 아름다움이라고 한다는 뜻이고 생질지미(生質之美)는 타고난 자질이 아름다운 것이다.

3 『주역·계사 하』, 제4장: "精義入神, 以致用也. 정밀하게 이치를 파악해 신묘한 경지에 들어가는 것은 쓰임을 지극히 하기 위해서이다."라고 하였다.

8.

明炳幾先, 有以圍範天下之事而無遺, 故 "存神". 至誠盡性, 有
以普順萬物之情而不私, 故 "過化".

일의 기미를 분명하게 밝히기를 먼저 하는 것이 천하의 일을 예견하
는데 빠뜨림이 없기 때문에 '존신(存神)'이라 한다. 지극한 정성으로
본성을 다하여[1] 널리 만물의 실정을 따르고 사사롭지 않기 때문에
'과화(過化)'[2]라고 한다.

注

1 『중용』, 제22장: "惟天下至誠, 爲能盡其性, 能盡其性, 則能盡人之
性. 能盡人之性, 則能盡物之性. 能盡物之性, 則可以贊天地之化育.
可以贊天地之化育, 則可以與天地參矣. 오직 천하에서 지극히 성실
한 사람만이 그 성(性)을 다할 수 있으며, 그 성을 다하면 능히 사람
의 성을 다할 것이요, 사람의 성을 다하면 능히 물건의 성을 다할
것이요, 물건의 성을 다하면 천지의 화육(化育)을 도울 것이요, 천지
의 화육을 도우면 천지와 더불어 참여하게 될 것이다."라고 하였다.
2 『맹자·진심 상』, 제13장: "所過化者, 所存者神. 지니기면 교화되
고 머물면 신묘함이 깃든다."라고 하였다.
과화(過化)란 성인은 덕이 성대하여 지나가는 곳마다 사람들이 모두
교화가 된다는 뜻이고 존신(存神)은 성인이 마음에 보존하고 있는
것이 신묘하다는 뜻이다. 과화존신(過化存神)은 성인이 지나가는
곳마다 사람이 모두 변화하고 마음에 간직한 것이 신묘하여 천지의
조화와 함께 운행한다는 뜻으로 쓰였다.

9.

聖人之道, 貫徹上下. 自灑掃應對, 以至均平天下, 其事理一
也. 自格物致知, 以至精義入神, 其學問一也. 自悅親信友, 以

至過化存神, 其感應一也. 故得其門者, 會而極之; 異其塗者,
由之而不知也. 古之人寧學聖人而未至, 不欲以一善成名. 予
竊有慕焉耳.

성인의 도는 상하를 관철한다. 청소와 응대[1]로부터 천하를 가지런히
하는 일까지 그 일의 이치는 하나이다. 격물치지로부터 정의입신[2]까
지 그 학문은 하나이다. 어버이를 기쁘게 하고 벗에게 신의 있게 대
하는 것[3]부터 과화존신[4]하는 데에까지 그 감응은 하나이다. 그래서
그 성인의 문하에 들 수 있는 자는 모여서 그것들을 지극히 한다. 그
길을 달리하는 자는 그것으로 말미암아 알 수 없다. 옛 사람들이 어
찌 성인을 배워서 이르지 못했겠는가? 한 가지 선행으로 명성을 이
루려고 하지 않았던 것이다. 나는 속으로 그들을 사모함이 있다.

注

1 쇄소응대(灑掃應對)는 물 뿌리고 비질하고 다른 사람을 응대하는 일
  등 사람들이 살아가며 행하는 가장 일상적인 것이다.
2 격물치지(格物致知)와 정의입신(精義入神)은 학문의 경지이다. 격
  물치지는 물의 이치[理]를 연구하여 앎[知]에 이르는 것이고 정의 입
  신은 정밀하게 관찰하여 신묘한 경지에 들어가는 것이다.
3 열친신우(悅親信友)는 어버이를 기쁘게 하고 벗에게 믿음을 주며 성
  인을 닮으려는 마음을 말한다.
4 과화존신(過化存神)에 이르는 것은 경(敬)과 성(誠)을 하여 성인을
  배우려는 자세이다.

10.

天地無所不容, 故大. 聖人與物無較, 故與天地同體.

천지는 받아들이지 않음이 없기 때문에 크다. 성인은 사물과 비교하
지 않기 때문에 천지와 동체이다.

천지는 무엇이든 다 수용할 수 있어 크다고 할 수 있고 성인은 자신의 덕이 충만하여 다른 사물에 동요되지 않아 자신과 비교하지 않는다. 때문에 왕정상은 성인과 천지가 한 몸이라고 하였다.

11.

大識者外僞不能累; 大氣者外侮不能動; 大德者外物不能遷.

아는 것이 많은 자는 외부의 거짓이 누를 끼칠 수 없고, 기개가 큰 자는 외부의 모멸이 동요하게 할 수 없으며, 큰 덕을 지닌 자는 외부의 사물에 마음을 옮겨가게 할 수 없다.

지식이 풍부하면 외부에서 거짓을 말해도 따르지 않고, 기개가 크면 외부에서 자신을 모멸하는 언행을 해도 동요되지 않으며 덕을 쌓으면 마음이 쉽게 움직이지 않아 외물에 욕심이 생기지 않는다. 그래서 덕과 지식을 쌓고 기를 길러야 어떤 상황에도 흔들리지 않는다.

12.

禮尚施報, 聖人緣人情而爲之也, 聖人自處則不然, 不妄施, 施無不報; 不望施, 亦不望報, 故太上貴德.

예(禮)는 보답하는 것을 중시하는데 성인은 인정에 따라서 행한다. 성인은 자신에게는 그렇게 하지 않으며, 함부로 남에게 베풀지 않지만, 남이 베풀어주면 보답하지 않음이 없다. 베풀어주기를 바라지 않고 또한 보답받기를 바라지 않는다. 그래서 "상고 시대에는 덕을 귀하게 여겼다"[1]고 한 것이다.

注

1 『예기 · 곡례상(曲禮上)』: "太上貴德. 상고시대에는 덕을 귀하게 여겼다."라고 하였다.

성인은 정(情)이 이끄는 대로 행동하면 예(禮)에 맞게 된다. 보통 사람은 마음의 정욕이 외부 상황에 따라 흔들리지만, 성인은 덕이 충만하여 정욕이 행동을 이끌어도 예에 어긋남이 없다. 공자가 마음이 하고 싶은 대로 하여도 법도를 벗어나지 않았다[從心所欲 不踰矩]고 하였는데, 이는 70살이 되어서야 성인의 마음을 지니게 되었다고 한 것이다.

13.

決擇以真, 其道乃諄矣; 弘毅以安, 其德乃天矣; 變化以微, 其幾乃神矣.

참됨으로서 도의 옳고 그름을 판단하고 결정하니 그 도는 두텁다. 안정됨으로서 뜻을 굳세게 하니 그 덕은 하늘처럼 위대하다. 미세함으로서 변화하니 그 기미가 바로 신(神)과 같다.

도(道)는 도리로서, 옳고 그름을 판단할 줄 아는 힘이 스스로 드러나는 것이다. 덕(德)은 덕성으로, 사람들이 본성을 선하게 길러 도와 합치하게 해야 선하게 되는 것이다. 또 하늘의 운행은 보이지 않게 미세하게 변화한다. 그래서 그 기미를 안다는 것은 어려운 일이라 신묘한 능력을 지녀야 파악할 수 있다.

14.

聖人不以勝物爲心, 勝於道也, 勝道爲已也. 故道勝者, 物無不勝, 不得以之道也.

성인은 사물을 아름답게 여기려고 마음먹지 않고 도(道)를 아름답게 여긴다. 도를 아름답게 여기는 것이 마침이 된다. 때문에 도가 아름다운 것은 사물이 아름답지 않은 것이 없는데 이는 자연스러운 도이다.

성인은 꼭 이루겠다는 마음을 지니지 않는다. 마음에 덕을 채우려고 할 따름이다. 덕이 마음에 가득하면 사물의 이치[道]와 합치하게 되니 이를 왕정상은 자연스러운 도[不得以之道]라고 하였다.

15.

天運不息, 四時成而萬物生; 聖心純一, 紀綱植而萬化行, 故天德王德, 天道王道.

하늘의 운행은 멈추지 않으니 사시가 이루어지고 만물이 태어난다. 성인의 마음은 순일하기 때문에 기강이 건립되고 온갖 변화가 행해진다. 그래서 하늘의 덕은 왕덕(王德)이고 천도는 왕도(王道)이다.

> 왕정상은 성인의 마음이 곧 하늘의 마음이라고 보았다. 하늘의 운동변화가 저절로 이루어지듯 성인이 정치를 하면 저절로 기강이 잡히고 변화가 행해지는 것이다. 도는 하늘의 도인지라 천도(天道)라 하고 덕은 인간이 행하는 것이라 왕덕(王德)이 되는 것인데, 왕정상은 천덕과 왕덕, 천도와 왕도가 같은 것으로 설명하였다.

16.

"行異者, 衆則高矣, 不足以明大; 同俗者, 衆則悅矣, 不足以明義. 何也?" 王子曰: "求異, 道不足也, 非識之狹則性之偏累之, 故離詭而不入聖. 求同, 志不足也, 其累也懷利自全, 故不能獨立而合汚. 不入聖, 安大? 合汚, 安義? 故曰, '極高明而道中庸';不貴於行異也; '君子和而不流', 不貴於同俗也."

"행위가 다른 사람들과 다른 자는 많은 사람들이 고결하다지만, 그 품행의 위대함을 밝히기가 충분하지 않다. 속인들과 같은 자는 많은 사람들이 좋아하지만, 그 품행의 의로움을 밝히기가 부족하다. 무엇 때문인가?" 왕자(王子)가 대답하기를 "남과 다른 것을 구하는 것은 도가 부족한 것이니 견식이 적지 않다면 본성의 치우침이 그를 묶을 것이기 때문에 분리하고 기만하여 성(聖)으로 들어가지 못한다. 속인과 같기를 구하는 것은 의지가 부족한 것이다. 그 얽매임은 이익이 저절로 온전하기를 바라기 때문에 독립할 수 없고 무리와 합하여 오염되는 것이다. 성(聖)으로 들어가지 못하는데 어찌 위대하겠는가?

오염되었는데 어찌 의롭게 되겠는가? 그래서 '고명함을 다하고 중용을 따른다.'[1]고 한 것은 행위의 다른 점을 귀하게 여기지 않는다. '군자는 화합하지만 부화뇌동은 하지 않는다.[2]고 한 것은 속인과 함께 함을 귀하게 여기지 않은 것이다."

注

1 『중용』, 27장: "極高明而道中庸. 높고 밝은 진리를 극진히 하면서 일상일용을 말미암는다."라고 하였다.

2 『논어 · 자로』: "君子和而不同. 군자는 화합하지만 부화뇌동하지 않는다."라고 하였다.

왕정상은 화이불류(和而不流)라 했는데, 이는 그들의 흐름에 따르지 않는다는 뜻으로 공자가 말한 화이부동(和而不同)과 같은 의미이다.

17.

義方以別衆宜, 智圓以周衆志, 故聖人合道.

의롭고 방정한 행위[1]로써 대중이 마땅하게 여기는 것과 구별하고, 지혜가 원만하게 통함으로써 대중이 의도 하는 것과 함께하기 때문에 성인은 도에 합한다.

注

1 『주역 · 곤괘』: "敬而直內 義而方外. 경(敬)으로써 마음을 곧게 하고 의(義)로써 밖으로 드러나는 행동을 반듯하게 한다."라고 하였다. 경직(敬直)은 마음을 수양하는 방법이고 의방(義方)은 행위의 방법이다.

18.

聖人弭事於未然, 先幾也, 仁智之道深矣. 其次、幾動而圖之,

得失半也. 徵於聲色者下也, 亦末之也已.

성인이 미연에 일을 처리하는 것은 일의 기미을 먼저 보는 것인데 이는 성인의 인지(仁智)의 도가 깊은 것이다. 그 다음은 일의 기미가 발동할 때 처리하는 것인데 득실이 반반이다. 일이 일어난 후 성색 (聲色)에 근거하여 처리하는 것은 하책인데 또한 마지막 방법일 따름이다.

> 일의 처리 하는 방법에는 순서가 있다. 먼저 기미를 알아서 사전에 예방하는 것이고, 다음은 일이 일어남과 동시에 해결하는 것이고, 마지막으로 일이 생겨 마음에 감정이 생긴 후에 처리하는 것이다. 성인은 첫 번째 방법을 취하나 범인들은 대부분 마지막 방법을 취한다.

19.

程子曰; "孔子所遇而安, 無所擇焉. 自子路觀孔子, 孔子爲不恭. 自孔子觀吾輩, 吾輩便隘." 嗟乎! 此聖賢氣象所由分也. 使安於隘終, 豈敢望聖哉? 學者能求無所擇耳安者處之, 亦庶幾矣.

정자(程子)가 말하기를 "공자(孔子)는 거처하는 곳을 편안하게 여기고 선택한 바가 없었다. 자로(子路)가 공자를 관찰하고 공자는 불공 (不恭)하다 여겼고, 공자가 우리를 본다면, 우리는 더욱 소견이 좁다고 여길 것이다."[1]고 했다. 아! 성인과 현인의 기상(氣象)이 이로써 구분되는 것이다. 만일 협애함을 편안히 여긴다면 어찌 감히 성인의 경지를 바라겠는가? 학자들이 선택하지 않고 편안히 여기는 것을 구하여 처신한다면 역시 거의 이루어질 것이다.

注

1 『하남정씨유서(河南程氏遺書)』 권 6: "孔子所遇而安, 無所擇焉. 自子路觀孔子, 孔子爲不恭. 自孔子觀吾輩, 吾輩便隘. 공자는 어떤 곳에 계시거나 편안하게 여기고 자리를 택하지 않았다. 자로가 그런

공자를 보는 것을 불공하다고 여겼는데, 우리들이 공자를 보는 것을
보면 우리들은 더욱 소견이 좁다고 할 것이다."라고 하였다.

20.

"行一不義, 殺一不辜, 得天下而不爲", 非有死而後已之志不
能也, 蓋純於仁者矣.

맹자가 "불의한 일을 한 가지라도 저지르고, 무고한 사람을 한 사람
이라도 죽이는 것은 천하를 얻을 수 있더라도 행하지 않을 것이다."[1]
라고 하였는데, 죽고 난 후에야 그만둔다[死而後已][2]는 의지는 할 수
없는 것이 아니고, 아마도 인을 순수하게 한다는 것이다.

注

1 『맹자 · 공손추 상』: "行一不義, 殺一不辜, 得天下而不爲. 불의한
　일을 한 가지라도 저지르고, 무고한 사람을 한 사람이라도 죽이는
　것은 천하를 얻을 수 있더라도 행하지 않을 것이다."라고 하였다.
2 『논어 · 태백』: "死而後已. 죽고 나서야 그만둔다."라고 하였다.
　사이후이(死而後已)는 살아 있는 한 인(仁)을 지키는 데 힘쓰겠다는
　강한 의지를 표명한 것으로, 사자성어로 쓰인다.

21.

天下之變故, 其聚也不可紀, 其散也不可一, 其來也不可豫, 其
去也不可逐, 其顯設也不可跡, 其倚伏也不可究. 執一德, 寧一
隅者御之, 所不達者廣矣. 閩厄遝至, 幾於日中冥蔀矣. 惟聖人
之道術, 不固掣於一, 而參之, 而衡之, 而交舞之, 而翕張之,
而遲速之, 而隱括之, 譬百川委委, 各至於海也. 濟務長功, 安
有窮已. 故曰: 非天下之至神, 其孰能與於此!

천하의 변고는 그 모이는 것이 다 기강이 될 수 없고, 그 흩어지는 것은 한 가지일 수 없다. 그 오는 것은 예측할 수 없고 그 가는 것은 좇아갈 수 없다. 그 드러나는 것은 뒤를 밟을 수 없고 그 숨어있는 것은 찾을 수 없다. 한 가지 덕을 고집하는 것은 한 모퉁에 그것을 몰아넣더라도 이르지 못하는 곳이 넓다. 재앙이 빠르게 이르러 가로막으니 거의 해가 중천에 떠 있는데 어두운 그림자가 진 것이다. 오직 성인의 도술은 한 쪽에서 이끌 것을 고집하지 않고, 참고하고, 저울질하고, 서로 교착하고, 열었다가 닫았다가 하고, 느리게 했다 빠르게 했다 하며 종합한다. 비유하자면 모든 냇물[百川]이 흘러서 각자 바다에 도달하는 것 같다. 사업을 이루고 공을 세우는데 어찌 그침이 있겠는가? 그래서 "천하의 지신(至神)이 아니면 그 누가 여기에 도달할 수 있겠는가!"[1]라고 한 것이다.

注

1 『주역·계사 상』, 제10장: "非天下之至神, 其孰能與於此! 천하의 지신(至神)이 아니면 그 누가 여기에 도달할 수 있겠는가!"라고 하였다.

> 세상에는 액운이나 변고가 무수히 많이 생긴다. 하지만 범부들은 이것을 예측하기 어렵다. 벗어나보려고 하나씩 처리해 나가지만 한쪽을 막으면 다른 것이 여기저기서 터진다. 큰 사업을 하거나 공을 세워야 하는 경우에는 더욱 심하다. 성인의 마음으로 신(神)이 이른 자만이 잘 풀어갈 수 있다. 신이 이른다는 것은 인간이면 누구나 마음에 신이 있지만 유용하게 쓰지 못하기 때문에 이르는 때를 기다려야 한다는 의미이다. 세상의 이치[道]를 잘 아는 재[聖]人만이 신을 유용하게 쓸 수 있다.

22.

顔子近聖人之資, 孟子近聖人之才, 仲尼兼之而敦粹.

안자(顔子)는 성인의 자질에 가깝고, 맹자(孟子)는 성인의 재능에 가까운데 공자(孔子)는 그것을 겸비하여 돈독하고 순수했다.

왕정상이 공자의 제자인 안회는 타고난 본바탕이 성인에 가깝다고 하고, 맹자는 본래 지닌 재능이 성인에 가깝다고 하였다. 공자는 본바탕도 재능도 모두 성인의 조건을 가지고 타고난 분이라 그것이 두텁고 순수하다고 하였다. 때문에 오늘날 공자는 성인이 되고 안회와 맹자는 둘 다 아성(亞聖)이라 칭한다.

23.

仁者與物貫通而無間者也. "萬物並育而不相害, 道並行而不相悖", 天地之仁也; "老者安之, 朋友信之, 少者懷之", 聖人之仁也. 故物各得其所 謂之仁.

인(仁)이란 것은 사물과 관통하여 틈이 없는 것이다. "만물은 함께 자라면서 서로를 해치지 않고, 도는 함께 나아가면서 서로 어긋나지 않는다"[1]고 한 것은 천지의 인을 말한 것이다. "늙은이는 편안하게 해드리고, 붕우는 믿게 하고, 어린 자는 마음에 품어준다"[2]고 한 것은 성인의 인을 말한 것이다. 그래서 만물은 각자 그에 적합한 곳을 얻는데 이를 인이라 한다.

注

1 『중용』, 제30장: "萬物並育而不相害, 道並行而不相悖. 만물이 함께 길러져 서로 해가 되지 아니하며, 도가 함께 행해져 서로 거스르지 않는다."라고 하였다.

2 『논어·공야장』: "老者安之, 朋友信之, 少者懷之. 나이든 분은 편안하게 해드리고 벗은 믿게 하고 어린이는 품어준다."라고 하였다.

공자는 효제(孝悌), 예의(禮儀), 충서(忠恕), 공경(恭敬)의 의미를 대표하는 것이 인(仁)이라고 하였다. 특히 극기복례(克己復禮)와 충서는 인의 방법론을 대표한다. 왕정상은 정이천이 '식인(識仁)'편에서 인(仁)을 본체로 보아 인체(仁體)라고 하였던 것을 따라 그도 인이 천지만물에 있는 도와 같이 모든 것을 포괄하는 것으로 말한다.

24.

聖人道德之宗正, 仁義禮樂之宰攝, 世固不獲見之矣. 其次, 莫如得亞聖者, 契道之眞, 以命令於一世焉. 其次, 莫如得大賢, 嚴於守道, 不惑於異端九流, 以亂道眞焉. 下此, 隨波徇俗, 私智害正者, 純疵交萬, 吾不知其裨於道也.

성인은 도덕의 으뜸이니 인·의·예·악이 주관하여 다스리는데 세상에서 참으로 볼 수 없다. 그 다음은 아성(亞聖)을 얻는 것인데, 도의 참됨에 계합하여 한 시대를 명령한다. 그 다음은 대현(大賢)을 얻는 것인데, 도를 지키는데 엄격하고 이단의 구류(九流)에 현혹되지 않고 도의 참됨을 다스린다. 이 아래는 세파를 따르고 세속을 좇고 사사로운 지혜로써 바른 이치를 해치는 자인데 순수와 하자가 서로 섞여서, 나는 그가 도에 유익한 것인지 알지 못한다.[1]

注

1 『논어·계씨(季氏)』: "生而知之者 上也, 學而知之者 次也, 困而學之 又其次也, 困而不學 民斯爲下矣. 태어나면서부터 아는 사람이 상등이고, 배워서 아는 사람은 그 다음이며, 어려움에 부딪혀 배우는 사람은 그 다음이고, 어려움에 부딪혀서도 배우지 않는 백성은 하등이 된다."라고 하였다. 인간이 태어나면서부터 다르다고 본 것이다.

왕정상도 인간은 태어나면서 다르게 타고난다고 하는데, 도를 지니고 인의예악을 주관하는 사람을 성인, 도를 익혀서 한 시대에서 이름을 드러낸 사람을 아성, 어떤 파벌의 움직임에 이끌리지 않는 사람을 현인, 세속을 좇아 적당한 이익을 추구하여 순수함과 사사로움이 섞인 자들을 범부라고 하였다.

25.

忠恕, 夫子之道也. 以忠恕而應天下之事, 無不各得其分, 故曰 "一以貫之".

충서(忠恕)는 공자의 도이다. 충서로써 천하의 일을 응대하면 각각 그
직분을 얻지[1] 않음이 없기 때문에 "일이관지(一以貫之)"[2]라고 했다.

注

1 『논어·자한』: "吾自衛反魯, 然後樂正, 雅頌各得其所. 내가 위나
라에서 노나라로 돌아온 뒤 악곡이 정비되었고, 아악과 송악이 모두
제자리를 잡게 되었다"라고 하였다.
각득기분(各得其分)은 각득기소(各得其所)와 같다.

2 『논어·이인』, 『논어·위령공』: "一以貫之. 같은 도리로써 사물을
꿰뚫는다."라고 하였다.
한 가지를 알면 미루어 다른 것도 쉽게 알 수 있다. 그것이 무르익으
면 하나로 모두를 꿰뚫는[一以貫之] 것이 가능하다.

26.

隨所處而安, 曰 "安土"; 隨所事而安, 曰 "樂天". 仲尼居魯縫掖,
居宋章甫, 安土之謂也; 見陽貨, 見南子, 樂天之謂也.

처한 곳마다 편안히 여기는 것을 '안토(安土)'[1]라고 하고, 하는 일마
다 편안히 여기는 것을 '낙천(樂天)'[2]이라 한다. 중니(仲尼)는 노(魯)
나라에 있을 때 봉액(縫掖)[3]을 입었고, 송(宋)나라에 있을 때는 장보
관(章甫冠)[4]을 썼는데 안토를 말한 것이다. 공자는 양화(陽貨)[5]를 만
나고, 남자(南子)[6]를 만났는데 낙천을 말한 것이다.

注

1 『주역·계사 상』: "安土敦乎仁, 故能愛. 자신의 자리에 편안히 처하
여 인(仁)을 두텁게 하니 그래서 아낄 수 있다."라고 하였다.

2 『주역·계사 상』: "樂天知命 故不憂. 천명을 즐기고 천명을 알기
때문에 걱정하지 않는다."라고 하였다.

3 봉액(縫掖)은 소매 밑에서부터 봉합(縫合)한 옷이다, 공자가 봉액한

옷을 입었다고 하여 유복(儒服)이 되었다.

4 장보관(章甫冠)은 은(殷)나라 때의 관의 이름인데, 송나라 사람들이 썼다. 공자(孔子)가 송나라에서 지낼 적에 이 관을 썼다 하여 흔히 유자(儒者)들이 쓰는 관을 지칭하기도 한다.

5 『논어·양화』, 『논어·등문공 하』: "陽貨欲見孔子. 양화가 공자를 보고자 했다."라고 하였다.
양화(陽貨)는 계씨의 가신으로 일찍이 계환자(季桓子)를 가두고 나라의 정사를 전횡하여 삼가(三家)의 자손을 미약하게 만든 사람이다. 삼가(三家)의 자손은 맹손씨, 숙손씨, 계손씨이다. 노나라는 17대 장공의 시기(B.C. 693~B.C. 662 재위)에 세 아우인 경보(慶父), 숙아(叔牙), 계우(季友)가 실권을 장악한다. 이들은 삼환(三桓)의 대부(大夫)라고 불렀다. 하지만 29대 애공의 시기 (B.C. 494~B.C. 468 재위)에 잦은 충돌이 일어난다. 이때가 『논어』에 등장하는 시기이다.

6 『논어·옹야』: "子見南子. 공자가 남자(南子)를 만났다."라고 하였다.
남자(南子)는 위령공의 부인으로 행실이 좋지 못하여 많은 사람들로부터 비난을 받던 여인이다.

> 왕정상은 "공자는 노나라에 있을 때는 노나라 의상을 입고 송나라에 미물 때는 송나라 모자를 썼다. 때문에 '안토(安土)'라고 한 것이다. 또 제자들이 만나지 말라고 하는데도 공자가 행동거지가 바르지 않은 양화(陽貨)와 남자(南子)를 만난 것은 공자의 낙천적 사상이다."라고 하였다. 악의 소굴에서도 자신이 마음을 바르게 할 수 있음은 하늘이 보고 있기 때문이라고 여기어 '낙천(樂天)'이라 한 것이다.

27.

人心之靈, 貫徹上下. 其微妙也, 通極於鬼神; 其廣遠也, 周匝六合. 一有所不知, 不足謂之盡性. 命則天道發育萬物者, 人不得而與焉. 然其情狀變化, 不能逃吾所感之通. 故聖人窮理盡性, 以至於命.

사람의 심이 영명함은 위아래를 관철한다. 그 미묘함은 귀신에게 통하고, 그 넓고 원대함은 천지 사방[1]을 포괄한다. 하나라도 모르는 바가 있으면 진성(盡性)이라 칭할 수 없다. 명(命)은 천도가 만물을 발육하는 것인데 사람은 참여할 수 없다. 그러나 사물의 실정과 형상의 변화는 우리가 감통하는 바를[2] 벗어날 수 없다. 그래서 성인은 "궁리진성(窮理盡性)으로써 명에 이른다."[3]고 한 것이다.

注

1 육합(六合)은 동·서·남·북·상·하를 말한다.
2 소감지통(所感之通)은 감이수통(感而遂通)이다. 사물에 감응하여 하늘의 도리[天道]와 통하는 것이다.
3 『주역·설괘전』 제1장: "窮理盡性, 以至於命. 이치(理致)를 궁리하여 본성(本性)을 다하고 그리하여 명(命)에 이르렀다."라고 하였다. 즉, 천도와 합해진 것이다.

천명(天命)은 천도가 만물을 생육하는 것이라 사람이 관여할 수 없다. 하지만 사물의 변화는 사람이 감응하여야 천도와 통하게 되는 것이다.

28.

或曰: 萬物變化於帝則而不知, 何也? 曰: 欲其知, 則非化矣. 聖人不伐功、不歸德, 下以心語人, 行於不得已之區, 宅於無所利之塗, 不知天下暗而移、忽而變矣, 夫誰其知之! 此之謂神幾.

어떤 사람이 "만물이 상제에 의해 변화됨을 알 수 없는데 무엇 때문인가?"[1]라고 물었다. "만일 사람이 그것을 알 수 있다면 화(化)가 아닐 것이다. 성인은 스스로 공이라 칭하지 않고, 스스로 덕이 있다고 하지 않고, 마음이 보는 바로써 남에게 알리지 않고, 부득이한 곳에서 행하고, 이익이 되는 바가 없는 곳에 거주하고, 천하가 몰래 이동

하고 갑자기 변화함을 알지 못한다. 누가 그것을 알 수 있겠는가! 이
때문에 신기(神幾)[2]라고 칭한다.

注

1 『시경 · 대아 · 황의(皇矣)』: "不識不知, 順帝之則. 알려고도 하지
   않고 알지도 못하니 상제의 법칙에 따른다."라고 하였다.
2 신기(神幾)는 신묘한 기미이다. 만물의 변화는 상제라도 알지 못한
   다. 아무도 볼 수 없고 보이지 않는데도 변화한다. 그래서 신기(神
   幾)라고 일컫는다.

29.

道無定在, 故聖人因時. 堯舜以禪授, 湯武以征伐, 太甲、成王
以繼序. 道無窮盡, 故聖人有不能. 堯舜之事, 有羲軒未能行
者; 三代之事, 有堯舜未能行者.

도는 고정되어 있지 않기 때문에[1] 성인은 시세에 맞추어 따른다. 요
와 순은 선양하였고, 상(商)나라 탕왕(湯王)과 주(周)나라 무왕(武王)
은 정벌을 하였고, 태갑(太甲)과 성왕(成王)은 계승을 했다. 그래서
성인도 또한 능하지 못한 것이 있는 것이다. 요와 순의 일은 복희(伏
羲)와 헌원(軒轅)도 행할 수 없었던 것이고, 삼대(三代)의 일은 요와
순도 행할 수 없었던 것이었다.

注

1 도무정재(道無定在)는 도가 항상 일정한 상도(常道)만 있을 수 없다
   는 뜻이다. 요와 순임금처럼 선양하는 것만이 도가 아니고, 탕왕이나
   주왕처럼 정벌을 행하고도 도리가 된 적이 있었다. 이는 그 당시의
   형세(形勢)가 다르기 때문이다. 그래서 맹자가 권도(權道)를 중히
   여기고 공자는 중(中)을 중히 여겼으나 때에 따라 변할 수 있는 시중
   (時中)을 필요로 했다. 왕정상은 이를 '도무정재'라고 표현했는데, 법

에 있어서는 반드시 적용되어야 한다. 법은 시대가 달라지거나 사상이 달라졌을 때 반드시 바뀌어야 하기 때문이다.

30.

大人治國, 周於智而達於幾: 視之近若不足, 施之遠則有餘; 即之一若不及, 參之萬則適均. 下士治國, 求快於目前, 而遠則有遺; 騁志於一偏, 而周則或缺, 見小而幾迷也.

대인이 나라를 다스리는 것은 지혜에서 주밀하고 기미를 살핌에서 통달한다. 가까이에서 보면 부족한듯하지만 오래 시행해보면 남음이 있다. 그 중의 하나를 보면 미치지 못한 것 같지만 만사를 종합해보면 적합하다. 하사(下士)[1]가 나라를 다스리는 것은 눈앞에서 즐거움을 구하고, 오래가면 빠뜨림이 있다. 한 모퉁이에만 뜻을 두어서 두루 보기에는 부족함이 있는데, 이는 보는 것이 적어 기미가 흐릿해지는 것이다.

注

1 『노자』, 41장: "上士楣, 勤而行之, 中士楣, 若存若亡, 下士楣, 大笑之. 속세를 초월한 상사(上士)는 도를 들으면 형이상학적 가치를 앞으로 열심히 실천한다. 도와 재물을 동시 추구하는 중사(中士)는 도를 들으면 반신반의(半信半疑)하며, 속세에 물든 하사(下士)는 도를 들으면 도가 밥 먹여주느냐고 크게 비웃는다."라고 하였다.
선비에 속하더라도 도를 지니지 못한 경우가 있어 선비를 상사, 중사, 하사로 구분하였다.

31.

君子修道由己, 窮達則付之天. 窮達有幸不幸焉, 皆天也. 人有知不知焉, 皆人也. 君子守道, 不務求知於人, 亦不務求知於君, 亦曰求盡臣道之實而已矣. 是故 "上不怨天, 下不尤人."

군자가 도를 닦는 것은 자기 자신으로부터이고, 곤궁과 달통은 하늘에 맡긴다. 곤궁과 달통에는 행복과 불행이 있는데 모두 하늘의 뜻이다. 사람에게는 앎과 알지 못함이 있는데 모두 사람 자신에게 달린 것이다. 군자는 도를 지키고 남이 알아주기를 힘써 구하지 않고, 또 임금이 알아주기를 힘써 구하지 않으며, 또한 신하의 도리로서의 성실함을 다하기를 구할 뿐이다. 이 때문에 "위로는 하늘을 원망하지 않고, 아래로는 남을 탓하지 않는다."[1]고 한 것이다.

注

1 『논어 · 헌문』: "不怨天 不尤人. 하늘을 원망하지 않고 남 탓을 하지 않는다."라고 하였다.

왕정상이 말하기를, "불행은 하늘의 뜻이나 앎과 알지 못함은 자신이 노력한 대가로 나타나는 결과이다. 그래서 공자가 하늘을 원망하지도 남을 원망하지도 말라고 하신 것이다."라고 하였다.

32.

聖人之心, 未嘗忘天下, 仁也. 耳聞目擊, 不忍民之失所也, 故隨其所遇, 盡心力而爲之. 舍之則藏, 道不合而即去, 然亦無固必矣. 沮溺之徒則自私, 墨翟之徒則失己, 要皆固執於一隅也.

성인의 마음은 천하를 잊은 적이 없었으니, 인(仁)한 것이다. 귀로 듣고 눈으로 보면서 백성들이 떠돌며 있을 곳을 잃은 것을 참지 못하기 때문에 그 마주치는 바에 따라 마음과 힘을 다하여 임무를 행하는 것이다. 임용되지 못하면 물러나 몸을 감추고[1], 도에 합치되지 못하면 즉시 떠나가지만, 또한 고집을 부리지 않는다. 장저(長沮)와 걸닉(桀溺)의 무리는 스스로 사사롭고,[2] 묵적(墨翟)의 무리는 자신을 버렸는데[3] 요점은 모두 한 곳에만 고집하였다는 것이다.

1 『논어·술이』: "舍之則藏. 버려지면 물러나 은둔(隱遁)한다."라고
하였다.

사(舍)는 직위를 잃는 것이다.

2 『논어·미자』: "長沮桀溺, 耦而耕, 孔子過之, 使子路 問津焉. 長沮
曰, 夫執輿者, 爲誰? 子路曰, 爲孔丘. 曰, 是魯孔丘與, 曰, 是也.
曰, 是知津矣. 장저(長沮)와 걸닉(桀溺)이 밭 갈고 있는데 공자가
지나가다가 자로에게 나루가 어디 있는지를 물어보라 하여 물으니,
장저가 '무릇 수레를 잡은 자가 누구신가?' 자로가 공씨이지요. 하니
'이는 노나라 공씨인가?' 하니 '맞습니다.'하고 그는 저 사람이 나루를
알 것이다."라고 하였다.

장저와 걸닉은 은자이며 피세자이다. 그들은 천하에 도가 없을 때에
는 세상을 피하는 선비를 따르는 것이 낫다고 하였다.

3 묵적은 묵자로 불리며 묵가사상의 창시자이다. 묵가는 보편적 사랑
인 겸애를 주장하며 집단생활을 하였다. 그 무리들은 전쟁에 대비하
고 방어하기 위해 군사훈련을 했던 평화주의자였다. 서로 모두를 사
랑하며 자신은 버렸다.

33.

聖人心有是神, 則觸處洞然, 故曰聲入心通. 聖人心有是理, 則
隨感而應, 故曰左右逢原.

성인의 마음에는 신(神)이 있어서 닿는 곳마다 통연(洞然)히 밝기 때
문에 "소리가 마음으로 들어와 통한다"[1]고 한 것이다. 성인의 마음에
는 이러한 도리가 있어서 처하는 곳마다 감응하기 때문에 "가까운 곳
에서 그 근원을 만난다"[2]고 한 것이다.

注

1 장재, 『정몽 · 삼십(三十)』: "六十盡人物之性, 聲入心通. 60살에 사람
과 사물의 성을 다하여 소리만 듣고도 마음에 통하였다."라고 하였다.

2 『맹자 · 이루 하』: "左右逢其原. 가까운 곳에서 그 근원을 만난다."
라고 하였다.

34.

人能體大舜有天下不與之心, 則擧世之利益不足動矣. 人能體
大舜善與人同之心, 則一己之智能不足恃矣.

사람이 대순(大舜)이 지녔던 '천하를 지니고도 관여하지 않았던 마
음'[1]을 체득할 수 있다면 온 세상의 이익으로도 동요시킬 수 없을 것이
다. 사람이 대순의 '선을 남과 함께 하였던 마음'[2]을 체득할 수 있
다면 자기 한 명의 지혜와 능력을 믿지 않을 것이다.

注

1 『논어 · 태백』: "巍巍乎! 舜禹之有天下也, 而不與焉. 높고 높도다!
순임금, 우임금이 천하를 가지고 있으면서도 관여하지 않는구나."라
고 하였다.

2 『맹자 · 공손추』: "大舜有大焉, 善與人同, 舍己從人, 樂取於人以爲
善. 순임금은 위대한 점이 있었으니, 선을 남과 함께 하여 자신을
버리고 남을 따르셨으며, 남에게서 선을 취하여 나의 선으로 만들기
를 즐기셨다."라고 하였다.

35.

人與天地、鬼神、萬物一氣也, 氣一則理一, 其大小、幽明、通
塞之不齊者, 分之殊耳. 知分殊、當求其理之一; 知理一、當求

其分之殊. 故聖人與天地合其德, 與鬼神合其吉凶, 與萬物合其情性, 能同體故爾.

사람은 천지와 귀신과 만물과 함께 하나의 기이다. 기가 하나이면 이(理)도 하나이다. 그 대소(大小), 유명(幽明), 통색(通塞) 등이 같지 않은 것은 나눈 기가 다르기 때문이다. 나눈 바가 다름을 알고 마땅히 그 이(理)의 하나를 구해야 하고, 이(理)의 하나를 알면 마땅히 그 나눈 바의 다름을 구해야 한다. 그래서 성인은 천지와 함께 그 덕을 합하고, 귀신과 함께 그 길흉을 합하고, 만물과 함께 그 성정을 합하는데 그로써 같은 몸이 될 수 있는 까닭일 뿐이다.

> 만물이 모두 다른 하나의 기(氣)이며 기가 만물을 만들 때 어떤 것은 크고 작고, 그윽하고 밝고, 뚫려있고 막혀있고 하기 때문에 물체마다 각기 다른 이치[理]가 생겨난다. 기가 나누어지며 물체의 성질이나 정감이 달라지는 것을 이해하면 그곳에 부합하는 이치를 알 수 있다.

36.

或問生, 曰: 氣機也. 問死, 曰: 氣機也. 孰機之? 曰: 大化呼吸之爾. 物不求化而化至, 故物生而不感; 化不爲物而物成, 故化存而不任. 不任者, 順而應, 無意而遊, 澹而和樂者也, 天之道也. 是故聖人之於物也, 無喜․ 無怒․ 無好․ 無怨․ 無得․ 無喪․ 無智․ 無功.

어떤 사람이 생의 유래를 질문하여서 "그것은 기의 작용[氣機]이다[1]"라고 대답했다. 또 죽음에 대해 질문하여서 "그것은 기의 작용[氣機]이다"라고 대답했다. "무엇이 작용하는가?"라고 물어서, 대답하기를 "큰 변화의 호흡일 뿐이다. 사물이 변화를 구하지 않아도 변화가 이르기 때문에 물은 생겨나지만 감지되지 않는다. '화(化)'가 물을 만들어내는 것이 아니라 물이 생성되는 것이다. 그래서 변화는 있지만 자임하지는 않는다. 자임하지 않아도 따르며 응하고 의도 없이 유동하고 담박하고 화락한 것은 하늘의 도이기 때문이다. 이 때문에 성인은 만물에 대하여, 즐거움도 없고 노여움도 없고 좋아함도 없고 원망도 없고 얻는 것도 없고 잃는 것도 없으며 지혜도 없고 공적도 없다.

> 생과 사는 기의 작용이다. 작용이란 변화이다. 변화는 저절로 그러함으로 인위적으로 하는 것이 아니기 때문에 왕정상은 변화가 이른다고 하였다. 성인은 변화의 이치를 알기 때문에 희·노·애·락에 대해 동요하지 않는다.

37.

順事者, 無滯者也. 知時者, 應機者也. 故聖哲如神.

일에 순응하는 사람은 막힘이 없는 자다. 때를 아는 사람은 작용에 응하는 자다. 그래서 성인과 철인은 신(神)과 같다.

> 일에 순응하는 것은 현재에 맡은 일에 충실하는 것이고, 때를 안다는 것은 그 하늘의 운행 작용을 알고 기미를 미리 살필 줄 알아서 응하는 것을 말한다. 하늘의 운행 작용을 알아서 그 안에서 기미를 살피되, 하늘에 의지하는 것이 아니고 자기의 본업에 충실하면 막힘이 없이 자유자재할 수 있다.

38.

能有爲者, 才也. 權自由者, 位也; 事會幾者, 時也. 三者失其一, 皆不能以有爲, 故聖人得位而猶俟時.

인위적으로 할 수 있는 것은 재능이다. 권력이 말미암는 것은 지위이고, 일과 기미가 만나는 것은 때이다. 세 가지 중에 하나라도 잃으면 아무것도 인위적으로 할 수 없다. 그래서 성인은 지위를 얻고도 오히려 때를 기다리는 것이다.

세상에는 인위로 할 수 있는 일이 있고 할 수 없는 일이 있다. 재능을 키우고 지위를 얻는 일은 인간의 노력으로 가능한 것이나, 그 사이에 세(勢)가 도와주지 않으면 불가능해지기도 한다. 그래서 재능을 얻고 지위를 얻어도 늘 세를 살피고 때를 기다려야 이룰 수 있다.

39.

上世之士, 修道於己, 求自善爾, 無意無爲也. 故多遜. 中古以往, 操德秉道, 將以餂任. 後世以文詞餂, 以言貌柔順餂, 益陋矣. 惟恐其失之, 夫安望遜? 無怪乎君子贊隱逸矣.

고대의 선비는 자신에게서 도를 닦고, 자신의 선행을 구할 뿐이다. 의도하지 않고 인위적으로 하지 않기 때문에 많이 겸손하다. 중고(中古)[1] 이후에는 덕을 이용하고 도를 행하여 장차 벼슬을 낚으려고 했다. 후세에는 문사(文詞)로써 낚으려고 했는데 언어와 용모의 유순함으로써 낚으려고 하여서[2] 더욱 비루했다. 오직 벼슬을 잃을까 두려워하니 어찌 겸손을 바라겠는가? 군자가 은일(隱逸)을 찬성하는 것이 괴이하지 않았다.

注

1 중고(中古) 이후는 송(宋) 대를 말하고 고대의 선비[上世之士]는 공자를 말한다.
2 『맹자 · 진심 하』: "士未可以言而言, 是以言餂之也. 선비가 말해서 안 되는 상황인데 말을 하면 이는 말로써 이익을 취하려고 하는 것이다."라고 하였다.
   첨(餂)은 낚싯대로 낚는 것인데 여기서는 취하고 구한다는 뜻이다.

40.

"敬以直內, 義以方外", 見聖人無私智之擾. "不識不知, 順帝之則", 見聖人循自然之天.

"공경함으로써 안을 바르게 하고 의로움으로써 밖을 방정하게 한다."[1]는 것에서 성인에게는 사사로운 지혜의 동요가 없다는 것을 볼 수 있다. "알려고도 하지 않고 알지도 못하여 상제의 법칙을 따른다."[2]는 것에서 성인이 저절로 그러한 하늘을 따른다는 것을 볼 수 있다.

注

1 『주역 · 곤괘』: "主敬以直于內, 守義以方于外. 경(敬)을 위주로 하여 그 마음을 곧게 하고 의(義)를 지켜 그 밖을 방정하게 한다."라고 하였다.
2 『시경 · 대아 · 황의(皇矣)』: "不識不知, 順帝之則. 알려고도 하지 않고 알지도 못하여 상제의 법칙에 따른다."라고 하였다.

41.

無我者, 聖學之極致也. 學之始, 在克己寡欲而已矣. 寡之又寡, 以至於無, 則能大同於人而不有己矣. 雖天地之度, 不過如此.

무아는 성인이 되는 학문의 극치이다. 학문의 시작은 극기와 과욕에 있을 따름이다. 사욕을 적게 하고 적게 하여 무에 이르면 사람들과 대동하여 자기 자신이 없을 수 있게 된다. 비록 천지의 법도라도 이것에 불과할 것이다.

> 왕정상 철학에서 무아(無我)는 장자 철학의 무아와는 다르다. 왕정상의 무아(無我)는 과욕(寡欲)을 실천하여 결국 무욕이 되는 것을 말하고 장자의 무아는 '나'라는 의식조차 없는 것이 무아이다. '나'라는 의식이 피차간에 시비를 생기게 하고 구분을 짓게 하기 때문이다.

문성성편
問成性篇

1.

問成性? 王子曰: 人之生也, 性稟不齊, 聖人取其性之善者以立
教, 而後善惡准焉, 故循其敎而行者, 皆天性之至善也. 極精一
執中之功則成矣. 成則無適而非善也. 故曰: "成性存存, 道義
之門."

성의 이룸에 대한 질문에, 왕자(王子)가 답하기를 "사람은 태어날 때
성품이 같지 않는데 성인이 그 성품 중의 선한 것을 취해다가 가르
침으로 세운 이후에 선악의 표준이 있게 되었다. 그래서 그 가르침에
따라 행하는 것은 모두 천성이 지극히 선한 것이다. 정밀하게 하고
오로지하여 그 중심을 잡는[1] 노력을 하면 이루어진다. 이루어지면
선에 이르지 않은 곳이 없다. 그래서 "이루어진 성을 잘 보존하는 것
이 도의(道義)의 문이다."[2]고 한 것이다.

注

1 『서경 · 대우모』: "人心惟危, 道心惟微, 惟精惟一, 允執厥中. 인심
은 위태하고, 도심은 희미하니, 오직 정밀하고 오로지 하여 진실로
그 중(中)을 잡으라."라고 하였다.
이 16자는 순임금이 우 임금에게 선위와 함께 전한 심법(心法)이다.
후에 이학(理學)의 핵심이 되었다.

2 『주역·계사 상』 6장: "成性存存, 道義之門. 이루어진 성품을 보존하고, 보존함이 도의(道義)의 문(門)이다."라고 하였다.

도(道)는 하늘의 명이니 사람이 마땅히 행해 나가야 하는 것이고, 의(義)는 예(禮)이며 땅이 하늘을 본받음을 뜻하니, 마땅함으로서 행동을 제약하는 것이다.

2.

情蕩則性昏, 性昏則事迷, 迷而不復, 則躁激驕吝之心滋矣, 由靈根之不美也. 莊子曰, "嗜欲深者天機淺", 亦善言性者與!

정(情)이 흔들리면 성(性)이 혼란해지고, 성이 혼란하면 일이 미혹되고, 미혹되어 회복되지 못하면 조급하고 격정적이고 교만하고 인색한 마음이 자라난다. 그것은 영근(靈根)[1]이 아름답지 못한 데서 비롯된 것이다. 장자(莊子)가 말하기를 "탐하고 바라는 것이 심한 자는 천기(天機)가 얕다"[2]고 했는데, 또한 성을 잘 설명한 자던가!

注

1 영근(靈根)은 신령스러운 근본이다. 천식영근(天植靈根)으로도 쓰이는데, 하늘이 심어준 근본이라는 뜻이다. 이는 하늘로부터 받은 성(性)이다. 기일원론에서, 영근은 선악이 혼재되어 있다고 여기기 때문에 왕정상은 영근이 아름답지 못하다고 말한다.

2 『장자·대종사』: "其嗜欲深者, 其天機淺. 욕망이 깊은 자는 그 마음의 작용이 얕다."라고 하였다.

천기(天機)는 하늘의 작용으로 인간에게 마음의 작용과 같다. 인간이 탐욕이 많으면 하늘의 작용도 줄어든다.

3.

未形之前, 不可得而言矣, 謂之至善, 何所據而論? 既形之後,

方有所謂性矣, 謂惡非性具, 何所從而來? 程子曰: "惡亦不可
不謂之性", 得之矣.

형태가 생기기 이전에는 성(性)을 말할 수가 없는데 성을 지선(至善)
이라고 한 것은 무엇을 근거로 하여 논한 것인가? 이미 형태가 이루
어진 이후에야 바야흐로 이른바 성이 있게 된다. 악(惡)은 성이 구비
한 것이 아니라고 하는데 어디에서 온 것이던가? 정자(程子)가 말하
기를 "악도 또한 성이라고 하지 않을 수 없다"[1]고 했기에 그것을 얻
었다.

注

1 『하남정씨유서』 권 1: "惡亦不可不謂之性. 악도 또한 성이라고 하
지 않을 수 없다."라고 하였다.

4.

性者緣乎生者也, 道者緣乎性者也, 教者緣乎道者也. 聖人緣
生民而爲治, 修其性之善者以立教, 名教立而善惡准焉. 是故
敦於教者, 人之善者也; 戾於教者, 人之惡者也. 爲惡之才能,
善者亦具之; 爲善之才能, 惡者亦具之. 然而不爲者, 一習於名
教, 一循乎情欲也. 夫性之善者, 固不俟乎教而治矣. 其性之惡
者, 方其未有教也, 各任其情以爲愛憎, 由之相戕相賊, 胥此以
出, 世道惡乎治, 聖人惡乎不憂. 故取其性之可以相生相安相
久, 而有益於治者, 以教後世, 而仁義禮智定焉. 背於此者, 則
惡之名立矣. 故無生則性不見, 無名教則善惡無准.

성은 생으로부터 연유하고, 도는 성에서 연유하며, 가르침은 도에서
연유한다. 성인은 생민들과 연유하여 다스리고, 그 성의 선한 것을
닦아서 가르침을 행하는데 명분과 교육이 확립된 후 선과 악의 표준

이 있게 되었다. 이 때문에 가르침에 독실한 자는 사람 중에 선한 자이고, 가르침에 어긋난 자는 사람 중에 악한 자이다. 악을 저지르는 재능은 선인도 또한 구비하고 있다. 선을 행하는 재능은 악인도 또한 구비하고 있다. 그러나 행하지 않는 것은 한쪽은 명교에 익숙하고, 한쪽은 정욕을 따르기 때문이다. 성이 선한 자는 참으로 가르침을 기다리지 않고 다스린다. 성이 악한 자는 바야흐로 아직 가르침이 없을 때는 각자 그 정에 맡겨서 애증으로 삼는데 서로 죽이고 서로 해치는 것의 원인은 모두 여기에서 나오니, 세상의 도가 어찌 다스려지는가? 성인이 어찌 근심하지 않겠는가! 그래서 성인이 그 인성 중에 서로 생존하고, 서로 안정하고, 서로 영구하여, 다스림에 이익이 되는 것을 취하여 후세를 가르쳐서 인·의·예·지가 정해졌다. 이것을 위배한 것은 악의 이름이 세워졌다. 그래서 생이 없으면 성을 볼 수 없고, 명교[1]가 없으면 선악의 기준이 없는 것이다.

注

1 『논어·위정』: "君君, 臣臣, 父父, 子子. 군주는 군주답고 신하는 신하답고 아버지는 아버지답고 자식은 자식다워야 한다."라고 하였다. 명(名)은 명분이고 교(教)는 교화이다. 명교는 명분을 정하여 천하를 유지하는 것이다. 명교 관념은 최초로 공자에서 비롯된다. 공자는 명분으로 등급을 지어 사회를 교화할 것을 강조한다. 명(命)은 역할이 있고 그 역할에 맞는 언행을 해야 함을 의미한다. 동중서(董仲舒)는 명교를 중시하며 만백성을 교화하였는데 "명으로 교화를 삼는다[以名爲教]"라 했다.

5.

識靈於內, 性之質. 情交於物, 性之象. 仁義中正所由成之道也.

마음에서 영명함을 아는 것은 성의 본질이다. 정이 외물과 접촉하는 것은 성의 형상이다.[1] 인의와 올바름은 성이 이루어지는 방법[道]이다.

注

1 소강절, 『황극경세서』: "聖人之所以能一萬物之情者 謂其聖人之能 反觀也 所以謂之反觀者 不以我觀物也 不以我觀物者 以物觀物之 謂也 以物觀物 性也 以我觀物 情也 性公而明 情偏而暗. 성인이 만물의 정을 한결같게 할 수 있는 까닭은 성인이 반관(反觀)함을 이른 것이다. 성인이 반관할 수 있음을 말하는 것은, 이른바 반관이 내[我]로써 물(物)을 보지 않는 것이다. 나로써 물을 보지 아니한다 함은 물로써 물을 보는 것을 말한다. 물로써 물을 보는 것은 성(性) 이오, 나로써 물을 봄은 정(情)이니, 성은 공평하고 밝으며, 정은 기울고 어둡다."라고 하였다.

왕정상은 소강절의 성과 정 개념에서 다름이 있는데, 성은 마음 안에 있는 영명함인데 사람마다 그 지니고 있는 정도가 다르다. 또 정은 외물과 접촉하여 성을 만들어가는데, 인의와 중정은 성을 올바르게 이루도록 하는 방법이라고 하였다.

6.

性之本然, 吾從大舜焉, 人心惟危, 道心惟微而已. 並其才而言 之, 吾從仲尼焉, 性相近也, 習相遠也而已. 惻隱之心, 怵惕於 情之可怛; 羞惡之心, 泚顙於事之可愧, 孟子良心之端也, 即舜 之道心也. 口之於味, 耳之於聲, 目之於色, 鼻之於嗅, 四肢之 於安逸, 孟子天性之欲也, 即舜之人心也. 由是觀之, 二者聖愚 之所同賦也, 不謂相近乎? 由人心而辟焉, 愚不肖同歸也; 由道 心而精焉, 聖賢同塗也, 不爲遠乎. 夫是道之擬議也, 會准於三 才, 參合於萬物, 聖人復起, 不易吾言矣.

성의 본연에 대해서는 나는 대순이 "인심은 위태로운 것이고, 도심은 희미하다."[1]고 한 것만 따를 뿐이다. 그 재능에 대해 말하자면 나는 중니를 따르는데 "성은 서로 가까운데 습관이 서로 멀어지게 한다"[2]고 했을 뿐이다. 측은지심은 정이 슬퍼할 만한 것을 슬퍼하는 것이고, 수오지심은 이마에 땀이 나는 것과 같이 부끄러울 만한 것[3]인데 맹자가 말한 양심의 단서이며 순이 말한 도심이다. "입이 맛에 대해, 귀가 소리에 대해, 눈이 색에 대해, 코가 냄새에 대해, 사지가 안일에 대한 것 등의 관계"[4]는 맹자가 말한 천성의 욕망이고, 순이 말한 인심이다. 이것으로 보면 이 두 가지는 성인과 우매한 자가 함께 부여받은 것인데 서로 가깝다고 하지 못하겠는가? 인심으로 비교하면 어리석은 자와 불초한 자는 함께 귀숙하고, 도심의 정미함으로 보면 성인과 현인은 같은 길이니, 두 가지는 서로 멀지 않겠는가? 도의 형성은 천·지·인 삼재에 의거할[5] 수 있으니 만물에 합해지고, 성인이 다시 출현하여도 내 말은 바꿀 수 없다.

注

1 『서경·대우모』: "人心惟危, 道心惟微而已, 惟精惟一, 允執厥中. 인심은 위태하고, 도심은 희미하니, 오직 정밀하고 오로지 하여 진실로 그 중(中)을 잡으라."라고 하였다.

2 『논어·양화』: "性相近習相源. 본성은 서로 비슷한 데 습성이 서로 멀어지게 한다."라고 하였다.

3 『맹자·등문공 상』: "無惻隱之心, 非人也, 無羞惡之心, 非人也, 無辭讓之心, 非人也, 無是非之心, 非人也. 惻隱之心, 仁之端也, 羞惡之心, 義之端也, 辭讓之心, 禮之端也, 是非之心, 智之端也. 측은하게 여기는 마음이 없다면 사람이 아니고, 올바름에서 벗어난 것을 미워하는 마음이 없으면 사람이 아니며, 사양할 줄 아는 마음이 없다면 사람이 아니고, 옳고 그름을 분별하는 마음이 없다면 사람이 아니다. 측은하게 여기는 마음은 인(仁)의 실마리이고, 바름에서 벗어난 것을 미워하는 마음은 의(義)의 실마리요, 사양하는 마음은 예(禮)의 실마리요, 옳고 그름을 가리는 마음은 지(智)의 실마리이다."라고 하였다.

4 『맹자 · 진심 하』: "口之於味也, 耳之於聲也, 目之於色也, 鼻之於
嗅也, 四肢之於安逸也, 性也. 有命焉, 君子不爲性也. 입이 맛에 있
어서, 귀가 소리에 있어서, 눈이 여색에 있어서, 코가 냄새에 있어서
사지가 안락함에 있어서는 본성이지만 명(命)이 있다. 그러나 군자
는 '본성'이라 말하지 않는다."라고 하였다.

5 『주역 · 설괘』: "立天之道曰陰與陽, 立地之道曰柔與剛, 立人之道
曰仁與義, 兼三才而兩之. 하늘의 도(道)를 세워서 음(陰)과 양(陽)
이라 말하고, 땅의 도를 세워 유(柔)와 강(剛)을 말하고, 사람의 도를
세워 인(仁)과 의(義)를 말했다. 삼재(三才)를 겸하여 둘로 중첩하였
다."라고 하였다.

여기서 말한 천 · 지 · 인의 삼재(三才)에 기인한 것이다.

7.

道化未立, 我固知民之多夫人心也, 道心亦與生而固有. 觀夫
虎之負子, 烏之反哺, 雞之呼食, 豺之祭獸, 可知矣. 道化既立,
我固知民之多夫道心也, 人心亦與生而恒存. 觀夫飲食男女,
人所同欲; 貧賤夭病, 人所同惡, 可知矣. 謂物欲蔽之, 非其本
性, 然則貧賤夭病, 人所願乎哉!

도덕교화가 아직 확립되기 전 나는 참으로 백성에게 인심이 많다는
것을 아는데 도심도 또한 생과 더불어 본래부터 있는 것이다. 호랑이
가 자식을 아끼고, 까마귀가 부모를 먹이고, 닭이 먹이를 찾아놓고
서로 부르고, 승냥이가 잡은 짐승으로 제사를 올리는 것[1]을 보면 알
수 있다. 도덕교화가 이미 확립된 후 나는 참으로 백성에게 도심이
많다는 것을 아는데 인심도 또한 생과 더불어 항상 존재한다. 음식과
남녀를 보면 모두 사람들이 함께 바라는 것이고, 빈천과 요절과 병은
사람들이 함께 싫어하는 것임을 알 수 있다. 물욕에 가려지기 때문에

그 본성이 아니라고 하는데, 그렇다면 빈천과 요절과 병은 사람이 원하는 것이던가?

> **注**
>
> 1 『예기 · 왕제』: "豹祭獸, 然後田獵. 승냥이가 잡은 짐승으로 제사한 뒤라야 사냥한다."라고 하였다.
> 사냥의 한 예이다. 다른 예로 '전차가 사방으로 짐승을 둘러싸지 않으며 짐승 떼를 덮치지 않는다.'라고도 하였다.

8.

父母兄弟, 天性之親也, 仁也; 君臣朋友 人道之宜也, 義也; 夫婦齊體而易氣, 介乎其間者也. 同育而承宗者, 仁也; 猶可以離之者, 義也; 故曰, "立人之道, 曰仁與義".

부모형제의 관계는 천성의 친애함으로 인(仁)이다. 군신과 붕우는 인도의 마땅함으로 의(義)이다. 부부 결합은 동체이면서 다른 기인데 그 사이에 낀 것이다. 함께 자식을 양육하고 종족을 잇는 것은 인이고, 오히려 분리될 수 있는 것은 의이다. 그래서 "사람의 도를 세우는 것은 인과 의라고 말한다"[1]라고 하는 것이다.

> **注**
>
> 1 『역경 · 설계전』: "立人之道, 曰仁與義. 사람의 도를 세움을 일러 인과 의다."라고 하였다.
> 인(仁)은 천성의 친애함이라 부모와 형제의 관계처럼 나누는 것이 불가능하고, 의(義)는 인도의 마땅함으로 군신과 붕우 관계처럼 나누는 것이 가능하다.

9.

五倫、五常不相配, 君臣、朋友, 義也. 父子、兄弟 仁也; 夫婦

恩義, 仁義兼也; 禮, 所以節此也; 智, 所以知此也; 信, 所以實
此也.

오륜과 오상은 서로 짝하지 않는다.[1] 군신과 붕우는 의(義)로 맺는
관계이고, 부자와 형제는 인(仁)으로 맺어진 관계이다. 부부는 은의
(恩義)로 맺어진 관계인데, 인과 의를 겸한 것이다. 예(禮)는 이것을
절제하는 이유이고 지(智)는 이것을 아는 이유이며 신(信)은 이것을
진실하게 하는 까닭이다.

注

1 『한서(漢書)·예악지(禮樂志)』: "五倫五常均指, 仁義禮智信. 오상
과 오륜은 모두 인·의·예·지·신(仁·義·禮·智·信)을 가리
킨다."라고 하였다.
오륜은 인간이 지녀야 할 도리로 부자유친(父子有親)·군신유의(君
臣有義)·부부유별(夫婦有別)·장유유서(長幼有序)·붕우유신(朋
友有信)이라고 한다.

10.

仁者, 天之性也; 義者, 道之宜也.

인은 천이 부여한 본성이고 의는 도리의 마땅함이다.[1]

注

1 인(仁)은 선천적 성(性)에 대한 명제이고 의(義)는 후천적 행위에
대한 명제이다.

11.

存乎體者, 氣之機也, 故息不已焉. 存乎氣者, 神之用也, 故性

有靈焉. 體壞則機息, 機息則氣滅, 氣滅則神返. 神也返矣, 於
性何有焉!

몸을 보존하는 것은 기(氣)의 작용이다.[1] 때문에 호흡이 끊이지 않는
다. 기를 보존하는 것은 신(神)의 작용이다.[2] 때문에 성(性)은 영명함
이 있다. 몸이 망가지면 기의 작용은 쉰다. 작용이 쉬면 기는 멸한다.
기가 멸하면 신은 돌아간다. 신이 돌아가면 성에는 무엇이 있는가?

注

1 장재, 『정몽 · 태화(太和)』: "太虛無形, 氣之本體 其聚其散, 變化之客
  形爾. 태허는 무형이고 기의 본체이다. 그 기가 모이고 흩어지면 변화
  하는 객체의 형체가 생기기도 하고 없어지기도 한다."라고 하였다.
  기가 모여 있으면 생명은 유지된다.

2 심(心)에 내재한 정(精) · 기(氣) · 신(神)이 그 각각의 기능과 역할
  을 하여 심이 활동한다. 정(精)은 어떤 사물이나 사람을 구성하는
  가장 미세하고 정교한 물질적 근원이고 기(氣)는 물질들이 생명 활
  동에 작용하는 것이고 신(神)은 물질적 토대인 정과 그 기능인 기가
  힙처져 나다니는 능력 이상의 신묘한 작용을 말하고 기를 잘 보존하
  는 작용을 한다. 이 신에 의해 예술, 문학 등의 활동에서 상상력이나
  초월적 능력을 발휘한다.

12.

或問: 人心靜未感物之時, 可以驗性善, 然乎? 曰: 否. 大舜孔子
吾能保其善矣, 盜蹠陽虎吾未敢以爲然. 何也? 發於外者, 皆氏
乎中者也, 此物何從而來哉? 又假孰爲之乎? 謂蹠也、虎也、心
靜而能善, 則動而爲惡, 又何變之遽夫靜也? 但惡之象未形爾,
惡之根乎中者自若也, 感卽惡矣. 諸儒以靜而驗性善者, 類以
聖賢成性體之也. 以己而不以衆, 非通議矣.

어떤 사람이 묻기를 "인심이 고요한 것은 사물에 감응하지 않았을 때
이니 사람의 성선(性善)을 징험할 수 있다. 그렇지않은가?"라고 했
다. "그렇지 않다. 대순과 공자는 그 선을 보존했을 거라고 여기지만,
도척(盜跖)¹과 양호(陽虎)²의 경우는, 나는 감히 그러했다고 여길 수
없다. 어째서인가? 밖으로 드러난 것은 모두 마음에 근거를 두는데,
이 사물들은 어디로부터 온 것인가? 또 무엇을 빌려서 이룬 것인가?
도척과 양호도 마음이 고요할 때면 선할 수 있다고 말하는데, 움직이
면 악을 저지르니 또한 어떤 변화로써 갑자기 고요해지겠는가? 다만
악의 형상이 드러나지 않았을 뿐으로 악의 근원이 마음에 있는데 태
연한 상태로서 감응하면 즉시 악을 이룬다. 역대의 유자들이 고요함
으로써 성선을 징험할 수 있다고 한 것은 대략 성인과 현인이 이룬
성으로써 체험한 것이다. 자신으로써 논하고 대중으로써 논하지 않
은 것은 달통한 논의가 아니다.

注

1 『맹자 · 등문공 하』, 『순자 · 불구(不苟)』에 도척(盜跖)이 나온다.
『장자』에는 「도척(盜跖)」편이 있다. 도척은 춘추시대 사람인데 유하
혜와 형제간이다. 맹자는 도척에게는 대도라는 오명을 주었고 유하
혜는 성인으로 간주하였다.

2 『사기(史記)』에 양호(陽虎)가 나오나 『맹자 · 등문공하』에서는 양
화(陽貨)로 나온다. 둘은 노나라 사람으로 계씨(季氏)의 가신(家臣)
으로 등장하여 같은 인물로 보고 있다.

13.

或曰: "子以生之理釋性, 不亦異諸儒乎?" 曰: "諸儒避告子之
說, 止以理言性, 使性之實不明於天下, 而分辨於後世, 亦夫人
啟之也." 曰: "子何以異?" 曰: "吾有所據焉爾. 易曰: '窮理盡性',

謂盡理可乎? 孝經曰: '毁不滅性', 謂不滅理可乎? 明道, 『定性書』之云, 謂定理可乎? 故曰: 氣之靈能, 而生之理也; 仁義禮智, 性所成之名而已矣.'

어떤 사람이 묻기를 "그대가 생의 이치로써 성을 해석하는 것은 여러 유자들과 다르지 않는가?"라고 했다. "여러 유자들은 고자의 설을 피하여 단지 이치로써 성을 말했는데 성의 실질을 천하에 밝히지 못했고, 후세에서 분별한 것도 또한 그들이 조성한 것이다."라고 답했다. 또 "그대는 무엇이 다른가?"라고 물어서, 대답하기를 "나는 근거를 가지고 있을 뿐이다. 『역경』에 '궁리진성(窮理盡性)'[1]이라고 했는데 '진리(盡理)'라는 것이 가능한 것인가? 『효경』에 '훼불멸성(毁不滅性)'[2]이라 했는데 '불멸리(不滅理)'라는 것이 가능한 것인가? 정명도의 『정성서(定性書)』에서 말한 정리(定)를 말하는 것이 가능한 것인가? 그래서 기의 영능(靈能)이 생의 이치이고, 인의예지는 성이 만들어낸 이름일 뿐이다."라고 했다.

注

1 『역경·설괘전』 1장: "窮理盡性, 以至于命. 이치를 궁구하고 성을 다함으로써 명에 이르다."라고 하였다.

2 『효경·상친(喪親)』: "三日而食 敎民無以死傷生 毁不滅性 此聖人之政也. 친상을 당한 뒤에 삼일이 지나서 음식을 먹는 것은 백성들에게 죽은 사람 때문에 산 사람을 상하지 않게 하고 몸을 훼손해서 목숨을 잃지 않도록 가르치기 위함이다. 이것이 성인의 바른 가르침이다."라고 하였다.
친상(親喪)을 당하여 너무 슬퍼하다가 목숨을 잃어서는 안 된다는 말이다.

왕정상은 『역경』의 진리(盡理), 『효경』의 불멸리(不滅理), 『정성서(定性書)』의 정리(定理)라고 말한 것은 가능하지 않다고 보았다. 이(理)를 다한다는 자체가 모순이기 때문이다.

14.

天者, 言乎其冒物也. 帝者, 言乎其宰化也. 神者, 言乎化機之
不可測也. 性者, 言乎其生之主也, 精氣合而靈, 不可離而二之
者也. 命者, 言乎其賦之非由我者也, 造化神而章物, 莫之爲而
順者也. 天道者, 言乎運化之自然, 四時行, 百物生, 乾乾而不
息者也. 聖人者, 言乎人道之至也, 窮理盡性至命, 以合天之神
者也.

천(天)은 만물을 무성하게 하는 것을 말한다. 제(帝)는 변화를 주재
하는 것을 말한다. 신(神)은 변화하는 기틀이 예측할 수 없는 것¹을
말한다. 성(性)은 그 생의 주체임을 말하고, 정(精)과 기(氣)가 합하
여 영명함이 있게 되고², 두 가지는 분리될 수 없다. 명(命)은 천부적
인 것이고 나로 말미암아 결정되는 것이 아님을 말하고, 조화는 신령
하여 사물을 드러내는 것인데 인위적으로 따를 수 있는 것이 아니다.
천도는 천의 운동 변화가 저절로 그러하다는 것을 말하고 사시의 운
행과 만물의 생성이 끊임없이 멈추지 않는 것이다. 성인은 사람의 도
의 지극하다는 것을 말하니 이치를 궁구하고 성을 다하여 명에 이르
는 것으로서 천의 신과 합하진 자³이다.

注

1 천은 만물을 생육하는 역할을 하고 제(帝)는 천이 운동 변화하도록
  주재하는 역할을 하고 신(神)은 사람들이 변화하는 작용을 예측할
  수 없기 때문에 붙어진 이름이다.

2 신(神)이 내면에 있어도 정(精)과 기(氣)가 합하여서 영명함을 이루
  게 된다. 그 어느 하나가 약하게 되면 신이 작용하지 못한다.

3 『역경 · 설괘전』 1장: "窮理盡性, 以至于命. 이치를 궁구하고 성을
  다하여 명에 이른다."라고 하였다.
  성인은 이치를 궁구하여 인도를 다하고 성이 천명에 부합한 자이다.

15.

氣附於形而稱有, 故陽以陰爲體. 形資於氣而稱生, 故陰以陽爲宗. 性者陰陽之神, 理生於形氣, 而妙乎形氣者也. 觀夫心志好惡, 魂魄起滅, 精矣. 相待而神, 是故兩在則三有, 一亡則三滅.

기가 형에 부착하면 유(有)라고 칭하는데 그래서 양은 음으로써 체(體)를 이룬다. 형은 기를 자질로 삼으면 생이라고 칭하는데 그래서 음은 양으로써 종주로 삼는다.[1] 성은 음양의 신(神)이고, 이(理)는 형기에서 생기는데 형기보다 묘하다. 심지(心志)의 호오와 혼백의 생겨남과 소멸함을 살펴보면 정밀하다. 서로 상대하여 신이 되기 때문에 둘이 존재하면 셋이 있게 되고 그중에 하나라도 망하면 셋이 소멸되게 된다.[2]

注

1 음이양위종(陰以陽爲宗): 음은 체(體)가 되고 양은 기(氣)가 되어 양이 음에 붙으면 형(形)이 생겨나서 있음[有]이 되는 것이다. 형은 음기에서 만들어지고, 음기는 양기를 종주로 삼는 것이 된다.

2 『왕정상집 · 횡거이기변』: "精神魂魄, 氣也, 人之生也. 仁, 義, 禮, 智, 性也, 生之理也. 知覺運動, 靈也, 性之才也. 三物者, 一貫之道也. 정신은 혼백이며 기다. 인 · 의 · 예 · 지 · 성은 생의 이치이다. 지각운동은 영명함이고 성의 재질이다. 이 세 가지는 하나로 꿴 도이다."라고 하였다.

형(形)과 기(氣)와 신(神)은 혼백의 생몰에서 볼 때 셋이 함께 있고 없음에 관계함을 설명하였다. 정신과 혼백은 기이고 인 · 의 · 예 · 지는 성이고, 성이 바로 형을 받은 것이며 지각운동이 영명(靈明)하며 신(神)이다. 이 셋이 모이면 생(生)이 되고 흩어지면 사(死)가 된다.

16.

耳目開而視聽生矣, 魂魄拘而思識生矣. 萬物之情, 其入我也,

以耳目之靈; 其契我也, 以魂魄之精. 耳目虛, 物無不入; 魂魄
之精有主, 蓋有不受之物矣. 不受也者, 逆於性者是已.

귀와 눈이 열려 보고 들음이 생겨나고, 혼백이 모여 생각과 의식이 생겨난다. 만물의 실정이 나에게 들어오는 것은 이목의 영명함 때문이고, 나에게 계합하는 것은 혼백의 정미함 때문이다. 이목은 공허하여서 사물이 들어오지 않음이 없다. 혼백의 정미함에는 주재함이 있어서 받아들이지 않는 사물이 있다. 받아들이지 않는 것은 인성을 거슬리는 것일 뿐이다.

> 인간이 생각과 의식을 지닌 인간으로 되는 것은 신(神)의 역할이며 신(神)의 영명함과 혼백의 정미함 때문이다.

17.

耳聽, 目視, 口言, 鼻嗅, 心通, 天性也. 目格於聽, 耳格於視,
口格於嗅, 鼻格於言, 器局而不能以相通也. 解悟者心, 注於聽
則視不成審, 注於視則聽不詳, 注於嗅則言不成, 神一而不可
以二之也.

귀가 듣고 눈이 보고 입은 말하고 코가 냄새 맡고 마음이 통하는 것은 천성이다. 눈이 들을 수 없고 귀가 볼 수 없고 입이 냄새 맡을 수 없고 코가 말할 수 없는 것은 기관이 국한된 것이고 서로 통할 수 없는 것이다. 이해하고 깨닫는 것은 마음이다. 듣는 것에 주력하면 보는 것이 세심하지 않게 되고 보는 것에 주력하면 듣는 것이 상세하지 않게 된다. 냄새 맡는 것에 주력하면 말이 나오지 않는다. 정신은 전일할 수 있지만 둘로 갈라질 수 없다.

> 본성이란 귀가 듣고 눈이 보고 입은 말하고 코가 냄새 맡고 마음이 통하는 것 등이다. 서로 바꾸어 할 수 없고 하나에 국한되어 한 가지에 집중하면 다른 것은 세심해질 수 없다. 신(神)은 영명하여도 두 가지를 동시에 집중할 수 없게 하였다.

18.

氣不可爲天地之中, 人可爲天地之中. 以人受二氣之沖和也, 與
萬物殊矣. 性不可爲人之中, 善可爲人之中. 氣有偏駁, 而善則
性之中和者也. 是故目之於色, 耳之於聲, 鼻之於臭, 口之於
味, 四肢之於安逸, 孟子不謂之性, 以其氣故也. 剛善柔善, 周
子必欲中焉而止, 以其過故也.

기(氣)는 천지의 중심이 될 수 없으나 사람은 천지의 중심이 될 수
있다. 사람은 음양 두 기가 잘 조화된 것을 받았기 때문에 만물과 다
르다. 성(性)은 사람의 중심이 될 수 없으나 선(善)은 사람의 중심이
될 수 있다. 기는 치우침과 어긋남이 있으나 선은 성이 중화(中和)한
것이다. 이 때문에 눈이 색에 대해, 귀가 소리에 대해, 코가 냄새에
대해, 입이 맛에 대해, 사지가 편안함에 대한 것을 맹자가 성이라고
말하지 않은 것은[1] 그것이 기에서 나오기 때문이었다. 선을 강하게
하고 선을 유하게 하는 것에 대해 주자(周子)가 반드시 중화에서 그
치려고 한 것[2]은 강유(剛柔)의 지나침 때문이다.

注

1 『맹자·진심 하』: "孟子曰, 口之於味也, 目之於色也, 耳之於聲也,
鼻之於臭也, 四肢之於安佚也, 性也, 有命焉, 君子不謂性也. 맹자
가 말했다. '입이 맛있는 것에 대해, 눈이 예쁜 색에 대해, 귀가 아름
다운 소리에 대해, 코가 좋은 향기에 대해, 사지가 편안함에 대해
이끌리는 것은 타고난 본성이나 이것을 얻느냐 얻지 못하느냐의 여
부는 명이다. 군자는 본성이라 이르지 않는다."라고 하였다.
맹자도 더 나은 의식주에 이끌리는 욕망은 본성이라 하였다.

2 주돈이, 『통서(通書)』, 제7장: "性者, 剛、柔、善、惡、中而已矣. 성
은 강·유·선·악·중 다섯 가지일 뿐이다."라고 하였다.
선(善)도 강유(剛柔)로 치우치는 것은 좋지 않고 중(中)에서 그치는
것이 최고선이 된다.

19.

天地之化, 人生之性中焉而已. 過陰過陽則不和而成育; 過柔過
剛則不和而成道. 故化之太和者, 天地之中也; 性之至善者, 人
道之中也. 故曰: "惟精惟一, 允執厥中", 求止於至善而已矣.

천지의 변화와 인생의 성은 중(中)일 따름이다. 지나친 음과 지나친
양은 조화롭게 자랄 수 없다. 지나친 부드러움과 지나친 강함은 조화
롭게 도를 이룰 수 없다. 그래서 변화가 태화[1]인 것은 천지의 중이
다. 성이 지극히 선한 것은 인도(人道)의 중(中)이다.[2] 그래서 "오직
정성을 오로지하여 진실로 그 중을 잡으라."[3]고 한 것은 지선에서 멈
춤[4]을 구한 것일 뿐이다.

注

1 장재,『정몽・태화』: "太和所謂道. 태화는 도라고 한다."라고 하였다.
태화는 위대한 조화이며 자연이다.

2 인간은 기로 형태가 생기면 성(性)이 생긴다. 그 성은 선(善)과 불선
이 혼재하지만, 성 중에 있는 지극한 선은 중(中)인 것이다. 중은
치우치지 않는 마음이다.

3 『서경』: "惟精惟一, 允執厥中."라고 하였다.
앞에서 나왔다. 순임금이 우임금에게 선위하며 전한 말이다.

4 『대학』: "止於至善. 지극한 선에서 그친다."라고 하였다.

음과 양은 중화에 도달해야 한다고 한다. 지나친 양도 지나친 음도 좋지 않다.
이는 한의학에서 양기를 많이 지닌 사람은 음기를 보충해주고, 음기를 많
이 지닌 사람은 양기를 보충해야 몸이 중을 이루어 편안해진다는 이론을
낳게 했다.

20.

君子行仁必主於義, 則事無不宜而仁矣. 仁無義以持之, 或固

於不忍之愛, 而反以失其仁. 故君子任道不任情.

군자가 인(仁)을 행할 때 반드시 의(義)를 위주로 한다면 일이 합당하지 않음이 없어서 인하게 된다. 인이 의로써 지지 함이 없거나 혹은 차마 할 수 없는 사랑을 고집하여 도리어 그 인을 잃게 된다. 그래서 군자는 도에 맡기는 것이고 정에 맡기지 않는다.[1]

注

1 군자의 행위는 도에 따라 하는 것이다. 정을 따르면 공평할 수 없고 사사로움이 개입하게 되어 오히려 인함과 멀어진다. 그래서 정에 맡기지 않는다고 하였다.

21.

氣神而精靈, 魂陽而魄陰也. 神發而識之遠者, 氣之淸也. 靈感而記之久者, 精之純也. 此魂魄之性, 生之道也. 氣衰不足以載魄, 形壞不足以凝魂, 此精神之離, 死之道也.

기는 신령하고 정(精)은 영명하다. 혼(魂)은 양이고 백(魄)은 음이다.[1] 신(神)이 발양하면 식(識)이 원대해지는 것은 기가 맑은 것이다. 영명한 감정이 발하면 기억이 오래 가는 것은 정(精)의 알갱이가 순수한 것이다. 이는 혼과 백의 본성이고 생명의 도이다. 기가 쇠하면 백을 실을 수 없고, 형이 무너지면 혼을 응집할 수 없는데 이는 정과 신의 분리이고 죽음의 도이다.

注

1 『신언(愼言)·도체』 11장: "氣陽形陰, 有形體皆陰, 飛揚不可見者皆陽. 기는 양이고 형은 음이다. 형체가 있으면 모두 음이고 높이 떠다니나 볼 수 없는 것은 모두 양이다."라고 하였다.

『신언(愼言)·문성성』 15장: "氣附於形而稱有, 故陽以陰爲體. 기가

형에 부착하면 유라고 칭하는데 그래서 양은 음으로써 체를 이룬다."
라고 하였다.

기(氣)와 정(精)이 합하면 신(神)이 된다. 정신은 양기이고 육체는 음기이다. 심에는 식(識)이 있는데 식은 지식이 쌓이는 곳이다. 신(神)이 발양해야 식에서도 견문을 통한 지식을 선별하여 쌓게 된다. 정과 신이 합해져야 살아가는 것이고 분리되면 결국 죽음을 맞이한다. 죽음은 정과 신의 분리이며 혼과 백의 분리이다. 양기는 가벼운 기라서 위로 올라가서 혼이 되며 음기는 무거운 기라서 아래로 내려와 백(魄)이 된다.

22.

"造化生人, 古今異乎?" 曰: "天賦相近, 何太遠哉? 習性之日殊爾. 古也朴, 今也日文; 古也直, 今也日巧. 神鑿而靈散也久矣, 鳥巢之卵, 焉得探而取之? 『六經』之教, 求其習之日降而已矣."

"천지조화가 사람을 낳는 것이 고금에서 다른가?" "하늘이 부여한 것은 서로 가까운데 어찌 너무 멀어지는가? 습성이 날로 달라졌을 뿐이다.[1] 옛 사람은 순박했는데 지금 사람은 날로 꾸미고, 옛 사람은 정직했는데 지금 날로 교묘하다. 신이 천착하여 영명함이 흩어진지가 오래이다. 새 둥지 속의 알을 어떻게 찾아서 취할 것인가? 『육경』의 가르침은 그 습성이 날로 적어짐을 구할 뿐이다.

注

1 『논어 · 양화(陽貨)』: "性相近也 習相遠也. 타고난 본성은 서로 비슷하지만, 습성에 따라 서로 멀어지게 된다."라고 하였다.
왕정상 역시 본성은 서로 멀리 있지 않으나 습성에 의해 많이 달라지기 때문에 습성이 많이 생기지 않도록 해야 한다고 한다. 또 『육경』을 공부하여 잘못된 습성을 적게 하면 신이 영명함을 고스란히 지니게 되어 순박하고 정직함을 지닐 수 있다고 한다.

23.

聖愚之性, 皆天賦也. 氣純者純, 氣濁者濁, 非天固殊之也, 人
自遇之也. 聖人治天下, 必欲民性至善而順治, 故立教以導之,
使其風俗同而好尚一, 雖不盡善, 而爲惡者亦鮮矣.

성인과 어리석은 사람의 성은 모두 모두 하늘이 부여한 것이다.[1]
기가 순수한 자는 인성이 순수하고, 기가 혼탁한 자는 인성이 혼탁
한 것은 하늘이 본래 다르게 한 것이 아니고 사람이 스스로 그것을
만난 것이다. 성인이 천하를 다스릴 때는 반드시 백성의 성이 지극
히 선하여 다스림에 순응시키려 했기 때문에 가르침을 세워서 인도
하고 그 풍속을 동일하게 하여 좋아하고 숭상하는 것을 한결같게
하였다. 비록 지선에 도달할 수 없을지라도 악을 저지르는 것이 드
물었다.

注

1 기론을 주장하는 학자는 본성이 유선유악(有善有惡)이라고 한다.
즉, 기는 혼탁한 기도 있고 순수한 기도 있어서 사람이 태어나며 다
르게 받는 것이다. 때문에 성인이 가르침을 세워 백성들을 이끌어
악이 적은 사회를 이룰 수 있게 했다.

24.

人之性, 純而已; 天之道, 誠而已. "維天之命, 於穆不已, 於乎
不顯, 文王之德之純", 此天人合一之道, 故曰 "知性斯知天".

사람의 성은 순수일 뿐이고 하늘의 도는 참될 뿐이다. 『시경』에 "하
늘의 명은 심원하여 그치지 않으니, 아 어찌 드러나지 않겠는가? 문
왕의 덕은 순수하구나"[1]라고 했다. 이는 천인이 합일한 도이기 때문
에 "성을 아는 것은 하늘을 아는 것이다"[2]고 한 것이다.

1 『시경·주송·청묘지십』: "維天之命, 於穆不已, 於乎不顯, 文王之德之純. 하늘의 명이 심원하여 그치지 않는다. 아! 드러나지 않는가. 문왕의 덕이 순수(純粹)함이여"라고 하였다.

이는 하늘이 하늘 된 까닭과 문왕이 문(文)이 된 까닭을 말함이고 순수함이 또한 그치지 않음을 말한 것이다.

2 『맹자·진심 상』: "盡其心者 知其性也 知其性則知天矣. 자기의 심(心)을 다하면 자기의 성(性)을 알고 자기의 성을 알면 천(天)을 알게 된다."라고 하였다.

견문편
見聞篇

1.

見聞梏其識者多矣. 其大有三: 怪誕, 梏中正之識; 牽合傅會,
梏至誠之識; 篤守先哲, 梏自得之識. 三識梏而聖人之道離矣.
故君子之學, 遊心於造化之上, 體究乎萬物之實, 求中立至誠
之理而執之. 聞也、見也、先哲也, 參伍之而已矣.

견문이 인식을 제한시키는 것이 많다.[1] 그 주요한 것에 세 가지가 있
는데 괴탄(怪誕)은 올바른 인식을 제한시키고, 견강부회[牽合傅會]하
는 것은 지극히 진실한 인식을 제한시키고, 선철(先哲)을 돈독히 지
키는 것은 스스로 터득한 인식을 제한시킨다. 세 가지 인식이 제한을
당하면 성인의 도를 벗어나게 한다. 그래서 군자의 학문은 조화에서
마음을 노닐어야 하고, 만물의 실질을 체득하여 연구해야 하고, 중립
하고 지성스러운 이치를 구하여 잡아야 한다. 듣는 것, 보는 것, 선철
등은 뒤섞여 있을 뿐이다.

注

1 견문은 인식이 되는 첫 단계이지만 올바른 인식이 되지 못하게 되는
세 가지 경우가 있다. 그것이 괴탄(怪誕)과 견합부회(牽合傅會), 그
리고 독수선철(篤守先哲)이다. 괴탄(怪誕)은 괴이하고 헛된 소리를

들은 경우이고, 견합부회(牽合傅會)는 견강부회와 같으며 이치(理致)에 맞지 않는 말을 억지로 끌어 붙여 자기주장의 조건에 맞도록 하니 바른 인식을 하는데 어려움이 생기게 한다. 독수선철(篤守先哲)은 옛사람들의 밝음에 지나치게 의존하는 것을 말한다.

2.

餙怪類獨行也, 足以譁衆; 養交類孚世也, 足以市譽, 有道者恒恥之, 亦要諸守道自信得矣. 是故誠積而衆服, 道廣而朋來

교묘하고 괴탄한 것은 독행(獨行)과 같아서[1] 대중을 떠들썩하게 할 수 있고, 교류를 중시하는 것은 세상을 믿게 하는 것과 같아서 명예를 살 수 있다. 도를 지닌 자는 항상 그런 것을 수치스럽게 여기고 또한 도를 지키고 스스로 믿어서 얻음을 중시한다. 이 때문에 정성이 쌓이면 대중이 승복하고 도가 광대해지면 붕우가 오게 된다.

注

1 괴탄(怪誕)하다는 것은 바로 자기만의 이론을 대중에게 외치는 것이다. 어떤 이가 괴탄의 말을 믿게 하면 그 말로 명예를 시닐 수도 있다. 하지만 도에 어긋나는 것은 실질과 맞지 않아 오래가지 못한다. 춘추전국시대에 많은 유세하는 자들이 괴탄의 말로 왕들에게 유세하여 높은 자리를 얻고 세상에 이름을 드러냈으나 그 자리가 오래 가지 못한 경우가 많다.

3.

具神明之性者, 學道之本也. 天不畀之以神明, 命也. 天與之神矣, 而不學以充之, 是自棄者也. 學矣, 襲謬踵陋, 不能致精以合天人, 是挈明入昧也. 二者皆負於天者也, 是以君子咎之. 寡神識而限於命者, 君子弗咎也.

신명한 성을 갖추는 것은 도를 배우는 근본이다. 하늘이 신명을 주지 않은 것은 명(命)이다.[1] 하늘이 신명을 주었는데 배워서 충실하게 하지 않는다. 이는 자기자(自棄者)[2]이다. 학습에서 오류와 천루(淺陋)함을 계승하여 따르는 것은 정심(精深)함에 이름으로써 하늘과 사람을 합쳐지게 할 수 없다. 이는 광명을 어둠속으로 들이는 것이다. 두 가지는 모두 하늘을 저버리는 것이기 때문에 군자가 허물로 여긴다. 신식(神識)을 적게 받았으나 명에 가지런히 하는 자는 군자가 허물로 여기지 않는다.

注

1 천비지(天畀之)는 천부(天賦)와 같다. 하늘은 누구에게나 천부적으로 신명을 주는 것이나 받은 정도의 차이가 있는 것은 하늘의 명 때문이다.

2 『맹자·이루 상』: "自暴者, 不可與有言也. 自棄者, 不可與有爲也. 자포자는 말을 함께 할 수 없다. 자기자는 행동을 함께 할 수 없다." 라고 하였다.
자포자(自暴者)는 자신을 포기하여 해치는 자이고 자기자(自棄者)는 하늘로 부터 받은 신명을 학습하여 충실하게 간직하려 하지 않고 자기를 버리는 자이다. '자포자기자'는 자신을 포기하여 언행을 함께 하기가 불가능한 자를 말한다.

4.

或問: "義集矣而氣不充, 有是乎?" 王子曰: "否. 凡以氣之綏者, 皆理之不直者也. 義集則直矣, 而何不充之有?" 曰: "有不敢爲者, 何也?" 曰: "蓋有之矣, 其不明諸道而懾於利害者爾, 要皆鄙夫之心爲之. 君子之於道也, 精於人物之理, 達於天地造化之秘, 而無不明; 明則進退取舍、死生禍福舍有一定之擬, 加之義集而氣充, 所謂 '介如石'者有之矣, 安有利害之恐以動其

中乎? 安有鄙吝自私之心而反自蝕其氣乎? 故明道者養氣之
助, 氣充者明道之成.

어떤 사람이 묻기를 "의로움을 모았으나 기가 충실하지 못하니 이런
일이 있는가?"라고 했다. 왕자가 대답하기를 "아니다. 기가 충실하지
못한 것은 모두 이(理)가 곧지 않기 때문이다. 의로움이 모이면 곧게
되는데 어찌 충실하지 못함이 있겠는가?"라고 했다. "감히 행동하지
못하는 자가 있는데 무슨 까닭인가?" "그런 경우가 있다. 그것은 도
에 밝지 못하고 이해(利害)를 두려워하기 때문일 뿐인데 요컨대 모
두 비천한 사람의 마음이 그렇게 한 것이다. 군자는 도에 대하여 사
람과 물(物)의 이치[理]에 정미하고 천지조화의 심오함에 도달하여
밝지 않은 곳이 없다. 밝으면 진퇴취사(進退取舍)와 사생화복(死生
禍福)에 일정한 헤아림이 있고, 게다가 의로움이 모이면 기가 충실해
지는데 이른바 '개여석(介如石)'¹이란 것이 있게 된다. 어찌 이해에
대한 두려움이 있어서 그 마음을 움직이게 하겠는가? 어찌 좁고 인
색한 자기의 사사로운 마음이 있어서 그 기를 도리어 스스로 소멸시
키겠는가? 그래서 밝은 도는 양기(養氣)의 조력사이고, 기가 충실한
것은 도를 밝힘이 이룬 것이다.

注

1 『주역 · 예괘』, 六二爻: "知幾其神乎 君子上交不諂 下交不瀆 其知
幾乎 幾者動之微 吉之先見者也 君子見幾而作 不俟終日 易曰 介
于石 不終日 貞吉. 기미를 아는 것은 참으로 신묘하다. 군자는 윗사
람을 사귈 때 아부하지 않으며 아랫사람을 사귈 때는 몸을 더럽히지
않는다. 기미를 알기 때문이다. 기미란 움직임의 작은 징조이니 길
함은 미리 아는 것이다. 군자가 기미를 보고 일을 시작해서 하루 종
일을 지나기를 기다리지 않는다. 『역』에서 말하기를 '굳기가 돌과
같으니 종일을 기다리지 않는다.'고 하였다. 바르고 길하다."라고 하
였다.

개여석(介如石)은 의지가 돌과 같이 굳은 것을 말한다.

기론에 있어서는, 기에 이(理)가 올라타는 것이다. 기는 만물의 생명을 주재하는 것이고 이(理)는 기로 만들어진 만물에 각기 그 이치를 부여한 것이다. 이치를 분명하게 하는 것은 기를 충실하게 하는 것이 된다. 『맹자』에 '집의(集義)로써 호연지기(浩然之氣)를 한다' 하였는데 왕정상은 사물의 이치인 '이(理)를 분명하게 하여 기를 충실하게 한다.'고 하였다.

5.

事物之實覈於見, 信傳聞者惑; 事理之精契於思, 憑記問者粗; 事機之妙得於行, 徒講說者淺, 孔門之學: 多聞有擇, 多見而識也; 思不廢學, 學不廢思也; 文猶乎人, 而歉躬行之未得也. 後之儒者, 任耳而棄目, 任載籍而棄心靈, 任講說而略行事, 無怪乎駁雜日長而蔽其塗矣.

사물의 실질은 보는 데서 핵실(覈實)[1]하게 되고 전해들은 것을 믿는 것은 의혹을 낳는다. 사리의 정미함은 사유에 합치되어야 하는데 기문(記問)[2]에만 의지하는 것은 조악하다. 일의 기미가 신묘함은 실행에서 터득해야 하는데 한낱 강설만 하는 것은 얕다. 공자의 학문은 많이 듣고 선택을 하며, 많이 보고서 아는 것이며,[3] 사고하면서 배움을 폐하지 않는다. 배우면서 사고를 폐하지 않으며, 문자를 사람처럼 여기고, 몸소 실행하여 터득하지 못한 것을 부족한 것으로 여긴다. 훗날의 유학자들은 듣기만 하고 보지는 않으며, 서적에만 의지하고 심령(心靈)은 버리고, 강설에만 맡기고 실행은 소홀히 하니, 섞여 순수하지 못함이 날로 자라나서 그 길을 덮어버리는 것을 괴이하게 여기지 않는다.

注

1 핵실(覈實)은 사건(事件)의 실상(實相)을 조사(調査)하는 것이다.
2 기문(記問)은 단순히 책을 읽고 외우기만 하여 이해하거나 통달하지

못한 것이다.

3 『논어·술이』: "多聞擇其善者而從之, 多見而識之. 次也. 많이 듣고 선한 것을 선택하여 따르고, 많이 보고 그것을 기억하는 것이 다음이다."라고 하였다.

> 왕정상은 실천을 중시한다. 학문을 하는 것은 실천을 위한 것이기 때문에 실천이 우선이 된다.

6.

學道而寡通變, 則無順施之政; 爲政而離經術, 不過徇俗之才, 此道學、政術歧而二塗矣. 故學求適用, 而政自道出, 則幾也. 物各得其分謂之仁; 事適其宜謂之義; 周群倫之情謂之智; 其實以御物謂之誠. 是道也, 學之能裕於已, 則禮樂刑政一以貫之而無不可施矣, 此孔孟之學術也.

도를 배우는데 변통[1]을 적게 하면 시행할 정사(政事)가 없다. 정사를 하는데 경술(經術)[2]에서 벗어나면 세속을 따르는 재능에 불과하다. 이 때문에 도학과 정치의 술이 갈라져서 두 길이 된다. 그래서 배움이 일에 적용한 것을 구하면 정사가 도로부터 나오는데 거의 이루어질 수 있다. 사물이 각각 그 분수를 얻는 것을 인(仁)이라 한다. 일이 그 마땅함에 적합한 것을 의(義)라 하고, 무리들이 떳떳해 하는 실정에 부합한 것을 지(智)라 하고, 진실로써 사물을 대하는 것을 성(誠)이라 한다. 이 도를 지녀서 배움이 자신을 풍요하게 할 수 있다면 예악형정(禮樂刑政)을 하나로써 관통하여 시행되지 못할 것이 없다. 이것이 공자와 맹자의 학술이다.

注

1 통변(通變)은 변통(變通)과 같으며 융통성 있게 실정에 맞도록 운용하는 것이다.

2 경술(經術)은 경영의 술수이다.

도를 배움에 있어서는 융통성을 배제해야 하지만 정치를 하는 데에는 변통과 경영하는 술수가 중요하다. 각자 맡은 일에 적용하여 실정에 맞는 배움이 도에 부합한다.

7.

世之學者所入之塗二; 穎敏者易解悟, 每暗合於道, 故以性爲宗, 以學爲資; 篤厚者待資藉, 始會通於道, 故以學爲宗, 以純爲資. 由所遺異, 故常相詆焉. 皆非也. 孔子曰: "默而識之, 學而不厭, 何有於我!" 於己也不有焉, 又何詆人也歟?

세간의 학자가 들어가는 길은 두 가지이다. 영민한 자는 깨달음이 쉽고, 항상 도에 암합(暗合)하기 때문에 본성을 종주로 삼고 학문을 밑천으로 삼는다. 독후(篤厚)한 자는 서적을 밑천으로 삼아서 비로소 도에 회통하기 때문에 학문을 종주로 삼고 순수함을 밑천으로 삼는다. 남긴 것이 다르기 때문에 항상 서로 헐뜯는다. 그러나 모두 잘못이다. 공자가 말하기를 "묵묵히 배운 것을 마음에 새기고 배우면서 싫증내지 않으니 나에게 다른 무엇이 있겠는가!"[1]라고 했다. 나에게 지닌 것이 없는데 또한 어찌 남을 헐뜯겠는가?

注

1 『논어 · 술이』: "默而識之, 學而不厭, 誨人不倦, 何有於我哉. 묵묵히 마음속에 새겨 두고, 배움에 싫증을 내지 않으며, 남을 가르치기를 게으르게 하지 않는 것, 이 셋 중 어느 하나인들 내가 제대로 하는 것이 있겠는가?"라고 하였다.

학문하는 방법에 두 가지가 있다. 도가 바탕이 되고 학문을 하는 방법과 학문을 하여 거기에 도를 함께 하게 하는 방법이다. 전자는 본성에 도를 지닌 사람이 행하기 쉽고, 후자는 학문을 하다보니 도가 생겨난 경우인데, 타고나면서 차이가 있으나 결과는 같다.

8.

夢, 思也、緣也, 咸心之跡也. 夢較勝否, 斯驕吝之心未滅已;
夢較利, 斯忮求之心未滅已.

꿈은 생각이고 연고인데 모두 마음의 자취이다. 꿈속에서 승부를 겨
루는 것은 교만하고 인색한 마음이 소멸되지 않았을 뿐이고, 꿈속에
서 이익을 견주는 것은 시기하는 마음이 소멸되지 않았을 뿐이다.

> 꿈은 깨어 있을 때의 생각과 인연이다. 그래서 마음의 자취[心之跡]라 하였다.
> 꿈에서까지 이익 때문에 승부를 겨루는 것은 평소 이익을 추구하는 마음이 가득
> 하기 때문이다.

9.

古人之學也尊師, 故道德之成也足以裕己而成化. 今之人於友
不親焉, 況師乎! 無怪乎道德之不古若也. 或曰: "六經周孔典
籍炳也." 曰: "此其大法也. 其權衡之妙, 不可傳者與! 其人俱往
矣, 不可得而親炙矣, 此惟默契道體者能之. 其次莫如得師友.
得也者於道也什九, 不得也者於道也什一."

옛사람의 학문은 스승을 존중했기 때문에 도덕의 성취가 자신을 풍
요하게 하고 만물을 육성하여 변화시킨다. 지금 사람은 벗과도 친하
지 않는데 하물며 스승일 것인가! 도덕이 옛날과 다른 것이 괴이하지
않다. 어떤 사람이 말하기를 "육경은 주공과 공자의 서적이 드러낸
것이다."라고 했다. 대답하기를 "이는 그 대법(大法)이다. 그 권형(權
衡)의 묘함[1]은 전할 수가 없는 것이던가! 그 사람들은 모두 떠나갔으
니, 가까이서 직접 가르침[2]을 받을 수 없다. 이 때문에 오직 도체에
암묵적으로 계합한 자만이 성취할 수 있다. 그다음은 스승과 벗을 얻
는 것만한 것이 없다. 도를 얻는다는 것은 도가 10중 9인 것이고, 도

를 얻지 못한다는 것은 도가 10중 1인 것이다."[3]라고 했다.

注

1 권형(權衡)의 뜻은 저울추와 저울대이다. 즉 저울질하는 것이다. 도를 저울질하는 것에는 상도(常道)가 있고 권도(權道)가 있다. 상도는 변하지 않는 도이고 권도는 상황에 따라 임기응변할 수 있도록 장치를 둔 도이다. 왕정상이 권형의 묘[權衡之妙]라고 한 것은 권도를 일러 말함이다.

2 친자(親炙)는 스승에게 가까이하여 몸소 그의 가르침을 받는 것을 말한다.

3 도는 10중의 9를 얻어야 도를 얻었다고 말할 수 있고 10중의 1을 얻는 것은 도를 얻지 못했다고 말한다. 그 외에는 얻은 것에도 얻지 못한 것에도 속하지 않는다.

10.

學有記誦而能言其義者, 施之治事猶扞格焉, 與道二故也. 情思而能言者, 由乎中出矣, 行猶有滯焉者, 物之變極未盡也, 踐履之熟而能言者, 內外之契周而參伍之變神, 言無不實矣, 可以宰世可以議道, 可以訓遠.

학습은 기억하고 암송하여 그 뜻을 말할 수 있는 것이다. 처리할 일을 행하는 것이 여전히 간격이 있는 것은 도와 둘이 되기 때문이다.[1] 정감과 생각을 하여 말할 수 있는 자는 마음에서 나온 것인데 시행하여 오히려 막히게 되는 것은 사물의 변화가 극진하게 할 수 없기 때문이다. 실천[踐履][2]이 익숙하여 말할 수 있는 자는 마음과 주변이 두루 계합하고 뒤섞여 있는 변화의 신이라[3] 말에 실질이 아닌 것이 없다. 세상을 주재할 수 있고 도를 의론할 수 있으며 교훈을 멀리 전할 수 있다.

1 여도이(與道二)는 도와 행위가 둘이 된다는 뜻이다. 행위는 도에 들어맞아야 하나가 되는데 기억하고 암송하는 공부에 그치면 공부를 많이 했더라도 일을 처리함에 있어 도와 합치하지 못하고 간극이 생긴다. 실질에 부합되는 공부를 해야 함을 말한다.

2 천리(踐履)는 실천하고 이행하는 것이다. 왕정상의 인식론에서는 이 천리(踐履)가 지식의 핵심이 된다.

3 소강절, 『황극경세서·관물(觀物) 하』: "神無方. …… 神者人之主, 將寐在脾, 熟寐在腎, 將寤在肝, 寤在心. 신은 구역이 없다. …… 신은 사람 몸의 주인인데 자려고 하면 비장에 있고, 잘 때는 신장에 있으며, 깨려고 할 때는 간에 있고, 깨어 있을 때는 심장에 있다."라고 하였다.

신(神)은 깨어있을 때만 심(心)에 내재되어 있는 변신(變神)인 것이다. 즉, 마구 섞여 변화하는 것이 신(神)이다. 참오지변신(參伍之變神)에서 참오는 이리저리 마구 섞는 것이다.

11.

或問學, 曰: "明理而躬行之." 請益, 曰: "改過." 請益, 曰: "堅其志勿急其効, 雖作聖可也."

어떤 사람이 학습에 대해 물어서 대답하기를 "이치를 밝히고 몸소 행하라"[1]고 했다. 다시 요청하여, 대답하기를 "허물을 고쳐라"라고 하였고, 또 요청하여 대답하기를 "뜻을 굳건히 하고 그 효과를 성급하게 바라지 않는다면 비록 성인이 되는 것도 가능할 것이다."라고 했다.

1 명리(明理)는 사물이 기로 만들어지나 만들어진 사물은 모두 이(理)를 지닌다. 평소의 학습은 이치를 분명하게 밝히는 것인데 이것이

명리(明理)이다.

궁행(躬行)은 현장에서 실제로 체험한다는 뜻이다. 왕정상은 궁행하여 얻은 지식을 진지(眞知)라고 한다. 궁행은 잠시 잘못되더라도 바로 고칠 수 있어서 하나를 궁행하면 다른 하나를 얻게 된다.

12.

學博而後可約, 事歷而後知要, 性純熟而後安禮, 故聖人敎人, 講學、力行並擧, 積久而要其成焉. 故道非淺迫者所可議也.

학습은 넓어진 이후에 요약할 수 있고[1], 일은 겪은 이후에 요점을 알 수 있고, 성(性)은 완전히 숙련된 후에 예를 편안히 여길 수 있다. 그래서 성인은 사람을 가르치는데 있어서 학문을 강론하고, 힘써 실행하는 것[2]을 함께 하여 오래 쌓아서 그것이 성취되어야 했다. 그래서 도는 천박한 자가 의론할 수 있는 것이 아니다.

注

1 『논어·안연』: "博學於文 約之以禮. 학문은 넓게 배우고, 예절로 단속하라."라고 하였다.
   다독하고 무례하지 않으면 도에 어긋나지 않게 될 것이라고 한 것이다.

2 역행(力行)은 천리(踐履)를 행하는 것이고, 궁행(躬行)을 반복하는 것이다. 이 모두는 일의 현장에서 오랜 경험으로 능력을 쌓아가는 것이다.

13.

義然後可以語命, 不義則畔道矣. 得也謂之道倖, 喪也謂之道誅. 命云乎哉! 命云乎哉!

의로움을 행한 후에 천명을 말할 수 있고, 의롭지 못하면 도[1]에 위배된다. 얻은 것은 도의 요행이라 하고, 잃은 것은 도의 징벌이라 한다. 천명을 말할 수 있겠는가! 천명을 말할 수 있겠는가!

注

1 『주역 · 계사 상』: "天地人三才. 천 · 지 · 인의 삼재"라고 하였다. 도는 하늘의 되[天道]와 땅의 되[地道], 사람의 되[人道]가 있는데 이 셋을 삼재(三才)라고 부른다. 인도가 의롭지 못하면 천도에 어긋나게 된다. 때문에 천명으로 징벌을 받는다.

14.

務高遠而乏實踐之仁, 其弊也狂; 務執古而無泛觀之智, 其弊也迂. 狂則精實之學可以救之; 迂則達變之學可以救之.

고원함을 힘써 구하면서 실천하는 인(仁)을 결핍되게 하니 그 폐단이 광망(狂妄)[1]한 것이고, 옛것을 고집하기를 힘쓰면서 널리 보는 지혜가 없다면 그 폐단은 우곡(迂曲)[2]한 것이다. 광망한 것은 정밀하고 실제적인 학문으로 구제할 수 있고, 우곡한 것은 달통하고 변화 있는 학문으로 구제할 수 있다.

注

1 『논어 · 자로』: "不得中行而與之 必也狂狷乎 狂者 進取 狷者 有所不爲也. 중도(中道)를 실천하는 사람과 함께 할 수 없다면 반드시 꿈이 큰 사람이나 고집스런 사람과 함께 하리라! 꿈이 큰사람은 진취적이고, 고집스런 사람은 하지 않는 바가 있기 때문이다."라고 하였다. 광(狂)의 의미는 뜻만 크고 실제는 다 이루지 못하는 것을 말한다. 즉, 생각만 고원한데 있는 것을 말하였다. 왕정상은 너무 크고 먼 것을 바라고 계획하면 인(仁)이 결핍될 수가 있으니 실질적 학문으로 구제해야 한다고 하였다.

2 『논어 · 옹야』: "後世, 有不由徑者, 人必以爲迂, 후세(後世)에는 지름길로 다니지 않는 자가 있으면 사람들이 반드시 우활하다고 할 것이다."라고 하였다.

우(迂)는 우활(迂闊). 우원(迂遠), 우곡(迂曲)으로 실제와 관련이 멀고, 구부러져 있으며 비현실적인 것을 말한다. 왕정상은 선철들의 학문만을 공부하여 옛것을 고집하면 우곡해지고 우활해진다고 한 것이다. 현재 자기의 일에서 실질적 공부를 해야 한다는 의미를 지닌다.

15.

義理明, 天下無難處之事, 固也. 緩不能斷, 弱不能振, 亦明而不能行矣. 是故窮理, 養才與氣, 不可偏一也. 窮理在致知之精, 養才氣在行義之熟.

의리가 분명한 것은 천하에 처리하기 어려운 일이 없는 것이 참으로 그러하다. 느슨한 것은 결단할 수 없고, 약한 것은 진작시킬 수 없는 것 또한 분명하니 실행할 수 없다. 이 때문에 이치를 궁구하고 재능과 기운을 배양하는 일은 한쪽으로만 치우칠 수 없다. 이치를 궁구하는 것은 앎에 이르는 것이 정밀한 데에 달려 있고, 재능과 기운을 배양하는 것은 의로움을 행하는 것이 익숙한 데에 달려 있다.

> 이치를 궁구하고 의로움을 행하는 것이 익숙해져 재능과 기운을 길러서 앎이 정밀해야 한다. 재능이나 기운은 역행이 느슨하거나 약하면 진작시킬 수 없기 때문이다. 이는 맹자가 집의(集義)로써 호연지기를 기르는 것과 같다.

16.

學者於道, 貴精心以察之, 驗諸天人, 參諸事會, 務得其實而行之, 所謂自得也已. 使不運吾之權度, 逐逐焉惟前言之是信, 幾於拾果核而啖之者也, 能知味也乎哉!

학이라는 것은 도에 대하여 정심(精心)으로 성찰하는 것을 귀하게 여기고, 하늘과 사람에게서 징험하고, 일의 기틀을 검토하고, 힘써 그 실질을 얻어 실행하는데 이른바 자득일 뿐이다. 만일 나의 권도 (權度)를 운행하지 못하고 근근이 오직 전언(前言)만 믿고, 과일을 주어서 맛보기를 바란다면 그 맛을 알 수 있겠는가!

> 공부하는 것은 도를 익히는 것이지만, 그 도는 정밀하게 성찰하는 것을 중요하게 여기고 실질을 얻는 자득을 중시하였다. 자득하는 것은 실행하며 권도(權度)를 익힐 수 있기 때문이다. 평소에 도를 익히는 것은 상도(常道)를 익히는 것이다. 권도는 일을 실행하는 과정에서 익힐 수 있다.

17.

虛明者. 能求萬物之情也已; 公忠者, 能正萬物之實也已. 虛無物淆故明; 忠無物撓故公. 虛明也者, 智之體也; 公忠也者, 仁之用也. 是故明王修之, 則天德而致治; 人臣修之, 以王道而輔運; 學者修之, 和禮義而安身.

청허하고 분명[虛明]한 것은 만물의 실정을 구할 수 있다. 공정 충직 [公忠]한 것은 만물의 실질을 바르게 할 수 있다. 청허하면 사물의 뒤섞임이 없기 때문에 분명하고, 충직하면 사물의 요동이 없기 때문에 공정하다. 허명(虛明)이란 것은 지혜의 본질이고, 공충(公忠)이란 것은 인(仁)의 작용이다. 이 때문에 현명한 왕이 수양한다면 천덕[1]이 되어 다스림을 이루고, 신하는 수양하여 왕도로써 운용을 보좌한다.[2] 배우는 자는 수양하여 예의를 조화롭게 하고 자신을 편안히 한다.

注

1 『장자·각의(刻意)』: "不雜則淸, 莫動則平. 鬱閉而不流, 亦不能淸,

天德之象也. 잡것이 섞이지 않으면 맑고, 움직이지 않으면 평평하다. 꽉 막혀 흐르지 않으면 또한 맑아질 수 없으니 천덕(天德)의 모습이다."라고 하였다.

2 『맹자·공손추 상』: "以力服人者는 非心服也. 力不贍也. 以德服人者, 中心悅而誠服也. 힘으로써 남을 복종시키는 자는 상대방이 진심으로 복종하는 것이 아니라, 힘이 부족해서요, 덕(德)으로써 남을 복종시키는 자는 마음으로 기뻐하여 진실로 복종함이다."라고 하였다.

덕으로 정치함을 왕도정치라 하였다. 그래서 왕정상이 '신하는 왕이 덕치로 왕도정치를 이룰 수 있도록 돕는 것이다.(以王道而輔運)'라고 하였다.

18.

靜, 生之質也, 非動弗靈. 動, 生之德也, 非靜弗養. 聖人知乎此, 精之於人事, 和之於天性, 順之於德義, 其機若謀, 其成若符, 其適若休. 常之謂天道, 純之謂大德, 是謂與神合機, 非求於動而能若是哉! 世之人知求養而不知求靈, 致虛守靜, 離物以培其根, 而不知察於事會. 是故淡而無味, 靜而愈寂, 出恍入惚, 無據無門, 於道奚存乎? 諺有之曰: "土閉不活, 不蘄而堉; 水閉不流, 不蘄而溲," 言靈之不入也.

고요함[靜]은 생의 본바탕인데 움직이지[動] 않으면 영험하지 않다. 동(動)은 생의 덕성인데 정(靜)하지 않으면 양성할 수 없다. 성인은 이것을 알고서 인사에 정밀히 하고, 천성에 화합하고, 덕과 의로움에 순응하니, 그 작용은 계획한 듯하고, 그 성취는 부합한 듯하고, 가는 것은 쉬는 것 같다. 일정하여 천도라고 하고, 순수하여 대덕이라 하는데 이는 신(神)과 합해져 기틀[機]이라고 말하니, 움직임에서 구하

지 않으면서 이와 같을 수 있겠는가! 세상 사람들은 양성을 구할 줄
은 알지만 영명함은 구할 줄 모르고 '허에 이르고 고요함을 지키며
[致虛守靜]'¹ 사물과 떨어져서 그 뿌리를 배양하고, 일의 기틀을 살필
줄 모른다. 이 때문에 담박하여 맛이 없으며, 고요하여 더욱 적막하
고, 출입이 황홀하여 의거할 수도 없고 들어갈 문도 없는데 도에 무
엇이 존재하겠는가? 속담에 말하기를 "땅이 막혀서 활기가 없으면
바라지 않아도 마르고, 물이 막혀서 흐르지 못하면 바라지 않아도 마
른다."고 한 것은 영험함이 들어오지 않았음을 말한 것이다.

注

1 『노자』 제16장: "致虛極, 守靜篤. 비움에 이르기를 지극히 하고, 고
요함을 지키기를 돈독하게 한다."라고 하였다.
이는 심령으로 하여금 비우게 하고 고요함을 단단히 지키는 것이다.

고요함[靜]은 생의 바탕이나 움직임[動]에서 신(神)의 영명함이 드러나 덕을 키운
다. 하지만 그 덕은 움직임 가운데 순간의 고요함에서 생겨난다. 그 고요함은
기틀이 될 뿐 쉬지 않고 움직여야 도가 이루어지는 것이다.

19.

學者欲要名於俗, 而求異於常, 未有不淫於邪說而陷於異流者.
陰陽家之足以知天也, 五行家之足以知命也, 術數家之足以知
人也, 皆聖道之蟊賊也, 世之惑也久矣, 安得推明孔氏之徒而
與之共學乎?

학자가 세속에서 명성을 얻으려고 하여 평상보다 다른 것을 구하는
데 사악한 말에 현혹되지 않고서 이류(異流)에 빠진 경우는 없었다.
음양가가 지천(知天)으로 만족하고¹, 오행가의 지명(知命)으로 만족
하고², 술수가의 지인(知人)으로 만족하니³, 모두 성인의 도의 모적
(蟊賊)들이다. 세상이 미혹된 것이 오래인데 어찌 공씨의 무리를 밝

게 드러내어 함께 더불어 배우겠는가?

注

1 음양가는 천을 연구하여 우주와 자연에 관한 음양·오행의 체계를 종합하여 이룬 일종의 자연철학을 하는 자들이다. 추연(鄒衍), 장창 (張蒼), 추석(鄒奭) 등이 대표한다.

2 오행가는 오행설로 우주의 운행이나 사람의 운수를 판단하는 사람이 다. 그들은 명(命)을 중시하였다.

3 술수가는 천문, 역수, 풍수지리 등을 연구하여 길흉과 화복을 예언하 는 사람이다. 사람의 미래를 점쳐서 아는 사람이다.

공부하는 자는 도를 얻으려고 하는 것이기에 그들이 세상에서 명성을 얻으 려고 공부하면 자칫 이단에 빠진다. 명성은 남과 다른 것을 구해야 얻기 때 문이다.

20.

人有一件事不合于義, 則將受累于此事, 就不是浩然之氣了.

사람이 의리에 합해지지 않는 일을 한 번이라도 한 적이 있다면 장 차 이 일에서 연루되어 호연지기[1]가 되지 않는다.

注

1 『맹자·공손추 상』: "敢問何爲浩然之氣, 曰 "難言也. 其爲氣也, 至 大至剛, 以直養而無害, 則塞於天地之間. 其爲氣也, 配義與道. 無 是, 餒也. 是集義所生者, 非義襲而取之也. 감히 묻겠는데, 호연지 기란 대체 무엇인지요? 맹자가 말하기를, 그것은 말로 표현하기 어 려운 것이다. 그것이 기가 됨이 지극히 크고 지극히 굳센 것이니, 곧게 길러서 해가 없다면 천지 사이에 가득 차게 된다. 그 기는 항상 의와 짝하고 도와 함께 하는 것이니, 이것이 없으면 인간은 시들해진 다. 또 그것은 언제나 의를 행하는 동안에 자연히 생기는 것이지, 의를 돌발적으로 행하여 억지로 얻어지는 게 아니다."라고 하였다.

21.

"不見可欲, 使心不亂", 是大賢以下要注意的事.

"욕심낼 만한 것을 보여주지 않으니 마음이 어지럽게 되지 않는다."[1] 이는 대현(大賢) 이하의 사람[2]들이 주의해야 할 일이다.

注

1 『노자』 제3장: "不見可欲, 使民心不亂. 욕심을 부추길 만한 것들을 내비치지 아니하면 백성들의 마음이 엉뚱한 일에 혼란치 않을 것이다."라고 하였다.

2 『중용』 제23장 집주: "其次, 通大賢以下, 凡誠有未至者而言也. 그 다음은 대현(大賢) 이하로 무릇 성실함에 지극하지 못함이 있는 자를 통틀어 말한 것이다."라고 하였다.
대현 이하의 사람은 성인과 현인에 속하지 못하는 사람이다.

22.

所見昏塞, 故而狹小, 心中虛明, 所以廣大.

어둡고 막히기[昏塞] 때문에 협소하고, 마음이 허명(虛明)하기 때문에 광대하다.

마음이 어둡고 막히면 좁아지나 비고 밝으면 넓어진다는 의미이다. 마음은 실체가 있는 것은 아니지만 그릇의 형체에 비유하여 크고 적음으로 말하기도 하고, 공간개념으로 좁고 넓음으로 말하기도 한다.

23.

人心澹然無欲, 故外物不足以動其心, 物不能動其心則事簡, 事簡則心澄, 心澄則神, 故 "感而遂通天下之故". 是故無欲者, 作聖之要也.

사람의 마음이 담연하여[1] 욕망이 없기 때문에 외물이 그 마음을 동요시키기 부족하고, 외물이 그 마음을 동요시킬 수 없으면 일이 간략해지고, 일이 간략하면 마음이 맑아지고, 마음이 맑으면 신(神)에 가깝게 된다. 그래서 "감응하면 천하의 연고에 통하게 된다"²고 했다. 이 때문에 무욕이 성인이 되는 요점인 것이다.

注

1 담연(澹然)은 무심하고 태연한 것이다.

2 『주역 · 계사 상』 제10장: "寂然不動, 感而遂通天下之故. 고요히 움직이지 않다가 감응하기만 하면 천하의 연고(緣故)와 원리에 두루 통한다."라고 하였다.

평소 마음을 담연하게 가지면 욕망이 일지 않는다. 외물에 감응해도 욕망이 생기지 않게 되면 천하의 이치를 다 알게 된다.

24.

耳目之聞見, 善用之足以廣其心; 不善用之適以狹其心. 其廣與狹之分, 相去不遠焉, 在究其理之有無而已矣!

이목이 듣고 보는 것은 선용하면 그 마음을 넓힐 수 있고, 선용하지 못하면 그 마음을 협소하게 만든다. 그 넓히는 것과 협소하게 하는 구분은 서로의 거리가 멀지 않기 때문에 그 이치의 유무를 궁구하는 데 달려있을 뿐이다.

견문은 지식이 된다. 견문에서 옳은 것만 받아들여 지식이 되면 선용하게 되어 마음이 넓어지고 옳지 못한 것을 받아들여 지식으로 삼으면 마음이 협소해진다. 견문은 이치를 궁구한 후에 지식으로 삼아야 하는 것이다.

25.

學者於貧賤富貴不動其心, 死生禍福不變其守, 則天下之事無不可爲矣.

학자가 빈천과 부귀에 대하여 그 마음을 움직이지 않고, 사생과 화복에 대하여 그 지키는 바를 변하지 않는다면[1] 천하의 일을 이루지 못하는 것이 없다.

注

1 『맹자 · 공손추 상』: "告子曰, 不得於言, 勿求於心, 不得於心, 勿求於氣, 不得於心, 勿求於氣可. 不得於言, 勿求於心不可. 고자가 말했다. 말에서 얻지 못하더라도 마음에서 추구할지 말 것이며 마음에서 얻지 못하더라도 기에서 추구하지 말라. 마음에서 얻지 못하더라도 기에서 추구하지 않는다는 것은 옳거니와, 말에서 알지 못하더라도 마음에서 추구하지 말라는 것은 옳지 못하다."라고 하였다.
뜻(意)은 기(氣)의 통수(統帥)요, 기는 몸에 충만한 것이니, 뜻이 먼저 도달하고 기가 다음에 따라가기 때문이다.

기론에서, 사람의 마음은 선악이 혼재되어 있다. 때문에 고자나 왕정상의 부동심은 마음에서 구하는 것이 아니고 외물에 대해 마음을 움직이지 않는 것이다. 오히려 내 마음이 외물에 달려있어서 흔들리는 마음을 늘 지키고 잡고 있어야 하고 지킨 것을 변하지 않도록 해야 한다.

26.

義以御事, 有守有權. 守者恒自得, 於事也多迷焉; 權者恒濟事, 於其也多迷焉. 故不失己而濟者, 義權之上者; 不然, 不如守而已矣.

의(義)로써 일을 처리하는 데는 상도(常道)를 지키는 것과 권도를 사용하는 것[1]이 있다. 상도를 지키는 것은 항상 자득[2]하는데, 일에 있어서는 미혹함이 많다. 권도를 사용하는 것은 항상 일을 처리할 수 있는데 자기에게 있어서는 미혹함이 많게 된다. 그래서 자기를 잃지 않고 일을 처리하는 것이 의리와 권도의 최상의 것이다. 그렇지 못하면 상도를 지키는 것만 못하다.

注

1 도(道)는 상도(常道)와 권도(權道)가 있다. 상도는 불변의 도이고 권도는 상황을 전제로 한 것이기 때문에 불변적인 행위규범을 가지지 못하며 그때마다 다른 행위 양식으로 나타나는 특성을 가진다. 예를 들면, 『맹자』에 "남녀가 물건을 주고받을 때 직접 손을 맞대지 않는 것은 예이고, 형수가 물에 빠졌을 때 손을 잡아서 건져주는 것은 권도이다."라고 하였다.

2 자득(自得)은 스스로 깨달아 아는 것이다. 예로부터 학자들은 스스로 터득하는 공부를 중요시하였다. 맹자는 "자득의 경지가 되어야 사는 것이 안정되고 일상이 편안하다."고 하였고 주희는 "자득이란 사색하여 그 이치가 저절로 드러나는 것이지 홀로만 아는 것이 아니다."라고 하였으며, 왕정상은 실천을 통한 자득만을 지식으로 인식했는데, 특히 상도와 권도 역시 일을 실행하며 자득하는 것이라고 하였다.

27.

心爲道主, 未有不能養心而能合道者, 未有不能寡欲而心得養者.

마음은 도가 주인이 되니, 마음을 길러서 도에 합할 수 없는 적은 없었고, 욕망을 줄여서 마음을 기를 수 없는 적은 없었다.

> 도가 가득 차 있어야 선한 마음이 된다. 그러나 원래 마음에는 도가 차 있지 않기 때문에 마음을 수양하여 도를 채워 도와 합해져야 한다. 마음을 수양하는 방법은 사사로운 욕망을 줄이는 것이다.

28.

道無二本, 心之理一, 故也. 事變萬殊, 聖人乃時措.

도에는 두 가지 근본이 없는데 마음의 이치가 하나이기 때문이다. 사물의 변화는 만 가지로 다른데 성인은 시기에 맞추어 조처한다.[1]

注

1 『중용』 제25장: "合內外之道也, 故時措之宜也. 안팎으로 도와 합치되었기 때문에 때에 따라 조치함이 마땅하다."라고 하였다.
  안은 마음의 도이고 밖은 외물의 이치이다.

29.

氣有以恐懼而勝者, 畏法者也; 有以義理而勝者, 樂天者也.

기에는 두려움으로써 뛰어난 것이 있는데 법을 두려워하는 것이다. 의리로써 뛰어난 것이 있는데 하늘을 즐거워하는 것이다.[1]

注

1 『주역 · 계사 상』 제4장: "樂天知命故不懮. 하늘을 우러러 기뻐함은 그 명을 아는 고로 걱정하지 않는다."라고 하였다.
  낙천(樂天)은 지명(知命)에서 오는 것이다.

  기는 정감을 일으키는 요소가 된다. 그래서 기로 인해 두려움과 즐거움을 드러내는데, 법 앞에서 두려울 때 가장 두드러지고, 하늘의 명을 알 때 가장 두드러진다.

30.

《易》即時措之道, 隨時變易, 無有窮已. 故曰: "生生之謂易".

『주역』은 시기를 살펴서 조처하는 도(道)로서 때에 따라서 변역하는 것이 무궁하다. 그래서 "서로 상생하는 것이 역이다"[1]라고 한 것이다.

注

1 『주역 · 계사 상』 제5장: "一陰一陽之謂道…… 生生之謂易. 한번 음이 되고 한번 양이 되는 도이며 …… 생겨나고 생겨나는 것이 역이

다.”라고 하였다.

한번 음하여 양이 생겨나고 한번 양하여 음이 생겨나니 이것이 변역(變易)이다. 변역에 의해 생겨나고 또 생겨나는 것이 규칙적이기 때문에 불역(不易)이 된다. 변역, 불역은 간이(簡易)와 함께 역(易)의 세 요소이다.

31.

“感而遂通”者, 能 “達之天下”; “知幾其神”者, 能 “退藏於密”.

“감응하여 통한다”는 것은 “천하에 도달할 수 있다”는 것이다.[1] “기미를 아는 것이 그 신(神)이다.”라는 것은 “물러나서 은밀한 곳에 감추어둔다.”[2]는 것이다.

注

1 『주역·계사 상』 제4장: “感而遂通天下之故. 達之天下. 감응하여 천하의 연고를 통하여 도달한다.”라고 하였다.
   감응하여 통일하는 것이 바로 천하의 이치를 아는 것이다.
2 『주역·계사 상』 제4장: “知幾其神乎. 기미를 아는 것은 신(神)이다.”라고 하였다.
   신(神)은 신령함이지만 통찰력이나 예지력에서 오는 신령함이다.
   『주역·계사 상』 제11장: “聖人以此洗心 退藏於密. 성인은 이로써 마음을 씻어 아무도 모르게 은밀한 곳에다 감추어 둔다.”라고 하였다.

32.

貪欲者, 衆惡之本, 寡欲者, 僕善之基.

탐욕[1]은 여러 악(惡)의 근본이고, 욕망을 줄이는 것은 내 선(善)의 기초이다.

注
1 탐욕(貪欲)은 욕망이 공리(公利)를 동반하지 않고 사리(私利)가 가
  득할 때를 말한다. 공리를 동반하는 욕망은 욕망을 길러도 악이 되지
  않으나, 탐욕은 악이 될 수 있어서 과욕(寡欲)해야 하는 것이다.

33.

靜而無動則滯, 動而無靜則擾, 皆不可久, 此道筌也, 知此而後
謂之見道. 天動而不息, 其大體則靜, 觀於星辰可知已. 地靜而
有常, 其大體則動, 觀於流泉可知已.

고요하면서 움직이지 않으면 막히고, 움직이면서 고요함이 없으면
소란하니 모두 오래 갈 수 없다. 이것이 도전(道筌)¹인데 이를 안 후
에야 도를 볼 수 있다고 말한다. 하늘은 움직이며 쉬지 않는데 그 대
체는 고요함이며 성신(星辰)²을 관찰해보면 알 수 있을 따름이다. 땅
은 고요하며 일정한 법칙이 있는데 그 대체는 움직임이며 흐르는 샘
을 관찰해보면 알 수 있다.

注
1 도전(道筌)은 도의 움직임이다. 도체는 움직이면서도 고요해야 오래
  갈 수 있다. 하늘의 별들이 쉬지 않고 움직이면서도 고요하고, 땅에
  서 흐르는 샘들은 쉬지 않고 흐르는데도 고요하다.
2 성신(星辰)은 별의 총칭이다. 대표적인 별이 화성, 수성, 목성, 금성,
  토성이며 이들과 해와 달을 합쳐 일월성신이라 하고 음양오행이 된다.

34.

動靜者, 合內外而一之道也. 心未有寂而不感者, 理未有感而
不應者, 故靜爲本體, 而動爲發用. 理之分備而心之妙全, 皆神

化之不得已也. 聖人主靜, 先其本體養之云爾. 感而遂通, 左右
逢原, 則靜爲有用, 非固惡夫動也. 世儒以動爲客感而惟重乎
靜, 是靜是而動非, 靜爲我眞而動爲客假, 以內外爲二, 近佛氏
之禪以厭外矣.

동(動)과 정(靜)은 내외¹를 합하여 하나로 하는 도이다. 마음은 고요
하면서 감응이 없던 적은 없었고, 이치는 감응이 있으면서 응함이 없
던 적은 없었다. 그래서 정은 본체가 되고 동은 발용(發用)이 된다.
이치의 분수가 갖추어지면 마음의 묘용이 완전해지는데 모두 신화
(神化)가 자연스럽게 그러한 것이다. 성인은 고요함을 위주로 하여²
먼저 그 본체를 수양할 뿐이다. "감응하여 통한다."³와 "일상의 좌우
에서 취해도 근원을 만난다."⁴는 것은 정의 유용을 말한 것이고, 본
래 동을 싫어한 것이 아니다. 세상의 유자들은 동을 외물의 감응으로
여기고 오직 정을 중시하는데 이는 정은 옳고 동은 옳지 못하고, 정
은 나의 진실이 되고 동은 외물의 거짓이라 하여 내외를 둘로 여기
는 것인데 불교의 선종이 외물을 싫어하는 것에 가깝다.

注

1 내(內)는 마음, 생각, 사상을 가리키고, 외(外)는 외물을 가리킨다.
2 성인주정(聖人主靜)의 성인은 주돈이를 가리킨다. 주돈이는 「태극도
  설」에서 "성인은 중정인의(中正仁義)로써 이것을 정(定)하고, 정(靜)
  을 주로 하는 것[主靜]으로써 인극(人極)을 세웠다."라고 하였다.
3 『주역·계사 상』 제10장: "感而遂通. 감응하여 비로소 통한다."라고
  하였는데, 이는 앞에서 여러 번 나왔다. 주희는 "寂然者, 感之體,
  感通者, 寂之用. 고요함은 감응의 본체이고 감응하여 통하는 것은
  고요함의 작용이다."라고 하였다.
4 『맹자·이루』: "資之深則取之左右, 逢其原. 크게 활용할 수 있게
  되면 일상의 좌우에서 취해도 그 이치의 근원과 만나게 된다."라고
  하였다.

잠심편
潛心篇

1.

潛心積慮, 以求精微; 隨事體察, 以驗會通; 優遊涵養, 以致自得. 苦急則不相契而入, 曠蕩則過高而無實, 學者之大病.

마음을 가라앉히고 생각을 쌓음[潛心積慮]¹으로써 정미함을 구한다. 일에 따라 체험하고 관찰하여[隨事體察]² 서로 통하는 것을 징험한다. 유유자적하게 함양하여 자득(自得)³에 이른다. 너무 조급하면 서로 계합하여 들어가지 못하고, 끝없이 넓으면 지나치게 높고 실질이 없다. 이것이 학자의 큰 병통이다.

注

1 잠심적려(潛心積慮)는 마음을 가라앉히고 생각을 쌓는 것으로, 학문하면서 지녀야 하는 마음이다.

2 수사체찰(隨事體察)은 일에 따라 체험하고 관찰하는 것으로, 학문하는 방법이다.

3 자득(自得)은 수사체찰(隨事體察)을 통해서 스스로 터득하는 것이다.

2.

無事而主敬, 涵養於靜也. 有內外交致之力, 整齊嚴肅, 正衣冠, 尊瞻視, 以一其外, 沖淡虛明, 無非僻紛擾之思, 以一其內, 由之不愧於屋漏矣. 此學道入門第一義也.

일이 없을 때 공경을 위주로 하고, 고요함에서 함양한다. 안과 밖[1]을 합일하도록 힘을 쏟고, 단정하고 엄숙하며, 의관을 바르게 하고, 시선을 존엄하게 함으로서[2] 그 행동을 한결같게 한다. 충담하고 허명하게 하여 그릇되고 편벽되고 어지러운 생각이 없게 하며 그 마음을 한결같게 한다. 그로 인하여 옥루(屋漏)[3]에서 부끄러움이 없다.[4] 이것이 도를 배우는데 입문하는 가장 중요한 것이다.

注

1 안은 마음이고 밖은 행동이다. 안과 밖의 합일은 보는 사람이 있든 없든 한결같게 해야 함을 말한다.

2 『논어 · 요왈(堯曰)』: "君子, 正其衣冠, 尊其瞻視. 그 의관을 바르게 하고, 그 바라봄을 정중히 한다."라고 하였다.

3 옥루(屋漏)는 신주를 모셔두는 곳이다.

4 『시경 · 대아 · 억(抑)』: "相在爾室 尙不愧于屋漏 無曰不顯 莫予云觀. 네가 방 안에 있을 때를 보았는데 오히려 옥루에서도 부끄럽지 않으니, 드러나지 않는 곳이라서 나를 보는 이가 없다고 말하지 말라."라고 하였다.
이 구절은 『대학(大學)』에, "小人閒居爲不善 無所不至 見君子而後 厭然掩其不善而著其善. 소인은 한가하게 있을 때면 선하지 못한 짓을 함이 이르지 않는 바가 없다가, 군자를 본 이후에야 슬그머니 그 선하지 못한 것을 감추고 선한 것을 드러낸다."에서 요약하여 인용한 말이다.

3.

"持之志"者, 存其心而不放也; "無暴其氣"者, 視聽言動以禮而不任情也. 心存, 則所發者自不肆; 氣不暴, 則所守者愈固. 此內外一致之道, 故曰 "交相養".

"그 뜻을 지킨다"는 것은 그 마음을 보존하고 잃지 않는다는 것이다. "그 기를 드러내지 않는다"[1]는 것은 보고 듣고 말하고 행동하는 것을 예로써 하고 정감에 맡기지 않는다는 것이다. 마음이 보존되면 표현하는 것이 자연스럽게 늘어놓지 않는다. 기가 드러나지 않으면 지키는 바가 더욱 공고해진다. 이것이 안과 밖을 일치시키는 방도인데 그래서 안과 밖이 서로 함양시킨다는 것이다.

注

1 『맹자 · 공손추 상』: "夫志至焉, 氣次焉, 持其志, 無暴其氣. 뜻이 이르고, 기는 다음이다. 그 뜻을 붙잡고 그 기를 드러내지 않는다."라고 하였다.
기는 정감이다. 시청언동(視聽言動)에 있어 정감을 드러내지 말고 함양하는 뜻을 마음에 지녀야 한다.

4.

人心當思時則思, 不思時則沖靜而閒淡, 故心氣可以完養. 或曰: "心不能使之不思." 曰: "涵養主一之功未深固爾. 苟未深固, 則淆亂而不清, 豈獨思擾於晝? 而夢亦紛擾於夜矣. 深固則淵靜而貞定, 無事乎絶聖棄智, 而思慮可以使之伏矣. 然非始學者之物也."

사람의 마음이 사고해야 할 때는 사고하고, 사고하고 있지 않을 때는 충정(沖靜)하고 한담(閒淡)하기 때문에 심기(心氣)는 완전하게 함양할 수 있다. 어떤 사람이 말하기를 "마음이 사고하지 않게 할 수 없다."고 하는데, 대답하기를 "이는 함양하여 마음을 한 곳으로 모으는 공부가 깊고 공고하지 못할 뿐이다. 만일 수양이 깊고 공고하지 못한다면 사고가 뒤섞이어 난잡하게 되어 맑지 못할 것이니, 어찌 유독 대낮에만 사고가 흐려지겠는가? 꿈꾸는 것 또한 밤을 혼란스럽게 한다. 만일 사고가 깊고 공고하다면, 깊고 고요하면서 굳게 안정되어 성인을 끊고 지혜를 버릴[1] 필요가 없고 사려가 남을 승복시킬 수 있다. 그러나 처음 공부하는 사람의 사정은 아니다."

注

1 『노자』19장: "絶聖棄智, 民利百倍. 성인을 끊고 지혜를 버리면 백성의 이익은 백배가 될 것이다."라고 하였다.

성인을 끊고 지혜를 버리면 사고할 일도 적어져 마음이 고요할 수 있다. 많이 알수록 생각이 난잡하게 많아져 마음의 기는 함양하지 못한다. 하지만 마음을 한곳에 모으는 공부가 된다면 사고가 깊어지고 단단해져 마음이 외물에 흔들리지 않는다. 이는 학문이 깊은 자만이 가능하다.

5.

無忿懥、好樂、憂患、恐懼, 此不偏之中, 聖人養心之學也. 未能至此, 則本淆, 故當致中. 喜怒哀樂, 各當其節, 是謂不戾之和, 聖人順應之學也. 未能至此則道離, 故當致和.

분치(忿懥), 호락(好樂), 우환(憂患), 공구(恐懼) 등이 없는 것[1]은 치우치지 않은 중(中)[2]인데 성인이 마음을 수양하는 공부이다. 여기에 이를 수 없는 것은 근본이 혼란한 것이기 때문에 마땅히 중에 힘써야 한다. 희로애락이 각기 그 절제함을 마땅하게 하는 것은 어긋남이 없는 화(和)라고 하는데 성인이 사물에 순응하는 공부이다. 여기에 도달하지 못하면 도에서 벗어나기 때문에 마땅히 화에 이르러야 한다.

注

1 『대학』7장: "身有所忿懥, 則不得其正, 有所恐懼, 則不得其正, 有

所好樂, 則不得其正, 有所憂患, 則不得其正. 자신에 노여워하는 바가 있으면 그 바름을 얻지 못하며, 두려워하는 바가 있으면 그 바름을 얻지 못하고, 좋아하고 즐기는 바가 있으면 그 바름을 얻지 못하고, 걱정하는 바가 있으면 그 바름을 얻지 못한다."라고 하였다. 분치는 분노이고 호락은 즐거움이며 우환은 걱정거리이고 공구는 두려워하는 것이다.

2 『중용』: "中者 不偏不倚 無過不及之名. 庸 平常也. 중은 치우치지도 기울지도 않고 지나침도 모자람도 없는 것의 이름이다. 용은 늘 항상된 것이다."라고 하였다.

『논어집주 · 용야』: "程子曰, 不偏之謂中, 不易之謂庸. 정자가 말했다. 치우치지 않음을 중(中)이라 하고, 변하지 않음을 용(庸)이라 한다."라고 하였다.

『중용』: "喜怒哀樂之未發, 謂之中. 發而皆中節, 謂之和. 中也者, 天下之大本也. 和也者, 天下之達道也. 희로애락이 나타나지 않은 것을 '중'이라 하고, 나타나 모두 절도에 맞은 것을 '화'라고 한다. '중'이라는 것은 천하의 큰 뿌리 근본이요, '화'라는 것은 천하에 모두 통하는 도이다."라고 하였다.

6.

格物者, 正物也, 物各得其當然之實則正矣, 物物而能正之, 知豈有不至乎! 知至則見理眞切, 心無苟且妄動之患, 意豈有不誠乎? 意誠則心之存主皆善而無惡, 邪僻偏倚之病亡矣, 心豈有不正乎! 學造於心正, 道之大本立矣, 而家而國而天下, 以此推之可也.

격물은 사물을 바르게 하는 것[1]인데 사물이 각자 그 당연한 실질을 얻으면 바르게 된다. 사물마다 바르게 할 수 있다면 앎이 어찌 이르지 않겠는가! 앎이 이르면 보는 이치가 참되고 간절해져서 마음에 구차하고 헛된 근심이 없게 되니 뜻이 어찌 성실하지 않겠는가? 뜻이 성실하면² 마음이 주재하는 바가 모두 선하고 악함이 없게 되고, 사악하고 편벽하여 치우치는 병폐가 없어지게 되니 마음에 어찌 바르지 못함이 있겠는가! 학습이 마음의 바름에 이르면 도의 큰 근본이 수립되고, 가정과 국가와 천하에 대해서도 이것으로써 미루어 가는 것이 가능해진다.

注

1 『대학』: "格物致知."에서, 격물(格物)은 앎의 시작으로 주희는 물의 이치를 궁구하는 것으로 해석하고, 왕양명은 사물을 바르게 하는 것으로 해석한다. 왕정상 역시 왕양명과 같이 물을 바르게 하는 것으로 해석하였다. 사물을 바르게 함은 사물의 이름에 맞는 실질을 지니도록 하는 것이다. 그는 격물을 사물을 바로잡는 것으로 해석하였다. 이 역시 왕양명의 해석과 같다. 다만 치지(致知)의 해석은 주희는 앎에 이르는 것이고, 왕양명은 양지를 실현[致良知]하는 것이며, 왕정상은 진지(眞知)를 지니는 것이다.

2 『대학』: "格物致知, 誠意, 正心, 修身, 齊家, 治國, 平天下."를 8조목이라 하는데 "明明德, 親民, 止於至善."의 삼강령과 함께 학문을 하는 이유와 방법을 설명하였다. 그 중 성의(誠意)는 뜻을 참되게 하는 것으로 일의 시작에 있어 일의 의도가 성실하게 해야 한다는 뜻이다.

7.

言以示道, 心之華也; 貌以表心, 道之興也. 故動容出辭不背理者, 心之不忘, 德之有將爾. 然惟純則安.

말로써 도를 제시하는 것은 마음이 찬란한 것이다. 용모로써 그 마음을 표시하는 것은 도가 이끄는 것이다.¹ 그래서 용모를 움직이고 말

을 하는 것이 이치를 위배하지 않은 자는 마음이 잊지 않고, 덕이 행
동으로 옮겨짐이 있을 따름이다. 그러나 오직 마음이 순수하다면 안
정된다.

注

1 언행에서 도가 드러나는 것은 마음에 도가 가득하여 빛나는 것이고
   용모로 도가 드러나는 것은 마음에 있는 도를 밖으로 드러나게 하는
   것이다. 이는 모두 덕을 길러서 행동에 드러나게 하는 것이다.

8.

過而不改者, 賊其心, 不肖之常也.

허물이 있으면서 고치지 않는 것[1]은 그 마음을 해치는 것인데 이는
불초한 자가 항상 지니는 것이다.

注

1 『논어 · 위령공』: "過而不改, 是謂過矣. 잘못을 저지르고도 고치지
   않는 것, 이것을 진짜 잘못이라 할 수 있다."라고 하였다.
   이는 불초한 자들이 지니는 행위이다.

9.

**人心有物, 則以所物爲主, 應者非其物, 則不相得矣, 不戾於道
者幾希! 故曰 "與其是內而非外, 不如內外之兩忘", 蓋欲其湛
然虛靜也已.**

사람의 마음에 외물이 있으면 이 외물을 위주로 삼기 때문에 응한
것이 이 외물이 아니면 서로 얻을 수 없다. 이것이 도에 위배되지 않
을 것은 거의 희박하다! 그래서 "안을 옳다하고 밖을 그르다 하는 것

보다는 차라리 안과 밖을 모두 잊는 것이 낫다"[1]고 한 것이다. 그것
은 마음속을 담연(淡然)하고 허정(虛靜)하게 하려는 것이다.

注

1 정호, 『정성서』: "與其是內而非外, 不如內外之兩忘. 안을 옳다하고
   밖을 그르다 하는 것보다는 차라리 안과 밖을 모두 잊는 것이 낫다."
   라고 하였다.

   마음에 도를 두느냐 외물을 두느냐 하는 것의 문제가 한 사람에게 군자와 소인이
   되는 갈림길이 된다. 외물을 잊으려면 늘 마음이 담연하고 허정하게 되도록 해야
   한다.

10.

戒妄言, 遠厲色, 去游思, 脫漫習.

망언(妄言)을 경계하고, 화난 안색을 멀리 하고, 헛된 생각을 제거하
고, 방종한 습성을 벗어버려야 한다.

   계망언(戒妄言), 원려색(遠厲色), 거유사(去游思), 탈만습(脫漫習) 이 네 기지는
   마음에 덕을 채우는 방법이다.

11.

或問: "養氣助長之害如之何?" 曰: "義集生氣, 則心無愧怍無往
而不可行. 義未至而徒盛其氣焉, 危行不足以明道, 激論不足
以成德, 外阻撓而中消悔者多矣, 不幾於害氣乎哉?"

어떤 사람이 질문하기를 "기를 기르는 데에 조장(助長)하는 폐해[1]는
어떤 것인가?"라고 했다. 대답하기를 "의(義)가 모이면 기를 낳을 수
있고, 마음에 부끄러움이 없으면 행할 수 없는 곳이 없다. 의가 이르
지 않았는데 다만 그 기를 왕성하게만 하면 위행(危行)[2]도 도를 밝힐

수 없고, 격론(激論)도 덕을 이룰 수 없고, 밖으로는 막히고 동요하고, 안으로는 소실되고 후회하는 것이 많다. 그러니 거의 기를 해치지 않겠는가?"라고 했다.

注

1 『맹자・공손추 상』: "必有事焉而勿正, 心勿忘, 勿助長也. 반드시 의로운 일이 있으면 그것을 그만두지 말고 마음에 잊지 말며 무리하게 조장하지 말라."라고 하였다.
  『맹자・공손추 상』에 또 송나라 사람이 조장(助長)을 한 예가 다음과 같다. "有閔其苗之不長而揠之者, 芒芒然歸, 謂其人曰, 今日病矣. 予助苗長矣. 其子趨而往視之, 苗則槁矣. 자기 모가 자라지 않는 것을 안타깝게 여겨 싹을 뽑아 올린 사람이 있었다. 정신없이 돌아와 집안사람들에게 '오늘은 피곤하구나. 내 모가 자라는 것을 도와주었다'고 말하여, 그 아들이 달려가 보니 모는 시들어 버렸다고 한다."라고 하였다.
  기를 기르더라도 조장하면 여러 폐해가 생긴다.
2 위행(危行)은 행동이 고상하여 일상의 유행이나 풍속을 좇지 않는 것이다. 어떤 사람이 위행을 하더라도 의로움을 동반해야만 도를 밝힐 수 있다.

12.

自得之學, 可以終身用之. 記聞而有得者, 衰則忘之矣, 不出於心悟故也, 故君子之學, 貴於深造實養, 以致其自得焉.

스스로 터득한 학습은 종신토록 사용할 수 있다. 기술(記述)과 듣는 것[1]으로 얻은 것은 노쇠하면 잊게 되는데 마음의 깨달음에서 나온 것이 아니기 때문에 군자의 학습은 깊은 곳에 이르고 실질을 배양하여, 그로써 자득에 이르는 것을 귀하게 여기는 것이다.

1 기문(記聞)은 듣고 말하는 공부법으로 암기법에 속한다. 기문은 마음에서 깨달음이 아니기 때문에 자득이 되기 어렵다. 실제 일에서 깨달아야 오래가기 때문에 자득이 된다. 자득한 지식만이 참된 지식[眞知]인 것이다.

13.

廣識未必皆當, 而思之自得者真; 泛講未必脗合, 而習之純熟者妙. 是故君子之學, 博於外而尤貴精於內; 討諸理而尤貴達於事.

널리 아는 것은 반드시 모두 합당한 것은 아니고, 사색하여 자득한 것이 진지(眞知)[1]이다. 광범위한 강론은 반드시 부합되는 것은 아니고, 학습이 순숙한 것이 묘한 것이다. 이 때문에 군자의 학습은 외면으로는 널리 하면서 내면으로는 정밀한 것을 더욱 귀하게 여긴다.[2] 이치를 토론하면서 일에 통달하는 것을 더욱 귀하게 여긴다.

注

1 진지(眞知)는 사색하여 자득한 것, 순숙하게 학습한 것, 이치를 토론하여 일에 통달한 것의 세 경우가 이에 속한다.

2 박어외(博於外)와 정어내(精於內)는 두 가지 공부 방법이다. 밖으로는 두루 넓게 공부하여 지식을 넓히되, 안으로는 정밀하게 해야 한다는 뜻이다. 밖에서 얻는 모든 지식이 다 옳은 것은 아니다. 반드시 내면에 있는 옳고 그름을 아는 도와 맞추어 보고 정밀하게 판단하여 저장하거나 버리는 작업을 거쳐야 한다. 그래야 새로운 지식이 다시 도가 되어 다른 것을 받아들일 때 판단의 기준이 되기 때문이다.

14.

心理貴涵蓄, 久之可以會通冥契. 何也? 心之神, 斂而存, 蕩而亡者也. 有所得而固存之, 日見其充積也; 有所聞而固蓄之, 日見其暢達也. 故 "中心藏之, 何日忘之", 由於不言. 道聽塗說, 謂之棄德.

마음의 이치는 함축[1]을 귀하게 여기는데, 오래되면 묵계[2]에 회통한다. 무엇 때문인가? 마음의 신(神)은 수렴되면 존재하고, 방탕하면 없어지기 때문이다. 얻은 바가 있어 굳게 보존하면 매일 그 충적(充積)을 보게 되고, 들은 바가 있어 굳게 비축하면 매일 그 창달(暢達)을 보게 된다. 그래서 『시경』에 "심중에 간직하니, 어느 날인들 잊겠는가?"[3]라고 한 것은 간직하고 말하지 않는 것에서 나온 것이다. 도청도설(道聽塗說)은 덕을 버린 것[4]이라고 하겠다.

注

1 함축(涵蓄)은 함양(涵養)하여 잘 보관하는 것이다.

2 명계(冥契)는 묵계(默契)이다. 품고 있는 마음이나 뜻이 모르는 가운데에도 서로 잘 맞는다는 의미이다.

3 『시경·소아·습상(隰桑)』: "中心藏之, 何日忘之. 심중에 간직하니, 어느 날인들 잊겠는가?"라고 하였다.
늘 마음에 간직하고 절대 잊지 말라는 뜻이다.

4 『논어·양화』: "子曰, 道聽而塗說, 德之棄也. 공자가 말했다. 길에서 듣고 길에서 말하는 것은 덕을 버리는 것이다."라고 하였다.
도청도설(道聽塗說)은 무슨 말을 들으면 그것을 깊이 생각지 않고 다시 옮기는 경박한 태도를 이르는 말이다. 혹은 아무런 근거도 없는 허황된 소문을 이르기도 한다.

15.

幽獨之地, 心能澹然不繫於物, 可以寡欲而養神也. 窮理致思, 非物事之應也, 能致如應之誠, 可以體物而養心也. 物交於前,

順理而應, 無意無必, 不惟利事也, 可以養性矣. 物交之後, 有
得有失, 安於所值, 而喜慍不蒙焉, 不惟明道也, 可以養德矣.

홀로 있는 곳에서 마음이 담연하여 사물에 얽매이지 않는다면 욕망
을 줄이고 정신을 수양할 수 있다. 궁리하고 사색하는 것은 사물의
응함이 아니다. 응함이 성실함에 도달할 수 있다면 사물을 체득하고
마음을 기를 수 있다. 사물이 앞에서 교차하여도 이치에 따라 응하며
의도함이 없고 고집함이 없으니[1] 사물을 이롭게 할 뿐만 아니라 심
성을 수양할 수 있다. 사물이 교차한 후에 득이 있고 실(失)이 있는
데 지닌 가치에 편안해 하고 기쁨과 성냄이 사리에 어둡지 않아서
비단 도를 밝힐 수 있을 뿐만 아니라 덕을 기를 수 있다.

注

1 『논어·자한』: "毋意, 毋必. 미리 하고자 의도하지도 말고 반드시
해야 한다고 고집하지 말라."라고 하였다.

궁리하고 사색하는 것은 사물에 대해 응하는 것이 아니다. 어떠한 사물이 앞에
있더라도 마음이 흔들리지 않아야 하고 이치에 따라 응하여 의도도 고집도 하지
말아야 마음의 수양이 된다.

16.

人心如匱, 虛則容, 實則否, 道義者心之天理也, 知之必踐之,
以爲寶而匱之. 戻乎道義者, 心之私欲也, 知之且禁之, 以爲砂
礫而棄之, 匱之未盈, 猶足容也; 故私欲之感, 或可以乘隙而
入, 至於天理充滿, 無少虧欠, 匱盈而無隙可乘矣, 夫安能容.
故學者當蓄德以實其心.

사람의 마음은 궤짝과 같아서 비어있으면 받아들일 수 있지만 가득
차있으면 받아들일 수 없다. 도의(道義)는 마음의 천리(天理)인데아
는 것은 반드시 실천하고 보배로 삼아서 보관해야 한다. 도의에 어긋

나는 것은 마음의 사욕인데 그것을 안다면 장차 금지해야 하고 돌멩이로 여기고 버려야 한다. 궤짝이 차있지 않으면 오히려 들일 수 있다. 때문에 사욕의 감정이 간혹 틈을 타고 들어온다. 천리가 충만하여 조금도 빈 곳이 없다면 궤짝이 가득 찬 것처럼 탈 수 있는 틈이 없을 것이니 어찌 받아들일 수 있겠는가? 그래서 학자는 마땅히 덕을 축적하여 그 마음을 채워야 한다.

> 마음을 궤짝 정도의 크기라면 그 내부는 지식으로 채울 수 있다. 그 지식이 도에 맞는 것도 있고 사욕이 될 것도 들어있다. 스스로 알아서 도의에 맞는 것은 실천으로 옮기고 사욕이 될 만한 것은 버려야 하는 데 그것을 결정하는 능력은 어디에 있는가? 평소에 덕을 쌓고 의로움을 행하여 도의를 가득 차게 하면 사욕은 들어올 틈이 없어진다.

17.

或問聞道, 曰: "非言語也." 得道, 曰: "非見聞也. 遂於事而會於心, 斯謂之聞; 養於中而暢於外, 斯謂之得."

어떤 사람이 '문도(聞道)[1]'에 대해 질문하여, 답하기를 "언어로써 들을 수 있는 것이 아니다"고 했다. '득도(得道)[2]'에 대하여 질문하여, "견문으로써 얻는 것이 아니다. 일에 통달하고 마음에 회통하는 것을 '문(聞)'이라 하고, 마음에서 함양하고 밖에서 창달하는 것을 '득(得)'이라 한다."고 대답했다.

注

1 『논어 · 이인(理仁)』: "朝聞道夕死可矣. 아침에 도를 들을 수 있다면 저녁에 죽어도 좋다."라고 하였다.
  문도(聞道)는 도를 듣고 깨닫는다는 의미이다.
2 득도(得道)는 불교적 진리를 체득하는 것이다. 오묘한 이치를 깨닫는 것을 뜻하고, 미혹의 세계에서 피안으로 건너가는 것이라고 할

수 있다.

일에 통달하고 마음에 회통하여 얻은 것을 문도(聞道)라 하고 함양하고 마음 밖에서 창달하여 얻는 것을 득도(得道)라 하였다.

18.
淳厚者學道之基也. 輕躁者其天機必淺, 學也安望其至道. 故變其質而後可以言學.

순후함[1]은 도를 배우는 기초이다. 경박하고 조급한 자는 그 천기가 반드시 얕을 것이니, 그 학습이 어찌 도에 이르기를 바라겠는가? 그래서 그 본바탕을 변화시킨 후에야 학습을 말할 수 있을 것이다.

注

1 순후(淳厚)는 양순(良順)하고 인정(人情)이 두터운 것이며 타고난 본성에 있는 정감이다.

본 바탕의 순후함이 없는 자는 경박하거나 조급하여 학습에 힘써도 도에 이르기 어렵다. 이런 자들은 먼저 본 바탕의 기질을 수양한 후에 학습해야 한다.

19.
學之大要有三: 父子、君臣、夫婦、兄弟、朋友, 存乎性義焉; 動靜云爲, 起居食息, 存乎禮則焉; 進退取舍、死生禍福, 存乎義命焉, 學成而道全矣. 聖人盡性弘道, 亦不過此.

학문의 대요에는 세 가지가 있다. 부자, 군신, 부부, 형제, 붕우 등은 본성과 의로움에 속하고, 움직이고 고요한 언행과 의식주, 휴식 등은 예의와 규칙에 속하고, 진퇴취사, 사생화복 등은 의로움과 천명에 속하나 학문은 성취되어서 도리가 온전해진다. 성인이 본성을 다하고[1],

도를 넓히는 것²도 또한 이것에 불과하다.

注

1 기론에서, 사람의 본성은 선하기도 하고 불선하기도 하다[有善有惡]고 하지만 성인의 경우는 온전히 선을 지니고 태어났으니 그 본성을 다하는 것이 중요하다.

2 『순자・권학』: "敎使之然也. 그 사람의 모습은 교육이 그렇게 만든 것이다."라고 하였다.

학문을 성취하는 것이 도를 넓히는 것이다. 도는 마음에 식(識)으로 쌓여 이치의 기본이 되고 그 사람의 언행과 용모에 드러난다.

20.

目可以施其明, 何物不視乎! 耳可以施其聰, 何物不聽乎! 心體虛明廣大, 何所不能知而度之乎! 故事物之不聞見者, 耳目未嘗施其聰明也; 事理之有未知者, 心未嘗致思而度之也. 故知之精由於思; 行之察亦由於思.

눈이 밝음을 베풀 수 있는데 어떤 사물이 보이지 않겠는가? 귀가 귀 밝음을 베풀 수 있는데 어떤 사물이 들리지 않겠는가? 심체가 허명 광대한데 어떤 곳이 알아서 헤아릴 수 없겠는가? 그래서 사물이 보고 들을 수 없는 것은 귀와 눈이 아직 총명함을 베풀지 않은 것이고, 사리가 있음이 알지 못하는 것은 마음이 생각하여 헤아림에 이르지 않았기 때문이다. 그래서 아는 것의 정미함은 생각에서 말미암은 것이다. 행위의 살핌도 역시 생각에서 기인하는 것이다.

지식은 생각이 정미하게 하고 행위는 생각이 살피게 한다. 옳고 그름을 판단하지 못하는 것은 생각이 미치지 못한 것이다.

21.

義所當爲, 勇以爲之, 擇善固執之義也. 以爲衆所不爲而止, 流
也, 流則賊於性; 以爲學之未及而止, 畫也. 畫則賊於德.

의로움은 마땅히 행해야 하는 것인데 용감하게 행하고 선(善)을 선
택하여 고집한다는 뜻이다. 대중들이 하지 않는다고 여기어 그만 두
는 것은 유연(流連)¹한 것인데, 유연하면 성에 해로움이 있다. 학문
이 미치지 못한다고 하여서 그만 두는 것은 선을 긋는 것이다. 선을
그으면 덕에 해로움이 있다.

注

1 『맹자·양혜왕 하』: "從流下而忘反謂之流, 從流上而忘反謂之連.
흐름에 따라 배를 타고 내려가며 돌아가기를 잊는 것을 류(流)라고
하고, 흐름에 따라 배를 올라가면서 돌아가기를 잊는 것을 연(連)이
라 한다."라고 하였다.
유연이란 뱃놀이에 빠져 돌아가는 것을 잊음을 뜻하며 본분(本分)을
잊어버림을 비유한 말이다.

의로움은 남들이 하지 않는다고 그만 두어서 안되며 자신의 능력이 미치지 못한
다고 선을 그어서도 안 된다. 의로움은 용감하게 행하고 선은 택하고자 고집해야
한다.

22.

思之精, 習之熟, 不息焉, 可以會通於道; 一之, 可以入神.

생각이 정밀하고, 배운 것을 연습하는 것이 익숙하며, 쉬지 않으니 도에
회통할 수 있다. 그것을 한결같게 하면 신의 경지에 들어갈 수 있다.

사지정(思之精)은 생각을 세밀하게 하는 것이고, 습지숙(習之熟)은 익힌 것을
익숙하게 하는 것이다. 이 두 가지는 학문하는 방법으로 늘 쉬지 않고 행해야
도와 통할 수 있게 된다.

23.

君子之學, 博文強記, 以爲資藉也; 審問明辯, 以求會同也; 精思研究, 以致自得也, 三者盡而致知之道矣. 深省密察, 以審善惡之幾也; 篤行實踐, 以守義理之中也; 改過徙義, 以極道德之實也, 三者盡而力行之道得矣. 由是而理有未明, 道有未極, 非其才之罪也, 鹵莽邪僻害之也. 是故君子主敬以養心, 精義以體道.

군자의 학문은 널리 배우고 힘써 기억하는 것으로써 바탕을 삼는다. 자세하게 묻고 분명하게 분별함으로써 회동을 구한다. 생각을 세밀하게 하고 연구하여 자득에 이른다. 이 세 가지가 다하여 치지의 도[1]를 얻는 것이다. 깊고 치밀하게 성찰함으로써 선악의 기미를 살핀다. 행위를 돈독하게 하여 실천하는 것으로써 의리의 마음을 지킨다. 잘못을 고치고 의로움으로 옮겨서 도덕의 실질을 극진하게 한다. 세 가지를 다하여 힘써 행하는[力行] 도[2]가 얻어지는 것이다. 이로 인해 이치가 밝지 않음이 있는 것은 도가 지극하지 않은 것이다. 재능의 죄가 아니고 무모하고 사특하여 치우치는 것이 그것을 해친 것이다. 이 때문에 군자는 경(敬)에 주력하여 마음을 기르고, 의로움을 정밀하게 하여서 도를 체현한다.

注

1 『대학』의 격물치지(格物致知)에서 격물은 사물의 이치를 바로 잡는 것이고, 치지는 진지(眞知)이다. 진지는 자득하는 것인데, 그 방법은 넓게 배우고 암기 하는[博文強記] 것, 자세하고 묻고 분명하게 분별하는[審問明辯] 것, 생각을 세밀하게 하고 연구하는[精思研究] 것의 세 가지를 다하는 것이다.

2 역행지도(力行之道)에서 역행(力行)은 깊고 치밀하게 성찰하는[深省密察] 것, 행위를 돈독하게 하여 실천하는[篤行實踐] 것, 잘못을 고치고 의로움으로 옮겨가는[改過徙義] 것의 세 가지를 힘써 행하는 것이다.

24.

明道莫善於致知, 體道莫先於涵養. 求其極, 有內外交致之道.
不徒講究以爲知也, 而人事酬應得其妙焉, 斯致知之實地也.
不徒靜涵以爲養也, 而言行檢制中其則焉, 實致養之熟塗也.

도를 밝히는 것은 치지(致知)가 가장 좋고 도를 체인(體認)[1]하는 것
은 함양(涵養)이 가장 좋다. 그 지극함을 구하니 내외가 서로 이루는
도를 지니게 된다. 강론과 연구하는 것이 앎이라고 여기는 것 뿐만
아니라 인사에서 서로 응대하여 그 오묘함을 얻는 것이 치지의 실제
이다. 비단 고요함이 젖어들게 하여 기르는 것으로 여길 뿐만 아니라
언행을 점검하고 제어하여 그 준칙에 맞도록 하는 것이 실제로 함양
에 이르게 하는 능숙한 방법이다.

注

1 체인(體認)은 마음속으로 깊이 인식(認識)하는 것이다.

치지로서 도를 밝히고 함양으로 도를 체인하는 것이 수양법이다. 치지(致知)는
강론과 연구루 아는 지식 이외에 사람과 사이에서 서로 응대하는 것도 진지(眞
知)이다. 함양(涵養)은 수양뿐 아니라 언행을 점검하고 제한하는 것도 중요하다.

25.

天下之事, 習之久而有得者, 安焉. 爲學而不契於道, 未有不以
存心養性爲桎梏者. 是故顏見孔之卓而欲罷不能焉, 契而有得
故爾.

천하의 일은 학습이 오래되어 얻음이 있게 되는 것이 안정된 것이다.
학문하여 도에 합치하지 않으니 존심양성[1]을 속박으로 여기지 않음이
없었다. 이 때문에 안자가 공자의 탁월함을 보고 그만두려고 했으나
그만두지 못한 것은[2] 서로 관계 맺어서 얻는 것이 있었기 때문이었다.

1 『맹자 · 진심 상』: "存心養性, 事天. 자기의 본심을 간직하고 자신의
본성을 기르는 것이 바로 하늘을 섬기는 것이다."라고 하였다.

2 『논어 · 자한』: "顔淵, 喟然歎曰, 仰之彌高, 鑽之彌堅. 瞻之在前, 忽
焉在後. 안연이 크게 탄식하며 말하였다. '올려다보면 더욱 높아지
고, 뚫을수록 더욱 단단해진다. 앞에 있는 것을 보았는데 어느새 갑
자기 뒤로 가 있다.'"라고 하였다.
안회가 열심히 노력하였는데도 스승의 탁월함을 따라갈 수 없었으나
학문을 그만두지 않은 것은 스승을 좇으며 얻는 것이 충분히 있었기
때문이다.

26.

上者師心, 其次師師. 孔子聞而知之, 師心也; 無常師, 師師也.
無所不師, 故其道莫踰.

학습에 있어서 최상은 마음을 스승으로 삼는 것이고, 그 다음은 스승을
스승으로 삼는 것이다. 공자는 듣고서 그것을 알았는데, 마음을 스승으
로 삼은 것이다. 일정한 스승이 없는데 스승을 스승 삼았다는 것[1]은 스
승으로 삼지 않은 것이 없었기 때문에 그 도는 뛰어넘을 수 없다.

注

1 『논어 · 자장』: "夫子焉不學, 亦何常師之有. 공자님이 어디서인들
공부하지 않았겠으며 어찌 일정한 스승이 있었겠는가?"라고 하였다.
공자는 늘 공부하였지만 정해둔 스승이 있었던 것이 아니고 보고 듣
는 모두가 스승이었다. 공자는 스승 삼지 않은 것이 없었기 때문에
다른 사람이 그의 도를 뛰어넘을 수가 없었던 것이다.

27.

未有應也, "戒愼乎其所不覩, 恐懼乎其所不聞"; 旣有應也, "非禮勿視, 非禮勿聽, 非禮勿言, 非禮勿動", 如此而已矣.

사물이 응함이 없을 때는 "그 보이지 않는 곳을 경계하고, 그 들리지 않는 곳을 두려워해야 한다."[1]고 했다. 이미 응함이 있은 후에는 "예가 아니면 보지 말고, 예가 아니면 듣지 말고, 예가 아니면 말하지 말고, 예가 아니면 움직이지 말라"[2]고 했는데 이와 같이 할 따름이다.

注

1 『중용』 제1장: "戒愼乎其所不覩, 恐懼乎其所不聞. 그 보이지 않는 곳을 경계하고, 그 들리지 않는 곳을 두려워해야 한다."라고 하였다. 이는 남이 보고 듣지 않아도 소홀히 생각하지 말고 늘 삼가고 조심하여야 한다는 의미이다.

2 『논어 · 안연』: "非禮勿視, 非禮勿聽, 非禮勿言, 非禮勿動. 예가 아니면 보지 말고, 예가 아니면 듣지 말고, 예가 아니면 말하지 말고, 예가 아니면 움직이지 말라."라고 하였다. 이는 공자가 예의 중요함을 강조한 것이다.

28.

必從格物致知始, 則無憑虛泛妄之私; 必從灑掃應對始, 則無過高獵等之病. 上達則存乎熟矣.

반드시 격물치지로부터 시작하면 빙허범망(憑虛泛妄)[1]한 사욕이 없게 되고, 반드시 쇄소응대(灑掃應對)[2]로부터 시작하면 과고렵등(過高獵等)[3]한 병통이 없게 된다. 상달(上達)[4]은 숙련에 달려있을 뿐이다.

注

1 빙허범망(憑虛泛妄)은 '허공에 기대어 있고, 떠 있는 것이 허망하다.'인데 욕심이 다 부질없음을 뜻한다.

2 쇄소응대(灑掃應對)는 빗자루로 청소하는 등의 사소한 일과 손님에
   게 응대하는 등의 기본예절을 말한다.

3 과고렵등(過高獵等)은 높은 곳으로 등급을 뛰어넘어 오르는 것이다.
   차근차근 공부해 나가지 않고 듬성듬성 건너뛰어 대충 대충하는 것
   을 말하고 있다.

4 『논어·헌문』: "君子上達, 小人下達. 군자는 위로 통달하고, 소인은
   아래로 통달한다."라고 하였다.
   하학(下學)은 지식을 위한 공부나 기술을 배우는 것을 말하고, 상달
   (上達)은 실천을 통한 수양으로, 인의(仁義)에 통달하는 것을 말한
   다. 공자는 상달을 참다운 배움으로 여겼다.

29.

夫何以謂存養? 曰: "心未涉於事也, 虛而無物, 明而有覺, 恐恐
焉若或汩之也." 夫何以謂省察? 曰: "事幾方蒙於念也, 義則行
之, 不義則否. 履冰其愼也, 恐一念不義, 蹈於小人之途也." 曰:
"存省、善矣, 亦有不可行者, 何也? "曰: "或時勢之殊, 始而窮
理未至也, 能中止以改圖, 亦不害其爲善. 故曰: '善無常主', 此
既事體量之學也."

"무엇을 존양¹이라고 부르는가?" 말하기를, "마음이 일에 미치지 않
았을 때 비어있어서 사물이 없으며, 밝아서 깨달음이 있으나, 마치
미혹하여 그곳에 빠질까 두려워하는 것이다." "무엇을 성찰¹이라 부
르는가?" 말하기를, "일의 기미가 바야흐로 마음 안에 있을 때 의로
우면 행하고 의롭지 않으면 행하지 않는다. 살얼음을 걷듯 신중해야
하는데 한 생각이라도 의롭지 못하면 소인의 길을 밟게 될까 두렵
다." 말하기를, "존양과 성찰은 선(善)인데 또한 행할 수 없는 것이
있는 것은 어째서인가?"라고 하니, 말하기를, "간혹 시세(時勢)의 다

름으로 처음에 궁리가 지극하지 않은 때는 중지하여서 계획을 바꿀
수 있으니 또한 선을 행하는데 해롭지 않을 것이다. 그래서 '선에는
일정한 주인이 없다'[2]고 한 것이고, 이것이 일의 근본이 헤아려지는
공부이다."고 하였다.

注

1 존양성찰(存養省察)은 천리(天理)가 들어있는 양심을 보존하고 본
성을 함양하면서 나쁜 마음이 스며들지 않도록 잘 살펴 단호히 물리
치는 것이다. 존양(存養)은 외물과 접하지 않아 정이 발하지 않은
미발의 시기에 하는 것이고 성찰(省察)은 외물과 접할 기미가 보일
때 마음 안의 도와 맞추어 의로우면 행하고 의롭지 않으면 행하지
않는 것이다. 존양은 미발의 때에 행하는 것이라 미혹될까 두려움이
있게 되고 성찰은 이발의 때에 행하니 신중하지 못해 조금이라도 의
롭지 못하게 될까 염려한다.

2 『상서』, 8편: "德無常師, 主善爲師, 善無常主, 協于克一. 덕(德)은
일정한 스승이 없어 선(善)을 주로 함이 스승이 되며, 선은 일정한
주인이 없어 한결같게 이기는 것을 따른다."라고 하였다.

30.

**學有變其氣質之功, 則性善可學而至; 不然, 徒事乎口耳講論
之習, 終不足以人聖.**

학문에 그 기질을 바꾸는 공이 있으면 성이 선함은 배워서 이를 수
있는데, 그렇지 못하면 한낱 입과 귀로 하는 강론의 습성만 따를 뿐
이고 끝내 성인으로 들어갈 수 없다.

기질은 기로 타고난 본바탕으로 성이 모두 선하지 않다. 그래서 학문을 하여
먼저 그 기질을 바꾸어 선한 본성을 지니게 한 뒤에 강론을 들어야 도와 합치할
수 있다.

31.

文中子曰: "不雜學, 故明."

문중자[1]가 말하기를 "학문을 뒤섞지 않기 때문에 밝다."[2]라고 했다.

注

1 중문자는 왕통(王通, 976~1022)의 시호이다. 자는 중엄(仲淹)이며
사람들은 그를 왕공자(王孔子)라고도 불렀다. 18세 때 수재(秀才)에
급제하였고 수문제(隋文帝)를 만나 '태평십이책(太平十二策)'을 올
렸으나 받아들여지지 않았다. 낙향한 후로 중앙정부에서 네 차례나
그를 불렀으나 끝내 벼슬에 나아가지 않았다. 38세로 세상을 떴다.
그의 아우 왕적(王績)은 초당(初唐)의 저명한 전원시인이었고, 그의
손자 왕발(王勃)은 초당사걸(初唐四傑) 중 한 사람이었으며, 그의
제자 위징(魏徵)은 당태종(唐太宗)의 명신이었다.

2 왕통, 『중문자 · 중설 · 위상(魏相)』: "不雜學, 故明. 학문을 뒤섞지
않았기 때문에 밝다."라고 하였다.

32.

程子曰: "有意坐忘, 便是坐馳", 何如? 曰: "此爲有意求靜者言
之也." 然則靜不可求乎? 曰: "求則不靜矣, 故曰坐馳." 然則何
以靜? 曰: "主敬之純, 可以與此. 靜有二: 有境靜, 有心靜. 酬酢
己境, 靜也; 心之思猶在, 不思則心靜矣." 然則心以思爲主, 何
謂也? 曰: "在應事可也. 謂靜以思爲主, 此儒之自苦者爾. 有感
則思, 無感則不思, 亦足以養神, 何膠於思而爲之!" 曰: '不幾於
異端之虛靜乎?' 曰: "異端之學無物, 靜而寂, 寂而滅; 吾儒之
學有主: 靜而感, 感而應, 靜而不思何害? 易曰: '無思也, 無爲
也, 感而遂通天下之故'. 然則仲尼幾異端乎? "

정자가 말하길 "'뜻을 두고 좌망(坐忘)하는 것은 바로 좌치(坐馳)다.'¹라고 했는데, 무엇인가?" 말하기를, "이것은 뜻을 가지고 고요함을 구하는 것을 말하는 것이다." "그렇다면 고요함은 구할 수 없는 것인가?" 말하기를, "구한다면 고요하지 않은 것이다. 그래서 좌치라고 말하였다."² "그렇다면 무엇으로써 고요할 수 있는가?" 말하기를, "경(敬)을 주가 되게 하는 순수함이 이것과 함께 할 수 있다. 고요함에는 두 가지가 있는데 주변의 고요함과 마음의 고요함이 있다. 수작(酬酌)³이 주변에서 그치니 고요하다. 마음의 생각이 여전히 있으나 생각하지 않는다면 마음이 고요하다." "그렇다면 마음이 생각으로 주인 삼는다는 것은 무엇을 말하는가?" 말하기를, "일에 응함[應事]⁴이 있을 때 가능하다. 고요할 때 생각을 위주로 한다고 말하는데, 이는 유자가 스스로 애쓰는 것일 뿐이다. 감촉이 있으면 생각하고 감촉이 없으면 생각하지 않는다면 또한 정신을 기를 수 있는데 어찌 생각에만 얽매여 그것을 할 수 있겠는가?" 말하기를, "거의 이단의 허정⁵에 가깝지 않겠는가?" 말하기를, "이단의 학문에는 사물이 없고, 정적(靜寂)하고 적멸(寂滅)⁶히다. 우리 유자들의 학문이 위주로 하는 것은 고요하면서 감촉하고 감촉하여 응하는데 고요하면서 생각하지 않는것이 무슨 해가 있겠는가? 『역경』에 이르기를, '생각하지 않고, 행동하지 않는 것은 감통하여 천하의 일에 통한다'⁷고 했다. 그렇다면 공자는 이단에 가까운 것이던가?"

注

1 『이정집』: "程子曰, 未有不能體道而能無思者, 故虛忘則坐馳, 有意之心, 是則思而已矣. 정자가 말했다. '도를 체인하지 않은 적이 없는데도 생각을 없앨 수 없는 것 때문에 비우고 잊어도 마음이 다른 곳으로 달리고 있다. 마음에 뜻이 있으니 이렇게 되면 생각하는 것일 뿐이다.'"라고 하였다.
어딘가에 뜻을 두고 좌망하는 것은 결국 좌치가 될 수밖에 없음을 말한 것이다.

2 『장자 · 인간세』: "形坐而心馳也. 형체는 앉아 있는데 마음은 달리고 있다."라고 하였다.

여기서 좌치란 마음의 고요를 얻기가 어려움을 말한다.

3 수작(酬酌)의 어원은 술잔을 서로 주고받는다는 뜻인데, 말을 서로 주고받음을 말한다.

4 응사(應事)는 일에 응하는 것이다. 왕정상은 물(物)에 대해 응물(應物), 심(心)에 대해 응심(應心)으로 표현한다.

5 이단의 학문은 도교와 불교의 가르침이다.

6 정적(靜寂)과 적멸(寂滅)은 불교에서 쓰는 개념이다. 불교의 가르침에서는 '우주에는 기도 없고 이(理)도 없고 물질도 비 물질도 없다. 오직 정적하며 적멸하다.'고 한다.

정적은 너무나 고요하여 쓸쓸한 느낌이 드는 것이고, 적멸은 번뇌의 세상을 완전히 벗어난 높은 경지이다.

7 『주역 · 계사 상』 제10장: "感而遂通天下之故. 감응하여 천하의 연고를 따르고 통한다."라고 하였다.

33.

或問易簡之道, 曰: "易之神、理也, 大舜孔子之卓塗也, 疇其能之!"請學詣, 曰: "廣大之能精微也, 高明之能中庸也, 可以與此焉."請所從事, 曰: "知其所不得不爲與其所不屑爲, 於是乎得之. 不屑爲而致力, 名曰貪侈, 由驕矜之心害之也, 庸人之擾擾不與焉; 所當爲而不爲, 名曰苟簡, 由怠肆之心害之也, 莊老之無爲不與焉."

혹자가 이간(易簡)의 도[1]를 물었다. 말하기를, "이는 『역경』의 신(神)과 이(理)이다. 대순과 공자의 뛰어난 길이다. 누가 능히 도달할 수 있겠는가?"라고 했다. 배움의 깊은 경치를 청해 물으니, 말하기를,

"광대한 것이 정미할 수 있고, 고명한 것이 중용할 수 있는 것은 여기에 참여할 수 있다."[2]고 했다. 일을 하는 것에 대해 청해 물으니, 말하기를 "어쩔 수 없이 해야 할 것과 할 가치가 없는 것을 알아야만 이에 얻을 수 있다. 가치 없는 일에 힘을 쏟는 것을 '탐치(貪侈)'[3]라고 하는데 교만하고 자긍하는 마음이 해친 것으로서 보통 사람들은[4] 어수선하게 참여하지 않는다. 마땅히 해야 할 일을 하지 않는 것을 '구간(苟簡)'[5]이라 하는데 태만하고 방자한 마음이 해친 것으로서 노장의 무위는 함께 할 수 없는 것이다."라고 했다.

注

1 『주역 · 계사 상』 제1장: "易間而天下之理得矣. 쉽고 간단하게 천하의 이치를 얻는다."라고 하였다.
  이간은 쉽고 간단하다는 뜻으로 역(易)의 세 원리 중 하나이다. 세 원리는 불역(不易)의 도, 변역(變易)의 도, 이간(易間)의 도이다.

2 『중용』 제27장: "君子尊德性而道問學, 致廣大而盡精微, 極高明而道中庸. 군자는 덕성(德性)을 높이고 학문(學問)을 말미암으니, 광대(廣大)함을 지극히 하고 정미(精微)함을 다하며, 고명(高明)을 다하고 중용(中庸)의 길을 간다."라고 하였다.

3 탐치(貪侈)는 과하게 욕심을 부리는 것이다.

4 용인(庸人)은 범인(凡人)으로, 평범한 사람들이다.

5 구간(苟簡)은 소홀히 하고 되는대로 처리하는 것이다.

34.

養性以成其德, 應事而合乎道, 斯可謂學問矣. 氣質弗變, 而迷謬於人事之實, 雖記聞廣博, 詞藻越衆, 而聖哲不取焉.

본성을 길러서 덕을 완성한다. 일에 응하여[1] 도에 합한다. 이것은 학문이라 이를만하다. 기질이 변하지 않고서 인사의 실질[2]에서 미혹되고 그릇되는 것은 비록 기록하고 듣는 것이 넓고 사조가 대중을 뛰어넘더라도 성인과 철인은 취하지 않는다.

注

1 응사(應事)는 역행(力行)중 하나이고 천리(踐履)중 하나이다. 실제 일에서 진지(眞知)를 얻는 것이고 도를 얻는 것이다.

2 인사의 실질人事之實은 일의 현장에서 일어나는 실제 상황을 말한다.

35.

古人之學, 內外一道, 達於治績者, 即其學術之蘊; 修於文詞者, 即其操行之餘. 今之儒者, 學與事恒二之, 故講性者有不能變其質矣; 論命者有不知要於義矣; 修仁義者, 功利之媒矣; 明經術者, 刑法之資矣, 皆蔽也. 故習於己而不能達於事者, 謂之腐儒, 厥罪小; 援聖假經而循利於時者, 謂之俗儒, 厥罪大.

옛사람의 학문은 안과 밖이 한결같은 도다. 치적(治績)[1]에 통달한 것은 학술이 쌓인 것이다. 문사를 수정하는 것은[2] 품행을 지키는[3] 것의 나머지 일이다. 지금의 유자들은 학문과 일을 언제나 둘로 본다. 때문에 본성은 그 기질을 변하게 할 수 없다고 강론한다. 명(命)을 논하는 것은 의로움에서 요점을 알지 못하는 것이 있는데, 인의를 닦는 것은 공리의 매개[4]이고 경술을 밝히는 것은 형법의 바탕이 되니 이는 모두 학술의 병폐이다. 그래서 자기에게 익숙하게 하여도 일에 통달할 수 없는 자는 부유[5]라 하는데 그 죄는 적다. 경전을 빌려서 성인을 취하여 때에 따라 이익을 따르는 것은 속유[6]라 하는데 그 죄는 크다.

注

1 치적은 다스린 공적으로 정치 능력이다.

2 수(修)는 수정(修整)하는 것이다. 수어문사(修於文詞)는 문장을 고쳐서 가지런히 하는 것을 말한다.

3 조행(操行)은 조수품행(操守品行)인데, 품행을 꽉 잡고 지키는 것이다.

4 공리지매(功利之媒)는 공공의 이익을 위해 필요한 매개체이다. 즉, 선악의 문제는 공과 사의 문제가 되고 공리의 매개는 인의(仁義)인 것이다.

『맹자』: "鷄鳴而起, 孶孶爲善者, 舜之徒也, 鷄鳴而起, 孶孶爲利者, 蹠之徒也. 欲知舜與蹠之分, 無他, 利與善之間也. 닭 울면 일어나 부지런히 착한 일을 한 자는 순임금 같은 무리이고, 닭 울면 일어나 부지런히 이익을 위한 자는 도척과 같은 무리이다. 순과 도척의 다른 점은 이익과 선의 사이이다."라고 하였다.

여기서 사이[間]는 공리(公利)와 사리(私利)의 차이를 말한다. 이것이 인의(仁義)인데, 이 인의는 사회 질서를 안정시켜 공리를 이루는 매개[功利之媒]가 된다.

5 부유(腐儒)는 썩은 유학자를 말하는데, 이름만 유학자이고 자기 수양이 되지 않은 유생들이다.

6 속유(俗儒)는 세속의 유학자를 말하는데, 경전에서 세속의 좋은 점과, 편한 점 등을 취하고 적당한 이익을 취하며 살아가는 사람을 말한다. 왕정상은 속유가 부유보다 더 나쁘다고 평한다.

36.

古之學也, 爲道; 今之學也, 爲文. 古之學也, 精於『六經』; 今之學也, 博於百氏. 百氏未嘗無所取也, 駁而惑人爾. 君子欲大於學, 求之『六經』、孔、孟足矣. 學能言之, 足以傳矣. 百氏之言, 文有餘而道不足, 反之身心之益, 悠哉淺乎! 況言不及道者邪? 況離聖而淫於異端邪!

옛날의 학문은 도를 익히기 위한 것이었다.[1] 지금의 학문은 문채를 익히기 위한 것이다. 옛날의 학자는 육경에 정통했는데 지금의 학자는 제자백가에 박식하다. 제자백가는 취하지 않은 적이 없었지만 논박하여서 사람을 미혹시킬 뿐이다. 군자가 학문을 넓히려면 육경과 공자와 맹자에게서 구하면 충분할 것이다. 배워서 말을 할 수 있으면 세상에 전할 수 있다. 제자백가의 말은 문장에는 남음이 있으나 도에는 부족하다.[2] 신심(身心)의 이익에는 상반되니 더욱 얕구나! 하물며 말이 도에 미칠 수 있겠는가? 하물며 성인에게서 벗어나 이단에 빠졌음에랴!

注

1 『논어·헌문』: "古之學者爲己, 今之學者爲人. 옛 사람의 학문은 자기를 위한 것이었으나 지금의 학문은 남을 위한 공부를 한다."라고 하였다.

위기(爲己)는 자기 스스로 학문을 하여 도를 체득하는 것이다. 위인(爲人)은 사회에 나가서 남에게 나의 학문을 밝히는 것이다.

2 유학을 제외한 제자백가의 학문은 자기 이익을 구하는 학문이 대다수이다. 그들은 학문을 하는 것이 정치의 술수로서, 유세하여 등용되고자 하였다. 이는 남에게 밝히기 위한 학문[爲人之學]이다.

37.

濟務者, 才必明於道; 修道者, 德必崇於禮.

세상일을 구제하는 자는 재능이 반드시 도에 밝아야 한다. 도를 닦는 것은 덕이 반드시 예를 숭상해야 한다.[1]

注

1 유가의 도(道)는 만물 변화와 생성의 원리를 포괄하는 개념으로 도리나 이치이다. 덕(德)은 도를 따라 확실히 의지(意志)를 결정할 수 있는 인격적 능력이고 의무적 선(善) 행위이다. 덕은 개체적 특성이나 개별적 원리를 말한다. 즉, 바른 행위로서 덕을 쌓는 것이 도를

닦는 것이고, 바른 행위를 함은 예(禮)를 숭상하여야 가능하다.

38.

事理之常, 順以應之, 得吾心之樂也易; 事勢之變, 預以圖之, 釋吾心之憂也難.

사리의 상규(常規)[1]를 좇아서 응하니 내 마음의 즐거움을 얻는 것이 쉽다. 사세의 변화[2]를 예상하여 도모하니 내 마음의 근심을 풀기가 어렵다.

注

1 사리지상(事理之常)은 일이 행해지는 바가 늘 일정한 규칙이 있다는 것이다. 사리는 천리에서 기인하기 때문이다.

2 사세지변(事勢之變)은 일의 세(勢)가 그때그때 상황에 따라 변한다는 뜻이다. 사세의 변화는 생길 수 있지만 자주 그 변화를 읽어내어 일을 도모해야 한다면 마음이 편안할 수 없다.

39.

不練事者安達治幾? 務文詞者安知治道?

일에 숙련되지 않은 자가 어찌 다스림에 거의 통달하겠는가? 문사에만 힘쓴 자가 어찌 세상을 다스리는 도를 알겠는가?

도를 닦아 자신을 수양한 자와 자기가 맡은 업무에 숙련되어 달통한 자는 학문의 높은 경지에 이른 것이다. 자신을 수양한 자라도 일에 달통하지 못하면 일에 처했을 때 처리해내기 어렵다. 실천에서 배움이 중요하다.

40.

讀書雖多, 性偏執而嗜勝, 遇時得位, 必亂天下, 較之淸談禍世
者酷矣!

책을 읽은 것이 비록 많더라도 성품이 치우치고 고집스러워 이기기
를 좋아하니 우연히 때를 만나 지위를 얻어도[1] 반드시 천하를 어지
럽힘이 청담으로 세상에 화를 끼친 자[2]보다도 혹독할 것이다.

注

1 우시득위(遇時得位)한 경우는, 전국 말에 소진(蘇秦)이 진(秦)나라
를 상대로 6국이 연합하는 합종의 방법을 써서 높은 지위를 얻었고,
그 뒤 장의(張儀)가 6국이 각각 진 나라를 섬기게 하는 연횡의 방법
으로 높은 지위를 얻은 적이 있었다. 그 외에도 당시에는 백가들 대
부분이 시세에 따라 지위를 얻었었다. 그들은 때마침 기회가 생겼을
뿐이고, 결국에는 나라를 어수선하게 했다.

2 청담화세(淸談禍世)는 위진(魏晉) 교체기에 위(魏)나라 선비들이
[竹林七賢] 진(晉)나라에 출사(出仕)하지 않고 대나무 숲[竹林]아래
에 모여 청담을 나누며 시절을 낚았던 것이 세상에 화를 끼쳤다는
의미이다.

41.

交際退遜, 非降志也; 橫逆自反, 非畏人也; 守道而完德, 與樂
天爲徒者也. 故能澄之不淸, 撓之不濁.

교제에서 겸양하는 것은 자기의 뜻을 굽힌 것이 아니다. 횡역(橫逆)
을 만나 스스로를 반성하는 것은 남을 두려워하는 것이 아니다. 도를
지키고 덕을 완성하는 것은 천명을 즐기는 자들과 함께 무리가 되는
것이다.[1] 그래서 맑게 하려고 해도 맑아지지 않고, 휘저어도 탁해지
지 않는다.[2]

1 『논어·위정』: "君子周而不比 小人比而不周. 군자는 두루 사랑하
  고 편당을 짓지 않으며, 소인은 편당을 짓고 두루 사랑하지 않는다."
  라고 하였다.
  두루 사랑하고 성숙한 사람은 자유, 평화, 정의, 생명 같은 보편적
  가치를 추구하여 덕을 완성하였기 때문에 천명을 즐거워하는 자이
  다. 그래서 누구와도 함께할 수 있다고 한 것이다.
2 『후한서·곽태전(郭太傳)』: "叔度之器, 汪汪若萬頃之陂, 澄之不清,
  混之不濁, 不可量也. 숙도(叔度)의 도량이 넓고 넓어 끝없이 펼쳐
  진 바다와 같은데 맑게 하려고 해도 맑아지지 않고 혼탁하게 해도
  탁해지지 않으니 헤아리기 어렵다."라고 하였다.
  『후한서·염범전』: "숙도(叔度)는 후한 염범(廉范)의 자로, 염범은
  낙양의 경홍(慶鴻)과 문경지교(刎頸之交)를 맺어 당시 사람들이 전
  에는 관중과 포숙의 사귐[管鮑之交]이 있었고, 뒤에는 경홍과 염범의
  사귐[慶廉之交]이 있다고 하였다.

42.

欲得於外, 則相濟相贊; 不利於物, 則相搆相戕, 此天下日囂
也. 聖人不以利致窮, 不以物累生, 故澹然永寧.

밖에서 얻으려고 하면 서로가 구제하고 서로가 찬동한다. 일에 불리
하면 서로가 모함하고 서로가 죽인다. 이 때문에 천하는 날로 소란해
진다. 성인은 이익 때문에 남을 곤궁하게 하지 않고, 사물 때문에 남
의 생명을 해치지 않는다. 그래서 담연하고 영원히 편안하다.

> 모든 것은 내 마음에서 얻을 수 있다. 성인은 내 마음이 담연하기 때문에 늘
> 평안하다. 범부는 늘 밖에서 구하려고 하며 남의 것을 궁금해하고 남의 것이
> 좋아 보인다. 자칫 남을 음해하거나 남을 해치기도 한다.

43.

人一受元氣以生, 天地之美無不備具. 故知至於道, 行極於德, 謂之完人, 足以答天矣. 利達者形之影, 風之聲也, 雖不至實至矣, 故君子貴修.

사람은 한결같게 원기를 받고 태어나서 천지의 아름다움이 갖추어지지 않음이 없다. 그래서 지혜가 도에 이르고 행위가 덕을 지극하게 하니 완전한 사람이라고 부르고, 하늘에 보답할만하다. 부귀영달은 형체의 그림자이고 바람의 소리인지라 비록 이르지 않았어도 실제로 이르게 된다. 그래서 군자는 수양을 귀하게 여긴다.

> 지(知)는 도에 이르는 길이고 행(行)은 덕에 이르는 길이니 지행의 완성이 도덕의 완성이다. 이달(利達)은 부귀영달을 말하고 이런 것은 구하려고 애쓰면 오히려 구할 수 없다. 수양의 필요성을 말하고 있다.

어민편
御民篇

1.

御民以道不以術, 守我之正而感服不計焉, 付得失於民爾. 術
不可久, 民不可愚, 雖暫得之, 終必失之, 民以我非誠也, 故聖
人王道.

백성을 다스림은 도를 사용하고 술수를 사용하지 않는다. 나의 바름
을 지켜서 백성들이 감복하는지 여부를 따지지 않을 것이니, 득실을
백성에게 맡길 뿐이다. 술수는 오래 갈 수 없고, 백성들은 어리석을
수 없으니 비록 잠시 얻을지라도 끝내 반드시 잃게 된다. 백성들이
나를 성실하지 못하다고 여기기 때문에 성인은 왕도로써 백성을 다
스린다.

> 어민편에는 백성을 다스리는 방법을 적었다. 정치술로 정치를 하면 일시적이고
> 오래가지 못하고, 도를 가지고서 정치를 할 때 백성들이 감복하고 따른다.

2.

法久必弊, 弊必變, 變所以救弊也. 或曰: "法無不弊, 變亦弊."
曰: "然. 可坐視哉! 權其利害多寡, 變其太甚可也." 曰: "變有要

乎?" 曰: "漸. 春不見其生而日長, 秋不見其殺而日枯, 漸之義
也, 至矣哉!"

법이 오래되면 반드시 폐해가 생기고 폐해는 변화가 필요한데 변화가
폐해를 구할 수 있기 때문이다. 어떤 사람이 "법은 폐해가 없을 수 없
고 변화 또한 폐해다."라고 했다. 왕자가 말했다: "그렇다. 좌시할 수
있겠는가! 그 이해의 많고 적음을 저울질해서 그 너무 심한 것을 변화
시키는 것이 옳다." "변화는 요점이 있는가?" "점진적인 것이다.[1] 봄에
는 그 생장을 볼 수 없으나 매일 자라나고, 가을에는 그 죽음을 볼 수
없지만 매일 말라간다. 점진적이란 뜻은 지극한 것이다!"하였다.

注

1 법은 오래 적용하다 보면 반드시 폐단이 생긴다. 때에 맞게 바꾸어야
하는데, 그렇다고 갑자기 바꾸면 또 다른 폐단이 생긴다. 변화의 요
점은 '점진적 변화'이다. 변화한 것조차 알지 못하도록 조금씩 점진
적으로 변화를 주어 바꾸는 것이 바람직하다.

3.

聖人置天下於安平, 莫先於植綱紀. 何謂綱紀? 居重以馭輕, 督
內以制外, 柔夷以綏夏也. 是故有六官率屬焉, 有省道敷政焉,
有郡縣分治焉, 有王使廉察焉, 有邊鎮防禦焉, 有羈縻之夷捍
蔽焉. 六者總之爲綱, 維之爲紀, 封建不行, 勢不容已之道也.
王都重則外制, 邊鎮固則內安. 羈縻之夷, 以不治治之, 天子有
道, 守在四夷也.

성인이 천하 사람을 편안하게 하는데 있어서 강기를 수립하는 것보
다 우선인 것은 없다. 무엇을 강기라고 하는가? 중후하게 처신하여
경박함을 다스리고, 내부를 바로잡아 외부를 제압하고, 이민족을 유
순하게 하여 중원을 안정시키는 것이다. 이 때문에 육관이 권속을 거

느리고, 성과 도에서 정치를 실행하고[1], 군과 현에서 나누어서 다스리고[2], 왕사가 염찰하고[3], 변진을 두어 방어하고, 회유한 이민족이 중원의 방비가 되게 한다[4]. 이상의 6가지는 총괄하여 강(綱)이라고 하고, 나누어서 기(紀)라고 하는데 봉건이 행해지지 않는 것은 세가 받아들일 수 없는 도이다. 왕도가 엄중하면 외지가 제압되고, 변진이 견고하면 내부가 편안하다. 기민한 이민족을 다스리지 않는 것으로써 다스리는 것은 "천자는 도를 지니지만 지키는 것은 사이(四夷)에 있다"[5]고 한 것 때문이다.

注

1 『시경 · 상송 · 장발』: "敷政优优, 百禄是遒. 정치를 함이 넉넉하니 온갖 복록이 다 모여 들었다."라고 하였다.
부정(敷政)은 정치를 하다 혹은 교화를 행하다의 뜻이다.

2 분치(分治)는 복잡한 문제를 서로 비슷한 분야끼리 나누어 정치한다는 뜻이다. 중앙에서는 권속을 두어 정치하면서, 성(省)과 도(道)에서도 정치를 시행하는데, 군(郡)이나 현(縣)의 문제는 성이나 도에서 직접하지 않고 나누어 주어 분치를 했단 것이다.

3 왕사(王使)는 왕이 보낸 사신이고, 염찰(廉察)은 남의 사정이나 비밀 따위를 몰래 살펴 알아내는 것이다.

4 기미지이한폐(羈縻之夷捍蔽)에서 기미(羈縻)는 변방의 이민족에 대한 회유의 외교술을 말하는 것이고, 한폐(捍蔽)는 막아 가린다는 뜻으로, 적의 공격을 방어함을 이르는 말이다. 여기서는 이민족을 회유하여 중원을 방어하는 병번(屛藩)으로 삼는다는 뜻이다.

5 『좌전 · 소공23년』: "古者天子守在四夷. 예전에는 천자가 도를 지키는 것은 사이에 달려있다."라고 하였다.
사이(四夷)는 북쪽의 적족(狄族), 남쪽의 만족(蠻族), 서쪽의 융족(戎族), 동쪽의 이족(夷族)의 네 이민족을 말한다. 사이(四夷)의 경우 다스림의 도가 따로 있다. 왕도를 지키는 것은 왕의 마음에 달려 있지 않고 이민족의 마음에 달려있기 때문이다.

4.

權, 所以運國勢, 紀綱, 所以系國脈, 人才, 所以主國命. 故國之
不亡者三: 權不下移, 國不亡; 紀綱不墮, 國不亡; 不用小人長
國, 國不亡.

권력은 국가의 형세를 운용하는 것이고, 기강은 국가의 명맥을 잇는
것이고, 인재는 국가의 운명을 주관하는 것이다. 그래서 국가가 망하
지 않는 것이 세 가지가 있다. 권력이 아래로 이동하지 않으면 국가
가 망하지 않고, 기강이 무너지지 않으면 국가가 망하지 않고, 소인
을 기용하여 국가를 관리하지 않으면 국가가 망하지 않는다.[1]

注

1 『맹자·이루 상』: "孟子曰三代之得天下也, 以仁. 其失天下也, 以
不仁. 國之所以廢興存亡者, 亦然. 맹자가 말씀하기를, 하 은 주
삼대가 천하를 얻은 것은 인했기 때문이요. 삼대가 천하를 잃어버
린 것은 불인했기 때문이다. 나라가 폐하고 흥하고 보존하고 망하
는 것도 다 그와 마찬가지다."라고 하여 천자가 인하여야 나라가
흥한다고 보았다.

국가의 흥망은 권력(勸力)과 기강(紀綱)과 인재(人才)의 세 가지 원인에 달려있
다. 즉, 왕권이 확고해야 하고 기강이 서야 하며 바른 인재를 등용해야 나라가
흥할 수 있다.

5.

三皇無爲, 順民也. 五帝有爲矣, 易簡而不矜功, 若無爲也. 三
代變革, 不得已也. 秦, 漢以還, 有爲而爲之, 不繆於道者猶可
觀也. 嗚呼! 天下之勢, 變而不可返之道也, 先王之治跡顧可返
之哉? 故聖人守道以御時, 因勢以求治.

삼황[1] 때의 무위(無爲)는 백성을 따른 것이고, 오제[2] 때의 유위(有爲)

는 쉽고 간단하여 공적을 자랑하지 않아 마치 무위와 같았다. 삼대³ 때의 변혁은 부득이한 것이었다. 진나라 한나라 이후는 유위로써 다스렸는데 도를 위배하지 않아서 오히려 살펴볼 만하다. 아! 천하의 형세가 변하여 돌이킬 도리가 없는데 선왕의 치적을 돌이킬 수 있겠는가? 그래서 성인은 도를 지켜서 시세를 다스리고, 형세를 근거하여서 다스림을 구한다.

注

1 『상서대전(尙書大傳)』에 삼황(三皇)은 수인(燧人), 복희(伏羲), 신농(神農)이다.

2 『대대례기(大戴禮記)』에서는 오제(五帝)가 황제(黃帝), 전욱(顓頊), 곡(嚳), 요(堯), 순(舜)이라 하였고 『주역·계사전하』에서는 복희(伏羲), 신농(神農), 황제(黃帝), 요(堯), 순(舜)이라 했다.

3 삼대(三代)는 하(夏), 은(殷), 주(周)를 가리킨다.

6.

弗通於時而泥古, 斯困溺於法制者也, 迂; 謀近小而昧遠圖, 斯困溺於功利者也, 陋. 二者皆暗於道者也, 謂之識局.

시기에 통하지 않고 옛날에 얽매이는 것은 법제에 빠진 것으로서 우활하다. 가깝고 작은 것을 모의하고 원대한 도모에 어두우니 이 어려움은 공리에 빠진 것으로 추하다. 두 가지는 모두 도에 어두운 것으로 견식¹이 국한되었다고 말한다.

注

1 견식[識]은 옛 것에 얽매여 있거나 눈앞의 이익에 빠져 있으면 한 곳에 국한되기 쉽다. 바른 견식을 지니려면 때를 알아서 때에 맞게 바라보고 원대한 생각으로 사물을 바라보아야 한다.

7.

物各得其所之謂大同. 大同者, 化之極也. 百姓日用而不知, 是
謂安常. 安常者, 神之至也.

만물이 각자 자신의 자리를 얻는 것[1]을 대동[2]이라 한다. 대동은 교화
의 극치이다. 백성이 매일 쓰면서 알지 못하는 것[3]은 일상에 편안한
것[安常]이라고 한다. 안상이라는 것은 신묘함이 지극한 것이다.

注

1 『논어·자한』: "吾自衛反魯 然後樂正 雅頌各得其所. 내가 노(魯)
나라에서 위(魏)나라로 돌아온 뒤로 악곡이 정비되었다. 그 결과 고
대 시가를 모아놓은 시경의 아악과 송악이 모두 제자리를 잡게 되었
다."라고 하였다.
각득기소(各得其所)는 사람들이 자기 분수에 맞게 하고 싶은 일을
해도 후에는 각자의 능력과 적성(適性)에 맞게 적절한 배치를 받게
되어 모든 것이 있어야 할 곳에 있게 되는 것을 말한다.

2 『예기·예운』: "大道之行也, 天下爲公, 選賢與能, 講信修睦. ……
力惡其不出於身也, 不必爲己. 是故, 謀閉而不興, 盜竊亂賊而不
作, 故, 外戶而不閉, 是謂大同. 도(道)가 행해지면 천하가 공정해진
다. 현명한 사람과 능력 있는 사람을 뽑아 쓰면 신의가 돈독해지고
화목해진다. ……힘은 자기 자신에게서 나오지 않는 것을 싫어하고
반드시 자신을 위해 쓰지 않는다. 그러므로 나쁜 꾀는 생기지 않고
도적 떼도 생겨나지 않기 때문에 바깥 대문을 닫지 않는다. 이것을
대동이라고 말한다."라고 하였다.

3 『주역·계사 상』 제5장: "百姓日用而不知. 백성들이 매일 쓰면서
알지 못한다."라고 하였다.
매일 쓰는 인(仁)이나 지(知)를 인식하지 못하는 것이다.

8.

聖王神道設教, 所以輔政也. 其弊也, 瀆於鬼神而淫於感應. 禮
曰: "剛毅犯人妨於政, 鬼神過節妨於政." 言失鬼神之中也. 後
世之鬼神褻而不敬, 惑而誣, 皆妨政教也夫!

성왕은 귀신의 도로 가르침을 세우는데[1] 다스림을 보조하기 위해서이
다. 그 폐단은 귀신에게 어지럽힘을 당하고 감응에 빠지는 것이다.
『예기』에 "굳셈이 사람을 해치면 정교에 방해되고, 귀신에 대한 지나
친 예절은 정교에 방해가 된다."[2]고 한 것은 귀신에 대한 중도를 잃은
것을 말한 것이다. 후세에 귀신에 대하여 비하하고 공경하지 않으며,
의심하고 업신여기는 것은 모두가 정치와 교화를 방해하는 것이다!

注

1 『주역·관괘(觀卦)』: "聖人以神道設教而天下服矣. 성인이 귀신
   의 도[神道]를 베풀어 가르치시니 천하 사람들이 복종한다."라고 하
   였다.
   왕정상도 성왕이 신도(神道)를 세운 후에야, 교화가 가능하다고 하
   였다.

2 『대대예기(大戴禮記)·사대(四代)』: "剛毅犯神妨於政. 굳셈이 귀
   신을 해치면 정치에 방해가 된다."라고 하였다.
   『논어·자로』: "子適衛, 冉有僕. 子曰庶矣哉. 冉有曰, 旣庶矣, 又
   何加焉. 曰富之. 曰旣富矣, 又何加焉. 曰敎之. 공자가 위나라로 가
   실 때 염유가 수레를 몰고 있었다. 공자가 '백성들이 많구나!'하니
   염유가 '백성이 많은 다음에는 거기에 무엇을 더해 주어야 합니까?'
   라고 물었다. 공자가 '잘 살게 해주어야 한다.'하였다. 또 '부유하게
   된 다음에는 또 무엇을 더 해주어야 합니까?'라고 하니 '그들을 가르
   쳐야 한다'고 했다."라고 하였다.
   『맹자·진심 상』: "食而弗愛, 豕交之也. 愛而不敬 獸畜之也. 먹이
   기만 하고, 사랑하고 공경하지 않으면 돼지로 대우해 주는 것이요,

사랑하기만 하고 존경하지 않으면 짐승으로 기르는 것이다."라고 하
였다.

정교(政敎)는 함께 행하는 것이다. 정치는 우선 백성들이 모이고 난
후에 그들이 먹고 살도록 해주어야 한다. 그다음에는 인의예지의 도
덕을 가르쳐 교화해야 한다. 공자와 맹자는 교화가 사회 질서 유지를
위해 꼭 필요하다고 여겼던 것이다.

9.

安天下不失丘民之心, 固矣. 而賢智在位, 豪傑得所, 尤其所急
焉. 夫是人也, 一世之標准也, 王者能盡畜而有之, 則天下之變
在我. 不幸而有亂逆者, 皆愚謬之夫爾. 愚謬安足成亂, 故亂天
下者, 才智之堆也. 是以聖王知之養之, 學校羅之, 科目錄之,
才藝廩之, 史胥拔之, 山澤之隱而不得其所者寡矣.

천하를 안정시키니 백성의 마음을 잃지 않는 것[1]은 당연하다. 현자
와 지지기 지위에 있으면 호걸들이 있을 곳을 얻는데 더욱 그것은
급하게 할 일이다. 이러한 사람은 한 시대의 표준이 되므로 왕이 된
자가 모두 거두어 둔다면 천하의 변화가 나에게 달려있게 될 것이다.
불행하게 난역하는 자[2]가 있다면 모두 어리석고 그릇된 사람들일 뿐
이다. 어리석고 그릇된 사람들이 어찌 난리를 성사시킬 수 있겠는
가? 그래서 천하를 어지럽히는 자들은 재능과 지혜가 쌓인 자들이
다. 이 때문에 성왕은 그들을 알아주고 양성하는데 학교에다 거두어
늘어놓고, 과목에다 기록하고, 재주와 기예가 있는 자들에게는 보수
를 급여하고, 사서[3]로 발탁하여서, 산택에 은거하여 그 있을 곳을 얻
지 못한 자는 적게 된다.

注

1 『맹자 · 진심 하』: "安定天下而不失丘民之心, 천하를 안정시키니

농사짓는 백성을 잃지 않는다."라고 하였다.

2 난역자(亂逆者)는 반역(叛逆)을 꾀하는 자이다.

왕정상은 난역자는 실제로 지혜와 재능을 지닌 사람들인데 단지 어리석어 난을 일으키는 것이니 그들을 적재적소에 있을 곳을 마련해 주어 천하를 안정시키면, 난역자는 적어질 것이라고 했다.

3 사서(史胥)는 문서를 처리하는 관원이다.

10.

有邊鄙必有爭, 承平久必有逆賊, 生齒繁必有妖民. 鬼方之役, 邊也; 淮西之役, 逆也; 黃巾之役, 妖也. 三者, 勢之所必至者乎! 武以戒備, 不可已之政也. 鄙談兵者, 迂不振者乎! 銷兵者, 遇乎! 徐偃王身行仁義, 來朝者三十二國, 可以伯矣; 武備不修, 楚滅之. 宋襄公以仁義行師, 不擒二毛, 諸侯服矣; 威不振重, 楚執之. 由是觀之, 迂愉之論不足以立國也明矣. 後世猶有安於承平而不講者, 不達於治忽之幾者也. 是故兵也者, 危道也, 非得已者也, 可以威也, 不可以黷也; 可以戒也, 不可以去也.

변방 지역에는 반드시 쟁투가 있고, 태평시절이 오래되면 반드시 반역이 있게 되고, 인구가 많으면 요민(妖民)이 있게 된다. 귀방(鬼方)의 정벌[1]은 변방 지역의 전쟁이었고, 회서(淮西)의 정벌[2]은 반역을 평정한 것이었고, 황건(黃巾)에 대한 정벌[3]은 요민과의 전쟁이었다. 위 세 가지는 모두 형세가 반드시 이르게 한 것이다. 무력으로써 경계하여 대비하는 것은 그만둘 수 없는 정치이다. 담병(談兵)[4]을 비루하게 여기는 것은 우활하여 나라를 진작시키지 못한다! 군대를 쇠퇴시키는 것은 어리석다! 서언왕(徐偃王)[5]은 몸소 인의를 행하여 복종한 나라가 32국이었으니, 백(伯)[6]이라 칭할 만했다. 그러나 무력의 대비를 하지 않아서 초나라가 멸망시켰다. 송나라 양공[宋襄公]은 인의로써 군대를 운용하여 이모(二毛)⁷들은 사로잡지 않아서 제후들이 승복했다. 그러나 위엄이 군사들을 진작시키지 못하여 초나라가 승리하였다. 이로 보면 우활하고 나약한 논의는 나라를 세울 수 없는 것이 분명하다. 후세에서 오히려 태평시절에 편안하여 논의하지 않는 것은 치리(治理)의 기미에 도달할 수 없다. 이 때문에 용병이란 것은 위험한 것인데, 부득이한 것이다. 위엄을 세울 수 있으나 남용할 수 없는 것이고, 경계로 삼을 수 있으나 제거할 수 없는 것이다.

注

1 『주역·기제(旣濟)괘』: "高宗伐鬼方, 三年克之. 고종이 귀방을 정벌하러 가서 3년 만에 이겼다."라고 하였다.
   남쪽의 둘째 별자리인 귀성(鬼星)이 있다는 방위(方位)를 가리킨다. 귀신이 있는 방위이며, 사람들이 이사하거나 위치를 옮겨갈 때 귀방으로 옮겨가는 것은 꺼렸다.

2 회서지역(淮西之役)은 당나라 시기의 오원재(吳元濟)의 난을 가리킨다.

3 황건지역(黃巾之役)은 한나라 말기 황건적이 일으킨 난을 말한다. 황건족은 요민(妖民)이 황색의 두건을 두르고 난을 일으킨 것이다.

4 담병(談兵)은 군사정책에 대해 논하는 것이다.

5 서언왕(徐偃王)은 서(徐)나라 언왕(偃王)인데, 군대를 일으켜 36국의 조공을 받는 대서제국(大徐帝國)을 건설한 동이족이다. 그는 중원에 진출한 동이족의 마지막 전성기를 이끈 대영웅이었다.

6 백(伯)은 제후국 중에서 가장 힘이 강성한 제후가 패자(霸者)가 되어 회합이나 맹약인 회맹(會盟)의 맹주가 된 자로, 방백(方伯)이라고 한다. 춘추에는 다섯 패자가 있었다. 그 다섯 패재[五霸]를 오백(五伯)이라 하며, 제 환공, 진 문공, 초 장왕, 오 합려, 월 구천을 지칭한다. 때로는 진 목공, 송 양공이나 오 부차 등을 꼽는 경우도 있다.

7 이모(二毛)는 머리가 반은 검고 반은 희니 머리털이 두 색깔이다. 즉 반백자(斑白者)를 말하니 노인을 칭하는 말이다.

11.

仁、義、禮、樂維世之綱; 風教、君師, 作人之本. 君師植風教
者也, 風教達禮樂者也, 禮樂敷仁義者也, 仁義者君師之心也,
八者具而和平之治成矣. 雖謂之堯舜可也.

인·의·예·악은 세상을 묶는 강령이고, 풍화와 교화[風教], 군주와
스승은 사람을 만드는 본보기이다. 군주와 스승은 풍교를 수립하는
자들이고, 풍화와 교화는 예악을 현달하는 것이고, 예악은 인의를 펴
는 것이고, 인의는 군주와 스승의 마음이다. 이 8가지가 구비되면 화
평한 다스림이 이루어진다. 비록 요순이라 하여도 옳을 것이다.

인·의·예·악(仁·義·禮·樂)과 풍·교·군·사(風·教·君·師) 이 8가지
가 다스림의 기본이다. 인·의·예·악은 강령에 속하고 풍교(風教)는 예악을 이
룬 것이며 군주와 스승[君師]은 예악을 이루어 풍교를 수립하게 하는 자들이다.

12.

或問: "術以發奸, 可爲乎?" 王子曰: "吾何美於是? '廓然而大公,
物來而順應', 至矣. 奸者、回者、僻者、惡者、伏而恐者, 苟不
至吾前焉, 吾何求爲之? 甚矣, 術數之爲心害也! 彼不自發而術
以發之, 彼曰我殺之也; 自發之者, 彼以天之殺之也, 何神吾術
而殺人爲哉! 鮎筲鉤距, 聚怨之媒也, 惡足神?"

어떤 자가 묻기를 "술수로써 간악을 적발하는 것은 할 수 있는 것인
가?"라고 물었다. 왕자가 대답하기를 "내가 어찌 이것을 아름답다고
하겠는가? 『정성서(定性書)』에 '크게 공정하니 사물이 와서 순응한
다'[1]고 한 것이 지극한 말이다. 간사한 자, 궁벽한 자, 악한 자, 숨어
서 두려워하는 자들이 만일 내 앞에 오지 않으면 내 어찌 그들을 구
하겠는가? 심하구나, 술수가 마음의 해가 되는 것이! 저들이 스스로

드러내지 않는다고 하여 술수로써 드러나게 하면 저들은 "내가 저들을 죽였다"고 할 것이며, 스스로 드러내면 저들은 "하늘이 저들을 죽였다"고 여길 것이다. 나의 술수가 어찌 신기하여 사람을 죽이겠는가! 항통(缿筒)²과 구거(鉤鉅)는³ 원망을 모으는 매개인데 어찌 충분히 신기한 것인가?

注

1 『정성서』: "廓然而大公, 物來而順應. 크게 공정하여 만물을 그대로 받아들여 따른다."라고 하였다.

2 항통(缿筒)은 관청에 두고 백성들의 투서를 받던 통이다.

3 구거(鉤鉅)는 술책을 써서 꾀어 꼼짝하지 못하게 함이고, 실정(實情)을 얻어 낚아채는 것이다. 반복하여 신문하는 방법이다.

13.

有世功者世爵祿, 功簿也者濫矣. 爵濫則在位者不得人, 祿濫則取於民者過厚. 是故 『春秋』譏世卿, 不獨曰蔽賢而已矣.

여러 세대에 공이 있는 자는 작록을 계승하는데, 공이 박한 자는 남용한다. 작위가 남용되면 자리에는 다른 사람을 얻을 수 없다. 녹봉이 남용되면 백성에게 거둬들이는 것이 지나치게 많게 된다. 이런 까닭에 『춘추』에서 세경(世卿)¹을 비난했는데 현인을 막는 것만을 말했을 뿐이 아니다.

注

1 『춘추공양전 · 은공 3년』: "世卿非禮也. 작록을 세습하는 것은 예가 아니다."라고 하였다.
세경(世卿)은 아버지가 죽은 다음 자식이 작록을 계승하는 것을 말한다.

왕정상은 선친의 작위가 계승되면 다른 사람에게 돌아갈 관리의 자리가 적어지
고 녹봉도 남용되니 백성들의 부세 부담이 많아져서 세경(世卿)은 없어져야 한
다고 하였다.

14.

聖王慎內修, 戎狄徼障, 禦之而已. 風不可使侈, 俗不可使奸,
政不可使峻, 民不可使激. 風侈則犯禮, 犯禮則俗奸; 俗奸則玩
法, 玩法則政峻; 政峻則民怨; 民怨則激亂. 亂出於民怨, 傷其
本者矣, 誰復戴之? 秦二世是也; 民猶有思者, 雖失之, 猶得之,
漢光武是也. 故曰: 蝎之蠹木, 病自內也; 蟯蚘之啄人, 人不可
避也.

성왕은 내수(內修)를 신중히 하고 변방의 융적은 방어할 뿐이다. 풍
기는 사치스럽게 할 수 없고, 풍속은 간사하게 할 수 없으며, 정치는
엄준하게 할 수 없고, 백성은 격발하게 할 수 없다. 풍기가 사치스러
우면 예의를 범하게 되고, 예의를 범하면 풍속이 간사해진다. 풍속이
간사하면 법을 희롱하게 되고[1], 법을 희롱하면 정치가 엄준해지고,
정치가 엄준하면 백성들이 원망하게 되고, 백성이 원망하면 격분하
여 난리를 일으키게 된다. 난리는 백성들의 원망에서 나와 국가의 근
본을 손상시키는데 누가 다시 받들 수 있겠는가? 진나라 이세(二世)
가 바로 이런 사람이다. 백성들이 여전히 그리워하는 자는 비록 나라
를 잃어버렸더라도 오히려 나라를 얻었는데[2] 한나라 광무제(光武帝
가) 바로 그 사람이다. 그래서 "나무 좀벌레가 나무를 좀 먹으면[3] 그
병은 내부에 있다. 마치 체내에서 요충과 회충이 사람을 쪼는 것처럼
사람은 피할 수 없다"고 한 것이다.

注

1 속간즉완법(俗奸則玩法)이란 풍속이 간사하면 법을 가지고 논다는

뜻이다. 법을 어려워하고 조심하는 것이 아니고 법망을 교묘하게 피
하려고 하여 가지고 논다고 표현하였다.

2 한(漢)나라는 22년에 왕망(王莽)이 신(新)나라를 세움으로 나라를
잃었는데 한(漢) 고조의 후예인 광무제가 나라를 다시 찾아 한으로
국호를 고쳤기에 잃은 나라를 찾은 것이다.

3 갈(蝎)은 나무에 기생하고 있는 벌레이고 두(蠹)는 나무를 좀 먹는
것이다.

15.

茹毛飲血, 不若五穀之火熟也; 綴羽被卉, 不若衣裳之適體也;
巢居穴處, 不若宮室之安居也; 標枝野鹿, 不若禮義之雍容也,
珍食華臘, 五穀之蠹也; 錦綺文縠, 衣裳之賊也; 璚宇彫牆, 宮
室之蠹也; 繁文苛政, 禮義之邪也. 是故治化未適也, 聖人憂之
於始; 治化旣漓也, 聖人憂之於終.

짐승을 털도 뽑지 않고 피도 씻지 않은 채 먹는 것[1]은 오곡을 불로
익혀먹는 것보다 못하고, 새 깃털을 잇고 풀을 엮어 입는 것은 의상
이 몸에 적합한 것만 못하고, 나무 둥지나 동굴의 거처는 궁실의 편
안한 거처만 못하고, 표지(標枝)와 야록(野鹿)[2]은 예의의 옹용(雍
容)[3]함만 못하다. 진기한 음식과 호화로운 포[臘][4]는 오곡의 좀 벌레
이고, 아름다운 비단과 명주옷은 의상의 적이고, 옥 장식의 집과 화
려한 담장은 궁실의 벌레이고, 번거로운 장식과 가혹한 정치는 예의
의 사악함이다. 이 때문에 다스림의 교화가 아직 이르지 않았을 때는
성인은 처음을 근심하고, 다스림의 교화가 이미 스며들었을 때는 성
인은 끝을 근심한다.

注

1 여모음혈(茹毛飲血)은 '새나 짐승 따위를 털도 뽑지 않고 피도 씻지

않고 먹다.'의 뜻이다. 원시인 같은 생활을 한다는 의미를 지닌다.

2 『장자 · 천지』: "上如標枝 民如野鹿. 윗사람은 높이 솟은 나뭇가지 같았고, 백성들은 무심히 들판에 뛰노는 사슴과 같았다."라고 하였다. 표지(標枝)는 나무 끝에 있는 가지를 가리키는데, 이는 상고 시대의 위에 있는 임금이 아무런 일도 하지 않고 담박하게 있었던 것을 비유한 말이고, 야록(野鹿)은 들판에 뛰노는 사슴을 가리키는데, 이는 상고 시대의 아래 백성들이 아무런 거리낌 없이 양양 자득했던 것을 비유한 말이다.

3 옹용(雍容)은 '온화하고 점잖다'의 뜻이다.

4 납(臘)은 말린 육포를 말한다.

16.

事勢有輕重, 爲政有幾宜. 必俟大有更革而後可救其積弊者, 重也; 漸次而變亦可以返其未極者, 輕也. 施之失其宜, 未有不養患而激亂者, 要之貴察於幾.

일의 형세에는 경중이 있고, 정치의 실행에는 적당한 시기가 있다. 반드시 크게 개혁시킨 이후에 그 적폐[1]를 구제하는 것이 막중한데, 점차 개혁시켜 또한 그 미진한 것을 돌이킬 수 있는 것은 가볍다. 시행이 그 적당한 시기를 잃으면 근심을 길러 격한 난리를 일으키지 않은 적이 없었으니, 요컨대 시기를 살피는 것을 귀하게 여겨야 한다.

注

1 적폐(積弊)는 오랫동안 쌓여 온 폐단(弊端)을 말한다.

개혁을 통해 오랜 폐단을 구제하는 것은 막중한 일이다. 반면 조금 잘못된 것을 고쳐 나가는 일은 가벼운 일이다. 개혁은 시기를 놓치지 말고 시행해야 한다. 왕정상이 개혁을 중시했던 현실주의 정치가임을 엿볼 수 있다.

17.

人非樂天之心, 不能制情於道, 故莫不有欲. 欲則貪侈, 貪侈則
僭, 僭則亂, 聖人以禮防天下, 使民各安其分而不爭, 是故或役或
承, 或亢或卑, 或寵或奪, 或泰或約, 一受其正. 奔命執分而無外
慕, 心定故也. 是謂天下齊一、久安、長治之道乎! 失其防者反之.

사람이 천명을 즐기는 마음[1]이 아니고서 도에서 감정을 제어할 수
없기 때문에 욕망을 지니지 않을 수 없다. 욕망이 있으면 사치를 탐
하고, 사치를 탐하면 참람해지고, 참람해지면 어지러워진다. 성인은
예절로써 천하를 방비하여 백성들을 각각 그 분수를 편안히 여겨[2]
다투지 않게 하는데, 이 때문에 어떤 이는 일을 하고, 어떤 이는 승
계 받고, 어떤 이는 높고, 어떤 이는 비하(卑下)되고, 어떤 이는 총애
받고, 어떤 이는 박탈당하고, 어떤 이는 편안하고, 어떤 이는 구속당
하는데 하나같이 그 바름을 받아서 나아가 직분을 지키면서 밖으로
바라는 것이 없는 것은 마음이 안정되었기 때문이다. 이 때문에 천하
가 균등하고, 오래 편안하고, 오래 다스리는 도라고 한 것인가! 그
제방[防]을 잃은 자[3]는 그와 반대로 한다.

注

1 『주역·계사 상』 제4장: "樂天知命, 故不憂. 천명을 깨달아 즐거워
하고 천명을 알기 때문에 마음이 어수선하지 않다."라고 하였다.
왕정상, 『신언·작성(作聖)』: "隨所處而安, 曰安土; 隨所事而安,
曰樂天. 어디에 있든 편안 한 곳을 안토(安土)라 하고 어떤 일을
하던지 편안한 것을 낙천(樂天)이라 한다."라고 하였다.

2 각안기분(各安其分)은 각득기소(各得其所)하여 그 정해진 분수에
편안하게 여기는 것이다. 사람마다 하는 일의 고하(亢卑), 총탈(寵
奪), 태약(泰約)이 다르더라도 그것을 명(命)이라 여기며 편안해하
면 대동의 사회를 이룰 수 있다. 각안기분은 안명(安命)을 의미한다.

3 실기방자(失其防者)는 제방(堤防)을 잃은 자인데, 제방은 욕망을 방

비하는 설치물이다. 여기서 제방은 도덕관념이다.

18.

治安之國, 其事簡, 其賦輕, 其政平, 其氣和, 其民樂, 災異足
以警寇賊, 奸宄無釁以起, 夷狄仰其治而順化, 而祥瑞不與焉.
危亂之國, 其事繁, 其賦重, 其政僻以淫, 其氣乖. 其民畏以怨,
祥瑞適以肆寇賊, 奸宄竊發, 夷狄乘其敝而擾, 而災異不與焉.

다스림이 편안한 나라는 그 사무는 간편하고, 그 부세는 가벼우며,
그 정치는 공평하고, 그 기분은 화평하고, 그 백성을 즐거워하고, 재
이[1]는 도적을 충분히 경고해주고, 간악한 도적이 틈을 타고 일어남이
없고, 이적[2]은 그 다스림을 우러러보고 따라서 교화되며, 상서로움이
참여하지 않는다. 위급하고 어지러운 국가는 그 사무가 번거롭고, 그
부세는 과중하고, 그 정치는 궁벽되고 음란하며, 그 기분은 엉망이
된다. 그 백성들은 두려워하여 원망하고 상서로움이 이르러도 도적
을 날뛰고, 간악한 도적이 몰래 일어나고, 이적은 그 폐해를 틈타고
소란을 피우는데 재이는 함께 하지 않는다.

注

1 재이(災異)는 왕이 정치를 잘못했을 때 하늘이 내리는 벌이고 국가
　의 치안이나 재난의 원인이 아니라고 하면서 한나라 동중서가 재이
　설(災異說)을 주장했다.
2 이적(夷狄)은 중원을 중심으로 변방의 소수민족을 부르는 명칭이다.
　이(夷)는 동쪽 변방의 이민족이고 적(狄)는 북쪽 변방의 이민족이다.

동중서는 왕의 잘못에 대한 벌을 재이라 하는데 왕정상은 업무를 간단하게 세금
을 가볍게 정치는 공평하게 하여 재이가 백성이 즐거워할 때 도와주고 나쁜 짓을
하면 벌을 내릴 뿐이며, 나라에 나쁜 일들이 여기저기서 일어난다 하더라도 재이
가 관여하지는 않는다고 하였다.

19.

辯上下, 定民志, 不可無禮; 風霆流行, 天命不測, 不可無鬼神.
然而繁儀文瀆禮, 求感應則瀆神. 瀆禮則民大困, 困極則詐矣;
瀆神則民大駭, 駭久則誣矣, 非聖人說教之本始也. 後世事神,
用禮之過也. 是故 "敬鬼神而遠之", 以禮之實而治國, 使忠朴
有餘而不彌於文, 仲尼之道, 隱也久矣.

상하를 분별하고, 백성의 뜻을 확정시키는 데는 예의가 없을 수 없다.
바람과 천둥이 운행하고, 천명은 예측할 수 없으니 귀신이 없을 수
없다. 그러나 번다한 의례의 문식은 예의를 더럽히고, 감응을 구하면
신을 더럽힌다. 예의를 더럽히면 백성이 크게 곤궁해지고, 곤궁이 극
에 달하면 속이게 된다. 신을 더럽히면 백성이 크게 놀라고, 놀라움이
오래가면 기만하게 된다. 이는 모두 성인이 가르침을 세운 본의가 아
니다. 후세에서 귀신을 섬기는 것은 예를 사용함이 지나쳤다. 이 때문
에 "귀신을 공경하되 멀리 해야 한다."[1]고 한 것은 예의 실질로써 나라
를 다스리게 하여 충성스럽고 순박하게 하는 데에는 남음이 있고 꾸
밈은 가득 차지 못하게 하였다. 중니의 도가 숨은 지 오래이다.

注

1 『논어·옹야』: "敬鬼神而遠之, 可謂知矣. 귀신은 공경하되 멀리하
면 지혜롭다 할 수 있다."라고 하였다.
귀신은 조상을 공경하듯 공경하되 지나치게 의존해서는 안 된다는
말이다.

조상을 존경하는 것은 예다. 귀신을 섬기는 것은 실질이 아니다. 정치는 실질을
중시하여야 백성들이 충성스럽고 순박해진다. 정치를 함에 문식[文]으로 꾸밈은
부차적인 것으로 조금만 허용한다.

20.

有聖人而後名教立, 定之以天命則妄心滅; 定之以禮義則遂心
亡; 定之以法制則縱心阻. 故名教者, 治世之要也.

성인이 있은 후에 명교가 수립[1]되었다. 천명이 정해지면 망령된 마음이 소멸되고, 예의가 정해지면 멋대로 하는 마음이 제거되고, 법제가 정해지면 방종한 마음이 막힌다. 그래서 명교는 치세의 요지이다.

注

1 『논어 · 옹야』: "子曰 必也正名乎. 정치는 가장 먼저 이름을 바로잡아야 한다."라고 하였다.

정명(正名)은 명분을 분명히 밝히려는 유교적 도덕관이다. 당시 명분과 실상이 문란하였으므로 공자께서 명분을 바로잡는 것[正名]을 우선으로 삼은 것이다. 공자의 정명은 '군군(君君) · 신신(臣臣) · 부부(父父) · 자자(子子)'에서 시작된다. 그 뜻은 '군주는 군주답고 신하는 신하답고 아버지는 아버지답고 자식은 자식다워야 한다.'이다. 각자 자기 직분에 맞게 말과 행동을 해야 하며, 이 명분이 바로 잡혀야 정치가 바로 서게 된다.

21.

人心、道心皆天賦也, 人惟循人心而行, 則智者、力者、衆者無
不得其欲矣. 愚而寡弱者、必困窮不遂者矣. 豈惟是哉! 循而遂
之, 滅天性, 亡愧恥, 恣殺害, 與禽獸等矣, 是以聖人憂之. 自其
道心者, 定之以仁義, 齊之以禮樂, 禁之以刑法, 而名教立焉.
由是智愚、強弱、衆寡, 各安其分而不爭, 其人心之堤防乎?

인심과 도심[1]은 모두 하늘이 부여한 것이다. 사람이 오직 인심을 따라서 행하여 지혜로운 자와 힘 있는 자와 무리 지은 자는 그 바라는 바를 얻게 된다. 어리석고 무리가 적고 약한 자는 반드시 곤궁하여

바라는 것을 이루지 못한다. 어찌 오직 이러할 뿐이겠는가? 인심을
좇아서 뜻을 이루면 천성을 멸절시키고, 부끄러움을 없애고, 살해를
멋대로 저질러서 금수와 같게 되니, 이 때문에 성인은 그것을 근심한
다. 그 도심으로부터 행하는 자는 인의로써 바로잡고, 예악으로써 가
지런하게 하고, 형법으로서 금하니 명교가 서게 된다. 이로 인하여
지자와 우자, 강자와 약자, 대중과 적은 무리의 사람들이 각각 그 분
수를 편안히 여기고 싸우지 않으니, 아마 그것은 인심의 제방이던가?

注

1 『서경·대우모』: "人心惟危 道心惟微 惟精惟一 允執厥中. 인심은
위태하고 도심은 미묘하니 마음을 잘 살펴 한결같게 하여 진실로 그
중(中)을 잡으라."라고 하였다.
유교의 도덕적 심성 수양에 이론적 근거를 제공하는 학설 가운데 하
나로서, 마음의 작용이 2가지의 서로 다른 성격을 띨 수 있음을 밝힌
인성론(人性論)이다.

> 인심과 도심은 둘 다 하늘이 부여하여 사람들이 지니고 있다. 인심을 좇으면
> 금수같이 살게 되고 도심을 좇으면 각안기분(各安其分)할 수 있다. 도심을 쓰는
> 자는 인심이 쓰이지 않도록 제방을 쌓은 것이다.

22.

善繼政者因之, 故有所損益而民不駭, 有所變革而民相信. 突
然大變, 掎挈於勢而爲之者, 昧道也, 亂道也, 儒之迫者乎!

계승하는 정치를 잘하는 자는 이전 시대를 따르기 때문에 손익이 있
어도 백성들은 놀라지 않고, 개혁하는 바가 있어도 백성들은 서로 믿
는다. 갑작스런 큰 변화에 형세에서 트집을 잡아 허물을 들추어내는
것¹을 행하는 자는 도에 우매하고, 도를 어지럽히는 것인데, 유자의
급박함이던가!

1 『순자 · 부국(富國)』: "有掎挈伺詐, 權謀傾覆, 以相顛倒, 以靡敝之. 트집을 잡아 허물을 들추어내고 말을 거짓되게 하며 권모술수로 남을 넘어뜨리고 모두 흩어지게 한다."라고 하였다.

기설(掎挈)은 트집을 잡아 허물을 들추어내는 것이다.

23.

或曰: "以自然治天下可乎?" 王子曰: "此莊, 老之政也. 天下可以自然治, 羲軒堯舜爲之矣. 民無統主, 則强食弱也, 衆暴寡也, 智死愚也. 極也必反之, 相狀相賊, 報覆相尋, 民之獲其生者寡矣. 是故任其自然者, 亂之道也. 美色, 人情之所欲也, 强而衆且智者得之. 貨利, 人情之所欲也, 强而衆且智者得之. 安逸, 人情之所欲也, 强而衆且智者得之. 得之則樂, 失之則苦, 人情安得宴然而不爭乎? 安能皆如老, 莊之徒, 淡然無欲乎? 安不至於亂乎? 故曰極也必反之, 反之者, 求報也. 聖人之生於時, 安得不爲天下求安? 故仁義道德之修, 非徒爲己也, 將以化人也; 禮樂法制之設, 不徒治人也, 亦以安己也, 勢之所必然者也. 謂聖人得已乎? 不法以治之, 而猶有意外之奸, 況蕩然自由乎? 云自然者, 謬幽之說也."

어떤 사람이 질문하기를 "자연[1]으로써 천하를 다스리는 것이 가능한가?"라고 했다. 왕자가 대답하기를 "이는 장자와 노자의 정치이다. 천하는 자연으로써 다스려질 수 있는데 복희[2] · 헌원[3] · 요 · 순이 행했다. 백성을 거느리는 군주가 없다면 강자는 약자를 잡아먹고, 다수는 소수에게 포악을 행하고, 지혜로운 자는 우매한 자를 죽게 한다. 극에 이르면 반드시 반대가 되는데 서로 죽이고 서로 해치며 보복을 하려고 서로 찾으니, 백성 중에 그 생명을 얻는 자는 적다. 이 때문에 그 자연에 맡기는 것은 혼란의 도이다. 미색은 인정이 원하는 것인데 강하고 다수이면서 지혜로운 자가 차지한다. 재물의 이익은 사람의 감정[人情]이 원하는 것인데 강하고 다수이면서 지혜로운 자가 그것을 얻는다. 편안함은 인정이 원하는 것인데 강하고 다수이면서 지혜로운 자가 차지한다. 얻으면 즐거워하고, 잃으면 고통스러워하는데 인정이 어떻게 안정을 얻어서 다투지 않겠는가? 어떻게 모두 노자와 장자의 무리처럼 담연히 욕망이 없겠는가? 어찌 환란에 이르지 않겠는가? 그래서 극에 이르는 것은 반드시 뒤집히는데, 뒤집힌 것은 보복을 구하는 것이다. 성인이 세상에 살 때 어찌 천하가 안정되기를 구하려고 하지 않겠는가? 그래서 인의와 도덕의 수양은 다만 자신을 위한 것일 뿐만 아니라 장차 남을 교화하려는 것이다. 예악과 법제의 설립은 남을 다스리고자 할 뿐만 아니라 또한 자신을 안정시키는 것으로서 형세가 반드시 그러한 것이다. 성인이 얻는 것뿐임을 말한 것인가? 법으로써 다스려도 오히려 의외의 간사함이 있는데 하물며 온전히 저절로 그러함[自然]에 있어서랴? 자연은 그릇되고 어두컴컴한 이론이다."라고 했다.

注

1 자연(自然)은 인위적인 것이 없는 저절로 그러함이다. 노자와 장자의 정치 철학인 무위자연(無爲自然)이 그것이다.

2 『상서대전(尚書大傳)』에서 수인(燧人)·복희(伏羲)·신농(神農)을 삼황(三皇)이라고 하였다.

3 『대대례기(大戴禮記)』에서 황제(黃帝)·전욱(顓頊)·곡(嚳)·요(堯)·순(舜)을 오제라고 했다. 헌원은 희헌원(姬軒轅)으로 신농씨 강유망(姜楡罔)을 제압하고 다음에 치우(蚩尤)를 제압한 후 천자로 옹립되었다. 그를 황제(黃帝)라 하였으며 오제 중 한 사람이다.

사람의 감정은 하늘로부터 받은 것이라 어찌할 수 없다. 인위(人爲)로 수양함이 중요하기 때문에 저절로 그러함으로 천하를 다스리고 무위로 다스린다고 하는 것은 잘못이다. 인위(人僞)가 중요함을 말한 것은 순자의 사상과 같다.

24.

或曰: "法可常守乎?" 王子曰: "常則弊." "弊何以救之?" 曰: "以
道." "堯、舜、三王之法制不可行於今乎?" 曰: "聖人且難之. 堯、
舜以禪受, 湯、武以征伐矣. 唐、虞建官惟百, 夏、商倍之, 而
周又倍之矣. 唐、虞典刑惟象, 三代五刑之屬至於三千矣. 唐、
虞、夏后封功建德, 商、周及其同姓矣. 夫聖人豈不欲相守哉?
時變勢殊而政弊, 奸人乘弊趨利, 治斯害矣. 聖人緣人情而救
之, 安得不求變? 故變者所以救其不能行也, 雖聖人安能違其
時勢而恒守之乎?" "敢問何謂緣人情而救之?" 曰: "獨不見廩之
未穴, 棟之未蠹乎? 斯卽法之未弊也. 無所敗於治, 何救之爲?
及其久也, 隙焉, 則蟲鼠乘之矣, 乘之則廩與棟敗矣. 苟由是廩
與棟焉, 雖固塞之, 必固穿之, 故曰塞鼠者所以壞壁也.
不若易廩與棟, 而絶其穴蠹之由生. "曰: "聖人神明, 其弊安滋?"
曰: "弊也者, 積久而勢成也. 狸居室而鼯亡, 聖人之謂也. 天下恒
有聖人也哉? 安能使不至於嚙蠹乎? 是故法者, 擬定而不可通者
也, 久而弊生; 道者, 隨時濟變以取乎中者也, 萬世無弊. 君子之
治天下也, 不貴同其跡, 而貴於得聖人之心; 不貴泥厥法, 而貴
於合聖人之道. 誠得聖人之心與道施之, 雖不揖遜封建, 亦可以
垂衣而治矣. 泥法而守其跡, 未有不爲蟲鼠樂趨之地也."

어떤 사람이 묻기를 "법은 항상 지킬 수 있는가?"라고 했다. 왕자가
대답하기를 "항상 지키면 폐단이 생긴다."고 했다. "폐단은 어떻게
구제할 수 있는가?" "도로써 구제한다." "요·순·삼왕[1]의 법제는 지
금 시행할 수 없는가?" "성인도 또한 그것을 어려워했다. 요와 순은
선위로 왕위를 주었고, 탕왕과 무왕은 정벌로 지위를 얻었다. 당(唐)
과 우(虞)는 관직을 세운 것이 단지 백 개였는데 하(夏)나라와 상(商)
나라는 그것의 배나 되었고, 주(周)나라는 또한 그것의 배나 되었다.
당과 우의 전형(典刑)[2]은 오직 보여주는 것이었는데 삼대의 오형(五

刑)³의 종류는 3천에 이르렀다. 당과 우와 하후는 공(功)을 봉(封)하고 덕(德)을 세웠는데 상나라와 주나라는 그 동성(同姓)에 미쳤다.⁴ 성인이 어찌 서로 지키고 싶지 않았겠는가? 시대가 변천하고 형세가 같지 않아서 정치가 쇠폐해지니, 간사한 사람이 폐단을 틈타서 이익을 구하므로 다스림이 이러한 피해를 당했다. 성인이 인정(人情)에 의거하여 구제했다면 어찌 변화를 구하지 못했겠는가? 그래서 변화는 그 행할 수 없는 것을 구제하려는 것인데 비록 성인이라도 어찌 그 시세를 위배하고 항상 지킬 수 있겠는가?" "감히 묻건대 인정의 의거하여 구제한다는 것은 무엇을 말하는가?" "홀로 보지 못하는가? 창고에 구멍이 뚫리지 않았고, 용마루가 좀이 먹지 않았음을? 이는 곧 법이 폐해가 되지 않은 것이다. 다스림에 폐해를 끼침이 없는데 어찌 구하려 하겠는가? 시간이 오래되면 틈이 벌어지는데 벌레와 쥐가 그 틈을 타게 되는데 틈을 타게 되면 창고와 대들보는 무너지게 된다. 만일 이로 말미암아 창고와 대들보를 비록 견고하게 막는다고 해도 반드시 뚫을 것이다. 그래서 '쥐를 막는 것은 벽을 붕괴시키는 것이다'고 한 것이다. 창고와 대들보를 바꾸어서 그 구멍과 좀벌레가 발생하는 것을 근절시키는 것만 못할 것이다." "성인은 신명(神明)이 있는데 그러한 폐단이 어찌 발생하는가?" "폐단이란 것은 쌓임이 오래되면 형세가 이루어지는 것이다. 살쾡이가 방에 있으면 날다람쥐가 없다고 한 것은 성인을 말한 것이다. 천하에 항상 성인이 있을 수 있겠는가? 어떻게 쥐가 쏠고 벌레가 좀먹지 않게 할 수 있겠는가? 이런 까닭에 법은 논의하여 결정했으나⁵ 통할 수 없는 것이며 오래되어 폐단이 생긴다. 도는 때에 따라 변화를 구제하는 것으로 중을 취하는 것인데 만세토록 폐단이 없다. 군자가 천하를 다스리는 것은 그 자취를 함께하는 것을 귀하게 여기지 않고 성인의 마음을 얻는 것을 귀하게 여긴다. 그 법을 고집하는 것을 귀하게 여기지 않고 성인의 도에 합치되는 것을 귀하게 여긴다. 참으로 성인의 마음과 도를 얻어 시행하니 비록 봉건에 읍양하지 않더라도 또한 옷을 드리우고 다스

릴 수 있을 것이다.⁶ 법에 구속되어 그 자취만 지킨다면 벌레와 쥐가
즐겁게 달려드는 곳이 되지 않을 수가 없을 것이다."

注

1 삼왕(三王)은 하나라 우왕, 상나라 탕왕, 주나라 문왕을 가리킨다.

2 『상서 · 요전』: "象以典刑. 떳떳한 형벌로 보여주다."라고 하였다.
상(象)은 보여주다 이고 전형(典刑)은 상형(常形)으로 바르고 일정
한 법을 말한다.

3 『명심보감 · 효행』: "五刑之屬三千, 而罪莫大於不孝. 오형을 받아
야 할 죄의 종류는 삼천 가지가 되지만 죄는 불효보다 큰 것이 없다."
라고 하였다.

오형(五刑)은 작은 형장으로 죄인을 치는 형벌인 태(笞), 큰 형장으
로 죄인을 치는 형벌인 장(杖), 죄인을 옥에 가두어두고 소금을 굽거
나 쇠를 다루는 등의 힘든 일을 시키는 형벌인 도(徒), 귀양 보내는
형벌인 유(流), 목을 매다는 교형(絞刑)과 목을 베는 참형(斬刑)의
방법으로 죽이는 사형(死刑)을 말한다.

4 동성(同姓)에 미친 것은 성이 같은 자식이나 형제 등 왕족으로 세습
되었다는 뜻이다.

5 의정(擬定)은 논의하여 결정하는 것이다.

6 『주역 · 계사 하』 제2장: "黃帝 · 堯 · 舜垂衣裳而天下治. 황제(黃帝)
· 요(堯) · 순(舜)임금이 의상(衣裳)을 드리우고 있음에 천하(天下)
가 잘 다스려졌다."라고 하였다.

25.

天下順治在民富, 天下和靜在民樂, 天下興行在民趨於正. 上
節儉, 剛寡取於民而富矣; 上簡易, 則動於民者寡而樂矣; 上稽
道於聖, 則民不惑於異術而趨於正矣.

천하의 순조로운 다스림은 백성들의 부(富)에 달려있고, 천하의 화평

과 안정은 백성들의 즐거움에 달려있으며,[1] 천하의 흥망성쇠는 백성들이 정의를 따르는데 달려있다. 임금이 절약하고 검소하면 백성에게 적게 취하니 백성들은 부유해진다. 임금이 간이하면 백성을 동원하는 것이 적어서 즐겁게 되고, 임금이 성인에게 도를 구하면 백성들은 다른 술수에 현혹되지 않고 바른 것을 따르게 된다.

注

1 『맹자 · 양혜왕』: "凡治國之道, 必先富民. 民富則易治也, 民貧則難治也. 나라를 다스리는 길은 먼저 백성을 부유하게 하는 일이다. 백성이 부유하면 다스리기 쉽지만, 백성들이 가난하면 다스리기 어렵다." 라고 하였다.

또 "古之人, 與民偕樂故能樂也. 옛적의 문왕 같은 이가 백성들과 더불어 즐거워하였다. 그 때문에 백성들도 즐거울 수 있었다."라고 하였다.

이는 모두 백성이 부유해야 백성이 즐겁고 백성이 즐거워야 나라가 잘 다스려진다는 것이며 민본정치의 요점이 된다.

26.

聖王敬天不泥天, 以人事足以勝之也, 故奸宄無以乘其惑; 庸主不慢天則泥天, 而應天之實無聞也, 故奸宄得以藉其變.

성왕은 하늘을 공경하면서도 하늘에 구애되지 않고 인사로써 충분히 하늘을 이길 수 있다. 그래서 간궤들[1]이 그 미혹함에 틈을 탈 길이 없다. 어리석은 군주[2]가 하늘을 함부로 대하지 않는 것은 하늘에 구애되어 하늘에 응하는 실질을 듣지 못하기 때문에 악당들이 그 변고를 구실로 얻게 된다.

注

1 간궤(奸宄)는 악당 혹은 나쁜 놈을 말하는데 내부에 숨어 있는 것을

'간(奸)', 밖으로 드러난 것을 '궤(宄)'라고 한다.

2 용주(庸主)는 어리석은 군주를 말한다. 어리석은 군주는 하늘에서 벗어나지 못하여 나라의 어려운 일은 모두 하늘에 빈다. 현명한 군주는 하늘의 재해도 인간의 힘으로 극복하고자 노력한다.

27.

正大廣遠, 以之立法; 公平明恕, 以之用法. 不正則戾道, 不大則用小, 不廣則偏於一, 不遠則所施不久. 公平則人服, 用明則情得, 用恕則法行而物感, 要終之仁也.

정대하고 넓고 먼 견식으로써 법을 세우고, 공평하고 밝고 관대함으로서 법을 운용해야 한다. 바르지 않으면 도에 어긋나고, 크지 않으면 작용이 작고, 넓지 않으면 한 곳에 치우치게 되고, 멀지 않으면 시행하는 바가 오래 가지 못한다. 공평하면 사람들이 승복하고, 운용이 분명하면 실정이 얻어진다. 운용이 관대하면 법이 행해지고 사물이 감복하는데 요컨대 인으로써 근본을 삼아야 한다.

공명정대한 법을 세우되 충분한 지식으로 법을 만들며, 도(道)로써 운용해야 한다. 도로써 운용함은 운용자가 인(仁)의 마음을 지녀야 한다.

28.

世之平也, 安靜中和之士皆足以有爲, 緩急有用; 苟無俊傑焉, 詭特不羈之才亦可也. 或曰: "詭特無行, 不可!" 曰: "時急其所長也, 顧御之有道焉爾. 德也豈悉求於衆人哉? 震之以敦大之氣, 人之以誠信之操, 則受變於我而才無不效矣."

세상의 평화는 중화의 선비[1]들이 모두 쓰임이 있을 만큼 안정되니, 일의 완급에 따라서 기용해야 한다. 만일 준걸은 없더라도 궤특(詭

特)²하고 불기(不羈)³한 재능도 또한 쓸 수 있다. 어떤 사람이 말하기를 "궤특하고 바른 행실이 없는 자들은 기용할 수 없다!"고 했다. 대답하기를 "시기가 급박할 때는 그 잘하는 것으로 기용해야 한다. 살펴서 다스리는 것이 방도가 있을 따름이다. 덕에 있어서는 어찌 모두 대중에게서 구하겠는가? 돈후하고 큰 기를 진작시켜 사람들이 성실한 지조로서라면 나에게서 변화를 받아들이고 그 재능이 효과를 내지 않음이 없을 것이다."고 하였다.

注

1 중화지사(中和之士)는 중화를 잘 지키는 선비이다.
『중용』: "喜怒哀樂之, 謂之中. 發而皆中節, 謂之和. 희로애락이 나타나지 않은 것을 중이라 하고, 나타나서 모두 절도에 맞은 것을 화라고 한다."라고 하였다.
중화지사는 자신의 감정이 외물에 따라 쉽게 흔들리지 않으며 행동을 절도에 맞게 하는 선비이다.

2 궤특(詭特)은 괴이하고 특별난 것이다.

3 불기(不羈)는 남에게 아무 구속(拘束)을 받지 않는 것이다.

평시에는 괴이하거나 특별나고 자유분방한 사람을 기용하지 않으나 급할 시에는 그 장점만 보고 기용하되 덕이 중요하다. 그래서 급할 시라도 중인(衆人)은 기용하지 않는다. 중인은 일반 백성이다. 중인이 아닌 사람은 지식인이다.

29.

三皇草衣木食, 人曰時也. 王子曰: 聖人儉以順俗也. 堯舜茅茨土階, 人曰時也. 王子曰: 聖人儉不務飾也. 此天下之大樂也. 今之時政繁矣, 風侈矣, 民勞矣, 財困矣, 生促矣, 天下之大災也. 上之人乃不思而返之, 其胥溺之道乎! 舍是而欲有爲, 其爲治也亦外矣.

삼황은 풀 옷을 입고 나무 열매나 뿌리를 먹었는데, 사람들이 시대가 그러했다고 말한다. 왕자가 말하기를 "성인이 검약으로써 풍속을 따른 것이다."라고 했다. 요와 순은 띠집과 흙 계단의 집에 살았는데 사람들이 "시대가 그러했다"고 했다. 왕자가 말하기를 "성인이 검약하여 꾸밈에 힘쓰지 않은 것이다. 이는 천하의 큰 즐거움이다. 지금 시대는 정치는 번거롭고, 풍속은 사치하고, 백성은 수고롭고, 재물은 곤핍하고, 생계는 촉박하니, 천하의 큰 재앙이다. 높은 자리에 있는 사람이 생각하여 반성하지 않으니, 서로 함께 구렁텅이에 빠지는[1] 방도이던가! 이를 버리고 하고자 하는 바가 있다면 그 행하는 다스림은 역시 도외시될 것이다."라고 했다.

注

1 『시경 · 대아 · 상유(桑柔)』: "其何能淑, 載胥及溺. 그 어찌 맑을 수 있겠는가, 서로 구렁텅이에 빠질 뿐이네."라고 하였다.

30.

聖人爲治, 豫調夫國勢之機, 機伏而不可見者, 議之若未然, 舉
之若無所事. 一失厥會, 輕者浮, 重者壓, 強者甚, 弱者微, 事去
而不可爲矣. 故執古者, 失於時宜; 徇俗者, 蔽於因陋; 守法者,
憚於更革; 舉不足以論機也. 通炤遠觀, 其惟神識之士乎!

성인의 다스림은 국가 형세의 기회를 예견하는데 기회가 잠복하여 볼 수 없는 것은 의론하여 그렇지 않은 듯하고, 처리할 때는 그 일이 없는 듯한다. 그 기회를 한 번 잃어버리면 가벼운 것은 떠오르고, 무거운 것은 억누르고, 강한 것은 더욱 강해지고, 약한 것은 더욱 미약해지고, 일이 지나가면 행할 수가 없다. 그래서 옛 것을 고집하는 자는 마땅한 때를 잃게 된다. 세속을 따르는 자는 비루함에 갇히게 되고, 법을 지키는 자는 개혁을 두려워하는데, 이들 모두는 기회를 논할 수 없다. 밝게 비추어 멀리 보이게 할 수 있는 것[1]은 아마 오직 신묘한 견식을 지닌 선비일 것이다.

注

1 통소원관(通炤遠觀)은 밝게 비추어 멀리까지 볼 수 있음을 말한다. 소(炤)는 조(照)와 같은 뜻이다.

다스림도 때를 놓치지 않는 것이 중요하다. 기회가 드러나지 않고 잠복하고 있더라도 반드시 밝게 비추고 멀리 내다보아 찾아내어 그 기회를 틈타 개혁해야 한다.

31.

人主震威怒以操制臣下, 則諫正之言有不能人, 此治亂之大幾也.

인주[1]가 위세를 떨쳐서 신하를 제압하면 신하가 간하는 바른 말을 받아들일 수 없는데, 이는 다스려짐과 어지러워짐[2]의 큰 기틀[3]이다.

注

1 인주(人主)는 모시는 왕이다.
2 치난(治亂)은 다스려지고 다스려지지 않는 것이다.
3 대기(大幾)는 큰 기틀이다. 기틀은 어떤 일을 해나가는 데 있어서의 중요한 밑받침이다.

소종편
小宗篇

1.

小宗之法, 尊祖也. 尊祖于上, 所以合族于下. 其紀有三: 公廟
以達孝思, 仁也; 公田以給婚嫁, 義也; 公會以齒長幼, 禮也. 三
者行以族紀矣, 族紀則治. 孟子曰: "人人親其親, 長其長, 而天
下平", 此之謂也.

소종의 법은 조상을 존숭하는 것이다. 위에서 조상을 존숭하는 것은
아래에서 종족을 화합시키려는 까닭이다. 그 기율에는 세 가지 조항
이 있다. 공묘는 효도의 사상을 나타내려는 것으로서 인(仁)이다. 공
전은 혼가에 지급하려는 것으로서 의(義)이다. 공회는 장유를 구분
하려는 것으로서 예(禮)이다. 위 세 가지가 행해져서 가족의 법도[1]가
있게 되고, 법도가 있게 되면 다스려진다. 맹자가 말하기를 "사람마
다 그 부모를 친애하고 자신의 어른을 존중하면 천하가 태평해진다"[2]
고 했는데 이를 말한 것이다.

注

1 족기(族紀)는 가족의 법도이다. 나라에는 나라의 강기(綱紀)가 있듯
   이 가정에도 강기가 있어야 한다. 가족은 같은 성씨로도 이어지지만,
   혼인 관계로 다른 성씨와 합하게 되니 족기를 제정하여 가정을 다스

려야 화합을 이루게 된다.

2 『맹자·이루상』: "人人親其親, 長其長, 而天下平. 사람마다 자신의
부모를 부모로 대접하고 자기의 어른을 어른으로 대접하니 천하가
평온하다."라고 하였다.

2.

或問孝. 曰: "理世之首務. 君子能盡孝親之道, 則衆善集而群
邪亡. 始也, 一鄕信之; 大也, 天下化之." 曰: "請事." 曰: "虞舜
尊親爲大, 曾子養志爲至, 孔子以色爲難, 玆孝之大節也." 曰:
"非富貴不足以盡之乎?" 曰: "玉粲錦衣而愛敬未至, 如親之樂
何? 心敬辭婉而容色愉愉, 雖蔬食水飮, 歡也. 君子亦貴乎悅親
而已. 富貴者, 所遇之時, 非由乎我者也, 孰能必得之? 庶人之
孝, 勤四體而通神明, 豈必藉軒冕哉?"

어떤 사람이 효에 대해 물었다. 말하기를, "효의 이치는 세상사 중에
서 으뜸가는 일이다. 군자가 효도와 친애의 도를 다할 수 있다면 모
든 선함이 모이고 모든 사악함은 사라진다. 처음에 한 고향 사람이
그를 믿는데, 크게 되면 천하가 감화한다." 말하기를, "청컨대 어떤
일을 해야 합니까?" 하니 말하기를, "우임금과 순임금은 어버이를 존
숭하는 것으로서 큰일을 삼았다. 증자는 어버이의 뜻을 받들어 봉양
하기를 지극함으로 삼았다.[1] 공자는 얼굴색을 보고서 받드는 것을
어려움으로 여겼다.[2] 이는 효의 큰 절목이다." 말하기를, "부귀하지
않으면 효를 다하기에 부족한가요?" 하니 말하길, "옥 같이 귀하고
아름답고 비단옷을 입었는데도 사랑하고 공경함이 미치지 않으니 어
찌하여야 어버이가 즐거워하실까요? 마음에서 공경하고 말에서 순하
게 하면서 얼굴색은 유쾌하게 하는 것이 비록 소찬의 음식을 먹고
물을 마시더라도 부모는 기뻐한다. 군자는 어버이를 기쁘게 함을 중

요하게 여길 뿐이다. 부귀는 부귀하게 되는 때를 만나야지 나를 말미암지 않는다. 누가 부귀를 원하면 반드시 얻을 수 있겠는가? 일반 사람들의 효는 몸을 부지런히 하여 신명과 통하는 것인데 어찌 반드시 좋은 수레와 면류관이어야만 하겠는가?[3]" 하였다.

注

1 『맹자 · 이루상』: "若曾子則可謂養志也. 증자와 같은 섬김이라면 어버이의 뜻을 받들어 섬긴다고 할 만하다."라고 하였다.

2 『논어 · 위정』: "子曰, 色難, 공자가 말씀하시길, 얼굴빛에 따라 행동하기 어렵다."고 하였다.
색난(色難)은 부모의 안색을 받들어 따르기가 어렵다는 뜻이다.

3 『장자 · 선성(繕性)』: "古之所謂得志者, 非軒冕之謂也. 옛날의 이른바 뜻을 얻었다는 것은 수레를 타고 면류관을 쓰고 다니는 높은 벼슬아치가 됨을 말하는 것이 아니다."라고 하였다.
부모는 자식이 고관대작이 되는 것만을 효로 여기지 않고 비록 가난하게 지내더라도 마음을 다하고 말을 순하게 하여 부지런히 사는 것을 기뻐한다.

3.

利欲昏智, 敗義, 喪仁.

사사로운 이익과 욕망[1]은 지혜를 어둡게 하고, 도의를 해치고, 인을 잃어버리게 한다.

注

1 이욕(利欲)은 사사로운 이익과 욕망을 말한다. 욕(欲)은 인간이 본래 지닌 욕망과 욕구이다. 욕은 추우면 옷 입고 싶고 배고프면 밥 먹고 싶고 피곤하면 쉬고 싶은 것은 1차원적 욕구이고, 부귀와 명예는 그다음이다. 또 더 알고 싶고 더 도덕적이고 싶은 욕망도 욕이다. 사사로이 이익을 챙기고자 할 때 욕심이 되어 도의를 해치게 되고

인을 잃게 된다. 욕망과 욕구라도 의도에 사사로움이 없으면 바람직한 욕이 되며 공공의 이익이 되는 욕은 꼭 필요한 것이다.

4.

不學而達於政, 有諸? 曰: 世未有不學而能者也. 學之術二: 曰
致知, 曰履事, 兼之者上也. 察於聖途, 諳於往範, 博文之力也;
練於群情, 達於事幾, 體事之功也. 然而師心獨見, 暗與道合,
亦有不博文者也. 雖然, 精於仁義之術, 優入堯舜之域, 必知行
兼擧者能之矣.

"배우지 않고 정치에 통달하게 되는 것이 있겠는가?" 말하기를 "세상에 배우지 않고 능한 자는 없었다. 학문의 방법에는 두 가지가 있는데 치지와 이사[1]이다. 두 가지를 겸한 것이 최상이다. 성인이 간 길을 살펴보고, 옛 규범을 숙지하는 것은 박문(博文)[2]의 효력이다. 백성의 감정에 노련하고, 일의 기미에 달통한 것은 일을 체득한 공력이다. 그러나 자신의 마음을 스승으로 삼아 혼자서 알고[3] 은연중에 도와 부합하는 것은 또한 널리 배우지 않은 자에게도 있다. 그렇지만 인의의 방법에 정밀하여 요순의 경지에 들어갈 만한 것은 반드시 지와 행은 겸하여 행하는 자가[4] 가능하다."라고 했다.

注

1 이사(履事)는 학의 방법이다. 그 방법은 둘이 있는데, 그 하나는 치지(致知)이고 다른 하나는 이사(履事)이다. 치지는 『대학』의 격물치지의 치지로 견문의 공부로 앎에 이르는 것이고 이사는 일의 현장에서 경험으로 공부하여 아는 것이다.
2 『논어·옹야』: "博學於文. 約之以禮. 亦可以弗畔矣夫. 군자가 학문에 널리 배우고 예로써 요약(約)한다면 또한 도에 어긋나지 않을 것이다."라고 하였다.

박문(博文)은 박학어문(博學於文)에서 줄인 것이며 널리 두루 배운 다는 뜻이다.

3 사심독견(師心獨見)은 자기 마음을 스승으로 삼아 혼자서도 안다는 의미이다. 이는 사심자용(私心自用)과 같이 자기만이 옳다고 고집 하고 남의 말에 귀를 기울이지 않는 것이다. 암여도합(暗與道合)은 말과 행동이 은연중에 도(道)에 부합한다는 뜻이다.

4 지행겸거(知行兼擧): 왕정상은 주희의 선지후행(先知後行)과 왕양 명이 지행합일(知行合一)을 수정하여 지와 행은 겸하여 행해야 한다 고 주장하였다.

이사(履事)는 일의 실천에서 앎이 생기는 것을 뜻하여 양명학의 사상마련(事上 磨鍊)과 같은 의미를 지닌다. 치지(致知)는 이사(履事)에서 역행(力行)하여 알게 되는 진지(眞知)를 뜻한다. 양명학의 치지(致知)는 양지(良知)를 실현하는 치양 지(致良知)이기 때문에 서로 다른 의미를 지닌다. 지행겸거(知行兼擧)는 왕양명 의 지행합일(知行合一)과는 다른 점이 있으나 크게 벗어나지 않는다. 지행합일 은 지와 행을 합치시키라는 것이고 지행겸거는 지가 행에서 나타나게 되니 행과 지는 겸하여 이루어진다는 것이다.

5.

不患其無才, 患其無學; 不患其不任, 患其不忠; 不患其無功, 患其無志.

재능이 없음을 근심하지 말고 공부하지 않음을 근심한다. 일을 맡지 않음을 근심하지 말고 불충할까 근심한다. 공을 세우지 못할까 근심 하지 말고 뜻이 없음을 근심한다.[1]

注

1 『논어 · 학이정』: "不患人之不己知, 患不知人也. 남이 나를 알아주 지 않는 것을 근심하지 말고, 내가 남을 알아주지 못하는 것을 근심 하라."라고 하였다.
위 문장의 흐름에서 옮겨왔음을 짐작할 수 있다.

6.

强率害質直, 詭隨害融達.

고집하고 경솔한 것은 본바탕의 정직함을 해치고, 헐뜯고 부화(附和)하는 것[1]은 융화하고 통달함을 해친다.

注

1 궤수(詭隨)는 헐뜯고 부화(附和)하는 것이다. 부화는 자신의 견해가 없이 경솔하게 남의 의견에 따르는 것이다. 남을 헐뜯어 끌어 내리거나 무조건 남을 따르는 것은 정직할 수 없고 융합할 수 없다.

7.

朱子曰: "遷善當如風之速, 改過當如雷之決."

주자(朱子)가 말하기를 "선으로 옮겨가는 일은 마땅히 바람처럼 신속해야 하고 허물을 고치는 일은 마땅히 천둥처럼 빨라야 한다."[1]고 했다.

注

1 『주역 · 익괘(益卦) · 상사(象辭)』: "遷善當如風之速, 改過當如雷之決. 선으로 옮겨가는 일은 마땅히 바람처럼 신속해야 하고 허물을 고치는 일은 마땅히 천둥처럼 빨라야 한다."라고 하였다.

8.

果盡其生之道也, 雖死亦可矣; 果適於義之當也, 雖死亦可矣.

만일 그 삶의 도리를 다했다면 비록 죽더라도 괜찮을 것이다.[1] 만일 의리의 마땅함에 도달했다면 비록 죽더라도 또한 괜찮을 것이다.

注

1 『논어 · 이인(里仁)』: "朝聞道, 夕死可矣. 아침에 도를 들어 깨달으

면 저녁에 죽어도 좋다."라고 하였다.

> ⋮ 삶의 도리를 다하는 것과 의리의 마땅함으로 가는 것은 성인의 길을 밟는 것이다.

9.

功業者, 聖賢之所有事也, 志不立, 不足以成; 志具矣, 不會於
時焉, 亦未如之何也已. 是故君子修志俟時, 而無意無必焉. 强
以趨時, 不契於幾, 不見道者之常爾, 如時義何哉? 功不足言,
而志已頓衄矣. 是故君子以修道責之已, 以行道俟夫時, 以成
功歸之天.

공을 이루는 일은 성현이 했던 일이다. 뜻을 세우지 않으면 성취하기
에 부족하다. 뜻이 갖추어졌는데 시기에 맞지 않는다면 또한 어찌 하
지 못할 뿐이다. 이 때문에 군자는 뜻을 닦고 시기를 기다리며 의도
하지도 않고 고집하지도 않는다.[1] 억지로 시기를 좇는 것은 기미에
맞지 않고 도를 보지 못하는 것이 일상이 될 뿐이니 시기의 적절함
은 어쩔 것인가? 공은 말하기 부족하고 뜻도 이미 좌절된다. 이 때문
에 군자는 도를 닦는 것으로서 자신을 책임지우고 도를 행함으로서
시기를 기다리며 성공을 하늘에 돌린다.

注

1 『논어·자한』: "子絕四, 無意, 無必, 無固, 無我. 공자는 반드시 끊
어버려야 할 것이 넷 있는데, 사사롭게 숨기고 있는 의도[私意], 무언
가를 반드시 이루려고 하는 마음, 마음속에 숨겨 지닌 고집, 과도한
자기 부각이 그것이다."라고 하였다.

10.

或曰: 誦詩讀書有所發明矣, 而不能施於治, 何哉? 曰: 參伍之

未嘗也. 曰: "當矣." 曰: "體驗之未至也." 曰: "至矣." 曰: "時之
未會也." 曰: "會矣." 曰: "權之不由也." 曰: "由矣." 曰: "此以上
難言也, 其我之得於天者未盡至乎! 是故性之識有三, 其屬於
人亦有三: 得穎悟者, 神之識多; 得敏達者, 精之識多; 得記憶
者, 魄之識多. 三者惟聖人能全之, 其次穎而敏者上也, 世亦不
可多得矣. 故穎而能記者, 時或不斷焉; 敏而能記者, 時或不中
焉. 況記憶之性多, 而穎敏寡者乎? 無怪乎不能施之矣. 茲非命
也夫!"

어떤 사람이 말하기를 "시를 암송하고 독서하는 것은 밝힌 바가 있는
데 다스림을 실시할 수 없는 것은 무엇 때문인가?"라고 했다. 말하기
를, "종합하고 비교한 것[參伍]¹이 합당하지 않다."라고 했다. "합당하
다는 것이 무엇인가."고 하니 말하기를, "체험이 이르지 못한 것이
다." 말하기를, "체험이 이르렀다는 것이 무엇인가." 하니 말하기를,
"시기를 만나지 못한 것이다." 혹자가 "시기를 만났는데, 시행할 수
없는가."하니, 말하기를, "권력이 말미암지 않은 것이다." 혹자가 "권
력을 지녔다면 어떠한가?" 하니, 말하기를, "이 이상은 말하기 어렵
다. 아마 내가 하늘에서 얻은 것이 미진한 것이던가! 이 때문에 성의
인식에는 세 가지가 있는데, 그중 사람에게 속하는 것도 또한 세 가
지가 있다. 영오(穎悟)함²을 얻은 자는 신(神)의 식(識)이 많고, 민달
(敏達)함³을 얻은 자는 정(精)의 식이 많고, 기억력을 얻은 자는 백
(魄)의 식이 많다. 이 세 가지는 오직 성인이 그것을 온전하게 할 수
있다. 그다음은 영오하고 민달한 자가 상(上)인데 세상에서 또한 많
이 얻을 수 없다. 그래서 영오하면서 기억할 수 있는 자는 때때로 끊
어지지 않았다. 민달하면서 기억할 수 있는 자는 때때로 중도(中道)
에 부합할 수 없었다. 하물며 기억하는 본성은 많으나, 영오하고 민
달함이 적은 자는 말할 수 있겠는가? 도를 시행할 수 없는 것이 괴이
하지 않다. 이는 명(命)이 정한 것이 아니겠는가?" 하였다.

1 참오(參伍)는 '마구 뒤섞이다'의 뜻이기도 하고, 뒤섞어 종합하고 비교한다는 뜻을 지닌다.

2 영오(穎悟)하다는 것은 뛰어나게 영리(伶俐)하고 슬기로우며 총명하다는 의미이다.

3 민달하다(敏)는 눈치가 빠르고 민첩하여 모든 일에 환하게 통달하다는 뜻이다.

> 사람은 태어날 때 명(命)으로 본성에 세 가지 인식을 지니는데 영오함과 민달함, 기억력이다. 이 세 가지는 성인만이 온전히 지니고 태어난다. 영오함과 민달함 두 가지를 지니는 자는 상(上)에 속하나 세상에서 보기 어렵고, 영오하고 기억력이 좋은 자는 종종 있다. 민달하고 기억력 좋은 자는 중(中)에 속하고 기억만 잘하고 영오하거나 민달하지 않으면 도를 시행하는 것이 어렵다.

11.

智略而能守正, 貴盛而能遺權, 功高而能退晦, 三者明哲所以
自保也.

지모와 재략을 지녔으나 정의를 지킬 수 있고, 지위가 귀하고 성대하더라도 권력을 버릴 수 있고, 공적이 높아도 물러나 숨을 수 있다.[1]
이 세 가지는 명철(明哲)함이 스스로를 지킬 수 있는 까닭이다.

注

1 『논어·헌문』: "貧而無怨難 富而無驕易. 가난하면서 원망하지 않기란 어렵고, 부자이면서 교만하지 않기란 쉽다."라고 하였다.
가난하게 살면서 불평불만을 하지 않기란 쉬운 일이 아니다. 하지만 지모와 재략을 지닌 사람이 정의를 지키는 것과 지위가 귀하고 성대한 사람이 그 권력을 버리는 것과 공적이 높은 사람이 물러나 숨는 것은 부자가 교만하지 않을 수 있는 것과 같이 쉽다. 쉬운 것인데도 사람들이 욕심 때문에 지키려 하지 않는데. 이를 지키기만 하면 명철

(明哲)이 될 수 있다.

12.

行過高者, 易竦動於衆; 事執古者, 不受變於俗. 之二人也, 才氣高邁, 志慮堅定者, 皆可能之, 故悅慕者衆矣. 中行之士, 非道明德立, 動與天合, 不能焉, 世亦寡矣. 寡則厥神不傳矣. 夫又誰契而慕之?

행위가 몹시 고매한 자는 대중에게 쉽게 존경받는다. 일에서 옛것을 고집하는 자는 세속에서 변화를 받지 않는다. 이들 두 부류의 사람은 재기가 고매하여 지려(志慮)가 굳게 확정된 사람이며 누구나 될 수 있기 때문에 기쁘게 따르며 사모하는 자들이 많다. 중도를 행하는 선비[1]의 경우는, 도에 밝고 덕을 수립하고, 행동이 하늘에 부합하는 사람이 아니라면 될 수가 없고 세상에서도 또한 드물다. 드물게 되면 그 정신이 전해지지 못하니, 또한 누가 그 도에 투합하여 선모(羨慕)할 수 있겠는가?

注

1 『논어집주·공야장』: "又不得中行之士, 而思其次. 以爲狂士. 또 중도를 행하는 선비를 얻지 못하여 그 차선을 생각하니 광자로 삼으려 한다."라고 하였다.
『맹자·진심하』: "孔子豈不欲中道哉, 不可必得故, 思其次也. 공자께서 어찌 중도(中道)의 인물을 얻기를 원하지 않았겠는가? 하지만 반드시 얻을 수가 없었다. 이 때문에 그 차선을 생각하신 것이다."라고 하였다.
중도를 행하는 자를 중행지사라고 했지만, 중용을 행하고 중화를 이루는 자가 모두 여기에 속한다. 중행지사가 도를 지닌 자이기 때문에 후대에 도를 전하는 역할을 하게 된다.

13.

儒有習俗以爲訓者, 其支裔膚淺於道者也; 詭聖以爲論者, 其
索隱鑿荒於道者也. 二者, 非不要於造化性命之塗也, 離於正
大自然之實遠矣. 是故公普而不私, 雅大而不僻, 準之造化, 證
之性命, 炳炳然使民無惑焉, 斯聖人之徒也.

유자 중에 습속[1]을 가르침으로 삼는 자가 있는데 도가 얕고 천박하
다. 궤성(詭聖)[2]을 논의로 삼는 자가 있는데 도에 대하여 은미한 것
을 찾고 황탄한 것에 천착한다. 이 두 사람은 성명(性命)[3]을 조화롭
게 하는 길을 구하지 않을 뿐만 아니라 자연(自然)[4]을 정대하게 하는
실질에서 벗어난 것이 심하다. 이런 까닭에 공정광대하고 사사롭지
않으며, 바르고 정확하고 치우치지 않고, 조화를 준칙으로 삼고, 성
명을 깨달아, 밝게 백성들이 미혹함이 없게 하는 것이 이런 성인의
무리이다.

注

1. 습속(習俗)은 익숙하게 쓰이는 풍속이다. 각 나라 지방마다 익숙
   하게 쓰이는 풍속이 있다.
2. 궤성(詭聖)은 도가(道家)에서 말하는 성인을 말한다. 그래서 '도에
   대하여 은미한 것을 찾고 황탄한 것에 천착한다.'고 한 것이다.
3. 성명(性命)은 인간의 심(心)과 신(身)이 천의 규제를 받음을 가리킨
   다. 즉, 성명이 조화하여 인간이 생명을 얻고 잃음에 관계한다. 유가
   사상에서 성명에 대한 견해를 보면, 『중용』: "天命之謂性. 하늘이
   인간에게 명한 것을 '성'이라고 한다."라고 하였다.
   여기서 성(性)은 천명의 관점에서 말한 것으로서, 이것은 유가(儒家)
   의 형이상학적 우주론과 본체론을 보여주는 것이다. 『주역』: "窮理
   盡性以至於命. 이치를 궁구하고 본성에 다함으로써 명에 이른다."
   라고 하였다.
   여기서 진성은 심(心)의 측면을 강조한 것으로서 유가 심성론(心性

論) 계통을 보여주며, 맹자가 심론의 대표 사상가인 것이다. 정이(程頤)는 "하늘에 있어서는 명(命)이라 하고, 사람에 있어서는 성(性)이라 한다."고 하고, "하늘이 부여한 바가 명이 되며 물(物)이 받은 바가 성이 된다."라고 하였다.

주희는 "사람과 물이 태어날 때 각각 하늘이 부여한 바의 이(理)를 얻은 것이 성이다."라고 하였다.

도가 사상에서 성명의 견해를 보면, 노자는 이런 성명의 조화에서 생명을 의론하지 않고, 도(道)가 만물을 낳는다고 보았다. 한 대에 쓰였다고 알려진 『장자(莊子)』 외편(外篇)과 잡편(雜篇)에서 성명은 '천에서 부여된 인간의 본질적인 것'이라는 의미를 지닌다.

4 자연(自然)은 사람의 힘을 더하지 않은 저절로 된 그대로의 현상 또는 사람의 힘으로 어찌할 수 없는 우주의 질서나 현상을 말한다. 즉, 인간의 의식으로부터 독립하여 존재하는 객관적 실재 또는 사람과 물질의 고유성이나 본연성을 일컫는다.

14.

練事之知, 行乃中幾; 講論之知, 行尙有疑. 何也? 知, 在我者也; 幾, 在事者也. 譬久於操舟者, 風水之故審矣, 焉往而不利涉? 彼徒講於操舟之術者, 未涉江湖, 而已不勝其恐矣, 安有所濟之哉? 蓋風水者, 幾之會也, 非可以講而預者也. 故程子曰 : "得而後動, 與慮而後動異."

일을 경험하여 얻은 지식[1]은 시행하면 기미에 맞고, 강론에서 얻은 지식은 시행하면 오히려 의문이 있다. 무슨 이유인가? 지식은 나에게 달려 있는 것이고, 기미는 일에 달려있기 때문이다. 비유하자면 배를 조정하는 것이 오래된 사람은 바람과 물의 연고를 살피니, 어찌 가는 곳마다 건너는데 이롭지 않겠는가? 저들은 한낱 배를 조정하는 기술만 강론하고, 강호를 건너본 적이 없어, 이미 그 공포를 이길 수 없는데 어찌 건널 곳이 있겠는가? 대개 바람과 물은 기미가 모인 것인데 강론으로써 예상할 수 있는 것이 아니다. 그래서 정자(程子)가 말하기를 "터득한 후에 움직이고, 더불어 생각한 후에는 움직임이 달라진다."고 했다.

注

1 연사의 지식[練事之知]은 일이 숙련되어 지식이 된 것이다. 일의 현장[履事]에서 오래 되면 연사가 되고 진지가 된다. 왕정상의 지식론은 강의실에서 배운 지식은 산지식이 될 수 없다고 하는데, 상황에 따른 기미를 예측할 수 없기 때문이다. 일의 현장에서 경험하여 얻은 지식만을 진지(眞知)라 하였다.

15.

命於道德, 會於禮樂, 化乎上下而不知所由, 此之謂聖臣矣. 守道正躬, 不爲物劫, 可以託孤寄命者, 此之謂淳臣也. 順度愼行, 才以濟物, 謙謙而不居者, 此之謂名臣矣. 論不亢情, 和不失物, 惴焉隨其時者, 此之謂具臣矣.

도덕을 천명으로 받고 예악에 회통[1]하여 군주와 백성을 교화하면서도 까닭을 알 수 없는데, 이를 성신(聖臣)이라 한다. 도를 지키고 자신을 바르게 하고, 사물의 위협을 당하지 않고, 고아를 부탁할만하고 나라의 정치를 맡을만한 자는 순신(淳臣)이라고 한다. 법도에 따라 신중히 실행하고, 재능이 남을 구제할 수 있고, 겸양하여 자리에 있지 않는 자는 명신(名臣)이라 한다. 논의함은 실정을 필적하지 못하고, 화평하게 자신의 자리[物]를 잃지 않고, 두려워하며 그 시세[時]에 따르는 자는 구신(具臣)[2]이라 한다.

注

1 회통(會通)은 훤히 알아서 그 방면에 정통한 것이다.

2 『논어·선진』: "由與求 可謂具臣矣. 유(由, 자로)와 구(求, 염유)는 구신(具臣)이라고 말할 만하다."라고 하였다.
구신(具臣)은 자리만 지키는 신하의 뜻이다. 직책이 있는 신하는 수신(守臣)이다. 왕정상은 수신(守臣)을 성신(聖臣), 순신(淳臣), 명신(名臣)으로 분류하였다.

16.

"君之望乎臣者, 欲利其國也. 有二臣於此, 一死義而社稷亡, 一忍生而社稷存, 將孰從諸?" 曰: "臣之事君也, 盡其心力而已矣. 力可以存社稷, 孰經死焉? 不然, 則忍心以要功利者矣. 事無成而名隳, 又其如殉哉!"

"임금이 신하에게 바라는 것은 그 나라를 이롭게 하고자 함이다. 여기에 두 신하가 있는데, 하나는 의리에 죽었는데 사직이 망했고, 하나는 참고 살았는데 사직이 존속했다. 장차 누구를 따르려는가?" 대답하기를 "신하가 임금을 섬기는 것은 그 마음과 힘을 다하는 것일 뿐이다. 능력이 사직을 존속시킬 수 있다면 누가 죽음을 가볍게 여기겠는가? 그렇지 않다면 인내하며 공리(功利)를 바라는 자임에 틀림없다. 일을 이루지 못하고 명예가 훼손되었는데 또한 순절하는 것과 같은 것이다!"라고 했다.

> 신하라면 임금에게 충성을 다하여 사직을 살릴 수 있게 하는 것이 최선이다. 하지만 사직을 구하지도 못하며 명예를 훼손해가며 자신의 공리와 영달을 위해 자리를 지키기만 하는 신하는 죽는 것만 못하다.

17.

道, 常也. 非常者, 異象而干順, 寡見而駭衆, 故怪之, 亦二氣鈞
胚也, 知道者亦常之. 是故崎角山趾, 赤髮綠睛, 人之生亦有然
者矣. 角端體甲, 牛尾馬蹄, 物之生亦有然者矣. 老槐生火, 久
血成燐, 積氷育蠶, 結石藏龜, 變化不可測也. 夒罔兩, 龍罔象,
鳥畢方, 井貫年, 常理不可執也, 故世俗駭之. 夫陰陽之化, 杳
無定端, 有常氣而禪者, 有間氣而化者, 一人之世, 不得以槪覩
也. 惟聖人神明, 通宇宙而觀物, 斯獨見而不眩惑矣. 故曰知道
者亦常之.

도는 일상적인 것이다. 일상적이지 않은 것은 기이한 형상이고 순리
를 거스른다. 드물게 보이나 대중을 놀라게 하기 때문에 그것을 괴이
하게 여기는데, 또한 음양 두 기가 균등하게 싹틔운 것이며 도를 아
는 자도 또한 평범하게 여긴다. 이 때문에 정수리가 갈라져 있고 발
가락이 산과 같고[岐角山趾], 붉은 머리칼과 푸른 눈동자와 같은 것
은, 사람이 태어나면서 또한 그런 것이 있다. 머리의 뿔과 몸의 껍데
기, 소꼬리와 말발굽과 같은 것은, 동물이 태어나서 또한 그런 것이
있다. 늙은 회화나무에서 불이 피고, 오래된 피가 도깨비불이 되고[1],
쌓인 얼음이 누에를 양육하고, 맺힌 바위가 거북을 간직하는 등 변화
는 예측할 수 없다. 기(夒)와 망량(罔兩)[2], 용(龍)과 망상(罔象)[3], 조
(鳥)와 필방(畢方)[4], 정(井)과 관년(貫年)[5]등은 평범한 이치로서는 고
집할 수 없는 것들이기 때문에 세속에서 놀란다. 음양의 변화는 심오
하여 일정한 단서가 없고, 상기(常氣)가 있으면 고요하고, 간기(間
氣)가 있으면 변화하는데[6] 한 사람의 세상에서 다 볼 수가 없다. 오
직 성인의 신명만이 우주에 통하여 사물을 볼 수 있는데 이는 홀로
보면서도 현혹되지 않는다. 이 때문에 도를 아는 자도 또한 평범하게
여긴다고 말한 것이다.

1 『회남자 · 범론훈(氾論訓)』: "老槐生火, 久血爲燐, 人弗怪也. 늙은 회화나무는 불을 만들고 오래된 피는 도깨비불이 되는데도 사람들은 괴이하게 여기지 않는다."라고 하였다.

2 『국어 · 노어하(魯語) 하』: "水石之怪曰夔, 罔兩. 수석 중에 괴이한 것을 기(夔), 혹은 망량(罔兩)이라 한다."라고 하였다.

3 『국어 · 노어 하』: "水之怪曰龍, 罔象. 물이 괴이한 것을 용(龍), 망상(罔象)이라고 한다."라고 하였다.
   망상은 수(水)의 기운이다.

4 『회남자 · 범론훈(氾論訓)』: "木生畢方. 목은 필방을 생겨나게 한다." 필방(畢方)은 나무의 정(精)이다. 필방은 목(木)의 기운이다.

5 정관년(井貫年)은 명나라 판본에는 정분양(井墳羊)이라고 되어 있다. 『회남자 · 범론훈(氾論訓)』: "井生墳羊. 우물에서 분양(墳羊)을 나왔다."라고 하였다.
   노나라의 계자(季子)가 우물을 팔 때 토부(土缶)를 얻었는데 그 안에 양(羊)이 있었다고 하였다. 분양은 흙의 정(精)이며, 토(土)의 기운이다.

6 『춘추연공도(春秋演孔圖)』: "正氣爲帝, 間氣爲臣. 바른 기는 황제가 되고 끼어든 기는 신하가 된다."라고 하였다.
   왕자는 상기(常氣)는 정기(正氣)로 늘 고요하나 간기(間氣)가 변화를 일으키는 것이라고 하였다.

18.

道不行不去, 貪而害仁; 及亂不能死, 害義; 能死, 亦害智, 何也? 始而不能決其去也. 孔子 "危邦不入, 亂邦不居", 先幾也, 殉道也, 保身也, 古之全德神矣夫!

도를 행할 수 없는데 떠나가지 않는 것은 탐욕하여 인을 해친 것이다. 난리를 만나고도 죽지 않은 것은 의리를 해친 것이다. 죽을 수 있는 것 또한 지혜를 해친 것인데 무엇인가? 처음에 그 떠나감을 결정할 수 없었던 것이다. 공자가 말하기를 "위험한 나라에는 들어가지 않고, 어지러운 나라에는 머물지 않는다."[1]라고 했는데 이는 일의 기미를 먼저 안 것이고, 도에 순절한 것이고, 몸을 보전한 것이며 옛사람이 덕과 신을 온전히 한 것이 아니겠는가!

注

1 『논어 · 태백』: "危邦不入, 亂邦不居. 위태로운 나라에는 들어가지 않고, 어지러운 나라에는 살지 않는다."라고 하였다.

19.

『禮』云: '東宮西宮, 辟子之私, 不足則資, 有餘亦歸之於宗', 何也? 王子曰 : "禮有分異之義, 家有別居之道. 東宮, 西宮, 南宮, 北宮, 居異也. 夫婦內外之禮嚴, 渾居則瀆倫傷禮, 有不能保, 故異宮而居, 禮也. 財用則同, 仁也. 子弟有餘則歸之於宗, 不足則資之於宗, 不得專主以私獨也. 後世之異居, 竝其資産而割裂矣, 古人統宗之義, 其亡乎! 其亡乎!"

"『의례』에 '동궁과 서궁은 군주 아들들의 사실(私室)인데 부족하면 제공해주고, 남으면 종족에게 귀속시킨다.'[1]고 한 것은 무엇 때문인가?" 왕자가 말하기를 "예에는 분이(分異)[2]의 뜻이 있고, 집에는 별거(別居)의 도리[3]가 있다. 동궁, 서궁, 남궁, 북궁은 거주를 달리한 것이다. 부부는 내외의 예가 엄격한데 함께 살면 윤리를 더럽히고 예를 해치게 되며 지킬 수가 없다. 그래서 이궁(異宮)에서 거주하는 것이 예이다. 재물의 사용을 동등하게 하는 것은 인(仁)이다. 자제들에게 남음이 있으면 종족에게 귀속시키고 부족하면 종족에게서 취한다는 것은 사적으로 전용할 수 없다는 것이다. 후세에는 따로 거주하는 것이 그 재산을 나누어 분할하는 것이니, 옛사람이 종족을 통일하려는 뜻은 망한 것이던가! 망한 것이던가!"라고 했다.

注

1 『의례(儀禮)·상복전(喪服傳)』: "故昆弟之義無分. 然而有分者, 則辟子之私也. 子不私其父, 則不成為子故有東宮. 有西宮, 有南宮, 有北宮, 異居而同財. 有餘則歸之宗, 不足則資之宗. 형제들의 의리에는 나눔이 없으나 나눌 수 있는 것은 임금의 사유재산이다. 자식이 부친을 사사롭게 여길 수 없다면 자식이 될 수 없다. 때문에 동궁에도 있고 서궁에도 남궁에도 북궁에도 자식이 거처한다. 각기 다른 곳에 머무르나 재산은 같이 쓴다. 쓰고 남으면 종가에 돌리고 모자라면 종가에서 취한다."라고 하였다.

2 분이(分異)는 각기 따로 갈라짐이다. 예(禮)는 상황에 따라 각기 만들어져 분이가 생긴다.

3 별거(別居)의 왕의 아들의 경우 각기 궁을 나누어 따로 거주하는 것이다.

20.

"內不失貞, 外不殊俗, 如之何?" 曰: 不能兼也. 同俗則失貞, 和而不同可也. "亂世如之何?" 曰: "聖人有道焉, 亦不汚於俗."

"안으로는 정절을 잃지 않고, 밖으로는 풍속을 어기지 않는 것은 어떠한가?" 말하기를, "겸할 수 없다. 풍속을 함께하면 정절을 잃게 되니, 화합하면서도 함께하지 않는 것이 옳다."[1] "난세에는 어찌 하는가?" 말하기를, "성인은 도를 지녔으니, 또한 세속에 물들지 않는다." 하였다.

注

1 『논어·자로』: "君子和而不同, 小人同而不和. 군자는 화합하되 같

아지려고 하지 않으며, 소인은 같아지려고 하나 화합하지 못한다."라
고 하였다.

안 밖을 함께 유지하는 것은 어렵다. 때문에 왕자는 군자의 길을 택
하여 세속과 화합하면서도 정절을 지키고 그들과 함께하지 않는 것
이 옳다고 하였다.

21.

東極之民僥, 南極之民譎, 西極之民庝, 北極之民悍, 中土之民
和, 非民性殊於四極也, 習於聖人之教然也. 蠻夷者, 劃疆土俗
限之也, 聖人之教可達, 孰謂異吾民哉?

동쪽 끝단의 민족은 요행을 바라고 남쪽 끝단의 민족은 속이며 서쪽
끝단의 민족은 포악하고 북쪽 끝단의 민족은 사납다. 중국의 민족은
화평한데 민족성이 사방 지역과 다른 것이 아니고, 성인의 교육에서
학습한 것이 그런 것이다. 만이(蠻夷)는 국경의 풍속이 제한되어 있
지만 성인의 가르침이 도달할 수 있다면 누가 우리 민족과 다르다고
말하겠는가?

> 동이(東夷)족과 남만(南蠻)족은 남을 속이나 성인의 가르침으로 교화가 가능하
> 다. 북적(北狄)과 서융(西戎)은 포악하고 사나워 성인의 가르침을 이르게 하는
> 것이 어렵다. 중국의 백성들이 화(和)를 이룬 것은 성인들이 중화(中和) 중시하
> 여 교화시켰기 때문이다.

22.

事雖易, 而以難處之, 未有不治之變; 患雖遠, 而以近慮之, 未
有不及之謀. 此所謂至慎, 此所謂先幾.

일이 비록 쉽다고 하더라도 어렵게 여기고 처리한다면 다스리지 못

할 변고가 없다. 근심이 비록 멀리 있더라도 가깝다고 여기고 고려한다면 미치지 못할 계책이 없다. 이것이 이른바 지극히 신중하는 것이며, 이것이 이른바 기미를 먼저 안다는 것이다.

> 기미를 살필 수 있으면 쉬운 일이라도 신중히 처리하게 되고 근심이 가까이 있는
> 것처럼 신중하게 된다. 일은 진행하기 전에 반드시 기미를 살펴야 한다. 기미는
> 학습으로 알고 있는 지식 외에 현장에서 생길 수 있는 뜻밖에 처하게 되는 상황
> 을 말하는데, 뜻하지 않는 세(勢)를 파악할 수 있다.

23.

顯者, 示以晦之理則悶; 淺者, 動以深之機則迷; 愚者, 詔以智之謀則惑. 人各有至, 不可强也.

현달한 사람은 분명하지 않은 이치를 제시하면 고민하고, 천박한 자는 심오한 기미로서 움직이면 혼미해지고, 어리석은 자는 지모(智謀)로써 알리면 의혹을 한다. 이는 사람들이 각자 도달함이 있기 때문[1]인데 강제로 할 수는 없는 것이다.

注

1 『논어·자한』: "君子道者三 我無能焉 仁者不憂 知者不惑 勇者不懼. 군자의 도는 세 가지인데 나는 여기에서 능한 것이 없다. 어진 자는 걱정이 없고 지혜로운 자는 의심스러운 점이 없으며 용감한 자는 두려움이 없다."라고 하였다.
지혜로운 자는 의심하지 않는다 했는데 분명하지 않은 이치를 드러내면 의심하는 것은 현달한 것이 아니다. 군자의 도에 미치지 못한 것이다.

보부편
保傅篇

1.

『禮·保傅』篇曰: "太子孩提, 三公三少講明仁孝禮義, 以導習之. 逐去邪人, 不使見惡行. 比選天下端士, 孝弟閭博, 有道術者, 以輔翼之, 使之與太子居處出入. 故太子乃日見正事, 聞正言, 行正道." 蓋左右正則太子正, 太子正而天下定矣, 此三代所以有道之長也. 嗟乎! 後世人主於太子非不教也, 不循乎三代之遺法矣. 師保之官非不設也, 不惟其道術者有之矣. 左右之人非不比選也, 不得與之居處而出入矣. 深宮秘禁, 婦人與嬉遊也; 褻狎燕閑, 奄豎與誘掖也. 彼人也, 安有仁孝禮義以默化之哉? 習與性成, 不驕淫狂蕩, 則鄙褻惰慢. 由是聞正言, 若侏摛之亂耳; 見正人, 若芒刺之在背, 是豈天下之福也哉? 人主乃不思而反之, 何也? 近世太子有以文詞書藝稱者, 不亦君子之教乎? 嗟乎! 彼善於婦寺之養者也, 謂天下之本在茲乎? 『文王世子』曰: "三王教世子, 必以禮樂, 樂所以修於內也, 禮所以修於外也. 禮樂交錯於中, 發形於外, 是故其成也懌, 恭敬而溫文." 夫恭敬而溫文, 謂文詞書藝而已乎?

『예기 · 보부』에 말하기를, "태자가 어릴 때[1]는 삼공(三公)과 삼소(三少)[2]가 인효예의(仁孝禮義)를 강론하여 밝혀서 이끌어주어 그것을 익혔다. 사악한 사람을 축출하여 제거하고 악행을 보지 못하게 했다. 천하의 단정한 선비를 비교하여 선발하는데, 효제하고 학문이 넓고 도술을 지닌 자로써 도와주게 하고, 태자의 거처에 출입하게 했다. 그래서 태자는 매일 바른 일을 보고, 바른 말을 듣고, 바른 도리를 행했다."[3]고 했다. 대체로 보좌하는 이들이 바르니 태자가 바르고, 태자가 바르니 천하가 안정되었다. 이것이 삼대(三代)에서 도를 지닌 시간이 길었던 까닭이다. 아! 후세의 임금은 태자에게 가르치지 않은 것은 아니지만 삼대가 남긴 법도을 따르지 않았다. 사(師)와 보(保)의 관직을 설립하지 않은 것은 아니지만 다만 도술을 지닌 자는 있지 않았다. 보좌하는 사람을 비교하여 선발하지 않은 것은 아니지만 거처를 함께할 수 없어서 출퇴근하였다. 깊은 궁 비금(秘禁)[4]에서 부인네들이 그와 함께 장난치며 놀았다. 스스럼없이 휴식할 때는 엄수(閹竪)[5]가 함께 인도하고 도왔다. 저들이 어찌 인·효·예·의를 지녀서 묵묵히 태자를 교화하겠는가? 습관과 성품이 이루어지는 것은 교·음·광·탕(驕·淫·狂·蕩)[6]하지 않으면 곧 경·만·비·설(輕·慢·鄙·褻)[7]히게 된다. 이 때문에 바른말을 듣고도 마치 광대가 귀를 어지럽힌 것 같고 바른 사람을 보고도 까끄라기가 등에 있는 것[芒刺在背][8]처럼 여긴다. 이것이 어찌 천하의 복이겠는가? 임금이 바로 고려하여 고치려고 하지 않는 것은 무엇 때문인가? 근세의 태자는 문사(文詞)나 서예로써 저명한 자가 있는데 군자의 가르침이 아니겠는가? 아! 저들은 부인과 내시에게서 양육을 잘 받은 것인데 천하의 근본이 여기에 있다고 하겠는가? 『예기·문왕세자(文王世子)』에 말하기를, "삼왕(三王)이 세자를 가르치는 것은 반드시 예악으로써 했다. 악은 내면을 수양하기 때문이고, 예는 외면을 수양하기 때문이다. 예악이 마음속에 뒤섞이면 외면에 표현되는데 이 때문에 그 성취는 즐겁고, 공경하며 온화하고 예의 바르다[溫文][9]"고 했다. 이것이 문사와 서예를 말하는 것일 뿐이겠는가?

1 해제(孩提)는 어린아이를 말한다. 해제는 2·3세의 아이를 지칭하고 삼척해제(三尺孩提)는 6·7세의 아이를 말하지만 여기서 해제는 삼척해제를 가리킨다.

2 삼공(三公)은 태사(太師), 태부(太傅), 태보(太保)이고, 삼소(三少)는 소사(少師), 소부(少傅), 소보(少保)이다.

3 『대대예기·보부(保傅)』: "故孩提, 三公三少固明孝仁禮義以導習之也. 逐去邪人, 不使見惡行. 於是比選天下端士孝悌閑博有道術者, 以輔翼之, 使之與太子居處出入; 故太子乃目見正事, 聞正言, 行正道, 左視右視, 前後皆正人. 옛날 어린 세자는 삼공과 삼소가 효·인·예·의를 밝혀서 익히도록 이끌었다. 천하의 단정한 선비를 비교하여 선발하는데, 효제하고 학문이 넓고 도술을 지닌 자로써 도와주게 하고, 태자의 거처에 출입하게 했다. 옛 태자는 눈으로 바른 일을 보고 바른 말을 듣고 바른 길을 갔으며 좌우와 전후를 보아도 모두 바른 사람들이었다."라고 하였다.

4 비금(秘禁)은 비밀스러운 곳으로 외부인의 출입이 금지된 곳이다.

5 엄수(閹豎)는 어린 태감이다.

6 교음광탕(驕淫狂蕩)은 교만하고 음란하고 경망스럽고 방탕한 것이다.

7 경만비설(輕慢鄙褻)은 가볍고 거만하고 속되고 음탕한 것이다.

8 망자재배(芒刺在背): 까끄라기가 등에 지고 있다. 는 뜻으로 마음이 조마조마하고 편하지 않음을 의미한다.

9 온문(溫文)은 온화하고 예의가 바른 것이다. 서예나 글을 짓는 것은 온문을 기르기 위해 하는 것이다.

2.

兵者, 不得已而用之者也. 能算亦有損, 況無算乎? 能勝亦有損, 況不勝乎? 故勢猶有可圖者, 自治以全之可也. 『書』曰 "舞干羽於兩階, 有苗來格", 此之謂也.

군대는 부득이하여 사용하는 것이다. 헤아릴 수 있어도 또한 손해가 있는데 하물며 헤아릴 수 없음에랴? 승리할 수 있어도 또한 손해가 있는데 하물며 승리할 수 없음에랴? 그래서 세는 오히려 도모할 만한 것이 있으니, 스스로 다스려서 온전하게 해야 옳을 것이다. 『서경』에 말하기를, "두 섬돌에서 간우(干羽)[1]로써 춤을 추니 묘족(苗族)이 왔다."[2]고 한 것은 이를 말한 것이다.

注

1 간우(干羽)는 고대에 춤추는 자들이 춤을 출 때 잡고 추는 도구로, 문무(文舞)를 출 때 우(羽)를 잡고, 무무(武舞)를 출 때 간(干)을 잡는다.

2 『서경·대우모(大禹謨)』: "班師振旅 帝乃誕敷文德 舞干羽于兩階 七旬 有苗格. 군대를 돌리고 군사를 거두자 순임금이 마침내 정신적인 은덕을 크게 펴시어 양쪽 계단 아래서 방패와 깃으로 춤추게 하시니, 70일 만에 묘족이 오게 되었다."라고 하였다.

3.

王者謙則君臣和, 卿大夫謙則國政和, 國政和則民安, 故和者治之門. 問謙, 曰; 不自大. 不自大則不矜, 不矜則不自任, 不自任則情平, 情平則和. 問謙之繇, 曰: 無欲. 無欲之繇, 曰: 內足.

왕이 겸양하면 군신이 화목하고, 경대부가 겸양하면 국정이 화합하고, 국정이 화합하면 백성이 안정된다. 그래서 화합은 다스림의 문이다. 겸양을 물으니 말하기를, "자신을 크다고 여기지 않는 것이다. 자신을 크다고 여기지 않으면 교만하지 않고, 교만하지 않으면 자신을 옳다고 여기지 않고, 자신을 옳다고 여기지 않으면 감정이 평온해지고, 감정이 평온하면 화순해진다." 하였다. 겸양의 유래를 물으니 말하기를, "무욕이다."하였다. 무욕의 유래는 말하기를, "안으로 만족하는 것이다."[1]·하였다.

注

1 내족(內足)은 자족(自足)이다. 스스로 만족하면 욕심이 없어지고 욕심이 없으니 겸양하게 된다.

4.

好問好察, 舜不自智; 立賢無方, 湯不任類. 不自智則協衆情, 不任類則無私人. 衆情協則政乎, 私人無則賢用.

묻기를 좋아하고 살피기를 좋아한 순(舜)[1]은 스스로를 지혜롭다 여기지 않았다. 현인을 세우는데 정해진 방법이 없었으나[2] 탕(湯)[3]은 동류의 사람에게 맡기지 않았다. 자신을 지혜롭다 여기지 않으면 민중의 마음에 화합하고, 동류의 사람에게 맡기지 않으면 사사로운 사람이 없게 된다. 민중의 마음이 화합하면 정치가 화평하고, 사사로운 사람이 없으면 현인이 기용된다.

注

1 『중용』제6장: "舜其大知也與. 舜好問, 而好察邇言. 순임금은 큰 지혜를 가지신 분이다. 순임금은 묻기를 좋아하고 들은 말을 살피기 좋아한다."라고 하였다.
2 『맹자 · 이루 하』: "湯執中, 立賢無方. 은(殷)의 탕왕(湯王)은 중을 붙들고, 어진 사람의 세우는데 특별한 방법이 없었다."라고 하였다.
3 탕(湯)은 하(夏)나라 걸(桀)왕을 폐하고 상(商)나라를 세운 왕이다. 이윤(伊尹)을 등용하여 나라를 안정시켰다. 공자가 성인으로 추대하는 7인 중 한 명이다.

5.

農困則庾虛, 庾虛則兵疲, 玆用可憂矣. 善漁者不泄澤, 善田者
不竭卉, 畜其利者深矣. 農困、國之大疹也, 乃不思而憂之! 作
無益, 崇土木, 耗貨財, 是謂剗本.

농민이 곤핍하면 곳간이 비고, 곳간이 비면 병사들이 피로하니, 이는
근심할 만하다.[1] 물고기를 잘 잡는 자는 못물을 세어나가게 하지 않
고, 농사를 잘 짓는 자는 훼목(卉木)을 없게 하지 않아서 그 이익을
축적한 것이 깊다. 농부의 곤궁은 국가의 큰 병이니, 고려하여 근심
하지 않겠는가! 무익한 일을 만들고, 토목을 숭상하고, 재화를 소모
하는 것은 근본을 해치는 것이라 하겠다.

注

1 『맹자 · 양혜왕』: "民之爲道也. 有恒産者有恒心, 無恒産者無恒心.
백성들이 사는 방도는 일정한 생업이 있는 자라야 일정한 마음이 있
고, 일정한 생활이 없으면 일정한 마음이 없다."라고 하였다.
맹자는 일정한 수입이 늘 일정한 마음을 지니기 때문에 치국의 도는
부민(富民)에 있다고 하였다.
『관자 · 치국』: "凡治國之道, 必先富民 치국의 도는 반드시 부민이
우선한다."라고 하였다.
관자는 백성이 부유해야 다스리기 쉽고 백성이 가난하면 다스리기
어렵다고 하여 부민부국(富民富國)이 되고 난 후 부국강병(富國强
兵)이 따라온다고 하였다.

6.

徵於國之危亂者, 亦觀其臣民之風俗爾. 附權死黨、奸度岡上
之臣作, 則淫比矣. 淫比者篡. 要結賓客、藏匿亡命之民作, 則
淫朋矣. 淫朋者盜. 盜之勢在下, 猶可爲也; 篡之勢在上, 非大

力不能反, 難矣哉!

국가의 위란을 징험하는 것은 또한 그 신하와 백성의 풍속을 살펴볼 뿐이다. 권력에 아부하고 당을 위해 죽으며[1] 법을 어기면서 임금을 기만하는 신하가 일어나는 것을 음비(淫比)[2]라고 한다. 음비 자는 찬탈한다. 빈객들과 결탁하고 망명한 백성을 숨겨주는 것을 음붕(淫朋)[3]이라 한다. 음붕 자는 도둑질을 한다. 도둑의 형세는 아래에 있기 때문에 오히려 괜찮을 수 있지만, 찬위의 형세는 왕의 자리에 있기 때문에 큰 힘이 아니면 돌이킬 수 없으니, 곤란하구나!

注

1 부권사당(附權死黨)은 권력에 아부하고 당을 위해 죽는 것인데 비덕(比德)이다. 비덕은 사사로이 아첨하고 빌붙은 것이다.

2 음비(淫比)는 임금을 기만하고 신하가 임금의 자리를 빼앗는 자이다.

3 『서경・홍범』: "凡厥庶民, 無有淫朋, 人無有比德, 惟皇 作極. 무릇 서민들이 사악하게 붕당 지음이 없고 지위에 있는 사람들이 아첨함이 없는 것은 임금이 극(極)을 세웠기 때문이다."라고 하였다.
음붕(淫朋)은 사당(邪黨)이다. 삿된 무리들이 사사로이 편당을 짓는 것이다.

7.

周天子之大夫監於諸侯之國, 曰三監; 漢天子置諸侯王相, 由內以制外, 通其隱蔽之勢也.

주나라 천자의 대부는 제후의 나라를 감독하였는데 삼감(三監)[1]이라 한다. 한나라 천자는 제후왕의 재상을 두는데 안에서 밖을 제재하는 것을 비롯하여 은폐의 형세를 꿰뚫는 것이다.

注

1 삼감은 관숙(管叔)・채숙(蔡叔)・곽숙(霍叔)이다. 주나라가 은을

멸망시키고 은 땅을 관리하기 위해 은나라 주왕(紂王)의 아들인 무경(武庚)을 봉해주고 은의 제사를 받들게 했다. 그리고 삼감(三監)을 두어 그를 감시하도록 했다. 문왕은 16명의 아들을 두었다. 그 중 둘째 아들이 무왕 발(發)이고, 4남이 주공 단(旦)이다. 삼감(三監)은 3남 관숙 선(鮮)·5남 채숙 도(度)·8남 곽숙 처(處)이다. 후에 관숙과 채숙은 무경과 붕당을 만들어 주(周)를 공격하였고 주공이 그들을 정벌하였다.

8.

皇極之建, 其大有五: 一曰淸心志, 二曰定紀綱, 三曰正禮教, 四曰求賢才, 五曰覈名實. 心志淸則不惑於非道, 而極之本立矣; 紀綱定則維制固, 而國之勢奠矣; 禮教正則常道典, 而俗尚不惑於邪矣; 賢哲用則職任得人, 而治化溥矣; 名實核則上下不罔, 而苟且欺蔽之風遠矣.

황극의 건립에는 그 대요가 다섯 조항이다. 첫째는 심지를 맑게 하는 것이고, 둘째는 기강을 정하는 것이고, 셋째는 예교를 바르게 하는 것이고, 넷째는 현재(賢才)를 구하는 것이고, 다섯째는 명실을 밝히는 것[1]이다. 심지가 맑으면 그릇된 도에 현혹되지 않고, 황극의 근본이 확립된다. 기강이 정해지면 유제(維制)[2]가 견고해지고 국가의 세[3]가 정해진다. 예교가 바르면 상도(常道)가 흥하고 풍속이 사악함에 현혹되지 않는다. 현철이 기용되면 직임[4]이 적합한 사람을 얻게 되고 다스림의 교화가 넓게 된다. 명실이 밝혀지면 상하가 기만하지 않고 구차하고 속이고 은폐하는 기풍이 멀어지게 된다.

注

1 핵명실(覈名實)에서 핵(覈)은 사실을 조사하여 밝히는 것이다. 명실(名實)은 겉으로 드러난 이름과 속에 감추어진 실상을 말한다.

2 유제(維制)는 강유(綱維)이다. 삼강(三綱)과 사유(四維)를 말하며 나라의 기강을 잡는 법도이다. 삼강은 윤리도덕으로 군위신강(君爲臣綱) · 부위자강(父爲子綱) · 부위부강(夫爲婦綱)이다. 사유(四維)는 예 · 의 · 염 · 치(禮 · 義 · 廉 · 恥)이다.

3 국가의 세(勢)는 국가의 흥망성쇠(興亡盛衰)를 뜻한다.

4 직임(職任)은 맡은 임무이다. 인재를 등용할 때 직임에 적합한 사람을 구하는 것이 중요하다.

9.

"韓魏之六國, 不足以敵秦而亡於秦; 陳涉之六國, 反以之滅秦. 何也?" 曰: "六國者, 所世有也. 世有者, 必欲曲保之, 其得失重, 故自守之慮常十之八九, 其勢也, 卒至於漸亡而已, 陳涉之六國, 本非所有者, 以秦之人攻秦也, 其得失輕, 故橫行足以亂秦, 勢盛足以亡秦. 傳曰: 以瓦礫注者巧, 以黃金注者昏. 不直曰六國無謀, 秦人之無道也."

"한(韓)나라와 위(魏)나라 등 육국(六國)¹은 진(秦)나라에 대적할 수 없어서 진나라에게 망했다. 진섭(陳涉)의 육국²은 도리어 진나라를 멸망시켰는데 무엇 때문인가?" 말하기를, "육국은 대대로 소유했던 나라들이다. 대대로 소유했던 것은 반드시 간곡히 보존하고자 하는데 그 득실이 무겁기 때문에 스스로 지키려는 염려가 항상 십중팔구이지만 그 형세가 갑자기 멸망에 이르렀을 뿐이다. 진섭의 육국은 본래 소유했던 것이 아니고 진나라 사람으로서 진나라를 공격한 것인데 그 득실이 가볍기 때문에 횡행이 진나라를 어지럽힐 수 있었고 형세가 왕성하여 진나라를 멸망시킬 수 있었다. 전하는 말에 '기왓장을 도박에 건 자는 잘 하고, 황금을 도박에 건 자는 어둡다'³고 한 것은 육국의 무모함을 직접 말하지 않고 진나라 사람의 무도함을 말한 것이다."[4] 하였다.

注

1 6국(六國)은 전국시대 7웅의 국가 중에서 가장 국력이 강성했던 진나라를 제외한 6개 국가를 말한다. 6국은 한(韓), 위(魏), 조(趙), 제(齊), 초(楚), 연(燕)이다.

2 진섭의 육국[陳涉之六國]은 진(秦)이 6국을 멸망시키고 중국 통일을 이룬 진시황이 죽자 환관 조고에 의해 어린 호해가 진(秦)의 2세가 되었고, 조고의 농간으로 진나라 정치가 어려워지자 진섭(陳涉)이 가장 먼저 진(秦)에 대항하고자 옛 육국을 선동하고 진(秦)을 치고자 하였기 때문에 이름 붙여진 것이다.

3 『장자 · 달생』: "以瓦注者巧, 以鈎注者憚, 以黃金注者昏. 별가치가 없는 기왓장을 걸고 내기를 겨루는 자는 잘 하는데 가치가 있는 은이나 동으로 만든 고리를 걸고 내기를 하는 자는 마음이 두려워하고 황금을 걸고 내기를 하는 자는 마음이 혼미해져 잘 할 수 없게 된다."라고 하였다.

4 진섭의 육국이 도모함의 발단은 있었으나 이들이 강하여 진을 멸망시킬 수 있었던 것이 아니다. 다만 진나라가 이미 도가 무너져 스스로 멸망의 길을 걷고 있을 때 진섭이 일어났던 것이라 진의 멸망은 당시에 처한 세(勢)로 인한 필연이었다.

10.

人主之權, 不在宰相則在外戚, 不在外戚則在近習, 出此入彼
之道也. 聖宰明王, 世不常有, 精勤萬幾, 無懈者難. 誠如是, 未
有不託諸人以求自逸者, 夫權安得而不移? 惟賢者視君猶親,
視國猶家, 兢兢焉日恐其償也, 故君逸而國亦治. 斯人也, 周、
召是已, 世亦鮮矣乎! 匪其人, 不亦危哉! 是故慎任之之選, 社
竊權之漸, 遺厥孫謨, 其庶幾乎!

임금의 권력이 재상에게 있지 않으면 외척에게 있고, 외척에게 있지 않으면 근습한 자[1]에게 있는 것은 이쪽에서 나오면 저쪽으로 들어간다는 도이다. 성명(聖明)[2]한 제왕은 대대로 항상 있지는 않았고, 만기(萬幾)[3]에 근면 성실하면서 나태함이 없기는 어렵다. 참으로 이와 같다면 남에게 맡기지 않고 자신의 안일을 구할 수 있은 적은 없었다. 권력이 어찌 옮겨지지 않겠는가? 오직 어진 자만이 임금을 부모처럼 여기고 국가를 집안처럼 여겨서 부지런히 매일 그 잘못됨을 두려워하기 때문에 임금이 안일해도 국가는 또한 다스려진다. 이러한 사람은 주공(周公)과 소공(召公)과 같은 사람일 뿐으로 세상에서 또한 드물다! 그러한 사람이 아니면 위험하지 않겠는가! 이 때문에 사람을 임용하는 선발을 신중히 하고 권력을 점차 훔쳐가는 것을 방지하고 후손에게 남겨줄 계책을 세워야[4] 아마 이루어지지 않겠는가!

注

1 근습(近習)한 자는 임금을 가까이서 모시는 신하이다.
2 성명(聖明)은 임금의 어질고 밝은 지혜를 말한다.
3 만기(萬幾)는 매우 중요한 제왕의 정무를 말한다.
4 『시경·대아·문왕유성』: "詒厥孫謨 以燕翼子. 이 계책을 그 자손에게 전해 주어 대대로 잘 살도록 하였다."라고 하였다.

11.

都會之形勝, 關中幽燕上也. 勁兵之區, 莫如北鄙, 阻關塞之險, 易於制虜, 南面以臨天下, 百蠻不足服也. 關中天府四塞, 亦足以控制戎虜, 惜轉漕之艱耳. 故曰上澤路平而晉陽孤, 唐鄧服而荊襄攝, 淮陽順而吳越可以坐制, 分據而主之之勢也. 巴蜀天險自守之區, 故未亂先變, 旣亂後乎, 聖王每不急之, 以爲囊中物也. 夫堯舜三王, 天與明德, 無思不服, 形勢不足言

也, 況所據復得其地者乎? 下此者, 未有不藉其勢者也. 故形勝
者, 三之緩, 七之急也.

도회(都會)의 형승[1]은 관중(關中)[2]과 유(幽), 연(燕) 일대의 지역[3]이
상(上)이다. 강경한 병사의 구역은 북쪽 변방만한 곳이 없는데 관새
[4]의 험난함이 있어서 오랑캐를 제압하는 것이 쉽고, 남면하여 천하에
임했으나 백만(百蠻)[5]을 복종시키지는 못하였다. 관중의 천부(天府)
는 사방이 막히고 또 융로(戎虜)[6]를 제압할 만한데 애석하게도 전운
(轉運)이 곤란할 뿐이다. 그래서 상택(上澤)의 길이 평정되고 진양
(晉陽)[7]이 고립되고, 당주(唐州)와 등주(鄧州, 하남성 중부)[8]가 복종
하니 형주(荊州)와 양주(襄州)[9]가 위협을 받고, 회양(淮陽)[10]이 순복
하니 오월(吳越)[11]을 제압할 수 있는데 이는 거점을 나누어 주재하는
형세이다. 파촉(巴蜀)[12]은 지역이 원래 험하여 스스로 지킬 수 있는
구역이기 때문에 난리가 일어나기 전에 먼저 변고를 알 수 있고, 이
미 난리가 일어난 후에 평정한다. 성왕(聖王)은 언제나 급하게 하지
않고 주머니 속의 물건으로 생각했다. 요·순·삼왕은 하늘이 명덕
(明德)을 부여하여 그 녘에 복종하지 않겠다고 생긱한 사람이 없었
고,[13] 형세를 말로 할 수 없었다. 하물며 근거한 곳에 그 지세를 얻는
것에 있어서야. 이로부터 아래는 그 형세를 빌리지 않은 자가 없었
다. 그래서 형세가 이기는 것은 3할은 느슨하고 7할은 급하다.

注

1 도회(都會)는 사람이 많이 모여 살고 번잡(煩雜)한 곳으로 도심을
뜻한다.
형승(形勝)은 지세나 풍경이 뛰어난 것을 말한다. 여기서는 지세(地
勢)의 뛰어남이다. 전략은 형승에 많이 기인하니 형승에 맞는 전략
이 짜져야 승전을 보장한다.
2 관중(關中)은 지금의 섬서성이다.
3 유(幽)땅과 연(燕)땅은 지금의 하북성(河北省) 북부 지역이다.

4 관새(關塞)는 나라의 국경 지방에 만든 관문(關門)이나 요새(要塞)를 말한다.

5 백만(百蠻)은 남쪽 지역의 많은 이민족을 말한다.

6 융로(戎虜)는 서쪽에 사는 이민족들이다.

7 상택(上澤)은 택주(澤州)이고 산서성에 위치하며 지금의 진성시(晉城市)이다. 전국시기에 한(韓)나라에 속했다.

   진양(晉陽)은 지금 산서성 태원(太源)이다.

8 당주(唐州)는 지금의 하남성 비양(泌阳)이고 등주(鄧州)는 하남성 남양(南陽)이다.

9 형주(荊州)는 옛 명칭은 강릉(江陵)이고, 호북성 남쪽에 있다.

   양주(襄州)는 호북성에 있으며 지금의 양양시(襄陽市)이다.

10 회양(淮陽)는 하남성 동남부에 있다. 지금의 주구시(周口市)이다.

11 오월(吳越)은 오나라와 월나라를 말한다. 오월은 춘추시대 지금의 강소성 남부·상해·안휘성 남부·절강성 등지였으며 오나라와 월나라의 관계는 친밀하기도 하면서 두 차례 큰 전쟁을 하여 두 나라가 땅을 나누었다.

12 파촉(巴蜀)은 파군(巴郡)과 촉군(蜀郡)을 가리킨다. 파군은 14개 현을 관할하고 강주(江州)가 치소이며, 그 성터는 지금의 중경(重慶)에 있다. 촉군은 11개 현을 관할했고 성도(成都)가 치소였다. 그 성터는 지금의 사천성 성도(成都)에 있다.

13 『시경·대아·문왕유성』: "鎬京辟廱, 自西自東, 自南自北, 無思不服. 문왕이 호경에 학교를 세우시니 서쪽에서 동쪽에서, 남쪽에서 북쪽에서 복종하지 않은 자 없도다."라고 하였다.

12.

"立後從周何謂也?" 曰: "殷人嫡子死, 立嫡子之母弟; 周人嫡子死, 立嫡孫. 『春秋傳』曰: '質家親親, 先立弟; 文家尊尊, 先立孫' 是也." "文王立發, 微子立衍, 孔子乃曰立孫, 此又何謂也?"

曰: "文王立發, 遵時制也; 微子立衍, 守祖道也. 入孫, 周道也, 故孔子從周." 曰:"後世不可易乎?" 曰:"立嫡所以重宗一統, 消覬覦而絕後變, 萬世不易之道也. 故無嫡子, 立嫡孫, 無嫡孫, 立嫡曾孫, 無嫡曾孫, 立嫡孫之弟, 先支後庶可也. 無則上求嫡子之弟立之, 無嫡弟而後及庶弟焉. 由是而行, 人倫正, 天理公, 而天下萬世覬覦非分之心絕矣." 曰: "有嫡而立庶者何也?" 曰: "此亂世之道, 啓爭端者也, 不可以爲訓也."

"후사를 세우는데 주나라를 따르는 것은 무엇 때문인가?" 말하기를, "은(殷)나라 사람은 적자(嫡子)가 죽으면 적자의 모제(母弟)를 세우는데 주나라 사람은 적자가 죽으면 적손(嫡孫)를 세운다. 『춘추전(春秋傳)』에 말하기를, '질가(質家)는 친친(親親)하여 먼저 아우를 세우고, 문가(文家)는 존존(尊尊)하여 먼저 손자를 세운다'고 한 것이 그것이다."[1] 하였다. "문왕(文王)은 발(發)을 세웠고, 미자(微子)는 연(衍)을 세웠는데, 공자는 이에 손자를 세운 것이라고 했다. 이것은 또한 무엇을 말한 것인가?" 말하기를, "문왕이 발을 세운 것은 당시의 제노를 따른 것이다. 미자가 연을 세운 깃은 조도(祖道)를 지킨 것이다.[2] 손자를 세우는 것은 주나라 도(道)이기 때문에 공자가 주나라를 따른 것이다."[3]하였다. 말하기를, "후세에서 바꿀 수 없었는가?" 하여 말하기를, "적자를 세우는 것은 종일통(宗一統)[4]을 중시한 것이고, 야심을 품은 것을 소멸시키고 후환을 근절시킨 후에 바뀌니, 만세(萬世)에서 바꿀 수 없는 도리이다. 그래서 적자가 없으면 적손을 세우고, 적손이 없으면 적증손을 세운다. 적증손이 없으면 적증손의 아우를 세우고, 지손을 우선하고 서자를 뒤로 하는 것이 옳다. 없으면 위에서 적자의 아우를 구하여 세우고, 적자의 아우가 없으면 이후에 서제(庶弟)에 이른다. 이로부터 행해지면 인륜이 바르게 되고, 천리가 공정해지고, 천하 만세에서 야심을 품고 분수가 아닌 것을 바라는 마음이 근절될 것이다." 말하기를, "적자가 있는데 서자를 세운 것은 어째서인가?" 말하기를, "이는 난세의 도로서 다툼의 단서를 일으키는 것이니 교훈으로 삼을 수 없다." 하였다.

注

1 『춘추공양전』, 하휴(何休)의 주석에서 '질가(質家)는 은나라의 계승이론이고 문가(文家)는 주나라에서 계승이론이다. 친친(親親)은 친한 사람을 더 가까이한다는 뜻으로 가정의 서열을 정하는데 친족의 순으로 정한다는 것이고, 존존(尊尊)은 혈통 우선으로 존귀를 중심으로 서열을 정한다. 은나라는 형이 죽으면 동생이 잇고, 주나라는 적자가 죽으면 적손이 잇는다.'라고 하였다.

2 『예기·단궁(檀弓)』: "昔者 文王舍伯邑考而立武王, 微子舍其孫腯而衍也. 옛날에 문왕은 자신의 장남인 백읍고(伯邑考)를 버리고 둘째 아들 발(發)을 무왕을 세웠다. 미자는 그의 손자 둔(腯)을 버리고 연(衍)을 세웠다."고 하였다.

백읍고(伯邑考)는 주 문왕 희창의 장남이고 무왕의 형이다. 이름은 희고(姬考)이다. 은나라 제을(帝乙)의 아들인 미자(微子) 계(啓)는 왕의 적자가 죽자 동생을 왕으로 세우는데 그가 그 악명 높은 주왕(紂王)이다. 은이 멸망하고 주나라에서 미자를 송(宋)나라에 봉하였는데, 자신의 적자가 죽자 적손인 둔(腯)을 젖혀두고 이복동생 연(衍)에게 왕위를 양보한다. 이것이 은나라 조종(祖宗)을 이어가는 도(道)였던 것이다. 이를 조도(祖道)라 하였다.

3 『예기·단궁(檀弓)』: "夫仲子亦猶行古之道也. 子游問諸孔子, 孔子曰, 否, 立孫. 중자도 또한 옛 도를 행하는 것이라 했다. 자유가 이것을 공자에게 물으니 공자가 말하기를, '아니다 손자를 세워야 한다고 했다.'"라고 하였다.

공자는 주나라의 도에 따라서 말한 것이다.

4 종일통(宗一統)은 종가 맏아들의 혈통으로 이어가는 것이다.

13.

或問 "持盈之要", 曰: "苞桑之戒, 投艱之憂, 心日兢兢也." 曰:
"請從事." 曰: "崇節儉, 禁侈踰, 爲天下養財; 敦敎化, 尚氣節,
爲天下養義; 謹關塞, 擇將才, 爲天下養兵."

어떤 사람이 묻기를 "지영(持盈)¹의 요점은 무엇인가?"라고 했다. 말하
기를, "포상(苞桑)의 경계²와 투간(投艱)의 근심³으로 마음이 매일 긍
긍(兢兢)⁴하는 것이다."라고 했다. 말하기를, "종사해야 할 일이 무엇
입니까?" 하니 말하기를, "절약과 검소를 숭상하고, 사치를 금지하고,
천하를 위해서 재정을 관리하고 교화를 돈독하게 하고 절개를 숭상하
며 천하를 위하여 의리를 양성해야 한다. 관새(關塞)를 근실하게 지
키고, 장수의 재능을 선택하고, 천하를 위하여 병사를 양성해야 한
다."하였다.

注

1 지영(持盈)은 수성(守成)으로, 이미 이룬 것을 잘 지키는 것이다.
2 『주역·비괘』: "其亡其亡 繫于苞桑. 나라가 망할까 망할까 염려하
  면서 뽕나무 밑동에 매어 두라."라고 하였다.
  포상(苞桑)은 근본을 단단히 한다는 뜻이다. 포(苞)는 밑동을 뜻하
  는 말로, 뽕나무는 본래 밑동이 깊이 박혀 있어 무척 견고하므로 무
  슨 물건을 매어 놓아도 든든하다고 한다. 포상지계(苞桑之戒)는 뽕
  나무에 묶어두듯 단단히 경계를 한다는 뜻이다.
3 『서경·대고(大誥)』: "予造天役, 遺大投艱于朕身. 내가 하는 일은
  하늘이 시키신 것이다. 하늘이 내 몸에 큰일을 넘겨주고 어려운 일을
  던져 주신다."라고 하였다.
  투간(投艱)은 크고 어려운 짐을 지게 하는 것으로, 세자에게 왕위를
  물려주는 것을 말한다.
  투간지우(投艱之憂)는 어려운 일을 넘겨받아 걱정거리가 많은 것이다.
4 긍긍(兢兢)은 전전긍긍(戰戰兢兢)으로 몹시 두려워 벌벌떨며 조심

하고 주의하는 것이다.

14.

清明之朝, 其臣多廉; 濁亂之朝, 其臣多貪, 勢使然也. 一人而
遽變者, 奸巧自植, 與時浮沈也. 防民植敎, 安於斯人望之? 其
不變者何也? 以道自持, 不以時之淸濁異己之操者也. 古謂拔
俗而立, 其斯人之儔乎!

맑고 밝은 조정에는 그 신하가 몹시 청렴하고, 혼탁하고 어지러운 조
정에는 그 신하가 몹시 탐욕스러운데 형세가 그렇게 된 것이다.[1] 한
사람이 갑자기 변하면 간교함이 절로 심어져서 시대와 함께 부침한
다. 백성을 방비하고 가르침을 심는 것을 어떻게 이 사람들에게 바라
겠는가? 그 변하지 않는 것은 무엇 때문인가? 도로써 자신을 지키고
시대의 청탁으로써 자신의 지조를 바꾸지 않기 때문이다. 옛적에 '세
속을 초월하여 자립한다.'고 했는데 아마 이런 사람의 무리이던가!

注

1 신하는 행위에 따라 다양한 이름을 갖는다. 중책을 맡은 신하[重臣]
는 충성된 신하[忠臣]·곧은 신하[直臣]·성신(聖臣)·순신(淳臣)·
명신(名臣)이 있고, 조정에 도움이 안 되는 신하[具臣]는 권세를 부
리는 신하[權臣]·간사한 신하[姦臣]·사악한 신하[邪臣]가 있다. 이
는 조정에 도가 있고 없는 형세에 따라 사람의 마음이 변하여 형세가
그렇게 만들어진 것이다. 나라가 처한 세를 초월하여 명신이나 충신
으로 계속 서기는 쉽지 않다.

15.

"主少國疑, 功高望隆之臣將何居?" 曰: "求賢聖之臣, 協恭以夾

輔之, 終其身不怠可也. 然惟伊尹、周公、孔明之志則能之; 不然, 勢極必篡, 六朝之得國皆然也." "然則禪非乎?" 曰: "世無堯、舜, 不可言禪." "何也?" "非有聖人之德, 有天下不與之心也. 夫以桀、紂之惡, 湯、武猶慙德矣, 夫熟爲信之哉? 所忌者以謀敗之, 異己者以法殄之, 通國非王人也. 威震勢逼, 乘其孤弱而取之, 君子曰: 其文禪也, 其實皆篡也."

"임금이 어려서 나라가 걱정되니 공이 높고 명망이 융숭한 신하는 장차 어떻게 해야 하는가?" 말하기를, "현성(賢聖)한 신하를 구하여 협조하여 공경히 보좌하게 하고, 자신은 종신토록 태만하지 않는 것은 괜찮다. 그러나 이윤(伊尹), 주공(周公), 공명(孔明) 등만의 뜻이 그것을 할 수 있었다. 그렇지 않는다면 형세가 극에 달하면 반드시 찬탈을 하게 되는데 육조가 나라를 얻은 것이 모두 그러하다." "그렇다면 선양은 잘못된 것인가?" 말하기를, "세상에 요와 순이 없다면 선양을 말할 수 없다." "무엇 때문인가?" "성인의 덕을 지니지 않으면 천하에서 그들과 함께 하려는 마음이 없을 것이다. 걸(桀)과 주(紂)의 악으로서 악행을 저질렀지만 탕왕과 무왕은 오히려 덕을 부끄러워했다. 누가 그것을 믿을 것인가? 거리끼는 자는 모의하여 제거했고, 자신의 뜻과 다른 자는 법으로서 죽이니 나라에서 왕의 사람들이 아니었다. 위엄으로 떨게 하고 권세로 핍박하여 그 외롭고 약한 틈을 타서 취한 것이다. 군자가 말했다: '모양새는 선양이지만 그 실상은 모두 찬탈인 것이다.'"라고 하였다.

왕정상이 말하기를, "선양은 요와 순, 우에게만 해당하고, 역사적으로 국호가 바뀐 경우는 모두 찬탈에 의한 것이었다. 실권을 잡고서 찬탈을 꿈꾸지 않은 자는 오직, 은나라 탕왕의 재상 이윤(伊尹), 주나라 성왕의 재상 주공(周公), 촉나라 유비의 책사 공명(孔明) 세 사람뿐이었다. 나머지 인물은 모두 찬탈하였다. 포악한 군주 걸과 주를 물리친 탕왕과 무왕도 선양인 것처럼 수식하고 있지만 결국 찬탈이었다."라고 하였다.

16.

"幼君闇政, 奸雄持權, 君子之仕當何如?" 曰: "聖憲有之, '危邦不入, 亂邦屈居'." "貴戚重臣, 義均休戚, 當何如?" 曰: "扶顛持危, 不避艱險, 盡心盡力, 以死自誓可也."

"어린 임금이 정치에 어두우면 간웅이 권력을 쥐는데 군자 중에 벼슬한 자는 어찌 해야 하는가?" "성인이 말했으니 '위험한 나라에는 들어가지 않고, 혼란한 나라에는 머물지 않는다.'[1]고 했다." "귀척(貴戚)과 중신(重臣)[2]은 의리가 즐거움과 근심을 함께하는데 마땅히 어찌 해야 하는가?" 말하기를, "나라의 전복을 부축하고 위험을 구하려고 험난함을 피하지 않고, 마음과 힘을 다하여 죽음으로써 스스로 맹세해야 옳다."

注

1 『논어·태백』: "危邦不入, 亂邦不居. 위험한 나라에 들어가지 말고, 어지러운 나라에 거하지 말라."라고 하였다.

2 『맹자·만장 하』: "有貴戚之卿, 有異姓之卿. 王曰, 請問貴戚之卿. 曰 君有大過則諫, 反覆之而不聽, 則易位. 귀척(貴戚)의 경대부가 있고 이성(異姓)의 경대부가 있습니다. 귀척의 경대부를 묻습니다. 맹자가 말했다. 군주가 큰 잘못이 있으면 간언하고, 반복하여 간언해도 듣지 않으면 다른 사람으로 바꾸어 세웁니다."라고 하였다. 맹자는 왕의 신하는 귀척(貴戚)과 중신(重臣)이 있다고 하였다. 귀척은 왕의 친척으로 왕에게 잘못되었음을 여러 번 간하다 듣지 않으면 왕을 바꿀 수 있으나, 중신은 이성(異姓)으로 왕의 잘못을 여러 번 간했는데 듣지 않으면 신하가 왕을 떠나는 것이라고 하였다.

17.

世道之高下, 時勢之變, 不容已者乎! 聖賢汲汲, 隨時以道救之, 又惡能已乎? 堯舜揖讓, 若無與於己焉. 二宰已往, 一道也.
禹之傳子, 懼聖賢不恒有, 啓亂也, 斯又一道也. 湯則放桀矣,
猶慙而讓賢, 若自失焉; 武王代商, 則任之矣, 伐暴救民, 猶若
不得已焉者. 下此有意矣, 自私盛也. 爭奪簒弑, 不仁之甚者
乎! 嗟乎!『六經』安得而不修述乎? 君臣父子之義, 安得而不
正乎? 聖賢汲汲之心可以識矣.

세도(世道)[1]의 성쇠와 시세의 변화는 그침을 용납하지 않는다! 성현
은 급급하게 시세에 따라서 도로써 구제하는 것을 어찌 그칠 수가
있겠는가? 요와 순의 읍양(揖讓)[2]은 마치 자기에게 준 것이 없는 것
같았다. 두 제왕 이후 이는 하나의 도리였다. 우(禹)가 왕위를 아들
에게 전한 것은 성현이 항상 있지 않음을 두려워하여 혼란을 피하려
고 한 것인데 이는 또한 하나의 도리이다. 탕왕은 걸왕을 쫓아냈는데
오히려 부끄러워하여 현인에게 선양하는 것을 자실(自失)한 듯 했
다.[3] 무왕이 상나라를 대신하는 것은 자신이 책임진 것이다. 포악을
토벌하고 백성을 구제한 것이 오히려 부득이하여 한 듯했다. 이 이후
로는 의도한 바가 있었는데 스스로의 사사로움이 왕성했나. 쟁딜하
고 찬위하고 시해하여 불인(不仁)함이 심했다! 아! 육경을 어찌 얻어
서 강술하지 않겠는가? 군신부자의 의리를 어찌 얻어서 바르게 하지
않겠는가? 성현의 급급한 마음을 알만하다.

注

1 세도(世道)는 세상의 형편 혹은 사회 양상을 말한다.

2 읍양(揖讓)은 선양(禪讓)이다. 왕위를 자식에게 물러주지 않고 현자
에게 물러주는 것이다.

3 『서경·중훼지고(仲虺之誥)』: "成湯放桀于南巢, 惟有慙德, 曰予恐
來世. 以台爲口實. 성탕이 걸을 남소에 추방하시고, 오직 부끄러운
덕을 지니셨다. 내 후세가 나로써 구실을 삼을까 두려워하노라."라
고 하였다.

탕왕이 걸왕을 친 것은 비록 하늘에 순하고 사람들에게 응한 것이나 스스로 부끄럽게 여겼다. 그래서 '자실한 듯하였다.'고 표현하였다.

18.

統一華夷者, 謂之大統者也, 然有正有變焉. 居中國而統及四夷, 順也, 正也, 三代. 漢. 唐. 本朝是也. 人中國而統及四夷, 逆也, 非變乎? 元是也. 統中國不盡, 而與夷狄幷長, 謂之小正統可也, 宋是已. 春秋吳. 楚長盟中國, 其所由來遠矣, 聖人雖夷之, 終不能沒其主諸侯也. 元也, 雖義變統例之, 亦不能廢其大統天下之實矣. 有分統不相君臣者, 三國南北朝是已. 有先一統而後分裂於夷狄者, 東晋是已, 有君臣之舊焉, 宜以正統之大終之.

중국과 이민족을 통일하는 것을 대통(大統)이라고 하는데 그러나 정상이 있고 변동이 있다. 중국에 있으면서 통일이 사이(四夷)에 미치는 것은 순응이면서 정상적이다. 삼대, 한(漢), 당(唐), 본조(本朝: 明)가 모두 이와 같다. 중국에 들어와서 통일이 사이에 미치는 것은 역행이며 변동이 아니겠는가? 원(元)나라가 이와 같다. 중국을 통일하는데 완전히 하지 못하고 이적(夷狄)[1]과 함께 오래 있는 것은 소정통(小正統)이라 하는 것이 옳다. 송(宋)나라가 그러하다. 춘추시대 오(吳)나라와 초(楚)나라는 오랫동안 중국에서 맹주국이 되었는데 그 유래는 요원하다. 성인은 비록 이적으로 여겼으나[2] 끝내 그들이 제후들의 맹주였다는 사실을 없앨 수 없다. 원나라는 비록 변통으로써 예를 들었지만, 또한 그들이 천하를 대통일했다는 사실은 없앨 수 없다. 나누어서 통일하고 서로 군신이 되지 않은 것은 삼국(三國)과 남북조(南北朝)가 이와 같다. 먼저 한번 통일한 후에 이적에게 분열된 것은 동진(東晉)이 이와 같지만[3] 군주와 신하들은 옛날과 같았으니, 마땅히 정통의 대통으로서 마친 것이다.

注

1 본조(本朝)는 왕정상이 관료로 있던 조정으로 명나라를 말한다. 한
 (漢), 당(唐), 명(明)은 중국에서 한족이 통일을 이룬 나라였다. 나머
 지 조정은 나누어졌거나 이민족이 다스렸다.

2 이적(夷狄)의 이(夷)는 동쪽에 사는 소수민족이고 적(狄)은 북쪽에
 사는 소수민족을 말한다. 오(吳)나라와 초(楚)나라 민족은 남만에 해
 당하는 이족(夷族)이었다.

3 진(晉)은 서진(西晉, 265~317)과 동진(東晉, 317~420)의 두 시기로
 나뉜다. 동진은 남북조, 송(宋)·제(齊)·양(梁)·진(陳)과 함께 여
 섯 왕조가 이어졌던 소위 육조(六朝)시대였다. 서진 말기 흉노족과
 기타 북방의 유목민족들이 중앙정부의 권력이 불안정한 틈을 타서
 변경지역을 공격하여 311년 흉노족은 진의 수도인 낙양(洛陽)을 약
 탈하고 황제를 죽였다. 진의 수도였던 낙양과 장안이 이민족에게 함
 락되어 파괴되었으나 317년 사마씨 가문의 황족인 사마예(司馬睿)
 가 남경(南京)에 왕조를 세웠는데, 이 나라가 동진이며 여섯 왕조
 중의 한 나라가 되었다.

19.

三皇之民靜以樂, 五帝之民安以邃, 上無欲而事簡也. 三王之
民勤而不失其所, 事雖煩而聖人之政仁也. 春秋戰國之民苦而
不適其生, 王政衰而兵賦酷也. 漢、唐、宋之民勞而不倦, 武帝、
南宋近戰國矣. 高、孝應兵, 不得已也; 武帝窮兵四夷, 何爲也
哉? 是故事簡, 則用夫民者寡; 不得已而後用兵, 則民之樂生也
多? 聖人仁天下之政, 斯二端而已矣.

삼황(三皇)[1]의 백성은 안정된 것을 즐거워했고, 오제(五帝)[2]의 백성

은 편안함을 따랐는데 위의 자리에 있는 자가 욕망이 없고 일이 간단했기 때문이다. 삼왕³의 백성은 근면하면서 자신의 자리를 잃지 않았고, 일은 비록 번다했으나 성인의 정치는 인정(仁政)이었다. 춘추전국시대의 백성은 고생하며 그 삶을 적합하게 여기지 않았는데 왕정이 쇠퇴하고 군대와 부세가 가혹했기 때문이었다. 한(漢)나라, 당(唐)나라, 송(宋)나라의 백성은 노동하면서 피곤하게 여기지 않았다. 무제(武帝)⁴와 남송(南宋)은 전국(戰國)과 유사했다. 남송의 고종(高宗)과 효종(孝宗)이 전쟁에 응한 것은 부득이한 일⁵이었다. 무제가 사이(四夷)에 용병한 것은 무슨 이유인가? 이 때문에 일이 간략하면 그 백성을 부리는 것이 적고, 부득이한 이후에 용병한다면 백성이 삶을 즐거워함이 많다. 성인은 천하에 인정(仁政)을 베푸는데 이는 두 가지일 뿐이다.

注

1 삼황(三皇)은 복희씨, 신농씨, 수인씨이다.

2 오제(五帝)는 황제, 전욱, 제곡, 요, 순이다.

3 삼왕(三王)은 우왕, 탕왕, 문왕이다.

4 무제(武帝)는 420년 남조(南朝)를 통일하고 송(宋)을 건국한 유유(劉裕)이다. 무제의 정권 장악과 황제 즉위는 군사의 힘으로 이루어졌다. 이는 전국시대 무력으로 나라를 빼앗던 시대와 유사하다.

5 고종은 흠종의 동생인데 강남으로 난을 피하여 임안(지금의 항주)에 도읍한 후부터 남송이라 하였다. 남송은 금나라를 물리치기 위하여 주전파인 악비 등이 분전하며 한때는 유리한 형세를 형성하였으나 강화파인 진회 등이 정권을 잡아 내리막길에 들어섰다. 효종은 북송 태조 조광윤의 차남 조덕방(趙德芳)의 6세손이다. 고종의 양자로 들어가 즉위하였다. 진회의 사후 금나라의 4대 황제 해릉왕이 침공을 개시했다. 남송의 고종과 효종은 전쟁이 불가피한 시기의 황제들이었다.

20.

帝王之得天下, 天地之大義存焉. 堯、舜、禹之揖讓, 巍乎其不可及矣. 湯、武之放伐, 順乎天而應乎人, 君臣之際終有媿焉. 漢高帝、我太祖以布衣因亂而取之, 無媿焉者. 高帝猶曰秦之亭長也, 我太祖復中國於夷狄, 蓋邈乎無以尙之. 唐太宗假義而終取之, 又商、周之不若也. 其餘簒奪而已矣.

제왕이 천하를 얻으면 천지의 대의가 보존된다. 요, 순, 우의 읍양[1]은 높아서 미칠 수 없는 것이다. 탕왕과 무왕이 이전의 왕을 정벌한 것[2]은 하늘에 순응하고 사람들 뜻에 응한 것이지만 군신의 관계에 있어서는 끝내 부끄러움이 있다. 한 고제(高帝)와 우리 명나라 태조는 포의(布衣)[3]로서 난리로 인하여 나라를 취한 것[4]으로 부끄러움이 없다. 고제는 오히려 진나라의 정장(亭長)이었지만 우리 태조는 중국을 이적에게서 회복한 것으로서 아득히 멀어 뛰어넘을 수가 없다. 당 태종(太宗)은 의거를 빌려서 끝내 나라를 취했지만, 역시 상(商)나라와 주(周)나라의 경우보다는 못하였다. 그 나머지는 찬탈이었을 뿐이다.

注

1 읍양(揖讓)은 읍하는 동작(動作)과 사양(辭讓)하는 동작(動作)으로 겸손(謙遜)한 태도(態度)를 뜻한다.

2 은나라 탕왕(湯王)이 하나라 마지막 왕인 걸(桀)을 친 것과 주나라 무왕(武王)이 은나라 마지막 왕인 주(紂)를 친 것은 하늘의 뜻이었고 백성들의 바람이었다고 말한다.

3 포의(布衣)는 베옷으로 평민을 뜻한다.

4 한나라 고조 유방과 명나라 태조 주원장은 둘 다 한 나라의 평민이 나라를 차지한 경우이다. 다만 한 고조가 진(秦)을 멸한 것은 자기 나라를 찬탈한 것이지만, 주원장은 이민족이 차지했던 원나라를 다시 한족의 나라로 회복시킨 것이라 큰 차이가 있다.

21.

天下有不可返之勢, 故有不可爲之時. 機在人也, 聖賢且奈何
哉? 孟子之道不得行於戰國, 豈皆齊、梁之君之罪哉? 亦其勢
然爾. 當是時, 秦爲富強之國, 其民勇於戰鬪, 視山東之國, 不
啻什之二矣. 六國之合從, 亦豈其勢之得已哉? 使爲秦者休兵
自緝, 修德睦隣, 與天下之民樂生, 則六國之君亦得以修德行
仁, 養民求賢, 乘時以自治矣. 然而秦不如是也, 恃其兵力, 日
蠶食乎三晉、荊楚之域. 攻己國也. 不得不以兵應之; 攻與國
也, 不得不以兵應之; 秦人一出, 而六國之人皆動. 當是時也,
民求免於死亡困苦, 不可得矣. 雖有聖王不忍之心, 仁義之政,
安所從而施之? 故曰勢之不可爲也. 然則爲六國計, 當奈何?
亦曰養民任賢, 效死勿去, 聽命於天而已矣.

천하에는 돌이킬 수 없는 형세가 있기 때문에 행할 수 없는 때가 있
다. 기회가 사람에게 달려있기 때문에 성현도 또한 어찌할 것인가?
맹자의 도는 전국(戰國)에서 행할 수 없었는데 어찌 모두 제(齊)나라
와 양(梁)나라 군주의 죄[1]이겠는가? 또한 그 형세가 그러했을 뿐이
다. 당시에 진(秦)나라[2]는 부강한 나라였고, 그 백성은 전투에 용감
했고, 산동(山東)의 나라[3]는 겨우 그 10분의 2로 보였다. 육국의 합
종(合從)[4]이 또한 어찌 그 형세가 그럴 수 있었던가? 만일 진나라가
휴전을 하고 스스로 덕을 닦아 이웃과 화목하고 천하의 백성들과 함
께 생을 즐겼다면 육국의 임금도 또한 덕을 닦고 인(仁)을 행하고,
백성을 양육하고 현인을 구하고, 시기를 타고 스스로 다스렸을 것이
다. 그러나 진나라는 이와같이 하지 않았고, 그 병력을 믿고 날로 삼
진(三晉)[5]과 형초(荊楚)[6]의 지역을 잠식했다. 자기의 나라를 공격하
자 부득불 군대로써 대응한 것이다. 자기의 동맹국을 공격하면 또한
부득불 군대로써 대응하였다. 진나라 사람들이 한 번 출동하자, 육국
의 사람들이 모두 동원되었다. 당시 백성들은 사망과 곤고함을 면하

려고 했으나 그럴 수 없었다. 비록 성왕의 차마 할 수 없는 마음과 인의의 정치가 있었다 해도 어떻게 좇아서 시행할 수 있었겠는가? 그래서 형세가 할 수 없다고 말한 것이다. 그렇다면 육국의 계책은 마땅히 어찌해야 했을까? 백성을 양육하고 현인에게 맡기고, 죽음으로써 맹세하여 물러가지 않으니, 하늘에서 명을 들을 뿐이다.

注

1 『맹자·양혜왕』에서 제나라 선왕과 양나라의 혜왕은 맹자의 덕치를 염두에 두지 않았다. 이는 맹자의 도가 전국시대에 통하지 않았던 것으로 볼 수 있다. 위나라는 기원전 406년 문후(文侯, 재위 기원전 445~기원전 396)가 법가 이회(李悝)를 등용함으로써 변법을 실시하기 시작하여 가장 막강한 힘을 지니기 시작했으나 양혜왕이 맹자를 멀리하였고 상앙(商鞅)도 멀리하였다. 진(秦)의 효공이 상앙을 기용하자 상앙은 위(魏)나라를 쳤다. 위나라는 진의 공격을 받아 양(梁) 땅으로 도읍을 옮기게 되니 양혜왕이라고 불리게 된 것이다.
제선왕은 맹자의 덕치를 뒤로하고 소진(蘇秦)을 불러들여 그의 6국 합종책으로 진을 쳤으나, 일이 제대로 이루어지지 않아 결국 진나라가 장의(張儀)의 연횡책으로 너욱 부강하게 되는 결과를 초래했다.

2 진(秦)나라는 춘추시기에는 적은 나라였는데 진효공이 상앙을 기용하여 법제를 왕성시킴으로서 부국이 되었다. 전국시대는 진(晉)나라가 조(趙)·한(韓)·위(魏)의 삼국으로 갈라지게 되어 칠웅이 등장하게 된다.

3 산동의 나라는 제나라로 당시 선왕이 통치하고 있었다. 진나라가 중원을 차지하며 원래 크게 느꼈던 제나라조차도 중국의 2/10정도로 보였다.

4 6국의 합종: 6국은 전국의 7웅 중 진(秦)나라를 제외한 연(燕), 조(趙), 한(韓), 위(魏), 제(齊), 초(楚)이다. 연(燕)의 장의(張儀)가 부강한 진(秦)을 상대하기 위해 6국의 왕을 만나 합종을 제안하고 성사시킨다. 장의가 합종의 총사령관이 된다.

5 삼진(三晉)은 한(韓) · 위(魏) · 조(趙)의 세 나라이다. 이 세 나라는
　원래 진(晉)나라였으나 세 대부가 합의하여 나라를 셋으로 나누어
　다스렸다. 그래서 삼진이라 부른다.
6 형초(荊楚)는 전국시대 초나라이다. 당시 형주(荊州)를 중심으로 하
　였다고 형초라고 불렀다. 지금의 호북성에 해당하는 지역이다.

22.

王綱解弛, 天下崩離, 君子之處當何如? 曰: "非持危澄亂之才
不足返也, 非至誠大公之心不足服也, 不如遜而避之." "避之
不得, 當何如?" 曰: "不爲禍始, 不爲道屈. 弔民伐暴, 以俟其時,
則不始於禍矣; 君臣父子, 不犯其義, 則不屈於道矣.

"왕의 기강이 해이해져서 천하가 붕괴되면 군자의 처신은 어찌해야
마땅한가?[1]" 말하기를, "위험에서 지키고 난리를 다스릴 재능이 아니
면 돌이킬 수 없고 지성스럽고 몹시 공정한 마음이 아니면 승복시킬
수 없으니, 물러나서 피하는 것만 못하다." 하였다. "피할 수 없다면
어찌해야 마땅한가?" 말하기를, "화란을 발생시키지 말아야 하고, 도
가 굴복되지 않아야 한다. 백성을 위로하고 포악한 자들을 토벌하고,
그 시기를 기다린다면 화란이 발생하지 않을 것이다. 군신과 부자가
그 의리를 범하지 않는다면 도를 굽게 하지 않는 것이다.

注

1 『논어 · 공야장』: "邦有道則知, 邦無道則愚, 其知可及也. 나라가
　다스려질 때는 지혜로 행하고 난세일 때는 어리석은 척하니 그 지혜
　가 이를 수 있겠는가?"라고 하였다.
　난세에 군주는 어리석은 척하고 뒤로 물러나 있는 것이 좋다. 아니면
　지혜를 잘 이용하고 마음을 정성스럽게 하여 잘 헤쳐 나가야 한다.
　이것이 군주의 도이다.

『논어·헌문』: "邦有道穀, 邦無道穀, 恥也. 나라에 도(道)가 행해지고 있을 때도 자리만 차지하고 앉아서 녹봉이나 받아먹고, 나라에 도가 행해지지 않을 때도 관직에서 물러나지 않고 녹봉을 받아먹는 것은 수치스러운 일이다."라고 하였다.

난세에 있어 신하의 도는 물러나는 것이다.

23.

"田不可井者三 : 山谷之坎壤, 不可以方制, 雍、冀、梁、益、荊、揚之區, 平野之可井者能幾何哉? 一也. 大何大陸之區, 溝會具而水不瀦, 二也. 一夫百畝, 奪富人之田者多矣, 三也. 聖人不作無益, 順其治而緣人之情, 求歸於治而已矣. 必言可井者, 迂儒之慕古也. 勢終不能, 徒生擾揚爾." 曰: "天下初定, 乘其勢而爲之, 不亦可乎?" 曰: "戰爭方已, 務休民也. 上雖易姓受命, 而民之業自若也. 奪而井之, 寔生怨激亂, 仁智者之所不爲也." "然則當如何?" 曰: "阡陌開而兼併生. 抑豪、稽籍、正租之法善也. 佔田有限, 所以抑也; 疆界有書, 所以稽也; 租稅有常, 所以正也. 抑則農之業普, 稽則田之隱寡, 正則貧之食足. 官民之利, 貧富之願, 由之而可均也, 不亦善乎哉?"

"밭을 정전(井田)으로 구획¹할 수 없는 이유는 세 가지가 있다. 산곡의 낮고 오목한 곳은 정전으로 구획할 수 없는데, 옹(雍), 기(冀), 양(梁), 익(益), 형(荊), 양(揚) 등의 구역²은 평야 중에 정전을 할 수 있는 곳이 얼마이던가? 이것이 한 가지 이유이다. 대하(大河)와 대륙의 구역은 물길이 회합하여 모두 머물지 않는데 이것이 두 번째 이유이다. 한 사람 당 백 묘의 밭인데 부자의 밭을 강탈한 것이 많은 것이 세 번째 이유이다. 성인은 무익한 일을 일으키지 않고, 그 처음을 따르고 인정에 따라서 다스림에서 되돌리기를 구할 뿐이다. 반드시 정전을 할 수 있다고 말하는 것은 우활한 유자가 옛날의 제도를 연모하는 것이다. 형세가 끝내 그럴 수 없는데 부질없이 요란만 낳을 뿐이다." 말하기를, "천하가 처음 안정되었을 때 그 형세를 타고 시행하는 것은 가능했지 않겠는가?" 하니 말하기를, "전쟁이 막 끝났으니 힘써 백성을 쉬게 해야 한다. 임금이 비록 성(姓)을 바꾸는 명을 받았더라도[3] 백성의 생업은 같다. 그 생업을 빼앗아 정전(井田)을 한다면 참으로 원망을 낳고 난리를 일으키게 될 것이니, 인자하고 지혜로운 자는 시행하지 않을 것이다." "그렇다면 마땅히 어찌해야 하는가?" 하여 말하기를, "천맥(阡陌)[4]을 열면 겸병(兼倂)[5]이 발생한다. 부호들을 억누르고, 호적을 살피고, 조세를 바르게 하는 법이 좋다. 논밭을 점유하는 것을 제한하는 것은 억제하기 위해서다. 강계(疆界)를 기록하는 것은 살펴보기 위해서다. 조세를 일정하게 하는 것은 바르게 하기 위해서다. 억제하면 농업이 널리 퍼지고, 살피면 논밭을 감춘 것이 적어지고, 바르게 하면 가난한 사람의 식량이 풍족해진다. 관리와 백성의 이익과 가난한 자와 부유한 자의 바람이 이로 인하여 균등해질 수 있으니 또한 잘한 것이 아니겠는가?"

注

1 정전제(井田制)는 1리를 '정(井)'자로 나누어 9등분 해 중앙을 공전(公田)으로 하고 주위를 사전(私田)으로 하던 고대 중국의 토지 제도이다. 공동 경작한 공전의 생산물은 세금으로 내고 사전의 생산물로 생활한다. 한 가구당 100묘의 땅을 지급하니 한 정전은 900묘가 된다.

2 『상서·우공(禹貢)』: 하나라를 세운 우임금이 중국 땅을 9등분 하여 구주(九州)라 하였는데 옹(雍), 기(冀), 양(梁), 익(益), 형(荊), 양(揚), 예(豫), 청(靑), 서(徐)이다.

3 임금의 성을 바꾸는 명(命)은 역성혁명이거나 침공을 당해 나라를 잃는 것이다.

4 천맥(阡陌)은 밭 사이로 난 길이다. 남북으로 난 것을 천(阡)이라 하고, 동서로 난 것을 맥(陌)이라 한다.

5 겸병(兼倂)은 둘 이상의 것을 한데 합치어 가짐의 뜻이다. 부호들이
땅을 겸병하는 예가 생겨 왕정상이 겸병을 억제하는 법을 만들어 상
소했다.

24.

或問封建, 王子曰: "聖人在位, 封建可也, 郡縣亦可也." 曰: "聖
人不常有, 請以法守之". 曰: "諸侯權力足亂, 漢諸王可睹矣.
狄人邢、衛, 隣國自保, 恬不相恤, 非齊恒夫孰拯之? 亦可睹矣.
王紀弛而爭雄, 民日塗炭, 七國之際可睹矣. 較民苦樂之多寡,
郡縣之民得什之七. 凡治, 圖民之安也. 民苦之分多, 封建何爲
哉?" 曰: "三代御世之良法也." 曰: "三分有二, 周之得商也久矣,
成、康再世而諸侯不王, 言天子權主之大善得乎? 上無明王,
統之不易, 烏能如郡懸之眇 哉? 唐之方鎭, 猶逆命自强, 況封
建乎? 有天下欲圖民之安而治之易, 雖不封建可也." "儒惡秦
郡縣, 私也." [王]子曰: "勢也, 非秦也. 雖一人之私也, 天下之
民利之, 則天下之公也. 秦之薆德不與焉."

어떤 사람이 봉건제도에 대하여 물었다. 왕자가 말하기를, "성인이
재위에 있을 때는 봉건제도는 가능하고, 군현제도도 또한 가능하다."
하였다. 말하기를, "성인은 항상 있지 않는데 법으로써 지킬 수 있는
가?" 하니 말하기를, "제후의 권력은 난리를 일으킬 수 있는데 한(漢)
나라 여러 왕들에게서 볼 수 있다.[1] 적인(狄人)이 형(刑)과 위(衛)에
침입했을 때 이웃 국가들은 스스로 지키고 조용히 구원하지 않았다.[2]
제환공(齊桓公)이 아니었다면 누가 구원했겠는가? 또한 미루어 볼
수 있다. 나라의 기강이 해이해지면 자웅을 다투어서 백성들은 날로
도탄에 빠졌으니 칠국(七國)[3] 때에 볼 수 있다. 백성의 고통과 즐거
움의 많고 적음을 비교하여 보면, 군현제도에서 백성 중에 7/10이 즐

거움을 얻었다. 다스림이란 것은 백성의 안녕을 도모하는 것이다. 백성의 고통 분담이 많은데 봉건제도를 어찌 실행하겠는가?" 말하기를, "삼대(三代)에서 세상을 다스린 좋은 법이었다." 말하기를, "국토의 2/3는 주나라가 상나라 지역을 차지한 것이 오래되었다. 성왕, 강왕 두 시대[4]에 이르렀으나 제후들은 왕으로 여기지 않았다. 천자가 권력이 봉건제도를 위주로 하는 것이 크게 잘했다고 말할 수 있는가?" "위에 현명한 왕이 없으면 통치가 쉽지 않다. 어찌 군현의 작은 것처럼 할 수 있겠는가? 당(唐)나라의 방진(方鎭)은 오히려 천자의 명을 거역하고 스스로 강대했는데 하물며 봉건제도에서야? 천하를 소유하면 백성을 안정시키고 다스림을 쉽게 하고자 하는데 비록 봉건제도가 아니어도 가능할 것이다." "유자들이 진(秦)나라의 군현제도를 싫어하는 것은 사사로움이다." 왕자가 말하기를 "형세 때문이지, 진나라 때문이 아니다. 비록 한 사람의 사사로움일지라도 천하의 백성을 이롭게 한다면 천하의 공정함이라고 할 수 있다. 진나라가 덕을 버린 것은 함께 관여하지 않는다."[5]고 했다.

注

1 한나라에서는 제후의 권력이 두려움의 대상이었다. 권력은 중앙에 집결되어 있었어도, 한을 세운 장군들이었던 제후들은 군대를 키워 난을 일으킬 힘이 있었기 때문이다.

2 『춘추좌씨전·민공2년』: "僖之元年齊桓公遷邢于夷儀, 二年, 封衛于楚丘, 邢遷如歸, 衛國忘亡. 희공 원년에 제나라 환공은 형나라를 이의(夷儀)로 옮기고, 희공 2년에 위나라를 초구에 봉했다. 형나라가 이의로 이주하는 모양은 자기 나라로 돌아가는 것 같고 위나라 사람은 본국이 멸망된 것을 잊은 것같이 모두가 안심하는 모습이었다."라고 하였다.

춘추시대 형(邢)은 주의 제후국으로 지금의 하북성 형대현(邢臺縣)에 있었다. 위(衛)는 지금의 하북성 남부와 하남성 북부에 있었다.

북쪽의 땅이라 적인의 침입을 받았고 제 환공이 도와 백성들을 하남
성 이의(夷儀) 땅으로 이주하게 하였는데 백성들이 나라가 망했다고
여기지 않은 것은 제환공을 우러러보았기 때문이다.

3 칠국(七國)은 전국의 칠웅으로 초, 한, 위, 제, 진, 조, 연나라이다.

4 성강지치(成康之治)는 주나라 무왕의 뒤를 이은 주나라 2대 왕 성왕
과 3대 왕 강왕의 통치 기간(기원전 1043년~기원전 996년경)으로
안정된 치세였다. 성왕은 주공이, 강왕은 소공(召公) 석(奭)과 필공
(畢公) 고(高)가 보좌를 잘 했다고 한다.

5 『서경·군석(君奭)』: "文王蔑德, 降于國人. 문왕(文王)도 덕을 나
라 사람들에게 내려줄 수 없었을 것이다."라고 하였다.
이는 문왕도 신하들의 바른 가르침이 있었기에 나라 사람들에게 덕
을 내린 것이라는 뜻이다. 진시황이 천하 백성을 이롭게 한 것은 공
리에 해당하나 그가 덕을 버린 점에서는 그의 뜻과 함께 할 수 없다
고 한 것이다.

25.

祭祀感格之道何如? 曰: "難言也." 曰: "祖考精氣一也, 天地、山
川、鬼神、元氣一也, 氣一將無不通乎?" 曰: "難言也. 夫人之致
祭, 其禮委委容容, 其物芬芬烝烝, 夫惟類若人者, 然後能感而
享之. 吾未知天地、山川之果類人否乎! 吾未知鬼神、祖考之
猶具體而能飲食否乎! 焉能思而知之." 曰: "聖人謹祭之爲何?"
曰: "報本追遠, 仰功酬德, 先王仁孝之誠, 且因之以立教也. 故
祭祀之道, 惟聖人能知之, 能言之; 其餘詐己之心以詐人, 非愚
則誣而已."

"제사는 감화시키는 도리가 어떠한가?" 말하기를, "말하기 어렵다."
말하기를, "조상에게 제사를 지내는 것은 기를 정미하게 하는 것이
같다. 천지, 산천, 귀신, 원기(元氣)는 한 가지이다. 기가 한 가지이

니 장차 통하지 않음이 없지 않겠는가?" 하니 말하기를, "말하기 어렵다. 사람이 제사를 드릴 때 그 예의는 위위용용(委委容容)[1]하고 그 제물은 분분증증(芬芬蒸蒸)[2]하니 오직 그런 부류의 사람만이 감화한 후에 누릴 수 있다. 천지와 산천이 과연 사람과 같은지의 여부를 나는 알 수 없다. 귀신과 조상이 신체를 갖추고 음식을 먹을 수 있는지 여부를 나는 알 수 없다. 어찌 생각하여 알 수 있겠는가?" "성인이 제사를 신중히 하는 것은 무슨 이유인가?" "근본에 보답하고 조상을 추모하고, 공을 우러르고 덕에 보답하기 위해서이다. 선왕의 인효(仁孝)한 정성인데, 장차 그것으로 인하여 교훈을 세우고자 한 것이다. 그래서 제사의 도리는 오직 성인만이 알 수 있고, 말할 수 있다. 그 나머지는 자신을 속이는 마음으로써 남을 속이는 것이며 어리석지 않으면 속이는 것일 뿐이다.[3]"

注

1 위위용용(委委容容)은 엄숙하면서 변화가 많은 모양이다.
2 분분증증(芬芬蒸蒸)은 좋은 음식이 풍성한 모양이다.
3 『장자·추수(秋水)』: "然且語而不舍, 非愚則誣也. 그런데 또 말하며 그것을 버리지 않는 것은 어리석지 않으면 속이는 것이다."라고 하였다.

26.

"北虜之難治何也?" 曰: "勢也. 不植五穀, 必畜牛羊, 畜牛羊, 必就水草, 是無恒居可依也. 人不咸有畜, 其貧者以射獵治生, 是藝騎所由精也. 無恒居, 則不憚於轉徒; 藝騎精, 故易於爲竊; 食不足以養, 故易以輕生, 故曰勢也. 西南諸夷, 碉砦爲居, 西域諸國, 城郭土着, 非要功於夷, 則終世安順, 亦勢也. 是故聖王有作, 必治其城郭, 修其生理, 使其各有定所可依, 定業可

戀. 久而安, 安而成俗, 自無轉徒竊 發之患矣. 此華夷之利, 大
造之仁也."

"북로(北虜)¹를 다스리기 어려운 것은 무엇 때문인가?" 말하기를, "형
세이다. 오곡을 심지 않으니 반드시 소와 양을 길러야 하는데 소와
양을 기름은 반드시 물과 풀로 나아가야 한다. 이들은 일정하게 의지
할 수 있는 정해진 거처가 없다. 사람들이 모두 가축이 있는 것이 아
니기 때문에 그 중에 가난한 자들은 활로 사냥을 하여 생계를 꾸린
다. 이런 것이 기예와 기마가 능숙한 원인이 되었다. 일정한 거처가
없으면 옮겨 다니는 것을 꺼리지 않고 기예와 기마에 정통하기 때문
에 도둑질이 쉽다. 식량이 양생에 부족하기 때문에 쉽게 생명을 경시
한다. 그래서 형세 때문이라고 한 것이다. 서남의 여러 이족(夷族)들
²은 돌집을 거처로 삼고, 서쪽 지역의 여러 나라는 성곽에서 토착하
는데 이적에게서 전공을 세우려고 하지 않는다면 종신토록 편안히
순종할 것인데 이는 또한 형세이다. 이 때문에 성왕이 일어나면 반드
시 그 성곽을 수리하고, 그 생리를 닦아서 그 각자에게 의지할 수 있
는 안정한 곳과 하고 싶은 안정된 생업을 지니게 한다. 오래되면 안
정되고 안정되면 풍속을 이루어서 자연스럽게 옮겨 다니고 도둑질하
는 근심이 없게 될 것이다. 이는 중국과 이적의 이익이고, 크게 이루
는 것은 인(仁)이다.

注

1 북로(北虜)는 북방 이민족이다. 이들은 초원지대에서 소와 양을 기
  르며 사냥을 하고 물고기를 잡아먹으며 살아간다. 그래서 일정한 거
  처가 없이 옮겨 다닌다. 그 때문에 기마에 뛰어나 도적질을 쉽게 하
  고 생명을 중시하지 않는다.
2 이족(夷族)들은 오나라 월나라 초나라 땅의 사람을 말한다. 지금
  의 강소성과 절강성이다. 서남이라 했는데 동남으로 하여야 맞는
  듯하다.

27.

君臣, 天地之大義; 節義, 生人之大閑. 守死者, 仁人也, 義士
也; 否則亂臣也, 賊子也. 重臣, 親臣, 近臣死於義, 遠臣死於職
守, 無辭也. 蓋此爲我君, 彼卽爲我讐矣, 安不死? 先任而今不
任者, 能晦其名焉, 不死亦可也, 以不當君之事也. 不得遁焉
者, 亦宜死之, 龔勝是也. 被擧而名達於君者, 死於義可也, 避
而不任亦可也. 名之不達者, 與庶民同也, 守義不任亦可也, 雖
任亦可也. 蓋以名分漸微, 其責漸輕故爾.

군신관계는 천지의 대의이고, 절의는 사람의 큰 원칙이다. 죽음으로
써 지키는 자는 인인(仁人)이고, 의사(義士)이다. 그렇지 못하면 난
신이고 적자이다. 중신(重臣), 친신(親臣), 근신(近臣)[1]은 의리를 위
해 죽고, 원신(遠臣)은 직무를 지키려고 죽는데 모두 사양할 수 없
다. 대개 이것은 우리 임금을 위해서이고, 저것은 곧 우리 원수를 위
한 것이니 어찌 죽지 않겠는가? 이전에 벼슬을 했고 지금은 벼슬을
하고 있지 않는 자는 그 이름을 감추고 죽지 않는 것도 또한 가능한
데 임금의 일을 부담하지 않으려는 것이다. 달아날 수 없는 자는 또
한 마땅히 죽는데 공승(龔勝)[2]이 그런 사람이다. 천거되어 이름이 임
금에게 알려진 자는 의리에 죽는 것이 옳으나, 피신하여 벼슬을 하지
않는 것도 또한 옳다. 이름이 알려지지 않는 자는 서민과 같은데 의
리를 지키며 벼슬하지 않는 것도 또한 옳고, 비록 벼슬을 하더라도
또한 옳다. 대개 명분이 점차 쇠미해졌고, 그 책임도 점차 경미해졌
기 때문일 뿐이다.

注

1 신하는 중요한 자리에 있는 중신(重臣), 친족의 친신(親臣), 가깝게
두는 근신(近臣), 멀리 두어 소원한 원신(遠臣), 난리를 일으키는 난
신(亂臣)등 다양하다.

2 공승(龔勝, B.C. 68~11)은 전한 말기 명신이었다. 팽성현(彭城縣) 염
  리(廉里) 사람이다. 학문을 좋아하고 경전에 밝았다. 건평 4년(B.C.
  3)에 광록대부였던 공승은 우부풍에 임명되었으나, 원시 2년(A.D. 2)
  벼슬자리에서 물러나 고향으로 돌아갔다. 왕망이 신을 개국하고 그
  에게 많은 재화를 주었고, 아들들을 낭(郎)으로 제수하였다. 신나라
  건국 3년(A.D. 11), 왕망은 공승을 사우좨주(師友祭酒)에 임명하였
  다. 그러나 공승은 응하지 않았으며 식사조차 거부하여 14일 만에
  굶어 죽었다.

28.

莽、操、懿、裕, 乘時欺孤而取之, 其篡竊之雄乎! 挾武功以鎭
衆者, 亦能僞定乎一世. 莽坐而餙詐, 適以滅其身而已. 宋祖之
於周, 推其類, 均也. 延其祚者, 周微也, 施政之術異也.

왕망(王莽), 조조(曹操), 사마의(司馬懿), 유유(劉裕)[1]는 시세를 틈타
서 어린 임금을 배신하고 왕위를 취했는데 아마 찬탈의 웅재이었던
가! 무공(武功)을 믿고 대중을 진압하고 또한 한 시대를 거짓으로 안
정시킬 수 있었다. 왕망은 앉아서 거짓 칙령을 내렸는데 나아가서 그
자신을 멸망시켰을 뿐이다. 송태조가 후주(後周)에 대해서는 그 부
류를 미루어 논한다면 같은 것이었고, 그 거짓을 편 것은 후주가 쇠
미했던 것으로 시행한 정치의 방법이 달랐다.

注

1 왕망(王莽)은 아버지의 이복동생인 고모가 전한의 왕비가 되면서 그
  가 권력을 잡고 신(新)나라를 세웠다. 신은 15년 만에 망했다.
  조조(曹操)는 216년 위왕(魏王)에 올라 위나라의 기반을 마련했으
  며 황제와 다름없는 막강한 권력을 행사하였다. 그의 아들 조비(曹
  丕)가 위나라 문제로 등극했고, 조조는 태조 무황제로 추증되었다.

사마염에 의해 위나라는 사라졌다.

사마의(司馬懿)는 조조, 조비, 조예, 조방 등 4대를 보필하여 자신의 세력을 확립했고, 그의 손자 사마염(司馬炎)이 진(晉) 왕조를 수립하는 기초를 마련했다.

유유(劉裕)는 동진의 안제(安帝)를 황제로 복위시켰으나 조정의 권력은 자신이 이미 장악한 상태였다. 부량(傅亮)이 유유의 흑심을 눈치 차리고 동진의 마지막 황제 공제(恭帝)에게 양위할 것을 권해 유유는 황제에 즉위했다. 이들은 모두 왕위를 찬탈한 자들이다.

29.

古之王者, 以節儉率天下, 故國之經費, 必會而計之, 量人爲出, 歲率以爲常焉. 歲久而贏餘積, 雖有旱乾水溢, 民無菜色, 政之至也. 賓客、喪祭、衣服、飲膳, 有常用, 弗益也. 百官之祿、戎賦之輸, 有常制, 弗變也. 不以非道施惠也, 不以蔑功行賞也, 不以無名興役也, 不以黷武動衆也, 故天下化於儉素而樂於簡靜, 侈麗亡而僭踰絶矣. 是謂相下貴約, 德之至也. 夫農、軒簡用, 土毛之稅可足矣. 堯、湯有儲, 水旱之沴可免矣. 其約德之徵乎! 摧鐵算緡, 鬻爵贖禁, 後王之秕政也, 其侈心之爲乎! 斂愈橫而用愈急, 國非其國也宜哉!

옛날의 왕은 절검으로써 천하를 이끌었기 때문에 나라의 경비는 반드시 회계를 했고, 입출을 헤아려서 해마다 일정하게 이끌었다. 세월이 오래되자 남은 것이 쌓여서 비록 한해와 수해가 있더라도 백성들은 굶주린 안색이 없었으니[1] 정치의 지극함이었다. 빈객, 상제(喪祭), 의복, 대접에 일정한 비용이 책정되어 있었고 증익(增益)하지 않았다. 백관의 녹봉과 부역이나 군사에게 지급하는 운송비도 일정한 제도가 있어서 변하지 않았다. 도리가 아닌 혜택을 베풀지 않았고, 하찮은 공적으로써 상을 주지 않았고, 명분이 없는 것으로써 노역을 일으키지 않았고, 무력을 남용하여 민중을 동원하지 않았기 때문에 천하 사람들이 검소함에 교화되고 간약하고 안정됨을 즐거워하고, 사치가 없어지고 과분한 지출도 두절되었다. 이는 상하가 검약을 귀하게 여겼으니, 덕의 지극함이다. 신농(神農)과 헌원(軒轅)은 씀을 간략하게 하여서 오곡과 채소² 등의 세금이 만족할 만했다. 요(堯)와 탕(湯)은 저축이 있어서 수해나 한해의 재앙을 면할 수 있었다.³ 그 절약의 덕이 징험한 것이던가! 쇠를 꺾어 만든 계산하는 꿰미 동전[摧鐵算緡]⁴과 관작을 팔고 죄인을 속량⁵시키는 것은 후대 왕들의 비정(秕政)⁶인데 아마 그 사치하는 마음이 행한 것이던가! 세금을 거둘수록 더 많아지고, 사용은 더 급해졌으니, 나라가 그 나라가 아닌 것이 당연하다!

注

1 『예기 · 왕제(王制)』: "雖有凶旱水溢, 民無菜色. 비록 흉년이 들고 한재와 홍수의 피해가 있을지라도 백성들은 굶주린 안색 없다."라고 하였다.

정치를 잘하는 것은 근검절약하여 한재와 홍수로 흉년이 들어도 백성들이 먹을 것이 없어 안색을 찌푸리지 않게 하는 것이다.

2 『좌전 · 소공7년』: "土毛之稅. 오곡(五穀), 상마(桑麻), 소채(蔬菜) 등으로 세금을 내었다."라고 하였다.

토모(土毛)는 땅에서 자라는 곡식, 뽕나무, 삼 따위의 식물을 말한다.

3 『장자 · 추수』: "禹之時, 十年九潦, 而水弗為加益. 湯之時, 八年七旱, 而崖不為加損. 우왕 시절에, 십 년 동안 아홉 번의 홍수가 났어도, 바다의 물은 늘어나지 않았고, 탕왕 시절에 팔 년 동안 일곱 번 가뭄이 있었지만, 그 가장자리를 줄어들게 하지 못했네."라고 하였다.

수한지려(水旱之沴)는 홍수와 가뭄의 재앙을 말하나 요왕이나 우, 탕에게는 재앙이 되지 않았다.

4 최철산민(摧鐵算緡)은 꿰미동전이다. 최철(摧鐵)은 쇠붙이로 만든 것이고 민(緡)은 동전을 꿰는 데 사용했던 끈이다. 동전 꾸러미의 뜻이 되었다.

5 속금(贖禁)은 속량(贖良)이 금지되는 것이다. 몸값을 받고 종을 풀어 주어서 양민(良民)이 되게 한다는 뜻이다. 죄를 대신하여 몸값을 지급하는 것도 해당되어 속신(贖身), 속죄(贖罪)라고도 한다. 돈을 받고 남의 근심과 재난(災難)을 대신(代身)하여 받기도 한다. 모두 속량에 속한다.

6 비정(秕政)은 잘못된 정치이다.

30.

"酒蘖害穀, 羅綺害絲, 華臘珍食害味, 雕楹刻桷害木, 綜之害貨財耗. 天下聖王爲民儲富, 必嚴令以禁之." 曰: "甲令具而俗日侈, 何也?" 曰: "習俗久而上下慢也. 等威之壞在茲乎! 民之窮在茲乎! 以爲不足計也, 故慢之. 甲令在而民不知禁者, 由上之自慢始也. 故聖王躬行節儉而近習化, 近習化而近臣化, 近臣化而天下不化者未之有也. 金罰沒官之令, 待頑淫者可也."

"술을 빚는 누룩[1]은 곡식을 해치고, 비단을 짜는 것[2]은 잠사를 해치고, 예쁘게 말린 고기[3]와 진기한 음식은 맛을 해치고, 아로새긴 기둥과 서까래는 나무를 해친다. 종합하니 재화를 소모하는 해침이다. 천하의 성주(聖主)는 백성을 위하여 부를 비축하고, 반드시 엄령으로써 그것을 금지시킨다." "갑령(甲令)[4]이 갖추어지자 풍속이 날로 사치를 하는데 무엇 때문인가?" "습속이 오래되어 상하가 태만해진 것이다. 위의(威儀)의 등차가 붕괴된 것은 여기에 있는가! 백성의 궁벽함이 여기에 있는가! 부족한 계책이라 여기기 때문에 태만한 것이다." "갑령이 있는데 백성들이 금지함을 알지 못하는 것은 윗사람의 자만에서 비롯된 것이다. 그래서 성왕(聖王)이 몸소 절검(節儉)하면 가까이에서 습성이 변하고 가까운 사람의 습성이 변하면 근신(近臣)이 감화되고, 근신이 변화하니 천하에서 변화되지 않는 사람은 있지 않았다. 벌금과 관직을 몰수하는 법령은 욕심이 많고 음흉한 자를 저지하는데 마땅하다."

注

1 『상서』: "若做酒醴, 尔唯酒蘗. 만약 술을 빚는다면 너는 꼭 얼법으로 만들어라."라고 하였다.
얼법(蘗法)은 과일이나 종자를 발아하여 숙성시키는 주조법이다.
2 나기(羅綺)는 엷은 비단(緋緞)과 무늬가 있는 비단(緋緞). 곧 화려(華麗)한 의복(衣服)을 뜻한다.
3 납(臘)은 소금에 절여서 말린 것을 말한다.
『논어 · 술이』: "自行束脩以上 吾未嘗無誨焉. 속수(束脩) 이상의 예를 행하는 사람이면 누구든 가리지 않고 가르쳤다."라고 하였다.
공자의 제자들이 공자를 스승으로 삼고자 집지(執贄)의 예를 행하였을 때 속수(束脩)로 하였다. 이때 속수는 육포의 다발을 뜻하는데 납(臘)과 같은 포(脯)이며 말린 고기를 뜻하였다.
4 갑령(甲令)은 국가의 중요한 법령이다. 법령은 욕심이 많은 관리들이 백성의 것을 빼앗아 사치하고, 또 풍속을 어지럽히는 경우에 벌을 주는 것이다.

31.

左右蒙, 固君德不造之端也. 何以故? 才智所及, 不暗於蒙者之外, 所見狹也. 雖有聖人, 足以成主德者, 無因而至焉. 故蒙之日深, 而德之日遠也. 堯、舜求賢如不及, 蓋不以左右之常爲足恃也已.

좌우[1]가 몽매한 것은 참으로 임금의 덕이 이루어지지 않는 단서이다.

그 원인이 무엇인가? 재주와 지혜가 미치는 바가 몽매한 자들을 어둡게 하지 않는 것 외에는 보는 것이 협소하다. 비록 성인이 있어서 임금의 덕을 이룰 수 있는 자도 그로 인하여 이르게 할 수 없다. 그래서 몽매함은 날로 심해지고 덕은 날로 멀어진다. 요와 순이 현인을 구하기를 미치지 못하는 것처럼 하였던 것은 대체로 좌우의 일상으로 믿을 만하다고 여기지 않았기 때문일 뿐이다.

注

1 좌우(左右)는 임금을 모시는 신하를 말한다.

32.

"北虜入統中國, 祚無百年, 果天運乎?" 曰: "非也, 政俗使然爾.
聖人制禮樂, 所以辨上下, 正倫理也, 故民俗安義而敬上. 聖人
立刑政, 所以嚴紀綱而振偸玩也, 故民俗守法而忠上. 三代所
以有道之長, 賴是物矣, 謂虜能然乎?" 曰: "元世祖英武寬仁, 用
夏變夷, 佐以姚, 劉諸賢, 何亦若是?" 曰: "三代之政, 純王之道
也. 世祖建學明倫矣, 閨門之中, 寧免烝報之醜乎? 胡僧講法,
寧免男女瀆亂乎? 何以使民興行? 世祖制官立政矣, 南人北人
之分, 寧免以私示天下乎? 錢穀歲課屢增, 寧免以貨困天下乎?
使民何以興義? 立國規模, 其大節不純如此, 貽厥後昆淺矣. 是
故風俗蕩而廉恥乖, 法紀縱而貪殘極. 久之, 民不知義而凌犯
之事作矣. 國非其國何尤?"

"북로(北虜)가 들어와 중국을 통치했는데[1] 통치 기간이 백 년이 못된다. 과연 천운이던가?" 말하기를, "그렇지 않다. 정치의 풍속이 그렇게 된 것일 뿐이다. 성인이 예악을 제정한 것은 상하를 변별하고, 윤리를 바르게 하기 위해서였기 때문에 백성의 풍속이 의리를 편안히 여기고 윗사람을 공경한 것이다. 성인이 형벌[刑政]을 세운 것은 기강을 엄격히 하는 까닭은 탐내고 완악함을 얕보는 사람을 진작시키려는 것이기 때문에 백성의 풍속이 법을 지키고, 윗사람에게 충성한다. 삼대는 도를 지닌 것으로써 세월이 오래였기 때문에 이 물을 의지했으니 북로가 능히 그러했다고 말했겠는가?" 말하기를, "원세조(元世祖)[2]는 영민하고 용맹하고 관대하고 인자하였는데 중국을 이용하여 이적을 변화시키고 요추(姚樞)[3]와 유병충(劉秉忠)[4]과 같은 현신을 보좌로 삼았는데 어찌 또한 이와 같지 않겠는가?" 말하기를, "삼대의 정치는 순수한 왕도였다. 세조는 학교를 건립하고 윤리를 밝혔으나 규문(閨門) 안에서는 어찌 증보(烝報)의 추악함[5]을 면하겠는가? 호승(胡僧)[6]이 불법을 강론하였으니 어찌 남녀가 뒤섞인 난잡함을 면하겠는가? 무엇으로써 백성을 일으켜 행하게 할 것인가? 세조가 관직을 제정하고 정치를 세운 데에는 남인과 북인의 구분이 있었으니 어찌 사사로움으로 천하 사람들에게 보여 주는 것을 면하겠는가? 전곡(錢穀)의 한 해 세금이 누차 증가했으니 어찌 재화로써 천하를 곤핍하게 하는 것을 면하겠는가? 백성들에게 무엇으로써 의리를 일으키게 할 것인가? 나라를 세운 규모에 있어서 그 대절(大節)[7]이 이처럼 불순하여서 그 후손들에게 전해준 것이 적었다. 이 때문에 풍속이 음탕하고 염치가 없어지고, 법과 기강이 느슨해지고, 탐욕과 잔인함이 극에 이르렀다. 오래되자 백성들은 의리를 모르게 되고 윗사람을 멋대로 범하는 일이 발생했다. 나라가 그 나라가 아닌데 무슨 걱정을 하겠는가?"

注

1 북로(北虜)는 원대의 몽골족을 말한다.

2 원 세조 쿠빌라이 칸은 몽골 제국 칭기즈 칸의 손자로 원나라를 건립한 초대 황제이다.

3 요추(姚樞, 1202~1279)는 원나라 낙양(洛陽) 사람이다. 자는 공무

(公茂)고, 호는 설재(雪齋) 또는 경재(敬齋)며, 시호는 문헌(文獻)이다. 세조(世祖)가 즉위하고 동평선무사(東平宣撫使), 대사농(大司農), 중서좌승(中書左丞)으로 지내고 소문관(昭文館) 대학사(大學士), 한림학사승지(翰林學士承旨)에 올랐다. 정주이학(程朱理學)의 전파를 평생 자신의 소임으로 생각하여, 양유중(楊惟中)과 함께 태극서원(太極書院)을 건립해 조복(趙復)을 스승으로 모시고 인재들을 가르쳐 도학(道學)이 북방으로 전파되는 계기를 만들었다.

4 유병충(劉秉忠)은 원나라 초기의 유명한 학자 겸 정치가이다. 자는 중회(仲悔), 원래 이름은 간(侃)이다. 하북성 형태현(邢台縣) 사람이다. 쿠빌라이[元世祖]의 참모로 있었는데, 당시에 곽수경(郭守敬)이 천문·수리·수학에서, 왕순(王恂)은 수리에서, 유병충은 교육에서 뛰어났다. 그는 항상 "부귀를 부운과 같이 가볍게 여기고, 공명은 몽환과 마찬가지로 생각한다."고 말하고, 이를 실천하였다.

5 증보의 취[烝報之醜]는 원 세조 쿠빌라이가 규문에서 윤리를 난잡하게 했던 행위를 말한다. 증보(烝報)는 난잡한 행위이다. 윗사람에게 간음하는 것을 증(烝)이라 하고, 아랫사람에게 간음하는 것을 보(報)라 한다.

6 호승(胡僧)은 북방의 중이다. 옛 중국 북방을 호(胡)라고 불러 호인(胡人), 호악(胡樂), 호무(胡舞) 등으로 불렀다.

7 대절(大節)은 크게 빛나는 절조(節操)이며, 절조는 굳게 지키는 절개와 지조를 뜻한다.

33.

"古人之言曰: 植遺腹, 朝委裘而天下不亂也, 有諸?" 曰: "當是時也, 天下可謂無君矣, 徒恃先王之法與澤焉爾. 國無君, 非外威乘之, 則內奄竊之, 勢所必至. 大奸不能以法制, 大惡不可以德感, 無所往而非亂階矣. 天下者, 祖宗之天下也, 必欲永而保之, 豈無長賢乎? 擧而嗣之, 天命永昌. 遺腹之私, 亂之道也."

"옛사람의 말에 '유복자(遺腹子)를 세우고, 조정에서 선제(先帝)의 갖옷을 입혔는데도 천하가 어지럽지 않았다.'[1]고 했는데 그런 일이 있는가?" 말하기를, "당시에는 천하에 군주가 없었다고 말할 수 있다. 단지 선왕(先王)의 법과 은택을 믿을 뿐이었다. 나라에 임금이 없으니 외척이 그 형세를 틈타지 않으면, 내엄(內奄)[2]이 권력을 훔치는데 그런 형세가 반드시 이르게 된다. 대간(大奸)을 법으로써 제압할 수 없고, 대악(大惡)을 덕으로써 감동시킬 수 없어서 가는 곳마다 화란이 발생하지 않음이 없다. 천하는 조종(祖宗)의 천하로서 반드시 영원히 보존하고자 하는데 어찌 오랫동안 현자가 없겠는가? 천거하여 후사를 잇게 하면 천명이 영원히 창성할 것이다. 유복자[3]의 사사로움은 화란을 일으키는 도이다."

注

1 『한서 · 가의전(賈誼傳)』: "植遺腹, 朝委裘而天下不亂也. 선황이 돌아가셔서 세운 유복자(遺腹子)가 조정에 있는 선제(先帝)의 갖옷을 입었는데도 천하가 어지럽지 않았다"라고 하였다.
　유복자를 세움은 주위 간신이나 환관들이 정치를 사사로이 농락하고자 하기 위함이니 곧 난을 일으키는 원인이 된다.
2 내엄(內奄)은 환관이다.
3 유복자는 왕의 아들이나 어머니가 다르다. 그 어머니가 자기 아들을 왕으로 세우려는 사사로움 때문에 나라에는 큰 환란이 있게 되었다.

34.

鴻荒之初, 未有聖人, 皆夷狄也; 未有名敎, 皆禽獸也.

홍황(鴻荒)[1]의 처음에는 성인이 없었고 모두 이적(夷狄)이었고, 명교(名敎)가 없었고 모두 금수(禽獸)였다.

1 홍황(鴻荒)은 태고이다.

태고에는 성인이 없었기 때문에 명교가 없었고 명교가 없으면 사람일지라도 금수와 다름이 없다.

35.

三公從道, 邦乃恒保; 三公競志, 乃償邦事.

삼공(三公)[1]이 도를 따르니[2] 나라는 곧바로 보존되고, 삼공이 뜻을 다투니 나라는 곧바로 전복된다.

1 삼공(三公)은 태사(太師), 태부(太傅), 태보(太保)이다. 이들은 태자의 스승들이었다.

2 『서경·주관(周官)』: "論道經邦, 燮理陰陽. 도를 논하고 나라를 경륜하며 음양을 섭리하게 한다."라고 하였다.
섭리도(燮理道)는 삼공으로서, 나라를 다스리게 하는 도이다. 삼공의 도는 천지 음양을 조화시키는 것이다.

36.

威福劫民, 是曰權臣; 德惠媚民, 是曰盜臣. 玩習之久, 民不知其君, 成簒竊矣.

위복(威福)[1]으로써 백성을 억누르는 자를 권신(權臣)이라 하고, 덕혜(德惠)로써 백성에게 아부하는 자를 도신(盜臣)이라 한다. 습성이 오래되면 백성은 그 임금을 알지 못하고 찬절(簒竊)[2]을 이루게 된다.

1 위복(威福)은 위압(威壓)과 복덕(福德)이다. 때로 위압(威壓)을, 때

로 복덕(福德)을 베풀어 사람을 복종(服從)시킨다. 위복을 쓰는 자
들은 권신(權臣)이다.

2 찬절(簒竊)은 신하가 임금의 자리를 강탈하여 빼앗는 것이다. 찬탈
과 같다.

37.

"世道日文, 帝王之所尙乎?" 王子曰: "非然也, 勢日趨爾. 簣桴
土鼓, 而金石絲竹作焉; 陶匏掃地, 而玉瓚崇壇起焉; 茅茨土階,
而瓊宮瑤臺興焉, 此不期而至者也, 非日趨之勢乎? 文過其質,
則政煩禮瀆而民苦, 此天下日枵也, 反其質可也. 禮求其實意,
儀文度數可略矣; 物求其實用, 浮華侈費可黜矣; 政求其實體,
彌條苛貫可省矣." 或曰: "中古聖人之遺法也." 曰: "文乎! 文乎!
後世日趨於極敝而不可爲者乎! 能反古質, 以從先進, 是謂探
本. 執今之文, 而欲天下之民樂生, 是執火而求凉也, 得乎哉?"

"세도(世道)[1]가 날로 문채(文彩)를 추구하는 것은 제왕이 숭상한 바
이던가?" 왕자가 말하기를 "그렇지 않다. 형세가 날로 추구하게 되었
을 뿐이다. 괴부(簣桴)와 토고(土鼓)[2]였는데 금석사죽(金石絲竹)의
악기가 만들어지고, 질그릇과 바가지 술잔[陶匏][3]을 늘어놓고 흙 제
단을 청소했는데 옥 술잔[玉瓚]과 높은 제단이 생겨났고, 띠 지붕과
흙 계단이었는데 경궁요대(瓊宮瑤臺)[4]가 지어졌다. 이는 기대하지
않았는데 온 것으로서 날로 추구한 형세가 아니겠는가? 문채가 그
질박함보다 지나치면 정치는 번다해지고 예의는 더럽혀지고 백성은
고통스럽다. 이것은 천하가 날로 공허하니 그 질박함을 돌이키는 것
이 옳다. 예는 그 실질의 의미를 구하는데 의문(儀文)과 도수(度數)[5]
는 생략할 수 있다. 사물은 그 실용을 구하는 것이니 부화하고 사치
함은 축출해야 한다. 정치는 그 실체를 구하는 것이니 번거롭고 가혹

한 것은 생략할 수 있다." 어떤 사람이 말하기를 "중고(中古)의 성인
이 남긴 법이다"라고 했다. 말하기를 "문식이여! 문식이여! 이는 후세
에서 날로 심한 폐단을 추구할 것이니 행할 수 없는 것이다! 옛날의
질박함을 돌이켜서 선진(先進)을 따른다.[6] 이것은 근본을 찾는다는
말이다. 지금의 문식을 고집하고 천하의 백성들에게 삶을 즐겁게 하
고자 한다면 이는 불을 붙잡고 서늘함을 구하는 것이니 이룰 수가
있겠는가?"라고 했다.

注

1 세도(世道)는 세간의 일이다.

2 『예기 · 예운(禮運)』: "蕢桴而土鼓. 흙을 뭉쳐서 북채를 만들고 흙
을 쌓아서 북을 만들었다."라고 하였다.
괴부(蕢桴)는 흙덩이를 풀로 묶어 만든 북채이고, 토고(土鼓)는 흙
을 구워 틀을 만들고 가죽으로 겉면을 만든 악기이다.

3 『예기 · 교특생(郊特牲)』: "器用陶匏. 그릇은 질그릇과 바가지를 쓴
다."라고 하였다.
도(陶)는 와기(瓦器) 즉, 질그릇이고 포(匏)는 술잔이다.

4 경궁요대(瓊宮瑤臺)는 옥 등으로 장식한 화려한 집이다.

5 의문(儀文)은 의식(儀式)의 표(標)이고 도수(度數)는 거듭하는 횟수
이다.

6 『논어 · 선진』: "子曰, 先進於禮樂 , 野人也. 後進於禮樂 , 君子也.
如用之 , 則吾從先進. 공자께서 말씀하시기를, 선배가 제작한 禮樂
은 질박하여 野人이라 하고, 후배가 제작한 예악은 문식이 있어서
군자라 한다. 만일 예악을 쓴다면 나는 선배를 따를 것이라고 하셨
다."라고 하였다.
문(文)은 글을 아름답게 꾸미는 것으로 문식(文飾)이라 한다. 야(野)
와 상반된다. 야는 질박(質樸)하고 순수하며 문은 화려하나 겉만 그
럴듯하다.

38.

五尸, 大古之朴也, 雖周公未之有改. 六尸旅酬, 禮煩而神褻
矣. 不如祀主, 幽嚴而淳直.

오시(五尸)[1]는 태고의 질박함으로 비록 주공(周公)일지라도 고친 적
이 없었다. 육시여수(六尸旅酬)[2]를 사용하니, 예가 번거롭고 신(神)
이 더럽혀져서 사주(祀主)의 깊고 엄숙하고 순직(淳直)한 것만 못하
게 되었다.

注

1 『예기 · 월령(月令)』: 정현(鄭玄)의 주에서 오시(五尸)에 대해, '종묘
   제사는 오사를 지내는데 이때 주관이 있고 시동이 있다고 했다.'라고
   하였다.
   오사의 시동을 오시(五尸)라 하여 오사를 대신했다.

2 『예기(禮記) · 예기(禮器)』: "夏立尸而卒祭, 殷坐尸, 周旅酬六尸, 曾
   子曰, 周禮其猶醵與. 하대에는 시동을 세워 놓고 제례를 마쳤으며
   은대에는 시동을 앉혔다. 주대에는 여섯 명의 시동이 여수(旅酬)했다.
   증자가 말하기를 '주나라의 예는 그것과 같구나!'했다."라고 하였다.
   『중용』: "旅酬下爲上 所以逮賤也 여럿이 모여서 음복례를 할 때 아
   랫사람이 윗사람에게 잔을 올리는 것은 선조의 복이 직위가 낮은 사
   람에게까지 미치게 하는 것이다."라고 하였다.
   육시여수(六尸旅酬)는 여섯 명의 시동이 술잔을 돌려가며 음복하는
   것이다. 제사와 시동에 대한 예(禮)를 설명하고 있다.

39.

予欲聚世族, 立小宗法, 五世一分, 祭分而三年一合祭, 一合
會, 雖百世猶聚也.

나는 세족(世族)을 모으고자 소종법(小宗法)[1]을 세웠는데 오세(五世)

에 한 번 나누고, 제사는 나누어 3년에 한 번씩 모여서 제사하고, 한 번씩 회합한다면 비록 백세(百世)가 지나도 여전히 모인다.

注

1 소종법(小宗法): 부계 혈통의 종족 구성에서는 대종(大宗)과 소종 (小宗)의 엄격한 구분이 있었다. 천자의 적장자만이 천자가 될 수 있었는데 이것이 대종이고, 그 나머지 자식들은 소종이라 하여 신분 이 한 등급 낮았다. 제후·대부·사에게도 동일하게 적용되었으며, 전국적인 통치 제도에 이용되었다.

40.

程伯子曰: "人賢不肖、國家治亂, 不可言命." 言繁於人事修否爾.

정백자(程伯子)[1]가 말하기를 "사람의 현명함과 불초함, 국가의 치란 은 운명이라고 말할 수 없다"[2]고 한 것은 인사(人事)에서 번잡함은 수양의 여부에 달려있음을 말한 것이다.

注

1 정백자(程伯子)는 송나라 때 도학자인 정호(程顥)를 일컫는다. 정호 와 정이((程頤) 형제를 이정(二程)이라 하고 형을 정백자, 아우를 정숙자(程淑子)라고 하였다.
2 정호, 『이정집』: "人賢不肖、國家治亂, 不可言命. 사람의 현명함과 불초함, 국가의 치란은 운명이라고 말할 수 없다."라고 하였다. 그래서 인간의 일[人事]은 명(命)이 아니고 수양에 달렸음을 말한 것 이다.

41.

天道君德有相值者, 有不相値者, 皆常道也. 堯、湯水旱, 不相値也; 舜之鳳儀, 周之鳳鳴, 適相値也. 言其德, 後世有作, 皆弗可及也.

하늘의 도와 임금의 덕[1]은 서로 일치하는 것이 있고, 서로 일치하지 않는 것이 있는데 모두가 상도(常道)이다. 요와 탕의 수해와 한해는 서로 일치하지 않는 것이고, 순의 봉의(鳳儀)[2]와 주(周)의 봉명(鳳鳴)[3]은 적합하게 서로 일치하는 것이다. 그 덕을 말하면 후세에서 일어난다 해도 모두 미칠 수 없다.

注

1 도덕은 영역이 다르다. 하늘의 영역에서는 도라 하고 인간이 수양하여 닦을 수 있는 영역은 덕이라 한다. 인간은 덕을 닦아 도와 일치하도록 할 뿐이다.

2 『서경 · 익직(益稷)』: "簫韶九成, 鳳凰來儀. 소악은 악이 아홉 번으로 이루어지고, 봉황이 와서 춤추는데 용모에 위의가 있었다."라고 하였다.
공자가 순임금의 음악인 소악이 이룸을 형상한 것이므로 성(成)이라 하였고, 봉황은 수컷이 봉(鳳)이고, 암컷은 황(凰)이다. 봉의(鳳儀)는 소악이 이루어지면 봉황이 와서 춤을 추는데, 봉황이 춤추는 용모를 말한다.

3 『시경 · 대아 · 권아(卷阿)』: "鳳凰鳴矣, 于彼高岡, 梧桐生矣, 于彼朝陽. 菶菶萋萋, 雝雝喈喈. 봉황이 우니 저 높은 뫼이네. 오동나무 자라니 저 양지쪽이로구나. 무성한 오동나무에 봉황의 노래 평화롭구나!"라고 하였다.
봉황은 오동나무가 아니면 깃들지 않고 죽실(竹實)이 아니면 먹지 않는다. 오동나무에 깃들어 노래하니 평화로움을 상징한다.

42.
古之先王敬天事神, 小心率衆, 不敢自命, 敬而遠之, 其義直,故君子由之. 後世矯天假神, 若影響酬酢, 其道誣, 故君子正之.

옛날의 선왕(先王)은 하늘을 공경하고 귀신을 섬겼는데 조심스럽게 민중을 거느리며 감히 스스로 명령하지 않았다. 공경하면서 멀리 했고[1], 그 뜻은 정직했기 때문에 군자가 그것을 따랐다. 후세에서는 하늘을 속이고 귀신을 빌린 것이 마치 그림자와 메아리가 수작(酬酢)[2]하는 듯했고, 그 도가 거짓이었기 때문에 군자가 바로 잡았다.

注

1 『논어·옹야』: "子曰, 務民之義, 敬鬼神而遠之. 공자(孔子)가 대답했다. "백성에게 의에 힘쓰게 하고, 귀신을 공경하되 멀리한다."라고 하였다.

2 수작(酬酢)은 주객(主客)이 서로 술잔을 주고받는다는 뜻으로 벗과 교제하는 것을 의미한다. 여기서는 응대하는 뜻으로 쓰였다.

43.

唐隷問福善禍淫如何? 程子曰: "此理之自然, 善則有福, 淫則有禍." 曰: "天福禍之乎?" 曰: "理卽天道也. 書云'皇天震怒', 將有人在上怒之乎? 蓋理應如此耳." 善惡之報不直者何也? 曰: "幸不幸也." 此善言天道者矣.

당예(唐隷)[1]가 묻기를 "복선화음(福善禍淫)은 무엇인가?"라고 했다. 정자(程子)가 대답하기를 "이는 이치의 자연스러움이다. 선하면 복이 있고, 음란하면 화가 있다."고 했다. "하늘이 복과 화를 내리는가?" "리(理)가 곧 천도이다. 『서경』에 '황천(皇天)이 진노한다'[2]고 했는데 장차 어떤 사람이 천상의 진노에 있다는 것인가? 다만 이치의 응함이 이와 같을 뿐이다." "선악의 보답이 바르지 않은 것은 무엇 때문인가?" "요행과 불행이다." 이는 천도를 잘 말한 것이다.

注

1 당예(唐隷)는 정이(程頤)의 문인이다.

2 『서경·태서상(泰誓上)』: "沈湎冒色, 敢行暴虐, 罪人以族, 官人以世, 惟宮室臺榭陂池侈服, 以殘害于爾萬姓, 焚炙忠良, 刳剔孕婦. 皇天震怒. 命我文考, 肅將天威, 大勳未集. 술에 빠지고 여색(女色)에 혼란해서 감히 포학함을 행하여, 사람을 죄주되 친족(親族)에까지 미치고 벼슬을 시키되 대대로 하며, 궁실(宮室)과 대사(臺榭)와 피지(陂池)와 사치한 의복으로 너희 만백성들을 해치며, 어진 신하를 불태워 죽이고, 아이 밴 부인의 배를 갈라보니, 황천(皇天)이 진노(震怒)하여, 우리 돌아가신 문왕이 명(命)하시어 엄숙히 하늘의 위엄을 받들어 행하게 하셨는데, 대훈(大勳)을 이루지 못하셨다."라고 하였다.

오행편
五行篇

1.

"五行分儷四時, 厥義何如?" 王子曰: "緯人私智强合, 非聖人實
正之論也. 五行之氣, 渾於太極, 何日無之? 旣曰春木矣, 季土
矣, 何水火土金, 日輪次而仍在? 不幾於自爲予盾乎? 若曰日
逢甲乙, 木氣獨生矣, 其水火金土將歸何所? 不幾於誕而害義
乎? 氣無滅絶之理, 又非遜避而然, 故曰緯人私智强合, 非聖人
實正之論也."

"오행을 사계절[四時]에 나란히 한 것은 그 뜻이 무엇인가?" 왕자가
말하기를 "위인(緯人)[1]이 개인의 지혜로써 억지로 합치시킨 것이고,
성인이 실증한 논의가 아니다. 오행의 기는 태허와 혼합하여 어느 날
인들 없겠는가? 이미 봄을 목(木)[2]이라 하고, 사계의 끝은 토(土)[3]라
하였는데 어찌 수·화·토·금(水·火·土·金)이 시일의 윤차(輪
次)로 이어져 있겠는가? 스스로 모순에 가깝지 않은가? 만약 갑을일
(甲乙日)[4]을 만난다면 목기(木氣)가 홀로 발생하는데, 그 화·수·금
·토는 장차 어느 곳에 귀속시켜야 하는가? 황탄하여 뜻을 해치는
것에 가깝지 않은가? 기가 없어지고 끊어지는 이치가 없는 것은 또
손피(遜避)[5]하여 그런 것이 아니다. 그래서 '위인(緯人)이 개인의 지

혜로서 억지로 합치시킨 것이고, 성인이 실증한 논의가 아니다'고 한
것이다." 하였다.

注

1 위인(緯人)은 술사(術士)를 말한다.

2 『예기·월령(月令)』: "大史謁之, 天子曰, 某日立春, 盛德在木. 태
사가 천자를 알현했더니 천자가 말했다: 어느 날(某日)이 입춘이다.
천지 생육(生育)의 성대한 덕이 목(木)에 있다."라고 하였다.
오행 목·화·금·수·토(木·火·金·水·土) 중에서 목(木)은 봄
에 속하고 만물이 소생하는 생육을 뜻한다.

3 『예기·월령(月令)』: "中央土. 중앙은 흙이다."라고 하였다.
동쪽은 목(木)이고 남쪽은 화(火)이며 금(金)은 서쪽이고 수(水)는
북쪽이고 중앙이 토(土)이다.

4 갑을일(甲乙日)은 봄의 길일이고 여름의 길일은 병정일(丙丁日)이
며, 환절기에 속하는 3, 6, 9, 12월의 길일은 무기일(戊己日)이고,
가을의 길일은 경신일(庚申日)이며, 겨울의 길일은 임계일(壬癸日)
이다.

5 손피(遜避)는 사양하고 피하는 것이다.

2.

天, 一也, 天下之國何啻千百: 譬父之於子, 雖有才不才, 厥愛
惟均也. 天象之變, 皆爲中國之君譴告之, 偏矣. 以爲千百國
皆應之, 而國君行政之善惡, 又未必一日月而均齊也. 參之中
正普大之道, 茫然未之有合. 蕩於私數, 戾於聖心, 必自災異
之學始.

하늘은 하나이지만 천하의 나라가 어찌 천백뿐이겠는가? 비유하자면
부모는 자식에 대하여 비록 재주가 있고 재주가 없던지 그 사랑은

오직 균등하다. 천의 형상이 변화하는 것이 모두 중국의 군주를 위하여 잘못을 꾸짖어 알린다고 한 것은 치우친 말이다. 천백의 나라가 모두 거기에 응하여, 나라의 군주가 행하는 정치의 선악이 반드시 한결같게 해와 달이 균등하고 가지런하지 않다고 여긴다. 중정하고 보편적인 도리를 헤아려 보니 막연하게 합치됨이 없다. 사사로운 숫자의 술수[1]에 영향을 받아서 성인의 마음에 어긋난 것은 반드시 재이(災異)의 학술로부터 시작되었다.

注

1 수술(數術)은 숫자로 하늘의 형상을 설명하는 음양오행가들의 학설을 가리킨다.

왕정상은 동중서의 재이설을 비판하였다. 그는 '하늘의 형상 변화 즉, 비가 많이 오거나 오지 않아 재해가 생기는 것, 우레가 치는 것 등은 군주의 잘함 잘못함과는 아무런 상관이 없다. 이는 부모가 자식의 재주 있음과 재주 없음 때문에 차별하여 대하는 것과 같다. 군주의 선악이 나라마다 다르게 나타나기 때문에 하늘이 보편적 도로서 일마다 낱낱이 헤아려 합치시킬 수 없다. 그래서 재이설은 잘못된 학설이다.'라고 주장하였다.

3.

日祛淫祀也, 而瀆鬼神之感應; 日擊妖道也, 而信天人之休咎, 是啓源而欲塞流矣, 得乎? 曰, 可以動人主之趨善也. 嗟乎! 是則然矣. 君有邪心不務格而正之; 君有僻政不務諫而反之, 乃假不可知者而恐懼之, 是舍本而務末也. 久而無應, 將自喪其術, 何善之能趨, 幾於佛氏之愚人矣. 是故聖人通於性命之本, 立於中正之途, 雖以神道設教也, 尊天地而不瀆, 敬鬼神而遠之, 守經正物, 不飾妖誕, 則風俗同而百家息矣.

매일 음사(淫祀)[1]를 쫓고 귀신의 감응을 업신여긴다, 매일 요도(妖道)[2]를 배격하고 천인(天人)의 화복[3]을 믿는 것은 원천을 열고 그 유통을 막고자 한 것이다. 할 수 있겠는가? 대답하기를 "임금에게 선행을 좇도록 할 수 있다. 아! 이것은 옳다고 하겠다. 임금이 사심(邪心)을 지녀 애써 바로잡고 바르게 하지 않는다. 임금이 치우친 정치를 하는데 힘써 간쟁하여 돌이키도록 하지 않으니 곧바로 알 수 없는 것을 빌려다가 두렵게 한다. 이는 근본을 버리고 말단에 힘쓰는 것이다. 오래되면 감응이 없게 되고, 장차 스스로 그 술수를 상실하게 될 것이니 어떻게 선(善)이 좇을 수 있겠는가? 부처가 사람을 어리석게 하는 것에 가깝다. 이 때문에 성인은 성명(性命)의 근본에 통달하고 중정(中正)의 길에 서서, 비록 신도(神道)로서 가르침을 세웠지만[4] 천지를 존중하면서 업신여기지 않고, 귀신을 공경하면서 멀리하고[5], 경(經)[6]을 지키고 사물을 바르게 이해하고, 황탄 괴이함으로 꾸미지 않는다면, 풍속이 동일하게 되어 백가(百家)[7]가 소멸될 것이다.

注

1 음사(淫祀)는 귀신(鬼神)에게 지내는 제사(祭祀)이다.

2 요도(妖道)는 사람을 홀리는 괴이한 도이다.

3 천인(天人)은 하늘이 낸 사람이다. 맹자는 백성을 천민(天民)이라 불렀다. 휴구(休咎)는 길(吉)한 것과 흉(凶)한 것으로 복(福)과 화(禍)이다.

4 『주역·관괘(觀卦)』, 단사(彖辭): "聖人以神道說敎而天下服矣. 성인이 신묘한 하늘의 도리를 관찰하여 교화를 베풀자 천하가 모두 복종하였다."라고 하였다.

5 『논어·옹야』: "敬鬼神而遠之. 귀신을 공경하되 멀리하라."라고 하였다.
   귀신을 공경함은 조상을 받드는 것이다. 귀신을 가까이하면 신을 믿는 종교가 된다. 그래서 공자는 귀신을 공경하되 가깝게 하지 말라고 하였다.

6 경(經)은 지켜야 할 바른 도리이다.

7 백가(百家)는 제자백가인데, 전국시대 난무하던 각종 사사로운 이론

[邪說]들을 말한다.

4.

董子論高廟災, 曰去諸侯; 高(原)[園]便殿災, 曰去大臣. 嗟乎!
誣天人甚矣. 黜百家, 尊仲尼, 何有哉? 是謂累德, 不直累學也.

동자(董子)¹가 요동(遼東)의 고묘(高廟)의 화재²를 논하기를 "제후를
제거해야 한다"고 했다. 고원(高園)³의 편전의 화재에 대해서는 "대
신(大臣)을 제거해야 된다"⁴고 했다. 아! 천인(天人)을 속인 것이 심
했다. 백가를 축출하고 공자를 존숭해야 한다고 한 것이 무슨 이익이
있겠는가? 이는 덕행에 허물을 끼친 것이고, 학문에 허물을 끼친 것
뿐만이 아니었다.

注

1 동자(董子)는 한 대 동중서(董仲舒, B.C. 179~B.C. 104)이다. 광천
(廣川) 사람이고 사마천의 스승이다.

2 요동(遼東) 고묘(高廟)의 화재는 요동(遼東)에 있던 한나라 고조(高
祖) 사당에서 화재가 발생했던 사실을 말한다.

3 高(原)[園]: 고원(高園)은 명대 본에는 '高原'으로 되어있다. 지금의
판본은 '原'이 잘못이라 하고 '園'자로 고쳤다. '園'은 동산으로 사당
을 뜻하여 고원(高原)은 한 고조의 사당이다.

4 대신을 제거함에 대한 고사는 다음과 같다. 주보언(主父偃)이 동중서
를 시기해 그의 책을 절취하여 무제에게 바쳤다. 무제는 여러 유생들
을 불러서 그 책을 살펴보게 했는데, 그 속에는 재앙 현상을 가지고
조정의 실정을 풍자하고 비방한 내용이 있었다. 동중서의 제자인 여
보서(呂步舒)는 자기 스승의 책인 줄 모르고, 이를 어리석은 견해라고
책의 내용을 폄하했다. 때문에 동중서는 법관에게 넘겨져 사형 판결
을 받았으나, 황제는 조칙을 내려 그를 사면시켜 주었다. 그 후부터
동중서는 결국 재이(災異)에 관한 학설을 다시 감히 강론하지 않았다.

5.

周公曰: "履霜堅冰至", 仲尼曰: "若由也, 不得其死然", 孟子曰: "死矣! 盆成括", 聖賢之前知也. 倡推測之術者, 其緯說乎! 其異端乎! 恫而愚, 可憫焉! 英雄欺人焉, 不仁之甚者矣.

주공(周公)이 "서리를 밟으면 견고한 얼음이 이른다"¹ 라고 했고, 공자는 "자로(子路)같다면 그 죽음을 제대로 얻지 못하리라"²고 했으며, 맹자는 "죽었구나! 분성괄(盆成括)이여"³라고 한 것은 성현이 미리 안 것이다. 추측하는 술(術)을 창도한 것⁴은 아마 술사의 설이던가! 아마 이단이던가! 두렵고도 어리석으니 불쌍히 여길 만하다! 영웅이 사람을 속인다는 것은 불인(不仁)이 심한 것이다.

> **注**

1 『주역 · 곤괘(坤卦)』, 상사(象辭): "履霜堅冰至. 서리를 밟으니, 곧 단단한 얼음에 이른다."라고 하였다.

   상사(象辭)는 주공이 괘를 보고 붙인 말이다.

2 『논어 · 선진』: "若由也, 不得其死然. 자로라면 그 죽음을 제대로 얻지 못할 것 같구나."라고 하였다.

   유(由)는 자로의 이름이다. 뒤에 자로는 위나라의 난에 죽게 되었다. 공자는 이일을 예견하고 자로 같은 성격으로는 제 명대로 살지 못할 것 같아 걱정스럽다고 한 것이다.

3 『맹자 · 진심 하』: "孟子曰, 死矣, 盆成括. 맹자가 죽겠구나! 분성괄이여!"라고 하였다.

   『맹자 · 진심 하』: "門人問曰, 夫子何以知其將見殺, 曰其爲人也小有才, 未聞君子之大道也, 則足以殺其軀而已矣. 문인이 선생께서 어떻게 죽게 될지 알았습니까? 하고 묻자. 맹자는 그의 사람됨이 자잘한 재주가 있는데 군자의 대도를 들어보지 못했으니 자기의 몸을 죽이기에 족할 따름이다"라고 하였다."

4 방술의 방(方)은 일이나 사물에 대해 정확히 들어맞는 해결책을 뜻

하고 술(術)은 관측을 통한 예측을 기본으로 하는 기술들을 뜻한다. 방(方)에 해당하는 것들로는 경방(經方: 의술)·방중(房中: 성생활을 위주로 한 생리학)·신선(神仙: 불로장생의 방법) 등이 있으며, 술(術)의 범위에 들어가는 것들로는 오행·천문·역법·관상·점술 등이 있다. 그들을 방사, 술사로 칭한다. 방술은 자연현상에서 규칙성을 이끌어내고 그러한 규칙에 의해 길흉을 점치거나 불로장생을 추구하는 학문들의 총칭이다.

6.

萍實、商羊, 附會於聖人也. 若然, 彼童子之前知矣, 仲尼何與焉?

평실(萍實)[1]과 상양(商羊)[2]은 성인에 의해 견강부회[3]된 것이다. 만약 그랬다면 저것을 동중서도 미리 알았을 것인데 공자는 어째서 참여했던가?

注

1 유향(劉向), 『설원(說苑)·변물(辨物)』: "楚昭王渡江, 有物大如斗, 直觸王舟, 止於舟中; 昭王大怪之, 使聘問孔子. 孔子曰, 此名萍實, 令剖而食之, 惟霸者能獲之, 此吉祥也. 초(楚)나라 소왕(昭王)이 강을 건너고 있을 때 말(斗) 크기의 큰 물체가 왕이 탄 배를 치더니, 배 안으로 올라 멈추었다. 소왕이 매우 이상히 여겨 공자를 초빙하여 알아보게 하였다. 이에 공자는 이렇게 설명하였다. '이것의 이름은 평실(萍實)이며, 갈라서 먹는 것입니다. 오직 패왕(霸王)이 될 자만이 이를 얻을 수 있으니, 이것은 길상(吉祥)입니다.'"라고 하였다.

2 유향, 『설원·변물』: "齊有飛鳥一足 …… 孔子曰, 此名商羊. 제나라에 한 무리의 새가 날고 있었는데 …… 공자가 말했다, 이 이름은 상양입니다."라고 하였다.

상양은 날아다니는 새를 말하고 상양이 날면 큰비가 온다는 전설이 있었다.

3 부회(附會)는 이치(理致)에 닿지 않는 것을 억지로 끌어대어 이치
(理致)에 맞게 하는 것으로, 말이나 이론(理論)을 억지로 끌어다 붙
임의 뜻이다.

7.

聖人治世, 其鬼不神, 非鬼之不能神也, 經正而法嚴也. 正則邪
說不興, 嚴則妖道罔作, 鄙儒詖術屏跡, 若沒焉耳矣.

성인[1]이 세상을 다스릴 때는 "그 귀신은 신령하지 않다[2]"고 하는데,
귀신이 신령할 수 없는 것이 아니고 도리가 바르고 법제가 엄격하기
때문이다. 도리가 바르면 사설(邪說)이 일어나지 않고, 법제가 엄격
하면 요도(妖道)가 일어나지 않는다. 비루한 유자의 사리에 어긋난
술도 자취를 감추고 소멸된 듯 할 뿐이다.

注

1 성인은 노자를 가리킨다.
2 『노자』, 60장: "以道莅天下, 其鬼不神. 非其鬼不神, 其神不傷人.
도로써 세상에 임하면 귀신도 신령한 힘을 발휘하지 못한다. 귀신이
신령한 힘을 발휘하지 못하는 것이 아니라 그 신령한 힘으로 사람에
게 상처를 입히지 않는다."라고 하였다.

8.

妖祥, 人也, 論者由物, 惑矣. 父慈子孝, 君仁臣忠, 兄友弟恭,
夫和婦順, 雖山崩川竭, 不足以爲殃. 父子逆而君臣離, 人道乖
而彝倫斁, 嬖倖得志而賢哲退抑, 雖鳳鳥慶雲, 不足以救其危
亂之禍. 何也? 國家之興替, 人事之善否也. 是故責人敬天者其
道昌, 棄人諉天者其道亡.

요사함과 상서로움은 사람에 기인한다. 논자가 사물을 말미암는 것은 미혹한 것이다. 부모는 인자하고 자식은 효도하고, 임금은 어질고 신하는 충성하고, 형은 우애하고 아우는 공경하고, 남편은 화합하고 부인은 순종하니 비록 산이 붕괴하고 냇물이 마를지라도 재앙으로 여기기에 부족하다. 부자가 서로 거스르고, 군신이 서로 벌어지고, 인도(人道)가 괴리되고 이륜(彝倫)[1]이 무너지고, 폐행(嬖倖)[2]이 뜻을 얻고 현철(賢哲)이 물러난다면 비록 봉황이 울고 상서로운 구름이 뜬다 해도 그 위란의 화를 구원하기에 부족하다. 무엇 때문인가? 국가의 흥망성쇠는 사람의 일이 잘 하였는지 아닌지 여부에 달려있다. 이 때문에 사람을 꾸짖고 하늘을 공경하는 자는 그 도가 창성할 것이고, 사람을 버리고 하늘을 점치는 자는 그 도가 망할 것이다.

注

1 이륜(彝倫)은 변치 않는 도덕이다. 상도(常道)와 같다.
2 폐행(嬖倖)은 비천한 출신으로 왕의 총애를 받은 자이다.

> 국가의 흥망성쇠는 하늘에 달려있지 않고 사람이 하는 것에 달려있다. 잘못이 있으면 사람을 꾸짖어야 나라에 도가 성행하게 되고 사람의 잘못을 꾸짖지 않고 하늘에 점치기만 하면 나라는 쇠망하게 된다. 이런 생각은 왕정상이 무신론자(無神論者)임을 보여주고 있다.

9.

聖人之知來, 知其理也. 吉凶禍福之至, 亦有不直於理者, 聖人所不知也. 故推測之術, 聖人不貴.

성인이 미래를 아는 것은 그 이치를 아는 것이다.[1] 길흉화복이 이르면 또한 도리에 바르지 못한 것이 있는데[2] 성인도 알지 못하는 바이다. 그래서 추측의 방법은 성인이 귀하게 여기지 않는다.

1 미래를 안다는 것은 하늘의 운행원리를 아는 것이다. 하늘의 이치는 일음일양의 되[一陰一陽之道]를 지녀 한번 음하고 한번 양하며 바뀌는데도 그 변화가 규칙적이다. 뿐만 아니라 변화를 아는 것이 쉽고 간단하다. 때문에 하늘의 운행 이치를 파악하여 미래를 예견할 따름이다.

2 유가에서는 복선화음(福善禍淫)이라고 한다. 선한 자에게 복이 오고 음탕한 자에게 화가 미친다는 의미이다. 하지만 사람의 일에는 적용하기 어렵다. 도척이 벌 받지 않고 누리며 오래도록 살다가 늙어 죽은 것이나 많은 충신들이 죽음을 당한 일은 이 도리에 어긋난다.

왕정상은 『주역』을 점서로 보지 않고 이치를 알아서 기미를 살피는 책이라고 하였다. 그래서 주희가 『주역』을 점서로 본 것을 잘못이라고 한다.

10.

天地道化不齊, 故數有奇耦之變, 自然之則也. 太極也, 君也, 父也, 不可以二者也. 天地也, 陰陽也, 牝牡也, 晝夜也, 不可以三者也. 三才不可以四, 四時不可以五, 五行不可以六. 故曰, 物之不齊, 物之情也. 夔一足, 人兩足, 蟾蜍三足, 馬四足, 知蛛六足, 蟹八足, 蚰蜒四十足, 蚿百足, 是豈物之所能爲哉? 一天之道也. 邵子於天地人物之道, 必以四而分之, 膠固矣. 異於造化萬有不齊之性, 戾於聖人物各付物之心, 牽合傅會, 擧一而廢百者矣.

천지의 도의 변화는 같지 않기 때문에 숫자에 기수와 우수의 변화[1]가 있는데 이는 자연스러운 법칙이다. 태극, 임금, 부친은 둘이 될 수 없는 것이다. 천지, 음양, 빈모(牝牡)[2], 주야(晝夜)는 셋이 될 수 없는 것이다. 삼재(三才)[3]는 넷이 될 수 없고, 사시(四時)는 다섯이 될 수 없고, 오행은 여섯이 될 수 없다. 그래서 말하기를, "사물이 같지 않은 것은 사물의 이치이다"[4]고 하였다. 기(夔)는 1족(足)[5]이고, 사람은 2족이고, 두꺼비[蟾蜍]는 3족이고, 말은 4족이고, 거미는 6족이고, 게는 8족이고, 지네[蜈蚣]는 40족이고, 노래기[蚿]는 백족[6]인데 이는 어찌 사물이 스스로 이룰 수 있는 것인가? 모두가 하늘의 도이다. 소자(邵子)[7]는 천지인물의 도를 반드시 4로써 구분하였는데 지나친 고집이다. 이는 조화만유의 같지 않는 성(性)과 다르고, 성인이 사물의 각각에는 사물의 마음이 부여되어 있다는 데에도 어긋난다. 견합부회가 한 번 거론되자 백 가지가 폐기되었다.[8]

注

1 기수(奇數)는 홀수이고 우수(耦數)는 짝수이다.

2 빈모(牝牡)는 암컷과 수컷이다.

3 삼재(三才)는 천 · 지 · 인(天 · 地 · 人)을 말한다.

4 『맹자 · 등문공』: "物之不齊, 物之情也. 사물은 다 같지 않다는 것이 사물의 정감이다."라고 하였다.

5 『장자 · 추수』: "夔, 一足獸. 기는 외발 짐승이다."라고 하였다. 『산해경(山海經)』에 기(夔)는 소와 같은 모양에 푸른빛이며 뿔이 없고 외발로 다닌다고 한다. 소리는 또한 우레(雨雷)와 같다고도 하고 있다.

6 『장자 · 추수』: "蚿, 百足蟲. 현은 백개의 발이 달린 벌레이다."라고 하였다.
현(蚿)은 노래기로 번역한다.

7 소자(邵子)는 북송오자 중 한 사람인 소옹(邵雍)이다.

8 『맹자 · 진심 상』: "去一廢百. 한 가지를 내걸고 백 가지를 없애 버린다."라고 하였다.
그 한 가지는 중을 잡는[執中] 것이다.

11.

或問治世之有災沴, 君德不協於天而譴告之乎? 曰: 非然也. 亂世之有瑞, 夫又誰感格之! 是故 堯有水, 湯有旱, 天地之道適然爾, 堯湯奈何哉? 天定勝人者, 此也. 堯盡治水之政, 雖九年之波, 而民罔魚鼈; 湯修救荒之政, 雖七年之亢, 而野無餓殍, 人定亦能勝天者, 此也, 水旱何爲乎哉! 故國家之有災沴, 要之君臣德政足以勝之, 上也. 何也? 天道悠而難知, 人事近而易見, 凡國家危亂者, 鹹政之不修, 民之失所, 上之失職也, 孰見天帝訶詆乎哉! 孰見天帝震怒乎哉! 此應天以實不以誣者, 堯, 湯自修之意也. 書曰: "我不敢知曰, 有夏受天命, 惟有曆年, 我不敢知曰, 不其延, 惟不敬厥德, 乃早墜厥命." 可謂善言天道者矣.

어떤 사람이 묻기를 "치세(治世)에 재앙이 있는 것은 임금의 덕이 하늘에 화합하지 못하여 꾸짖어 알린 것인가?"라고 하니 말하기를, "그렇지 않다. 난세에 상서로움이 있는 것은 또한 누가 감동시킨 것인가? 이 때문에 요(堯) 시대에는 수해가 있었고, 탕(湯) 시대에는 한해가 있었는데 천지의 도가 당연히 이러했을 뿐이다. 요와 탕이 어찌 하겠는가? '하늘이 반드시 사람을 이긴다.'[1]가 이것이다. 요는 치수의 정책에 진력했는데 비록 9년간의 수해였지만 백성은 어별(魚鼈)이 되지 않았다.[2] 탕은 구황(救荒)의 정책을 실행했는데 비록 7년간의 한해였지만 들판에는 굶어죽은 사람이 없었다.[3] 사람이 반드시 하늘을 이길 수 있음[4]이 이와 같다. 수해와 한해는 어찌 하겠는가? 그래서 국가에 재앙이 있으면 군신의 덕정(德政)으로써 이겨내는 것이 상책이다. 무엇 때문인가? 천도는 멀어서 알기 어려우나 인사는 가까워서 쉽게 보이니 국가의 위란은 모두 정치가 다스려지지 않은 데서 비롯되는 것이고, 백성이 있을 곳을 잃은 것은 윗사람이 직분을 잃은 것이다. 누가 천제(天帝)의 견책을 받겠는가? 누가 천제의 진노를 받겠는가? 이 때문에 하늘에 응하는 것을 실제로써 여기고 거짓으로 여기지 않은 것은 요와 탕이 스스로 그 덕을 닦았다는 뜻이다. 『서경』에 '나는 감히 알지 못하지만, 하(夏)나라가 천명을 받아 긴 역사를 누릴 수 있었다.'고 말하고, 나는 감히 알지 못하지만 연장하지 못한 것은 오직 덕을 공경하지 않아서 일찍이 그 명(命)을 잃은 것이다.'⁵라고 말했다. 천도를 잘 말했다고 할 수 있다." 하였다.

注

1 천정승인(天定勝人)은 하늘이 반드시 사람을 이긴다는 뜻으로 모든 인간의 일은 하늘에 달려있음을 말한다.

2 『사기』: "堯時洪水九年. 요 시대에는 9년 동안 홍수가 있었다."라고 하였다.
  백성이 물고기와 자라[魚鼈]가 되지 않았다고 함은 바다에 빠져 죽지 않았다는 의미이다.

3 『장자·추수』: "湯之時八年七旱. 탕 임금 때에 8년 동안 7번 가뭄이 있었다."라고 하였다.
  그렇게 오랫동안 한재를 겪으면서도 굶어 죽은 사람이 없었다고 한다.

4 『순자·천론』: "天有其時, 地有其財, 人有其治, 夫是之謂能參. 하늘에는 사시의 운행이 있고 땅에는 자원이 있으며 사람에게는 다스림이 있다. 이 다스림을 능참(能參)이라고 한다."라고 하였다.
  능참의 다스림은 순자의 실천론이라고 할 수 있다. 순자가 인간은 자연을 벗어날 수 없지만 지나치게 수동적일 필요는 없다고 주장하며 하늘과 인간의 종속관계를 거부하였다. 인정승천(人定勝天)은 인간이 실천적 노력으로 운명을 극복할 수 있다고 하는 것이다. 이는 자연현상과 인간의 행위를 분리했으며 천인지분(天人之分) 사상에서 한 걸음 더 나아간 것이다.

5 『서경·소고(召誥)』: "我不敢知曰, 有夏受天命, 惟有曆年, 我不敢知曰, 不其延, 惟不敬厥德, 乃早墜厥命. 나는 감히 알지 못하지만,

'하(夏)나라는 천명을 받아 긴 역사를 누릴 수 있었다'고 말합니다. 나는 감히 알지 못하지만 '국가 경영을 계속하지 못한 것은 오직 덕을 공경하지 않아서 일찍이 명(命)을 잃은 것이다.'라고 합니다."라고 하였다.

12.

雨暘時若, 風霆流行, 天地之德化也. 世有風雷之師, 雲雨之巫, 是人握其權矣; 土主木偶, 行禱求應, 是鬼司其機矣, 然乎! 儒者假借而罔正於道, 傷造化之大倫, 邪誣之俗, 誰其責哉!

비와 갠 날이 시기에 적절하고 바람과 천둥이 유행하는 것은 천지의 덕화(德化)이다. 세상에 바람과 천둥의 사(師)가 있고, 구름과 비의 무당이 있다고 하는 것은 사람이 그 권세를 장악하는 것이다. 흙으로 만든 신주(神主)와 목우(木偶)[1]는 기도하여 감응을 구하는 것인데 이는 귀신이 그 기회를 살피는 것이다. 그런 것인가? 만약 유자가 그것을 가차하여 도에서 바름이 멀어지는 것은 조화의 대륜(大倫)을 손상시키는 것이니, 사악하고 거짓된 풍속은 누가 책임질 것인가!

注

1 흙으로 만든 신주(神主)와 나무로 만든 목우(木偶)는 상례에 쓰이는 것이다. 빈소나 사당에 망자의 신주를 모신다. 신주는 죽은 사람의 넋이 담긴 위패이다. 고대에는 시동(尸童)이라 하여 망자의 손자를 제사상에 앉혀놓고 제사를 지냈다. 그 후에 살아있는 시동 대신 나무로 만든 인형을 사용하였는데 목우(木偶)라 한다.

하늘의 이치는 비 오고 맑은 날이 적당하게 운행하는 데 바람과 천둥의 술사가 있다고 하고 구름과 비를 부르는 무당이 있다고 하는 것은 그들이 하늘을 빙자하여 권세를 장악하려는 방편이었다. 동중서 같은 유학자는 이러한 방편을 가차하여 도의 바름을 얻었으니 대륜을 손상시킨 것이다.

13.

淫僻於陰陽者, 必厚誣天道; 傅會於五行者, 必熒惑主聽.

음양에 빠진 자는 반드시 천도를 몹시 왜곡하고, 오행에 부회(傅會)된 자는 반드시 임금의 경청을 현혹되게 할 것이다.

> 음양과 오행은 하늘의 운행 법칙으로 천도이다. 고대 음양 오행가들은 운행 법칙을 견강부회하며 권세를 누리고 임금을 현혹되게 하였다.

14.

"禍福有所由主乎?" 曰: "積善之家, 必有餘慶; 積不善之家, 必有餘殃', 人事之相感招也, 而鬼神不與焉." 曰: "福善禍淫非與?" 曰: "比干剖心, 盜蹠老死, 子謂天攝物耶? 殘賊暴虐, 人切憤之, 而禍卒被焉者, 人道之不容已者也. 非人力也, 故歸之天爾. 善之得福亦如是. 干、蹠幸不幸爾, 非常道也."

"화복에 원인을 일으키는 바가 있는가?" 말하기를, "'선행을 쌓은 집에는 넉넉한 경사가 있고, 불선(不善)한 행실을 쌓은 집에는 넘치는 재앙이 있다.'[1]고 했다. 인사가 서로 감응하여 부른 것이고, 귀신은 관여하지 않는다."고 하니 말하기를, "선자에게 복을 주고 사악한 자에게 화를 주는 것[2]은 옳지 않은가?"하니 말하기를, "비간(比干)[3]은 심장이 도려내졌으며, 도척(盜蹠)[4]은 늙어서 죽었는데, 그대는 하늘이 사물을 다스린다고 말하겠는가? 잔악한 도적이 포악을 저지르는 것은 사람들이 몹시 분개하지만 끝내 화를 갑자기 당하는 것은 인도(人道)가 그만두는 것을 용납하지 않는 것이다. 이는 사람의 능력이 아니기 때문에 하늘에다 귀속시킨 것일 뿐이다. 선행이 복을 받는 것도 또한 이와 같다. 비간과 도척은 요행과 불행일 뿐으로 상도(常道)가 아니다.

1 『주역·곤괘·문언전』: "積善之家, 必有餘慶, 積不善之家, 必有餘
殃. 선을 쌓은 집안은 반드시 많은 경사가 있게 되고, 불선을 쌓는
집은 반드시 큰 재앙을 가지게 될 것이다."라고 하였다.

2 『주역·곤괘·문언전』: "天道不言而響應, 福善禍淫. 천도는 말하지
않았는데도 되돌아오는 메아리이다. 착한 자에게 복이 되고 욕심이
넘치는 자에게는 재앙이 된다."라고 하였다.

3 비간(比干)은 은나라 주왕(紂王)의 숙부로 주왕을 오랫동안 보필하
였으나, 주왕은 새로 들인 후궁인 달기(妲己)에 빠져 폭군이 되었다.
주왕은 달기(妲己)를 멀리 하라고 간언하는 신하들을 처형하면서,
충신들은 떠나고 권력을 탐하는 무리들이 중요 직책에 등용되었다.
비간(比干)은 주왕(紂王)에게 정치를 바로 잡을 것을 주장하다가 죽
었다. 민간 설화에는 주왕(紂王)은 화를 내며 "성인(聖人)의 심장에
는 구멍이 일곱 개나 있다고 들었다"라며 진짜 그런지 확인하겠다며
비간의 심장을 꺼내도록 하였다고 전한다.

4 도척(盜蹠)은 노(魯)나라 현인(賢人)인 유하혜의 동생이다. 도척은
9천 명에 이르는 도적 무리를 이끄는 두목이었으며, 각국 제후들의
영토를 제집 드나들 듯 침범하여 재물과 부녀자를 훔치고 약탈했다
고 한다. 그가 이끄는 도적들의 위세가 어찌나 대단했던지, 그들이
지나갈 경우 큰 규모의 제후국은 성을 지키고 맞섰지만, 작은 규모의
제후국들은 난리를 피하려고 성안으로 몸을 숨겼다고 한다. 그런데
도 도척은 목숨을 부지하여 늙어 죽었다.

15.

或問: "天開於子, 地辟於丑, 人生於寅, 必待一萬八百年, 有
諸?"王子曰: "生成固有序矣, 數何拘若是! 又何齊若是! 豈
非以十二辰之數而强附之耶? 地辟, 物即生之, 陸也草木昆蟲,

水也蛟螭魚鱉, 人亦類也, 與俱生矣. 蓋氣化之不容已如此, 安能若是久乎? 自堯至於玆, 止三千餘年爾, 今視之亦甚遠. 曰萬八百年物始生焉, 謂實埋然乎哉!"

어떤 사람이 묻기를 "하늘은 자(子)에서 열리고, 땅은 축(丑)에서 열리고, 사람은 인(寅)에서 태어나는데 반드시 1만 8백년을 기다려야 한다고 한다.[1] 그러한가?"라고 했다. 왕자가 대답하기를 "생성에는 본래 순서가 있다. 숫자가 어찌 이처럼 고집하겠는가? 또 어떻게 이처럼 나란하겠는가? 어찌 십이진(十二辰)의 숫자로써 견강부회한 것이 아니겠는가? 땅이 열리고 사물이 바로 태어나는데, 육지에는 초목과 곤충류, 물에는 교룡과 물고기 부류, 사람도 또한 한 종류이니 함께 모두 태어난다. 대개 기의 변화가 그치지 않는 것이 이와 같은데 어찌 이처럼 오래 될 수 있는가? 요(堯)의 시대부터 지금까지 다만 3천여 년일 뿐인데 보아하니 또한 몹시 멀다. 1만 8백년이 되어야 사물이 생긴다는 말은 실제로 그러겠는가?"

注

1 소옹, 『경세일원소장지수도(經世一元消長之數圖)』: "以一元有十二會, 每會有一萬八百歲. 1원(元)은 12회가 있고 매 회에는 일만 팔백 년이 있다."라고 하였다.
일만 팔백 년 후에 하늘이 생기고 또 일만 팔백 년 뒤에 땅이 생기고 일만 팔백 년 후에 사람을 비롯한 사물이 생겨났다고 본 것이다.

16.

天地之生物, 勢不得不然也, 天何心哉! 強食弱, 大賊小, 智殘愚, 物之勢不得不然也, 天又何心哉!
世儒曰, 天地生物爲人耳. 嗟乎! 斯其昧也已. 五穀似也; 斷腸裂腹之草, 亦將食人乎! 雞豚似也; 蚑蜿蝮蠍之屬, 亦將爲人

乎！夫人之食夫物, 固曰, 天之爲夫人之生之也, 然則虎狼攫
人而食, 謂天爲虎狼生人可乎！蔽於近小而不致大觀也矣.

천지가 만물을 생성하는 것은 형세가 어쩔 수 없이 그런 것이지, 하늘이 어찌 마음을 썼겠는가? 강자가 약자를 먹고, 큰 것이 적은 것을 해치고, 지혜로운 자가 어리석은 자를 해치는 것은 사물의 형세가 부득불 그런 것이지 하늘이 또한 어찌 마음을 썼겠는가? 세속의 유자가 말하기를 천지가 사물을 낳은 것은 사람을 위한 것일 뿐이라고 한다. 아! 이는 우매할 뿐이다. 오곡은 먹을 수 있지만 창자를 끊고 배를 찢는 풀이 또한 장차 사람에게 먹게 하겠는가? 닭과 돼지는 먹을 수 있지만 도롱용, 살무사, 전갈 등을 또한 장차 사람에게 먹게 하겠는가? 사람이 사물을 먹으니, 참으로 하늘이 사람을 위하여 사물을 낳았다고 말하는데, 그렇다면 호랑이와 이리가 사람을 잡아먹으니[1] 하늘이 호랑이와 이리를 위해 사람을 낳았다고 하는 것이 옳겠는가? 가깝고 작은 것에 가려져서 큰 관찰에 이르지 못한 것이다.

注

1 확(攫)은 날짐승과 들짐승이 쟁탈하여 취하는 것을 말한다. 내용은 서로 잡아먹히는 먹이사슬을 설명한다.

만물의 탄생은 하늘의 의도가 아니다. 유학자들은 '하늘이 사람을 위해서 만물을 만들었다'고 하는 데, 이는 틀린 말이다. 사람도 사나운 짐승에게 물려 죽을 수 있기 때문이다. 천지에 만물이 있는 것은 세(勢) 때문이고, 만물의 약육강식(弱肉强食)의 논리도 역시 세 때문이다.

17.

"聖人之行難符, 下守賢人之榘可乎?" 曰: "中人以下, 可以免過也, 非通議矣; 久而蔽焉, 局也已." 曰: "由賢入聖, 何局?" 曰: "獨不見水中之鱗乎? 曲港之瀆, 其生條條爾; 洞庭彭蠡之淵,

有橫江者矣; 橫海之鯤, 化而蔽天, 不亦愈可駭哉! 又獨不見隳
栝之木乎? 小屈之則小就, 大屈之則大就. 成也不可以反, 反則
折矣, 勢也. 聖人固不易得矣, 亞聖大賢之材質, 世安可謂無也
哉? 以聖人不可易及, 必守賢人之榘, 習與性成, 氣象殊塗, 能
脫故習而超以上達, 吾見亦鮮矣. 不幾於棄亞聖大賢之人乎哉?
不幾於廢聖人之德業乎哉? 故曰蔽焉, 局也已."

"성인의 행실은 부합하기가 어려운데 아래에서 현인의 법도를 지키
는 것이 가능한가?" 대답하기를, "중인(中人) 이하가 잘못을 면할 수
있다고 하는데 통론(通論)이 아니다.[1] 오래되면 폐단이 생기고 국한
(局限)된다." "현인에서 성인이 되는 데는 무슨 국한이 있는가?" "유
독 수중의 물고기를 보지 못했는가? 굽은 도랑의 웅덩이에는 단지
조목조목의 작은 물고기만 살고, 동정호(洞庭湖)와 팽려호(彭蠡湖)[2]
의 연(淵)[3]에는 강을 횡단하는 큰 물고기가 있다. 바다를 횡단하는
곤(鯤)은 변화하여 하늘을 가리는데[4] 더욱 놀랄만하지 않는가? 또한,
휘어 만든 목기를 홀로 보지 못했는가? 작게 구부리면 작게 만들어
지고, 크게 구부리면 크게 만들어진다. 만들어지면 돌이킬 수 없는데
돌이켜 절단하는 것은 형세이다. 성인은 참으로 쉽게 얻을 수 없는데
아성(亞聖)과 대현(大賢)의 재질(材質)은 세상에서 어찌 없다고 말할
수 있겠는가? 성인에 쉽게 도달할 수 없기 때문에 반드시 현인의 법
도를 지켜서 습관이 그 성(性)과 함께 만들어지며[5] 기(氣)의 형상은
다른 길이다. 옛 습관을 벗어나서 뛰어넘어 위로 도달할 수 있는 것
은 내가 보기가 드물었다. 이는 거의 아성과 대현의 사람을 버리는
것이 아니겠는가? 거의 성인의 덕업을 없애는 것이 아니겠는가? 그
래서 폐단을 말했으니 국한(局限)될 뿐이다."

注

1 『논어 · 양화』: "唯上知與下愚, 不移. 상지와 하우는 옮겨갈 수 없

다.”라 하였다.

중인 이하는 성인이 되기 어렵다. 중인은 중인에 국한된 것이다.

2 『사기 · 손자오기열전』: “昔三苗氏左洞庭, 右彭蠡. 옛적 삼묘씨의
나라는 좌측에 동정호가 있고 우측에 팽려호가 있었다.”라고 하였다.
『상서(尙書)』: “南入于江, 東匯澤爲彭蠡. 남쪽에서 들어와 강이 된다.
동회택이 팽려호가 되었다.”라고 하였다.

회(匯)는 회(淮)땅으로 회땅의 동쪽 호수가 팽려호이다. 현재 강서
성의 파양호를 말한다. 동정호(洞庭湖)는 호남성 북쪽 소상강(瀟湘
江)과 연해 있다.

3 『주역 · 서괘(序卦)』: “入于淵也. 연못으로 들어온다.”라고 하였다.
주석에 “淵也 深也. 연은 깊은 곳이다.”라고 하였다.

연(淵)은 물속이 깊고 넓어 물이 흐르지 못하는 것을 나타내어 연못
을 뜻하게 되었다. 연(淵)은 담(潭)보다 크고 넓으며 호(湖)보다 적
다. 그 크기를 서로 비교해보면, 지(池)〈담(潭)〈연(淵)〈호(湖) 가 된
다. 그 외에 참고로 택(澤)은 늪지대이고 소(沼)는 강물이 소용돌이
치는 곳이다.

4 『장자 · 소요유』: “北冥有魚, 其名爲鯤. 鯤之大, 不知其幾千里也.
북명에 물고기가 있으니, 그 이름을 곤(鯤)이라 한다. 곤의 크기는
몇 천리가 되는지 알지 못한다.”라고 하였다.

5 『논어 · 양화』: “性相近, 習相遠. 본성은 비슷하나 습관이 서로 멀게
한다.”라고 하였다.
『서경 · 태갑(太甲) 상』: “習與性成. 습관이 본성과 함께 완성된다.”
라고 하였다.

사람들은 각기 자기 본성에 맞는 삶을 살아가고 있다. 이는 타고난 다름이고
형세이다. 다만 아성과 대현의 도를 익히고 성인의 덕을 배워 그것이 오래되면
좋은 습관이 된다. 이 습관이 타고난 본성과 합쳐져 삶이 더 윤택해질 수 있다.
하지만 중인 이하로 타고난 자가 현인이나 성인이 될 수는 없다.

18.

聖人之爲學, 博文約禮, 求其中而執之. 聖人之立心, 正義明道, 無所爲而爲之. 聖人之應事, 主之以義, 而由之以誠, 終也得失要於命焉. 夫斯道也, 何簡易若諸! 何要若諸! 史遷曰 "博而寡要, 勞而少功", 蓋不得其門而入者也, 宜乎淸淨無爲, 以黃、老先『六經』焉.

성인의 학문함은 글을 널리 배우고 예로써 단속하고[1], 그 중(中)[2]을 구하여 지킨다. 성인이 마음을 세움은 정의와 명도(明道)로써 하는 바가 없이 한다. 성인이 일에 응하는 것은 정의를 위주로 하여 성실함으로 말미암고, 끝내 득실은 운명에 요구한다. 이 도는 얼마나 쉽고 간단한가[3] 얼마나 중요한가! 사마천(司馬遷)이 말하기를, "널리 배웠으나 요점이 적고 노력하였으나 공은 적다.[4]"라고 하였다. 대개 그 문에 들어갈 수 없다는 것은 마땅히 청정무위(淸淨無爲)하여서 황제(黃帝)와 노자(老子)가 『육경(六經)』보다 앞선다.

注

1 『논어 · 옹야』: "君子博學於文, 約之以禮. 군자는 널리 글을 배우고 예로써 단속한다."라고 하였다.

2 중(中)은 중심이나 중간이 아니다. 상황에 맞는 중(中)이고 때에 맞는 중(中)이다. 공자는 이를 시중(時中)이라 하였다.

3 『주역 · 계사 상』: "簡易. 쉽고 간단하다."라고 하였다.

4 『사기 · 태사공자서』: "儒者博而寡要, 勞而少功. 유가는 폭은 넓으나 요점이 적고, 수고는 많이 하는데 성과는 적다."라고 하였다. 이는 오경(五經)을 두고 한 말이다. 사마천은 노자를 유자보다 더 높였다. 사마천은 『육가요지(六家要旨)』에 '도가의 학설은 사람에게 정신을 집중시키게 하여 도에 합치하게 하고 만물을 풍성하게 한다'는 등 도가의 우수한 이론을 다른 오가에 비해 많은 내용을 적고 있다.

19.

草木之枝幹花葉, 各有定形, 以有定種故也. 受氣殊矣乎? 土以
爲質, 水以爲液, 火以爲運, 而生枝幹花葉, 隨在各足也, 一本
故爾. 枝幹自柔而堅, 自細而大, 自疎而密, 與花葉之生榮凋
謝, 均有變也. 『觀物』云: "木之枝幹乃土石之所成, 花葉乃水
火之所成, 故多變." 是以土生枝幹, 而水火生花葉也, 然乎? 求
之實理, 滯而不通, 誤矣.

초목의 가지와 줄기, 꽃과 잎이 각각 정해진 형태가 있는 것은 정해
진 종자가 있기 때문이다. 기를 받은 것이 다른 것인가? 흙으로 질
(質)을 삼고, 물로써 액(液)을 삼고, 불로써 운동을 삼으니 가지와 줄
기, 꽃과 잎을 생성하여 거기에 만족하는 것은 그 근본 때문이다. 가
지와 줄기는 부드러운 것이 단단해지고, 작은 것에서부터 크게 되고
성근 것에서부터 치밀해지고, 꽃과 잎은 살아서는 무성하나 시들면
떨어진다. 모두 변화가 있다. 『황극경세서 · 관물(觀物)』에 "나무의
가지와 줄기는 토석(土石)이 생성한 것이기 때문에 변하지 않고, 꽃
과 잎은 수화(水火)가 생성한 것이기 때문에 변화를 많이 한다."라고
하였다. 이는 흙[土]으로써 가지와 줄기가 생성되고, 수화(水火)로써
꽃과 잎이 생성되었다고 여긴 것인데 그런 것인가?[1] 실제 이치를 구
했는데 막혀서 통하지 않으니 잘못이다.

注

1 소옹, 『황극경세서 · 관물편(觀物篇)』: "水火土石者, 化乎雨風露雷
者也. 물, 불, 흙, 돌은 비, 바람, 이슬, 우레가 변화한 것이다."라고
하였다.

20.

『禮運』曰: "播五行於四時, 而後月生也. 是以三五而盈, 三五

而缺." 嗟乎! 月之生與月之盈缺, 由於日之遠近爲之, 與五行
之播何涉乎? 以其實言之, 日月往來, 乃成四時; 今日而後月
生, 是四時生月矣, 可乎? 五行家之謬論, 類如此.

『예기 · 예운(禮運)』에 "오행을 사시에 미치게 한[1] 후에 달이 생겨났
다. 이 달은 15일 동안은 차고 15일 동안은 이지러진다."[2]고 했다.
아! 달의 생성과 달의 차오름과 이지러짐은 해의 원근(遠近)에 말미
암아 이루어지는데 오행이 뿌리는 것과 무슨 상관이겠는가? 해와 달
이 왕래하면 사시가 형성되는데, 지금 '이후에 달이 생겨난다'고 한
것은 사시가 달을 형성한다는 것으로서 가능한 것인가? 오행가의 그
릇된 논의는 이와 같다.

注

1 『예기 · 예운(禮運)』: "播五行於四時, 和而後月生也. 사계절에 오행
을 미치게 하고 화합한 후에 달이 생겨난다."라고 하였다.
오행이 계절에 따라 주관하는 것이 있다. 봄은 목(木)이고, 여름은
화(火), 가을은 금(金), 겨울은 수(水)이다. 사계절은 오행의 움직임
에 따라 함께 움직이는 것이다.

2 『예기 · 예운(禮運)』: "是以三五而盈, 三五而闕. 이것이 15일 만에
차고 15일 만에 이지러진다."고 하였다.
삼오(三五)는 15일이다. 정현(鄭玄)이 주에서 '달의 차오름과 이지
러짐은 오행(木 · 火 · 金 · 水 · 土)의 분포하는 곳에서 생겨난다.' 하
였다.

21.

"五位相得而各有合" 此自天地五十有五之數言之也. "五位" 天
地奇耦各五也. "相得"者, 言陰陽相得, 其數參合也; 不相得,
則數不合矣. 如一與四得, 三與二得, 五與十得, 則合爲天之

數; 七與八得, 九與六得, 則合成地之數, 通計爲數五十有午焉. 此天地五位之數, 各有自然之合如此. 說『易』者, 以甲乙木, 丙丁火之類爲 "相得". 以甲與己合、乙與庚合之類爲 "有合", 蓋出星命術士之論矣, 豈不爲聖經之辱乎?

"오위(五位)는 서로 얻어서 각각 합함이 있다"[1]고 했다. 이는 천지 55의 숫자로부터 말한 것이다. '오위(五位)'는 천지의 기수(奇數)와 우수(耦數)가 각각 5이다. '서로 얻는 것[相得]'[2]은 음양이 서로 얻는다는 것을 말하는데 그 숫자가 서로 합쳐지는 것이다. 서로 얻지 못하면 숫자가 합쳐지지 않는다. 예를 들면 1과 4가 얻고, 3과 2가 얻고, 5와 10이 얻으면 합하여 천(天)의 수가 된다. 7과 8이 득하고, 9와 6이 득하면 합하여 지(地)의 수를 이루는데 통계가 수 55가 된다. 이는 천지 오위의 수인데 각각 자연의 합이 이와 같다. 『역(易)』을 설명하는 자는 갑을(甲乙)을 목으로 삼고, 병정(丙丁)을 화로 삼는 부류를 '상득'[3]이라 하고, 갑과 을의 합(合), 을과 경(庚)의 합과 같은 부류를 '유합(有合)'[4]이라 하는데 대개 성명(星命) 술사(術士)의 논의에서 나온 것이다. 어찌 성경(聖經)을 욕되게 하는 것이 아니겠는가?

注

1 『주역 · 계사 상』: "天一, 地二, 天三, 地四, 天五, 地六, 天七, 地八, 天九, 地十. 天數五, 地數五, 五位相得而各有合, 天數二十有五, 地數三十. 凡天地之數五十有五. 1, 3, 5, 7, 9는 천의 수이고 2, 4, 6, 8, 10은 땅[地]의 수이다. 천의 수가 5, 땅의 수가 5이니 다섯 자리가 서로 얻어서 각각 합하니 천이 25, 땅이 30이라 천지의 수는 55이다."라고 하였다.
천(天)의 수(數)가 다섯이라는 것은 一 · 三 · 五 · 七 · 九로 모두 홀수[奇數]이고, 땅[地]의 수(數)가 다섯이라는 것은 二 · 四 · 六 · 八 · 十으로 모두 짝수[偶數]이다.

2 『주역 · 계사 상』: "相得. 서로 얻는다."라고 하였다.

이는 一과 二, 三과 四, 五와 六, 七과 八, 九와 十이 각각 홀수와
짝수로서 類가 되고 음과 양을 서로 얻는 것을 말한다. '合함이 있
다.'는 것은 一과 六, 二와 七, 三과 八, 四와 九, 五와 十으로 둘이
서로 합하는 것을 말한다.

3 『좌전·소공 9년』: 공영달(孔穎達)의 소(疏)에 "甲乙木也, 兵丁火
也, 戊己土也, 庚申金也, 壬癸水也. 갑을은 목이고 병정은 화이고
무기는 토이고 경신은 금이고 임계는 수이다."라고 하였다.
이를 상득(相得)이라 하였다.

4 『좌전·소공 17년』: 공영달(孔穎達)의 소(疏)에 "음양가들이 오행으
로 시집가고 장가가는 법을 세웠는데 갑(甲)과 을(乙)이 합이고 을
(乙)과 경(庚)이 합이며 병(兵)과 신(申)이 합이고 정(丁)과 임(壬)이
합이고 무(戊)와 계(癸)가 합이라 하며 이를 유합(有合)이라 하였다.

22.

孔穎達曰: "萬物成形, 以微著爲漸. 五行先後, 亦以微著爲次.
以水最微爲一, 火漸著爲二." 此附會洪範之說也. 五行之性, 火
有氣而無質, 當作最先; 水有質而不結, 次之; 土有體而不堅,
再次之; 木體堅而易化, 再次之; 金體固而不爍, 當以爲終. 雖
五行生成先後之序, 亦不外此. 孔氏之說背矣.

공영달(孔穎達)[1]이 말하기를 "만물이 형성되는 것은 미세한 것에서
점차 드러난다. 오행의 선후는 또한 미세한 것에서 차례로 드러난다.
수(水)는 가장 미세하여 일(一)이 되고, 화(火)는 점차 드러나서 이
(二)가 된다."[2]고 했다. 이는 홍범(洪範)[3]의 설에 견강부회한 것이다.
오행의 성(性)은 화(火)는 기(氣)를 지녔으나 질(質)이 없음으로 마
땅히 가장 먼저이고, 수(水)는 질을 지녔으나 응결되지 않으므로 그
다음이고, 토(土)는 체(體)를 지녔으나 견고하지 않으므로 또 그다음

이고, 목(木)은 체가 견고하지만 쉽게 변화하므로 또 그다음이고, (金)은 체가 견고하여 녹지 않으므로 마땅히 끝으로 삼아야 한다. 비록 오행의 생성이 선후의 순서가 있지만 역시 이것을 벗어나지 않으니 공영달의 설은 위배된다.

注

1 공영달(孔穎達, 574~648)은 당나라의 유학자이며 자는 중달(仲達)이다. 당 태종의 칙명으로 안사고(顏師古)등과 함께『오경정의(五經正義)』180권을 찬정(撰定)하고, 위징 등과 함께『수서(隋書)』의 편찬에 참여했으며 폐 태자 이승건(李承乾)의 명으로『효경의소(孝經義疏)』를 편찬하였다. 그는 여러 유교 경전에 정통하였으며, 남북의 이설(異說)을 절충하여 경서의 해석을 통일시켰다.

2 『서경·홍범』, 공영달 주에서 "萬物成形, 以微著爲漸. 五行先後, 亦以微著爲次. 以水最微爲一, 火漸著爲二. 만물이 형성되는 것은 미세한 것에서 점차 드러난다. 오행의 선후는 또한 미세한 것에서 차례로 드러난다. 수(水)는 가장 미세하여 일(一)이 되고, 화(火)는 점차 드러나서 이(二)가 된다"라고 하였다.
또 "五行之次爲水火木金土. 오행의 순서는 물, 불, 나무, 금, 흙이다."라고 하였다.

3 홍범(洪範)은 홍범구주(洪範九疇)로 말하는데 우 황제(禹 皇帝)가 하늘로부터 받은 낙서(洛書)를 보고 제정했다는 정치도덕(政治道德)의 아홉 가지 원칙을 적은 것이다. 이는 오행(五行), 오사(五事), 팔정(八政), 오기(五氣), 황극(皇極), 삼덕(三德), 계의(稽疑), 서징(庶徵), 오복(五福), 육극(六極)이다.

23.

老子之道, 以自然爲宗, 以無爲爲用. 故曰 "以百姓爲芻狗", 任其自爲也. 吾見其强淩弱, 衆暴寡, 懊然而不平矣; 而況夷狄之

侵軼乎! 又曰: "絶聖棄智, 民利百倍." 夫民生之利, 纍世聖智之
人遺之也; 若然, 則堯憂得舜, 舜憂得禹, 其志亦荒矣, 可乎! 有
爲者, 聖人之甚不得已也, 必欲無爲以任其民, 大亂之道也. 故
老子之道, 以之治身則保生, 以之治國則長亂.

노자의 도는 자연을 종지로 삼고 무위로써 작용으로 삼는다. 그래서
말하기를, "백성을 추구(芻狗)로 삼는다.¹"고 한 것은 스스로의 행위
에 맡긴 것이다. 나는 강한 것이 약한 것을 능멸하고, 대중이 소수의
사람을 해치는 것을 보면, 한스러워서 평안하지 못한다. 하물며 이적
(夷狄)의 침범을 앞지르겠는가! 또 말하기를 "성인을 끊고 지혜를 버
리면 백성들의 이익이 백배나 된다.²"라고 했다. 무릇 민생의 이익은
이어온 세대의 성인과 지인(智人)이 남긴 것이다. 만약에 그렇다면
요는 순을 얻은 것을 근심하고, 순은 우를 얻은 것을 근심해야 하니
그 뜻이 또한 황당하다. 가능하겠는가? 유위라는 것은 성인이 몹시
부득이하여 했던 것이다. 반드시 무위하고자 하여 백성을 맡았으니
대란의 도이다. 그래서 노자의 도는 자신을 다스리면 생을 보존할 수
있지만, 나라를 다스리면 오래되어 난리가 있게 된다.

注

1 『노자』 5장: "天地不仁, 以萬物爲芻狗. 聖人不仁, 以百姓爲芻狗.
천지는 불인하니 만물이 추구로 삼는다. 성인은 불인하니 백성으로
서 추구로 삼는다."라고 하였다.
추구(芻狗)는 짚으로 만든 개로 쓸데없는 물건(物件)을 비유한 말이다.
2 『노자』 19장: "絶聖棄智, 民利百倍. 성인을 끊고 지혜를 버리면 백
성들의 이익이 백배나 된다."라고 하였다.

24.
老氏無爲, 正欲有爲, 故其道奸; 佛氏有見, 實無所見, 故其道愚.

노자의 무위는 바로 유위하고자 함이기 때문에[1] 그 도는 간사하다. 석가의 유견(有見)[2]은 실로 본 바가 없기 때문에 그 도는 어리석다.

注

1 『노자』 3장: "爲無爲, 卽無不治 무위를 행하니 다스려지지 않음이 없다."라고 하였다.

   왕필(王弼)은 "無爲而無不爲. 무위를 행한다면 다스려지지 않는 것이 없다."라고 주를 달았다. 무위의 정치는 유위(有爲)하기 위한 최고의 방법인 것이다.

2 불가의 유견법(有見法)은 안근(眼根)으로 보이는 대상을 말하며 6경(境) 가운데 색경(色境)이고, 12처 가운데 색처(色處)이며, 18계(界) 가운데 색계(色界)를 말한다. 유견은 가견(可見)이라고도 한다. 색계가 유견인 까닭은 여러 색의 차별을 드러내어 나타낼 수 있기 때문이다.

25.

『大禹謨』曰: "政在養民, 水火金木土穀惟修." 言六者能修治之, 使遂民用, 則養生之具備矣. 堤防袪害, 灌漑通利, 水行地中, 則水政修矣. 出火納火, 鑽燧改火, 昆蟲未蟄, 不以火田, 則火政修矣. 裹蹄泉貨, 鐵冶鼓鑄, 金政修矣. 山林有禁, 取木有戒, 斧斤時入, 木政修矣. 畫田限田, 正疆別塗, 高城深地, 土政修矣. 敎民稼穡, 播藝百穀, 穀政修矣. 六政旣修, 則民用皆足, 王者生養萬民之功成矣. 解『書』者 曰: "水克火, 火克金, 金克木, 而生五穀. 或相制以洩其過, 或相助以補其不足." 其後世術士算命之談乎! 於六府之政之修何所取義? 遂使聖經正大純雅之義, 闇蝕於緯說之傅會, 孰謂儒者之無異端乎?

『서경·대우모』에 "정치는 백성을 양육하는데 있다. 수, 화, 금, 목,

토, 곡(穀)을 잘 닦아야 한다.[1]"고 한 것은 위 6가지를 다스리면 백성의 사용을 이룰 수 있게 하여 양생이 구비된다는 것을 말한 것이다. 제방으로 재해를 제거하고, 관개(灌漑)로 편리하게 하고, 물을 땅속으로 흐르게 하면 물에 대한 정책이 닦여진다. 불의 출납에 있어서 부싯돌[鑽燧]로 불을 피우고, 곤충이 칩거하기 전에는 화전(火田)을 일구지 않으면 불에 대한 정책이 닦여진다. 말발굽처럼 천화(泉貨)[2]를 만들고, 철을 불리고 두들겨 주조하면 쇠에 대한 정책이 닦여진다. 산림(山林)에 금령을 두고, 목재를 취하는데 경계가 있고, 부근(斧斤)을 때맞추어 들이면 목재에 대한 정책이 닦여진다. 정전을 구획하고 밭을 제한하고, 경계를 바르게 하고 길을 따로 설치하고, 높은 성에 깊은 못을 파면 토지에 대한 정책이 닦여진다. 백성에게 농사를 짓게 하고, 백곡을 파종하여 기르게 하니 곡식에 대한 정책이 닦여진다. 6가지 정책이 이미 닦여지면 백성의 사용이 모두 풍족해지고, 왕이 된 자는 만민을 생육하는 공이 이루어진다. 『서경』을 해설하는 자[3]는 말하기를 "수는 화를 이기고, 화는 금을 이기고, 금은 목을 이기고, 오곡을 낳는다. 혹은 서로 제압하여서 허물을 누설하고, 혹은 서로 도와서 그 부족한 것을 보완한다.[4]"고 했다. 아마 후세 술사들의 산명(算命)[5]의 담론이던가! 육부(六府)의 정책이 닦인다는 것에서 무슨 의의를 취할 수 있는가?[6] 성경(聖經)의 정대하고 순아한 의미가 위설(緯說)의 견강부회에 암식(闇蝕)당하게 했으니, 누가 유자 중에 이단이 없다고 말하겠는가?

注

1 『서경·대우모(大禹謨)』: "德惟善政, 政在養民, 水火金木土穀惟修, 正德利用厚生惟和. 오직 덕만이 선정을 베풀 수 있고, 정치는 백성들을 양육하는 데 있다. 수(水)·화(火)·금(金)·목(木)·토(土)·곡(穀)을 잘 다스리어, 바른 덕으로 이롭게 하시고 삶을 두텁게 하여 오직 조화롭게 하소서."라고 하였다.

이는 이용후생(利用厚生)을 설명하고 후에 실학의 기틀이 되었다.

2 천화(泉貨)는 화폐, 돈이다.

3 『서경』을 해설하는 자는 주자를 일컫다.

4 주자는 『오행대의』에 "木尅土, 土尅水, 水剋火, 火尅金, 金尅木. 목은 토를 이기고, 토는 수를 이기고, 수는 화를 이기고, 화는 금을 이기고, 금은 목을 이긴다."라고 하였다.
나무는 흙을 뚫고 나오고, 흙은 물을 덮거나 막을 수 있으며, 물을 불을 꺼버리고, 불은 쇠를 녹이며, 쇠는 도끼를 만들어 나무를 벤다. 이렇게 극하여 오곡을 생성한다.

5 산명(算命)은 점치는 것이다.

6 6부(六府)는 6정(六政)이며 수(水)·화(火)·금(金)·목(木)·토(土)·곡(穀)을 말한다. 이를 잘 다스리면 삶이 풍요롭다.

26.

虛者、氣之本, 故虛空即氣. 質者、氣之成, 故天地萬物有生. 生者、精氣爲物, 聚也. 死者、遊魂爲變, 歸也. 歸者、返其本之謂也. 返本復入虛空矣. 佛氏老莊之徒見其然, 乃以虛空、返本、無爲爲義, 而欲棄人事之實, 謬矣. 嗟乎! 有生則生之事作, 彼佛氏、老莊, 父子、君臣、夫婦、朋友之交際能離之乎! 飮食、衣服、居室之養能離之乎! 不然, 是生也爲死之道者也, 夫豈不謬! 古之聖人非不知其然也, 以生之事當盡, 而萬物之故當治, 故仁、義、禮、樂興焉, 其虛空返本之義, 聖人則禁之, 恐惑亂乎世矣.

허(虛)는 기의 본질이기 때문에 허공은 곧 기이고, 질(質)은 기가 이루는 것이기 때문에 천지만물이 생겨난다. 생(生)은 정기(精氣)가 사물을 이룬 것[1]으로서 기가 취합한 것이고, 사(死)는 유혼(遊魂)이 변화한 것²으로서 돌아간다[歸]³는 의미이다. 귀(歸)는 그 근본으로 돌아가는 것을 말한다. 반기본(返其本)⁴은 다시 허공으로 들어간다는 것이다. 불씨(佛氏)와 노자와 장자의 무리는 그러한 것을 보면 허공, 반본, 무위를 뜻으로 삼고, 인사의 실제를 버리고자 하니 잘못이다. 아! 생(生)이 있으면 생의 일이 일어나는데, 저 불씨와 노자와 장자는 부자, 군신, 부부, 붕우의 교제를 벗어날 수 있는가? 음식, 의복, 거실의 양육을 벗어날 수 있는가? 그렇지 않다면 이러한 생은 사(死)의 도가 되는 것이니, 어찌 오류가 아니겠는가? 옛날의 성인은 그러한 것을 몰랐던 것이 아니라 생의 일로써 합당하게 다 하였고, 만물의 연고(緣故)를 합당하게 다스렸기 때문에 인·의·예·악이 일어났다. 그 허공⁵, 반본의 뜻은 성인이 금지하였는데, 세상을 현혹하여 어지럽힐까 두려워했다.

注

1 『주역·계사전상』: "生者, 精氣爲物, 遊魂爲變, 是故知鬼神之情狀, 與天地相似, 故不遠. 생이라는 것은 정기가 만물이 되고, 천지에 노니는 혼(遊魂)이 변화한 것이다. 이 때문에 천지간에 귀신의 감정 상태를 아는 것은 천지와 서로 비슷하여 어긋남이 없다."라고 하였다.

2 『주역·계사전상』: "精氣爲物, 遊魂爲變, 정기는 만물이 되고, 천지에 노니는 혼(遊魂)이 변화한 것이다."라고 하였다.
  유혼은 떠도는 혼이다. 사람이 죽으면 혼이 다시 기가 되어 허공에 떠돈다.

3 『노자』: "復歸於嬰兒. 어린아이로 돌아간다."라고 하였다.
  영아(嬰兒)는 사람의 초기 상태를 말하여 근본을 말한다. 복귀는 결국 근본으로 돌아가는 것이다.

4 반본(返本)도 복귀(復歸)와 마찬가지로 근본으로 돌아가는 것이다.
  『노자』: "反者道之動. 되돌아감이 도의 움직임이다."라고 하였다.
  이 반자도지동(反者道之動)이 바로 반본(返本)이다.

5 허공(虛空)은 태허를 가리킨다.

27.

"古有自善之士, 葆形而全生, 絶類而遠引, 何如? 王子曰: 天靡
日, 四時滅景; 地靡海, 百川大侵; 人靡聖, 萬物大戾; 夫奚宰而
平之! 故棄世而全形者, 莊周、庚桑氏之流, 大亂天下者也. 然
則聖人不貴生乎? 曰: 聖人心乎無欲, 政乎簡易, 德乎儉素, 全
生之術, 若揭諸日月矣, 此堯舜所以無爲而難老也, 曾何私私
然離人而自全之.

"옛날에 스스로 선한 사람이 있어서, 형체를 보존하고 생명을 온전히
하고, 무리들과 교류를 끊고 물러나 멀리하였는데 어떠한가?" 왕자가
대답하기를 "하늘에 해가 없다면 봄 · 여름 · 가을 · 겨울에도 경치는
없다. 땅에 바다가 없다면 백천(百川)이 크게 범람할 것이다. 사람
중에 성인이 없다면 만물이 크게 어긋날 것인데 어떻게 주재하여 편
안하게 할 것인가? 그래서 세상을 버리고 형체를 온전히 한 자는 장
주(莊周)와 경상씨(庚桑氏)¹와 같은 부류로서 천하를 크게 어지럽히
는 자들이다." "그렇다면 성인은 생을 귀하게 여기지 않는가?" "성인
이 마음은 무욕에서, 정치는 간이²에서, 덕은 검소에서 하는 것이 생
명을 온전히 한 방법이었는데 마치 해와 달에게서 빛을 받는 것과
같다. 이것은 요와 순이 무위를 하였기 때문에 늙기 어려웠는데 어찌
사사롭게 사람들을 떠나서 스스로 온전히 한 적이 있었던가?"

注

1 장주(莊周)는 장자를 말하고, 경상씨(庚桑氏)는 노자의 제자이다.
  그는 외루(畏壘)라는 산에 은거하여 노자의 가르침을 따랐다.

2 『주역 · 계사전』에 역(易)에는 간이(簡易), 변역(變易), 불역(不易)
  의 세 가지 뜻이 있다고 하였다. 간이란 천지의 자연현상은 끊임없이
  변하나 간단하고 평이하다는 뜻이다.

28.

養心性, 正彝倫, 以成其德, 此切問近思之實, 孔、孟之眞傳也. 恤惸獨、謹災患, 勸農積穀, 修德懷遠, 此養民利國之實, 堯舜之遺政也. 闇儒過高, 講究玄遠, 學失其學, 治失其治, 塗蔽後世大矣.

심성을 함양하고, 윤리를 바르게 하여 그 덕을 성취한다. 이는 절문하고 근사하는[1] 실제이며 공자와 맹자가 진정으로 전한 것이다. 외로운 사람을 구휼하고, 재난을 방비하고, 농사를 권장하여 곡식을 쌓아놓고, 덕을 닦아서 먼 곳의 사람을 생각하니 이것이 백성을 양육하고 나라를 이롭게 하는 실제로서 요와 순이 남긴 정치이다. 어두운 유자는 스스로를 몹시 높다고 여기고, 현묘하고 먼 곳을 강구하니, 학문은 그 학문을 잃고, 다스림은 그 다스림을 잃어서 후세를 막아버린 것이 크다.

注

1 『논어·자장』: "博學而篤志, 切問而近思. 仁在其中矣. 널리 배우고 뜻을 독실하게 하며, 절실한 심정으로 묻고 가까운 것을 미루어 생각할 줄 알면, 인이 그 가운데에 있을 것이다."라고 하였다.
공자 제자 자하(子夏)가 공부하는 자세에 대해 물으니 공자가 넓게 두루 배우고 목표를 확실히 하고, 모르는 것이 있으면 간절한 심정으로 물어보며 자기를 미루어 남의 마음을 짐작하라고 말한 것이다.

29.

元氣者、天地萬物之宗統. 有元氣則有生, 有生則道顯. 故氣也者、道之體也; 道也者, 氣之具也. 以道能生氣者, 虛實顛越, 老、莊之謬談也. 儒者襲其故智而不察, 非昏罔則固蔽, 烏足以識道!

원기는 천지만물의 종통이다. 원기가 있으면 태어남이 있고, 태어남이 있으면 도가 드러난다. 그래서 기란 것은 도의 체이다. 도라는 것은 기가 갖춘 것이다. 도가 기를 생성할 수 있다[1]고 여기는 것은 허실이 전도된 것으로서 노자와 장자의 잘못된 담론이다. 유자가 그 옛 지식을 연습(沿襲)[2]하여 살피지 못하고 흐릿하거나 없어지지 않으면 굳게 덮어 가려버리니 어찌 도를 알만하다고 하겠는가?

注

1 『노자』: "道生一, 一生二, 二生三, 三生萬物. 절대적 실체인 도에서 하나인 기(氣)가 나오고, 그 하나인 기가 다시 둘로, 둘에서 셋으로 셋에서 만물을 생겨나게 한다."라고 하였다.

2 연습(沿襲)은 전례를 쫓고 답습하는 것이다.

기학의 기는 도가 만드는 것이 아니고 태허 속에 가득 차 있다. 기가 만물을 만들고 물의 형체가 생기면 기가 함께 들어간다. 기는 형체 안팎에 모두 있다. 형체가 사라지면 기도 사라져 태허의 기는 질량불변의 법칙이 성립한다.

군자편
君子篇

1.

君子有微言, 無謬言; 有辯言, 無贅言. 探道於精曰微; 迷道於幽冥以惑世曰謬; 析理以明道曰辯; 道無所賴以明而漫言之曰贅.

군자는 미언(微言)은 있으나 유언(謬言)[1]은 없다. 변언(辯言)은 있으나 췌언(贅言)[2]은 없다. 정밀함에서 도를 탐구하는 것을 '미(微)'라고 하고 유망에 도를 빠뜨려 세상 사람들을 미혹시키는 것을 '유(謬)'라고 한다. 이치를 분석하여 도를 밝히는 것을 '변(辯)'이라 한다. 도가 의지하는 바가 없이 밝히고 터무니없게 말하는 것을 '췌(贅)'라고 한다.

注

1 미언(微言)은 정미한 말이며 도를 탐구하여 나오게 되는 말이다. 유언(謬言)은 분명하지 않은 것에서 도를 탐구하여 세상 사람들을 오히려 헷갈리게 한다. 그 때문에 그릇된 말이다.

2 변언(辯言)은 변론하는 말이고, 췌언(贅言)은 불필요한 말이다.

미언(微言)과 변언(辯言)이 도가 드러나는 말이고 유언(謬言)과 췌언(贅言)은 도가 없는 상태의 말이다.

2.

仁、義、禮、樂, 聖王固世之道也, 雖寡近功而有遠效, 世非有
桀紂之惡, 猶存也. 秦人棄禮義而尚功利, 雖速得之, 必速失之.

인·의·예·악[1]은 성왕이 세상의 도를 굳건히 한 것이다. 비록 가까
운 공적은 적었지만 먼 효과가 있었다. 세상에 걸왕과 주왕의 악행이
없었다면 여전히 존재할 것이다. 진(秦)나라 사람은 예의를 버리고
공리를 숭상하여[2] 비록 신속하게 얻었으나 필연적으로 신속하게 잃
었다.[3]

注

1 인·의·예·악은 주나라 주공이 예악 전당제도를 만들어 틀을 잡았
고 공자가 굳건히 하였다.
2 진(秦)나라는 유가를 버리고 법가를 택했다. 그래서 유교의 서적을
불태우고 유학자를 생매장하는 분서갱유(焚書坑儒)를 단행했다. 이
때문에 예의를 버리고 공리를 숭상했다고 한 것이다.
3 전국 7웅의 패권다툼에서 힘이 센 진(秦)나라를 상대로 소진이 나서
서 6국이 합종을 맺으나 장의가 진과 싸워서 이길 수 없으니 화친을
맺어야 한다는 '연횡설을 주장하여 6국의 합종은 깨어지고 만다. 그
래서 신속하게 진이 전국을 통일하였으나 15년 만에 진은 멸망한다.

3.

君子之事上也, 婉言諷諫, 非以避禍也, 欲其順而信之也. 直言
正諫, 非以要名也, 欲其警而聽之也. 是故於心不欺皆曰忠, 於
道能明皆曰義.

군자가 임금을 섬기는 것은 완곡한 말로 풍간[1]을 하는데 화를 피하
기 위해서가 아니라 순조롭게 믿게 하기 위해서이다. 직언으로 바르
게 간하는 것은 명성을 얻기 위해서가 아니라 경고하여 듣게 하고자

한 것이다. 이 때문에 마음에서 속이지 않는 것을 충이라 하고, 도에서 밝힐 수 있는 것을 의라고 한다.[2]

注

1 풍간(諷諫)은 완곡한 표현으로 잘못을 고치도록 간언하는 것인데 적절한 비유를 통해 간언한다.
2 군자의 마음은 충성(忠誠)과 절의(節義)가 공존해야 한다.

4.

聖人之言有盡, 聖人之道無窮. 聖人處其時事也, 不可以有加矣; 時變勢殊, 聖人應之則反是. 是故聖人執道不執事. 然則, 聖人有未言、未行者, 當以道求之可也.

성인의 말은 다함이 있으나 성인의 도는 무궁하다. 성인이 그 때에 따른 일을 처리함에는 더 보탤 것이 없다. 시기가 변하고 형세가 달라지니 성인이 대응한 것이 이와 반대가 되었다. 이 때문에 성인은 도를 고집하고 일을 고집하지 않았다. 그렇다면 성인이 말하지 않은 것과 행하지 않은 것은 마땅히 도로써 구하는 것이 옳다.

> 왕정상은 시세와 형세 등 세(勢)의 변화는 성인도 도(道)를 고집하지 않았다고 한다. 이는 원칙을 우선으로 삼으나 세(勢)에 따라 반드시 그렇지 않을 수도 있음을 말해주고 있다.

5.

大人公於物, 小人務適己. 大人得位, 以其性治天下, 故天下治; 小人得位, 亦以其性治天下, 故天下亂.

대인은 사물에 공정하지만 소인은 자신에게 적합하도록 힘쓴다. 대인이 지위를 얻으면 그 성(性)으로서 다스리기 때문에 천하가 다스려진다. 소인이 지위를 얻으면 또한 그 성으로써 천하를 다스리기 때문에 천하가 혼란해진다.

> 대인의 성(性)과 소인의 성(性)은 타고나면서 서로 다르다. 그래서 지위에 따라 그 다스림이 달라진다. 공자는 대인인 군자가 다스리는 나라를 지향했는데 소인이 정치하면 마음대로 악행을 저지르기 때문이었다.

6.

死合天理之謂仁, 死盡人道之謂義. 比干剖心, 申蒯斷臂, 弘演納肝, 豫讓吞炭, 要諸仁義之途, 豈徒然哉! 彼苟免者, 生也倏忽, 延命幾何? 一息之差, 萬世之謬. 既失忠貞之節, 終抱忸怩之恥. 生也無顔, 氣也不揚, 與死何殊哉!

죽음이 천리에 합치하는 것을 인(仁)이라 하고, 죽음이 사람의 도리를 다하는 것을 의(義)라고 한다. 비간(比干)은 심장이 갈라졌고[1], 신괴(申蒯)는 팔을 절단했고[2], 홍연(洪演)은 남의 간을 자신의 몸에 집어 넣었고[3], 예양(豫讓)은 불타는 숯을 삼켰다.[4] 모두 인의(仁義)의 길을 구했는데 어찌 쓸데없는 것이었겠는가! 저들은 참으로 어려움을 면한 자들이다. 생명이란 순간인데 생명을 연장하는 것이 얼마나 갈 것인가? 한 호흡의 차이로써 만세(萬世)의 잘못을 형성한다. 이미 충정의 절개를 잃으면 마침내 부끄러운 수치를 껴안고, 살아 있으면서 무안하고 기를 떨치지 못할 것이니 죽는 것과 무엇이 다르겠는가!

注

1 『사기 · 은본기』: "比干諫紂王, 紂剖其心. 비간은 주왕에게 어진 정치를 하도록 간(諫)했다. 주왕은 그의 간청을 듣지 않고 오히려 그의 심장을 갈랐다."라고 하였다.

2 『좌전·양공25년』: "崔武子見棠薑而美之, 遂取之, 莊公通焉, …… 申蒯, 侍漁者退, 謂其宰曰, 爾以帑免, 我將死. 其宰曰, 免是反子之義也, 與之皆死. 최무자가 당강을 보고 그를 아름답게 여겨 마침내 아내로 삼았다. 제나라 장공이 그녀와 사통하였다.…… 신괴는 어세를 거두는 일을 맡은 신하였는데 난리가 난 줄 알고 퇴궐하여 가신에게 말하기를 '그대는 처자와 피하라. 나는 죽을 것이다.'라고 하였다.

가신이 말하기를 '도망간다면 마음을 배반하는 결과가 됩니다.'라 하고 두 사람도 함께 죽었다."라고 하였다.

장공이 최무자가 쏜 화살을 맞고 죽었고 가거(賈擧), 주작(州綽), 병사(邴師), 공손오(公孫敖), 봉구(封具), 탁보(鐸父), 양이(襄伊), 루인(僂堙) 등의 신하들이 장공을 따라 죽었고 신괴(申蒯)도 가신과 함께 죽었다. 모두 10인의 신하가 따라 죽었다고 한다. 『좌전·양공25년』에 신괴가 팔을 잘랐다는 기사는 나오지 않는다.

3 『여씨춘추·충렴(忠廉)』에 홍연(洪演)은 위나라 의공(懿公)의 신하이다. 적인(翟人)이 의공을 살해했다. 홍연은 하늘을 향해 울부짖고는 자살했다. 그는 의공의 간을 빼내 자기 몸에 집어넣었다고 한다.

4 『사기·자객열전(刺客列傳)』: "居頃之, 豫讓又漆身爲厲, 呑炭爲啞, 使形狀不可知, 行乞於市. 얼마 후, 예양(豫讓)은 몸에 옻칠을 하여 문둥이처럼 꾸미고 숯을 머금어 벙어리가 되어 남이 자신을 알아보지 못하도록 변신을 하고 저잣거리를 돌아다녔다."라고 하였다. 예양은 전국시대 진(晉)나라 사람으로 유명한 자객(刺客)이다. 예양의 고사로 인해 칠신탄탄(漆身呑炭)이라는 말이 생겼다.

7.

小人奸巧能移人, 觀其貌也恭, 究其心也賊; 聽其言也正, 察其行也鑿; 乘其時, 諂諛便佞, 無所不至, 故反覆難保.

소인의 간교함은 사람을 움직일 수 있는데 그 모습은 보면 공손하나 그 마음을 살펴보면 해치려고 한다. 그 말을 들어보면 바르나 그 행위를 관찰하면 말과 어긋난다.[1] 시기를 틈타서 아첨을 떨며 사악하여[2] 못하는 짓이 없다. 때문에, 반복하면 자리를 보존하기 어렵다.

注

1 려(盭)는 '어그러지다'의 뜻이다.
2 첨유편녕(諂諛便佞)에서 첨유(諂諛)는 아첨하다는 뜻이고, 편녕(便佞)은 말주변은 좋으나 마음이 사악한 것을 뜻한다.

> 소인은 관찰해보면, 행위와 말이 다르다. 아첨하기를 좋아하고 말만 내세우며
> 마음은 사악하여 나쁜 짓을 일삼는다. 간교함으로 다른 사람의 마음을 쉽게 움직
> 이게 하나 그 마음은 오래가지 못한다.

8.

"君子任必受祿, 是爲利祿動乎?" 曰: "非然也. 任以行義, 聖賢之學將以濟物也, 任而受祿, 義也. 畔於道而任, 非其時而任, 曰苟任. 苟任則害義矣, 非貪祿而何哉?"

"군자는 벼슬하여 반드시 녹봉을 받는데 이는 이록(利祿)[1]을 위하여 움직인 것인가?" "그렇지 않다. 벼슬하여 의를 행하려는 것이고, 성현의 학문은 장차 남을 도우려는 것이니, 벼슬하여 녹봉을 받는 것은 의로운 것이다. 만약 도에 위반하며 벼슬을 하거나, 그 적당한 시기가 아닌데 벼슬을 하면 구사(苟仕)[2]라고 한다. 구사는 의를 해치니, 녹봉을 탐한 것이 아니라면 무엇이겠는가?"

注

1 이록(利祿)은 이익과 관록이다. 이익[利]은 개인의 이익을 취하는 것이고, 관록[祿]은 관에서 주는 녹봉을 말한다. 생활하거나 용돈 쓰기 위해 녹을 받는 것이다.

2 구사(苟仕)는 녹봉 때문에 벼슬하는 구차한 관리를 말한다. 구사는
   의(義)에 위배한다.

9.

君子仁厚, 不謗物. 謗之由興, 小人情也, 雖聖人不免焉. 處謗
之道, 遜順以俟其明而已矣. "赤舃几几". 周公蓋得之.

군자는 인후하여 남을 비방하지 않는다. 비방함이 생기는 까닭은 소
인의 마음인데 비록 성인일지라도 벗어날 수 없다. 비방에 대처하는
방법은 겸손하면서 사실이 밝혀지기를 기다릴 뿐이다. "붉은 신발이
편안하다[1]"고 했는데, 주공(周公)이 대체로 그 이치를 얻었다.

注

1 『시경 · 빈풍 · 낭발(狼跋)』: "公孫碩膚, 赤舃几几. 공은 도량이 넓
   으시고 붉은 신 신으신 걸음걸이 의젓하네."라고 하였다.
   적석(赤舃)은 천자와 제후가 신던 붉은 색의 신발이다.

10.

小人有才, 鮮不爲惡. "與其得小人, 不若得愚人", 誠哉是言也.

소인에게 재능이 있으면 악행을 저지르지 않음이 드물다. "소인을 얻
는 것보다는 차라리 어리석은 사람을 얻는 것이 낫다[1]"고 한 것은 참
으로 옳은 말이다.

注

1 『통감절요 · 주위열왕』: "苟不得聖人、君子而與之, 與其得小人, 不
   若得愚人. 사람을 얻는 술법에서 참으로 성인이나 군자를 얻어 함께
   하지 못하면 소인을 얻는 것보다는 차라리 어리석은 사람을 얻는 것
   이 낫다"라고 하였다.

어리석은 사람은 간교하지 않으나 소인은 재능이 있으면 악행을 벌린다.

11.

君子於賢之進也, 若有助於己也而喜之; 於賢之退也, 若己有所失也而惜之. 小人反是, 於其進也, 若將軋乎己也而沮抑之; 於其退也, 若己之自得也而幸之. 旴! 夫人也亦知夫賢之進退無損益於己也, 而猶如是焉, 要之, 鄙心爲之爾.

군자는 현인의 나아감에 대하여 자기를 도와줌이 있는 것처럼 기뻐하고, 현인의 물러남에 대하여 자신이 지위를 잃은 것처럼 애석해한다. 소인은 이와 반대로인데 그 나아감에 대해서는 장차 자기를 막을 것으로 여겨서 저지시키고, 그 물러남에 대해서는 스스로 이득으로 여겨서 다행으로 여긴다. 아! 사람들은 현인의 진퇴는 자신의 손익과 무관하다는 것을 아는데, 그 소인의 마음은 이와 같으니, 요컨대 비루한 마음이 형성한 것이다.

> 군자는 현인이 정치에 가거나 물러나는 것이 자신의 손익과는 무관하게 여기며 그의 나아감을 기뻐하고 그의 물러남을 안타깝게 여긴다. 소인의 마음은 본래 달라서 남이 나아가는 것을 시기질투하고 남의 물러남을 마음에서 기뻐한다.

12.

君子能達人之情而歸諸道. 處以形跡, 適以致淺也; 求以親悅, 適以致鄙也. 故澹而有常, 敬而有禮, 得之矣. 小人之望於人也, 異於是, 然持己有道, 亦卒不得犯義焉.

군자는 사람의 마음에 통달할 수 있어서 도로 돌아간다. 처신하여 자취를 드러내니 마땅히 천박함에 이르게 된다. 구하여 기쁨을 가깝게 여기니 마땅히 비루함에 이르게 된다. 그래서 담박하면서 일정함이 있고, 공경하면서 예의가 있어야 도를 얻을 수 있다. 소인이 남에게 바라는 것은 이와 다르다. 그러나 자신에게 있는 도를 지킨다면 또한 끝내 의로움을 해칠 수 없다.

> 소인이더라도 학문을 하여 도를 함양하고, 자신에게 생겨난 도를 잘 지킨다면 결국에는 도의(道義)를 위배하지 않을 수 있다.

13.

智計者, 中立者也, 猶戀滯矣. 明哲者, 幾先者也, 卽裁割矣. 戀矣, 危也, 寧不及之? 已斷割矣, 又烏以懼之? 故君子之智貴果.

지모와 계략을 지닌 자는 중립에 선 자이니 오히려 미적거리고 정체함이 있다. 명철한 자는 기미가 먼저 보이는 것은 즉각 결정한다. 미적미적하는 것은 위험하다. 어찌 미치지 않겠는가? 이미 결단을 했는데 어찌 또 근심하는가? 그래서 군자의 지혜는 과단함을 귀하게 여긴다.

> 아무리 지모와 계략이 뛰어나도 기미를 보지 못해 결정하지 못하면 화가 미친다. 결정해야 할 때 과단성을 가지는 것이 군자의 지혜이다.

14.

自有能以驕人之不能, 卽無能已; 自有德以驕人之不德, 卽無德已. 道極於參化育, 亦夫人所性而有者, 而何驕之爲? 況一二才德, 以貪天之力者乎? 是故 "如有周公才美, 其餘不足觀也,"

스스로 능력이 있다고 하여 타인이 능력 없음을 경시하는 것은 곧 능력이 없는 것이고, 스스로 덕이 있다고 하여 타인의 부덕함을 경시하는 것은 곧 덕이 없는 것일 뿐이다. 도의 극치는 천지의 화육에 참여하는 것인데 또한 사람의 성(性)이 지닌 것으로서 어찌 경시하는가? 하물며 한두 재능과 덕으로 하늘의 힘을 탐할 수 있겠는가?[1] 이 때문에 "주공의 재능과 아름다움이 있더라도 그 나머지는 볼 것이 없다."[2]고 한 것이다.

> **注**
> 1 『좌전·희공 24년』: "貪天之功, 以爲己力. 남의 공로를 탐하여 자기 힘으로 여기다."라고 하였다.
> 2 『논어·태백』: "如有周公之才之美, 使驕且吝, 其餘不足觀也. 주공과 같은 재능과 아름다움이 있다 하더라도 교만하고 인색하다면 그 나머지는 볼 것이 없느니라."라고 하였다.

15.

過剛則暴而不詳, 不如和平致審之合宜; 過明則察而多疑, 不如物來順應之爲智. 過剛雖善, 亦失中矣, 況惡乎? 過察雖正, 亦出於有意之私矣, 況邪乎? 是故君子之學, 剛不貴暴, 明不貴察.

지나치게 강직하면 조급하여 자세히 살피지 못하니, 편안하게 살펴서 합당한 것만 못하다. 지나치게 밝으면 살펴서 많이 의심하니 사물이 와서 순응하는 것을 지혜로 삼는 것만 못하다. 지나친 강직은 비록 선(善)이더라도 중용을 잃는 것이니,[1] 하물며 악은 말할 수 있겠는가? 지나친 살핌은 비록 정당하여도 역시 의도의 사사로움이 있는 데에서 나오는데 하물며 사악함은 말할 수 있겠는가? 이 때문에 군자의 학문은 강직하면서 조급함을 귀하게 여기지 않고 밝으면서 지나친 살핌을 귀하게 여기지 않는다.

> **注**
> 1 강직도 지나치면 중용을 잃게 되고 아무리 정당하다고 해도 의도에 사사로움이 있게 되기 쉽다. 군자라면 학문을 할 때 강직하면서 조급

하지 않도록 중(中)을 공부하고, 행위를 할 때 사사로운 의도를 지니지 않도록 하며 지나치게 밝게 살피는 것은 삼가야 한다.

16.

君子基德而常其心, 窒欲而不懈其情, 故能處危懼之地.

군자는 덕을 기초로 하여 그 마음을 일정하게 하고, 욕망을 막아 그 정에 흔들리지 않는다. 때문에[1] 위험하고 두려운 곳에 처할 수 있다.

注

1 불해기정(不懈其情)은 정이 쉽게 흔들리지 않는다는 뜻이다. 정은 욕망에 쉽게 흔들리는데, 욕망을 막으면 협박을 받거나 두려운 일을 당해도 감정이 쉽게 흔들리지 않을 수 있다.

17.

君子不位而榮, 道備也; 不富而充, 德修也. 其次以名爲榮, 以文章爲富, 然自待亦末也已.

군자가 지위가 없는데도 영광이 있는 것은 도가 갖추어진 것이고, 부자가 아니지만 충족한 것은 덕이 닦아진 것이다. 그다음은 명예를 영광으로 삼고, 문장을 써서 부(富)를 삼으나 자신을 대우함은 역시 말단일 뿐이다.

인간은 본성에 부귀와 명예를 좋아하는 욕망이 있다. 살아가며 도를 구비하고 덕을 닦아서 선한 습관을 만들어 성을 선하게 해야 한다. 인간이 부와 명예의 욕망을 저버리고 도덕의 완성이나 문장만으로 스스로 자족하기는 쉽지 않다.

18.

君子見人之過, 必求其善焉; 小人反是, 況其過乎?

군자는 남의 허물을 보면 반드시 그 선행을 구하는데, 소인은 이와
반대이다. 하물며 그 허물은 말할 수 있겠는가?

> 군자는 다른 사람도 선을 행할 수 있도록 도와주고 소인은 남이 잘되면 배가
> 아프고 남의 허물을 보고 상대적 행복을 느낀다. 이것이 군자와 소인의 다른
> 점이다.

19.

氣貌可以觀德, 役使可以觀政.

기상(氣像)[1]과 용모는 그 사람의 덕을 관찰할 수 있고, 사람을 부리
는 것은 그 정치를 관찰할 수 있다.

注

1 기(氣)는 하늘의 공기 · 대기의 기상(氣象), 생물체의 호흡, 활동하는
힘인 원기(元氣) · 정기(精氣) · 생기(生氣) 등, 기운(氣運) · 기세(氣
勢), 정신과 육체의 힘을 기력(氣力), 사람의 타고난 몸가짐인 기상
(氣像), 대기의 유동인 기류(氣流), 바탕을 이루는 성질인 기질(氣
質) · 기개(氣槪) · 기품(氣稟) 등으로 쓰인다.

20.

言辭支遁者, 其誠困; 色貌變飾者, 其誠矯; 心氣乖戾者, 氣誠
亂; 事物伏匿者, 其誠偸. 是故君子直言辭, 正色貌, 平心氣, 明
事情, 斯誠也可以考已, 可以觀人矣.

언사가 지루하고 머뭇거리는 것은 그 진실함[誠][1]이 빈곤한 것이고, 안

색과 용모를 바꾸어 꾸미는 것은 그 진실함이 교식(矯飾)한 것이다. 심기가 어그러진 것은 그 진실함이 혼란한 것이고, 사물이 감추어진 것은 그 진실함이 구차한 것이다. 이 때문에 군자는 언사를 곧게 하고, 안색과 면모를 바르게 하고, 심기를 편하게 하며, 일의 실정을 밝게 하는데 이런 진실함은 자신을 살펴볼 수 있고, 남을 관찰할 수 있다.

注

1 『중용』, 20장: "反諸身不誠, 不順乎親矣; 誠身有道, 不明乎善, 不誠乎身矣. 誠者, 天之道也; 誠之者, 人之道也. 誠者, 不勉而中, 不思而得, 從容中道, 聖人也. 誠之者, 擇善而固執之者也. 몸을 되돌아봐서 진실하지 않으면 어버이에게 효순하지 못하다. 몸을 성실히 하는 방법이 있으니, 선에 밝지 못하면 몸이 진실하지 않다. 진실은 하늘의 도이고 진실한 것은 사람의 도이다. 진실은 힘쓰지 않아도 딱 맞고 생각하지 않아도 얻으니 조용히 중도를 가는 것이다. 성인은 진실하여 선을 택하여 그것을 단단히 잡는다"라고 하였다.
『맹자 · 진심』: "反身而誠. 자신을 돌아보고 반성하며 성실히 한다."라고 하였다.
『주역 · 건괘 · 문언(文言)』: "閑邪存其誠. 사악한 것을 물리치고 그 정성스러운 마음을 간직한다."라고 하였다.
『설문해자(說文解字)』에 "성(誠)은 언(言)과 성(成)으로 이루어졌으며, '언(言)'에서 의미를, '성(成)'에서 음[聲]을 취하였다."고 한다. 성(誠)은 말에 거짓이나 속임이 없다는 뜻이고 성실 · 순수 · 진실 · 신뢰의 의미를 지니는 용어이다.

21.

小人平居, 意氣安和, 言辭柔順, 使人不覺而親之; 及其臨利害也, 畔道亡義, 雖親不知也, 況他人乎? 世豈有叛道亡義而無終敗者? 敗必及其黨, 是以君子必慎其所與也.

소인은 평소에 의기가 편안하고 온화하며, 언사는 유순하여 남을 깨
닫지 못하게 하여 친애하는데 이해에 임해서는 도의를 위반한다.[1]
비록 친한 사람일지라도 알지 못하니 하물며 다른 사람들에게야? 세
상에 어찌 도의를 위반하면서 끝내 패망하지 않는 자가 있겠는가?
패망은 반드시 그 무리에 미치니, 이 때문에 군자는 반드시 함께 하
는 것을 신중하게 한다.

注

1 『중용』: "小人閒居 爲不善 無所不至. 소인은 평소 생활하며 불선한
일을 행함이 이르지 않는 것이 없다."라고 하였다.
도의(道義)를 위반함이 심하다는 뜻이다. 그래서 군자는 사람 사귐
에 신중히 해야 한다.

22.

**人無天地普大之心, 則限而不能通, 偏而不能公, 不足以宰天
下之事, 亦不足以議天下之道.**

사람에게 천지의 넓고 커다란 마음이 없으면 국한되어 통달할 수 없
고[1] 편협하여 공정할 수 없어서 천하의 일을 주재할 수 없고, 또한
천하의 도를 의론할 수 없다.

注

1 장재(張載), 『정몽 · 대심(大心)』: "大其心則能體天下之物. 物有未
體則心爲有外. 그 마음을 크게 하면, 천하의 만물을 체험할 수 있다.
만물에 체험하지 못함이 있다면, 마음이 밖에 있는 것이 된다."라고
하였다.
대심(大心)은 넓고 큰마음이다. 대심을 길러야 편협되지 않고 공정
하여 천하의 일을 할 수 있고 도를 논할 수 있다.

23.

事合乎道, 有義存焉; 利害之不由我, 有命存焉. 君子明於義,
故不沮情於合道之事; 安於命, 故不動心於利害之交. 孔子主
於司城貞子而不苟於脫難, 辭彌子瑕而不苟於得卿, 安於義命
云爾.

일이 도에 합치하는 것은 의(義)가 보존된 것이고, 이해가 나로부터
비롯되지 않는 것은 명이 보존된 것이다. 군자는 의에 밝기 때문에
도에 합당한 일에 마음을 저지하지 않고 명에 편안하다. 때문에, 이
해가 교차하는 데 마음이 동요하지 않는다. 공자(孔子)는 사성정자
(司城貞子)[1]를 주인으로 삼았는데 화란을 벗어나는데 구차하지 않았
다. 미자하(彌子瑕)[2]의 제안을 사양하고 경(卿)의 지위를 얻는 데에
구차하지 않았다. 이는 의(義)[3]와 명(命)을 편안히 여겼기 때문이다.

注

1 사성정자(司城貞子)는 송(宋)나라 대부(大夫)로 진후(陳侯) 주(周)
  의 신하이다.
2 미자하(彌子瑕)는 위(衛)나라 영공(靈公)이 총애하는 신하이다. 그
  의 아내는 자로(子路)의 아내와 형제간이었다.
3 『논어·이인』: "君子之於天下也, 無適也, 無莫也, 義之與比. 군자
  는 천하에서 생활하는 데에 있어, 이렇게 해야만 한다든지 이렇게
  하지 말아야 한다든지 하는 고정된 행동 원리를 갖지 않고 오직 의
  (義)를 따라 행동해야 한다."라고 하였다.
  의는 인간의 실천 원리이다.

24.

君子貴知命. 知命則不疾時, 不疾時則不尤人. 不遭於時, 裕如
也, 惟履道義者能之.

군자는 명[1]을 아는 것을 귀하게 여기는데, 명을 알면 시대를 만난 것을 미워하지 않고, 시대를 만난 것을 미워하지 않으면 남을 허물하지 않는다. 시대를 만나지 못하더라도 마음이 여유가 있는 것은 오직 도의를 실천하는 자만이 가능하다.

注

1 명(命)은 천명으로 운명(運命), 숙명(宿命), 안명(安命) 등으로 구분한다. 천명을 알면 자연을 받아들이고 남을 탓하지 않는다.

25.

習識害性, 習性害道, 善學者必察於舊習之非. 大儒變之, 小儒反曉之; 聖人作之, 衆人乃疑之. 其道也, 揭於中正之塗, 非可曉, 可疑也, 要於習性固之也. 夫人之生也, 芻豢稻粱之味未嘗入口腹也, 則夫菽藿之味以爲至足矣. 今夫學者不辨於中正之道, 非智淺而識寡也, 要於習性固之也. 魯祀爰居, 翔而不食, 言鳥之食不習乎人也.

습식은 성(性)을 해치고, 습성은 도(道)를 해친다.[1] 잘 배운 자는 반드시 구습의 그릇됨을 살펴야 한다. 대유(大儒)는 구습을 바꾸고, 소유(小儒)는 도리어 그것을 깨친다. 성인이 그 도를 일으키면 중인들은 이에 의심을 한다. 그 도는 중정(中正)의 길에 게시되었으니 깨칠 수 있는 것이 아니다. 의심할 만하니 중요한 것은 습성에서 견고하다. 사람이 태어나서 추환(芻豢)과 도량(稻粱)의 맛[2]을 구복에 들인 적이 없으면 숙곽(菽藿)[3]의 맛을 지극히 만족해한다. 지금의 학자가 중정의 도를 분별하지 못하는 것은 지혜가 얕고 식견이 적어서가 아니고, 요지는 습성에서 견고하다. 노(魯)나라는 원거(爰居)[4]를 제사지낸다. 새는 날면서 먹지 않는데, 새의 식성이 사람보다 습관이 되어있지 않은 것이라고 말한다.

注

1 『논어·양화(陽貨)』: "子曰, "性相近也, 習相遠也. 성은 서로 비슷하나 습성이 서로 멀게 한다."라고 하였다.

공자가 성(性)은 선천적인 성질이며 사람이 본래 타고난 천성이라고 하는 것이다. 천성은 서로 비슷하다. 습식(習識)과 습성(習性)은 후천적으로 형성되는 습관이 선과 불선으로 나누어 성격, 성질 등에 큰 차이를 생기게 한다. 습식(習識)은 습관으로 알게 된 지식이고 습성은 살아가는 환경과 습관에 의해 본성이 바뀐 것이다.

2 추환(芻豢)은 꼴을 먹인 가축이고 도량(稻粱)은 쌀 기장이다. 구복(口腹)은 맛있는 것 먹기를 즐기는 것이다.

3 숙곽(菽藿)은 콩잎이다.

4 『국어·노어상(魯語上)』: "祀海鳥爰居. 바닷새 원거를 제사 지냈다."라고 하였다.

원거는 바닷새이다. 새의 습성은 먹는 점에 있어 너무 다르다. 이는 생활하며 환경과 습관에 의해 바뀌기 때문이다.

『장자·지락((至樂)』: "昔者海鳥止於魯郊, 魯侯御而觴之于廟, 奏九韶以爲樂, 具太牢以爲膳, 三日而死. 此以己養養鳥也, 非以鳥養養鳥也. 옛날에 어떤 바닷새가 노나라 교외에 와서 내려앉았다. 노나라 임금은 그 새를 맞이하여 종묘로 불러들여 잔치를 열고, 구소의 음악을 연주하면서 좋은 음식으로 안주를 삼았다. 사흘 만에 죽고 말았다. 이것은 자기를 기르는 방법으로 새를 길렀기 때문이다. 그는 새를 기르는 방법으로 새를 기르지 않았던 것이다."라고 하였다.

26.

義與死有相輕重之時, 君子審之. 舍生取義, 無難也, 死而善於義者難. 是故微子去辛紂之亂, 不害其仁; 子路赴孔悝之亂, 卒傷其義.

의리와 죽음은 서로 경중의 때가 있는데, 군자가 살펴서 생명을 버리고 의리를 취하는 것은 어려움이 없으나 죽어서 의리를 잘 지키기는 어렵다. 이 때문에 미자(微子)[1]는 신주(辛紂)[2]의 난리 때 떠나갔으나 그 인(仁)을 해치지 않았고, 자로(子路)는 공리(孔悝)의 난리 때 구원하러 갔으나 끝내 그 의리를 해쳤다.[3]

注

1 『사기·미자세가(微子世家)』: 미자(微子)는 상(商)나라 주왕(紂王)의 서형이다. 주왕의 난리에 여러 번 간하였으나 주왕이 듣지 않자 마침내 그의 곁을 떠나갔다.

2 신주(辛紂)는 상나라 주왕이다. 그의 이름이 제신(帝辛)인데 상나라를 멸망에 이르게 하여 시호가 주(紂)로 붙여졌다. 주(紂)는 의를 헤치고 선을 손상하다[殘義損善]의 뜻을 담고 있다.

3 『사기·중니제자열전』: "子路爲衛大夫孔悝之邑宰. 蕢聵乃與孔悝作亂, 謀入孔悝家, 遂與其徒襲攻出公. 出公奔魯, 而蕢聵入立, 是爲莊公. 方孔悝作亂, 子路在外. 聞之而馳往. …… 造蕢聵, 蕢聵與孔悝登臺. 子路曰, 君焉用孔悝? 請得而殺之. 蕢聵弗聽. 於是子路欲燔臺, 蕢聵懼, 乃下石乞, 壺黶攻子路, 擊斷子路之纓. 子路曰, 君子死而冠不免, 遂結纓而死. 자로는 위나라의 대부 공리(孔悝)의 가신이었다. 그런데 괴외(蕢聵)가 공리와 반란을 모의하고, 공리의 집으로 몰래 숨어들어, 공리의 병력을 동원하여 괴외의 아들인 출공(出公)을 공격하였다. 출공은 노(魯)나라로 도망가고 괴외가 임금이 되니, 그가 바로 장공(莊公)이다. 공리(孔悝)가 반란을 일으켰을 때, 자로는 마침 밖에 나가 있었다. 자로는 반란에 관한 소식을 듣고 즉시 달려갔다. ……괴외를 찾아갔는데, 그는 공리와 함께 누대에 올라가 있었다. 자로가 외쳤다. '군주께서는 또 공리를 이용하시려는 겁니까? 제가 죽여 버리겠습니다.' 그러나 괴외는 자로의 말을 들어주지 않았다. 이에 자로가 누대에 불을 지르려고 하자, 겁이 난 괴외는

석걸(石乞)과 호염(壺黶)을 보내 자로를 공격하게 하였다. 그들의 공격으로 자로의 관(冠)의 끈이 끊어졌다. 자로가 쓰러지며 '군자는 죽는 순간에도 관을 벗지 않는다.'고 하고 떨어진 관을 고쳐 맨 후에 죽었다."라고 하였다.

자로(子路)가 공리(孔悝)의 난리 때 구원하러 갔으나 끝내 그 의리를 해쳤던 내용이다.

27.

禍患迫身, 聖人未嘗不動心焉, 付之命而已矣; 其次則怨悔, 其次求苟免爾.

재앙과 우환이 자신에게 닥치니 성인은 부동심[1]을 하지 않고, 명에 맡길 뿐[2]이다. 그다음은 원망하고 후회하는 것이며, 그다음은 구차하게 벗어나기를 구하는 것이다.

注

1 『맹자·공손추』: "公孫丑問曰, 夫子, 加齊之卿相, 得行道焉, 雖由此霸王, 不異矣. 如此則動心, 否乎? 孟子曰, 否 我四十不動心. 공손추가 물어 말하기를, 선생님께서 제나라의 경상의 직책을 맡으시어 도를 행함을 얻게 되시면 비록 이것으로 말미암아 제가 패자나 왕자가 될지라도 조금도 이상할 것이 없으니, 이와 같게 하면 마음이 동요하겠습니까? 안 하겠습니까? 맹자가 대답해 말하기를, '안 한다.' 나는 40세부터 마음이 동요되지 아니하였느니라."라고 하였다.

2 부명(付命)은 명에 맡기는 것이다.

자신에게 재앙과 우환이 생기면 성인과 소인이 대처하는 방법이 각기 다르다. 성인의 경우 마음은 동요하지만, 천명을 따르고, 성인은 되지 못해도 소인이 아닌 자는 스스로 자책하고 반성한다. 하지만 소인은 구차하게 변명하고 비굴하게 행동하더라도 벗어나려고만 한다.

28.

或問君子之樂. 曰: "順理而行, 隨寓而安, 無得無喪, 以道御之, 何不樂!" 曰: 所由樂? 曰: "窮理盡性, 通之天人, 斯得矣." 曰: 人何以寡樂? 曰: "得於內斯輕乎其外也, 重於外斯失乎其內也. 夫人也既重於外也, 則夫利害禍福、窮通得喪, 日交於前, 而勞心以圖之, 憂且不及矣, 而況於樂乎!"

어떤 사람이 군자의 즐거움[1]을 물었다. "순리대로 행하고, 머무는 곳에 따라 편안하고, 얻는 것도 없고 잃은 것도 없고, 도로써 다스리니 어찌 즐겁지 않겠는가!"하니 "즐거워하는 것은 무엇입니까?"했다. "사물의 이치를 궁구하고 본성을 다하여 천과 인이 통하게 하니 이것이 얻는 것이다."하니 "남들은 어찌 즐거움이 적은지요?"하였다. "안에서 얻음이 있는 것은 외물을 가볍게 여겼기 때문인데, 외물을 중시하면 그 안을 잃게 된다. 사람이 이미 외물을 중시하였다면 이해, 화복, 궁통(窮通), 득상(得喪) 등이 매일 앞에서 교차하여 드러나 마음을 써서 도모하여서 근심해도 장차 미칠 수 없는데 하물며 즐거움에서야!"라고 하였다.

注

1 『맹자·진심 상』: "君子有三樂, 而王天下不與存焉. 父母俱存, 兄弟無故, 一樂也, 仰不愧於天, 俯不怍於人, 二樂也, 得天下英才, 而敎育之, 三樂也. 군자에게는 세 가지 즐거움이 있다. 천하의 왕이 되는 것은 여기에 넣지 않는다. 양친이 다 살아 계시고 형제가 무고한 것이 첫 번째 즐거움이요. 우러러 하늘에 부끄럽지 않고 굽어보아도 사람들에게 부끄럽지 않은 것이 두 번째 즐거움이요. 천하의 영재를 얻어서 교육하는 것이 세 번째 즐거움이다."라고 하였다.

왕정상은 군자삼락을 ①순리대로 행하고, ②머무는 곳에 따라 편안하고 얻는 것도 없고 잃은 것도 없고, ③도로써 다스리는 것을 꼽는다. 또 즐거워하는 것은 주자가 중시한 궁리와 『맹자』가 중시한 진성에 있는 것이지 외물에 있는 것이 아니라고 하였다. 이런 주장을 볼 때 그는 기일원론자이기는 하지만 유물론자 (唯物論者)가 아님을 표명하고 있는 것이다.

29.

材不勝於任, 取其卑散焉, 智者之自量也; 道不勝於時, 遜而避之, 賢者之守身也. "用之則行, 捨之則藏", 安於所遇, 而要諸禮義者, 聖人之體道也. 昧昧焉挾其才以趨, 惴焉惟恐其失之, 終以喪其守而已. 其於守也喪焉, 於道也何有?

재주가 소임을 감당할 수 없으면 그보다 낮고 한산한 일을 취하는데 이는 지자(智者)가 스스로 헤아리는 것이다. 도가 시대를 감당할 수 없으면 겸양하여 피하는데 이는 현자(賢者)가 자신을 지키는 것이다. "기용되면 도를 실행하고, 버려지면 도를 간직한다.[1]" 맞닥뜨리는 상황에 편안하게 여기고, 예의를 중시하는 것은 성인이 도를 체득한 것이다. 어두운 상태로 그 재주를 믿고 나아가면 벌벌 떨며 오직 그것을 잃을까 두려워하게 되고, 끝내는 그 지켜오던 것을 잃게 될 뿐이다. 그 지켜오던 것을 잃으면 도에 무엇이 남아 있겠는가?

注

1 『논어 · 술이』: "用之則行, 捨之則藏. 쓰여지면 행하고, 버려지면 감추는 것이다."라고 하였다.

『논어 · 위령공』: "邦有道則仕 邦無道則可卷而懷之. 나라에 도가 행해지면 나아가고 도가 행해지지 않으면 물러가 은거한다."라고 하였다.

행하거나 물러가는 것은 맞닥뜨리는 상황에 편안히 하는 것이다.

30.

鄕愿同流合汚, 雖不弑君, 亦不死節, 故賊德.

향원(鄕愿)[1]은 세속과 함께하며 더러움에 합한다. 비록 군주를 시해
하지 않을지라도 또한 절의에 죽지도 않기 때문에 덕을 해친다.

注

1 『맹자 · 진심 하』: ˝鄕原, 德之賊也. 曰何如斯可謂之鄕原矣. 言不
顧行, 行不顧言, 則曰古之人古之人, 향원은 덕을 해치는 것이라고
말씀하였는데 어떻게 되어야 향원이라고 할 수 있습니까? 말이 자기
의 행동을 돌아보지 않고 행동이 말을 돌아보지 않고는 '옛날 사람은
옛날 사람은'하고 말한다.˝라고 하였다.

31.

寵辱不驚, 君子不直曰以道御之也. 廣大之度, 物亦不能動之.
小人得志則如狂, 器小焉耳矣.

총애와 치욕에 놀라지 않는 것은[1] 군자가 정직하지 않으면서 도로써
다스린다고 말하는 것이다. 넓고 큰 도량은 만물 또한 동요시킬 수
없다. 소인이 뜻을 얻으면 광망(狂妄)한 듯한데 그릇이 적기 때문일
뿐이다.

注

1 『노자』, 13장: ˝寵辱若驚, 貴大患若身. 何謂寵辱若驚 寵爲下 得之
若驚 失之若驚 是謂寵辱若驚. 총애와 굴욕은 놀랄 일을 하듯 하고,
큰 근심을 귀하게 여기는 것은 자기 몸처럼 소중히 한다. 총애와 굴
욕이 놀랄 일을 하듯 한다는 것이 무엇을 말하는 것인가? 은총도
굴욕도 깜짝 놀 낼 일을 당하는 것과 같이하라 하는 것은 사랑받는
것은 위에서 아래로 행하여지므로 얻어도 잃어도 조심하며 놀랍게
여기라는 것이니 이래서 은총과 굴욕은 깜짝 놀랄 일을 당하는 것과
같다고 하는 것이다.˝라고 하였다.

32.

君子不辭乎福, 而能知足也; 不去乎利, 而能知義也. 故隨寓而安, 有天下而不與也, 其道至矣乎?

군자는 복을 사양하지 않지만 만족함을 알 수 있고, 이익에서 벗어나지 않으나 의를 알 수 있다. 그래서 머무는 곳마다 편안하고, 천하를 지니는 것에 관여하지 않으니[1] 그 도가 지극하지 않은가?

注

1 『논어 · 태백』: "子曰, 巍巍乎, 舜,禹之有天下也. 而不與焉. 위대하도다. 순임금과 우임금은 천하를 가지고서도 거기에 사사로이 관여하지 않으셨다."라고 하였다.
  두 임금은 천하가 자기의 것이라고 여기는 사사로운 지위나 이익에 관해서는 관심을 가지지 않았다.

33.

五行生剋之說, 始而讖緯托經, 求信其術: 終而儒者援緯以附於經, 此天下之惑, 固蔽而不可解矣.

오행의 상생과 상극(生剋)의 이론은 처음에 참위(讖緯)의 학설이 경서에 의탁하여[1] 그 학설을 믿기를 구한 것인데 마침내 유학자들이 전례대로 위서로서 경서에 붙여졌다. 이는 천하의 미혹인데 그 가려짐을 견고하게 하여 풀 수가 없다.

注

1 오행가에 속하는 방사나 술사들이 "오행을 상생과 상극으로 설명하는 이론은 참이나 거짓이다."라고 하는 설 들이 나왔는데, 『주역』은 위서(緯書)로서 경서(經書)를 삼은 것이다.

근래에 발굴된 백서(帛書)『주역』역시 위서라고 하며, 인정하지 않는 유학자들이

있지만 가장 원본에 가깝다는 평가를 받고 있다. 하지만 통행본 주역에 비해
점치는 요소가 많다.

34.

古人之學, 先以義理養其心, 志於道, 據於德, 依於仁是也. 復
以禮樂養其體, 聲音養耳, 彩色養目, 舞蹈養血脈, 威儀養動作
是也. 內外交養, 德性乃成, 由是動合天則, 而與道爲一矣. 今
人外無所養, 而氣之粗鄙者多; 內無所養, 而心之和順者寡. 無
怪乎聖賢之不多見矣.

옛사람의 학문은 먼저 의리로써 그 마음을 수양하여 도에 뜻을 두고,
덕에 근거하고, 인에 의거[1]하는 것이다. 다시 예악으로써 그 몸을 수
양하고, 성음(聲音)으로 귀를 수양하고, 채색으로 눈을 수양하고, 무
도(舞蹈)로 혈맥을 수양하고, 위의(威儀)로 동작을 수양한다. 안과
밖을 모두 수양하면 덕성이 곧 성취되고, 이로부터 행동이 천칙(天
則)에 부합되고 도와 더불어 하나가 된다. 지금 사람은 밖으로 수양
한 바가 없어서 기가 조비(粗鄙)한 자가 많고, 안으로 수양한 바가
없어서 마음이 화순(和順)한 자가 적다. 성현이 많이 보이지 않는 것
은 괴이하지 않다.

注

1 『논어 · 술이(述而)』: "志於道, 據於德, 依於仁, 游于藝. 도에 뜻을
두며, 덕에 근거하며, 인에 의지하고, 예에 노닌다."라고 하였다.

35.

未有不通明造化物理而可以治人者, 未有不公溥用賢而可以
作宰相者.

조화의 물리를 밝힘에 통달하지 않아 남을 다스릴 수 있는 자가 없고, 공정하고 광대하게 현인을 기용하지 않아 재상을 삼을 수 있는 자가 없다.

⋮ 인재는 덕성과 학문으로 얻은 지식을 겸비한 사람이다.

36.

人主用賢, 要之在圖治; 君子爲學, 要之在具夫濟世之資而已. 不然, 雖言語文辭與典謨雅頌相匹, 要爲馳騖於末, 終不足以 繫天下安危之輕重.

통치자가 현인을 기용하는 것은 다스림을 도모하는 데 달려 있어야 하고, 군자가 학문하는 것은 세상을 구제하는 자질을 갖추는데 달려 있어야 할 뿐이다. 그렇지 않으면 비록 언어와 문사(文辭)[1] 『서경』의 전(典)과 모(謨)[2] 『시경』의 아(雅)와 송(頌)[3]이 서로 필적한다고 하더라도, 말단을 달려야 하여 끝내 천하에서 안위(安危)의 경중(輕重)을 다루기에는 부족하다.

注

1 언어와 문사(文辭)는 말 하는 것을 그대로 적은 글과 문장이다.
2 『서경』에서 전(典)이라는 것은 나라를 다스리는 근본법이고, 모(謨)라는 것은 나라를 다스리는 정책이다.
3 『시경』의 아(雅)는 주나라 조회(朝會)나 연회 때 연주하는 노래이다. 대아(大雅)는 주나라 아악의 가사이고 소아(小雅)는 제후나 신하, 서민의 의식에 쓰였다. 송(頌)은 선현(先賢)을 기리고 칭송하는 노래이다.

⋮ 송나라 이후로는 지식인이 정치하였다. 왕정상은 정치는 학문을 위주로 한 지식
⋮ 인이 하는 것이 아니고 세상을 구제할 수 있는 자질을 지닌 자와 현인을 기용해
⋮ 야 하며 그 분야의 전문인이 일을 맡아야 한다는 주장을 한다.

37.

人知道, 然後可以論誠; 行義, 然後可以論命.

사람이 도를 안 연후에야 성(誠)을 논할 수 있고, 의를 행한 연후에
야 명(命)을 논할 수 있다.

> 성(誠)과 명(命)은 하늘과 인간을 이어주는 역할을 하는 것인데 성(誠)은 인간에
> 게서 하늘로, 명(命)은 하늘에서 인간에게 전하는 매개이다.

38.

離氣無性. 氣外有本然之性, 諸儒擬議之過也.

기를 떠나서 성(性)이 없는데 기의 밖에 본연의 성이 있다고 하는 것
은 여러 유자들이 의의(擬議)[1]한 잘못이다.[2]

注

1 의의(擬議)는 일의 시비곡직(是非曲直)을 헤아려 그 가부를 의논(議
論)하는 일이다.
2 주자가 본연지성(本然之性)이 있고 기질의 심이 따로 있다고 하였
으니 기를 밖에 두고 본연지성을 논한 것은 주자의 잘못이라고 말
한 것이다. 장횡거는 본성에 천지지성과 기질지성이 둘 다 있다고
하였다.

39.

**正道湮塞, 邪說橫行, 多由於在上之勢致之. 漢光武好圖讖, 故
當時緯候之流, 順風趣附, 遂使道之所妄, 強以爲眞; 命之所
無, 的以爲有. 鄭興, 賈逵以扶同貴顯; 桓譚, 尹敏以乖忤淪棄.
嗟乎! 貴賤窮通之際, 守義秉道, 堅而不回者, 幾何人哉? 中人**

小生懾於時威, 孰能違之, 而況寡超明之鑒者乎? 卒使天下後
世詭聖不經, 奸政壞俗, 厥誰之咎哉?

정도가 막히고 사설(邪說)이 횡행하는 것은 재위에 있는 자의 형세
가 초래하여 비롯된 것이 많다. 한(漢)나라 광무제(光武帝)[1]는 도참
(圖讖)[2]을 좋아했기 때문에 당시 위후(緯候)[3]의 무리가 순풍처럼 몰
려와 의지하고, 마침내 도의 망령된 바를 억지로 진실로 삼고, 명
(命)에 없는 바를 확실히 있다고 여겼다. 정흥(鄭興)[4]과 가규(賈逵)[5]
는 동조하여 현달하였고, 환담(桓譚)[6]과 윤민(尹敏)[7]은 황제의 뜻을
거슬러서 쫓겨났다. 아! 귀하고 천함과 궁하고 통함 사이에서 의를
지키고 도를 붙들고, 견지하고 돌아보지 않은 자는 몇 사람이었던가?
중인(中人)과 소생(小生)들은 당시의 권위에 두려웠는데 누가 그것
을 거스를 수 있었겠으며, 하물며 빼어나게 밝은 식견이 적은 자들은
말할 것이 있겠는가? 마침내 천하 후세에서 성인을 속이고 상도에
벗어나고, 정치를 망치고 풍속을 무너뜨리게 하였는데 그것은 누구
의 허물인가?

注

1 광무제(光武帝, B.C. 206~195 재위)는 후한 제1대 황제이다. 22년
왕망의 급진적인 개혁조치로 신나라에 대한 평판이 나빠지게 되자,
그는 곧 군대를 일으켰고 강력한 유씨 문중과 다른 부유한 호족 가문
들의 지원을 받아 23년에 왕망을 격파했다. 2년 뒤에 수도를 중국
동부에 있는 자신의 고향인 하남성 뤄양으로 옮기고 스스로 황제임
을 선포했다. 그가 재건한 왕조를 후한 또는 동한(25~220)이라고 한
다.

2 도참(圖讖)은 도(圖)와 참(讖)을 합친 개념으로 미래의 길흉화복을
예측하는 예언서이다. '도'는 앞으로 일어날 사건의 상징·표징·신
호·징후·전조·암시를 뜻하고 '참'은 참언(讖言)·참기(讖記)·참
위(讖緯) 등에서 보듯 은어(隱語)와 밀어(密語)의 상징적 언어로 역

시 장래에 일어날 사상(事象)을 예언하는 것이다.

3 위후(緯候)는 후한 시기의 경서에 맞서 만들어졌다. 시위(詩緯)·역위(易緯)·서위(書緯)·예위(禮緯)·악위(樂緯)·춘추위(春秋緯)·효경위(孝經緯) 등이 있다. 이들은 경서에다 길흉화복의 신비한 예언을 적어놓은 책이다. 위서(緯書)라고도 한다.

4 정흥(鄭興)은 후한 하남성 개봉(開封) 사람이며 자는 소공(少贛)이다. 고학(古學)을 좋아하였고 『좌씨춘추』에 밝았으며, 역수(曆數)에 뛰어났다. 신망(新莽) 때 유흠(劉歆)의 인정을 받았다. 광무제(光武帝) 건무(建武) 6년(30) 한나라에 투항해 간의대부(諫議大夫)와 냉주자사(冷州刺史)를 지냈고, 태중대부(太中大夫)가 되었다.

5 가규(賈逵, 174~228)는 중국 후한 말에서 삼국시대 위(魏)나라의 정치가이다. 자는 양도(梁道)이며 하동군 양릉현(襄陵縣) 사람이다. 건안 10년(205), 고간(高幹)이 조조(曹操)에게 모반을 일으키자 장염(張琰)이 이에 호응하려 했다. 가규는 사로잡힐 것을 두려워해 거짓으로 장염의 편에 섰다. 건안 16년(211), 조조가 마초(馬超)를 치러 가면서, 가규에게 홍농태수를 대행하게 했다. 가규는 둔전도위가 도망친 백성을 숨기고 있다고 의심하여 둔전도위에게 죄를 묻고 다리를 부러트렸다. 이 일로 인해 면직되었으나, 조조는 이를 좋게 여기고는 승상주부로 삼았다. 후에 간의대부가 되었고, 하후상(夏侯尙)과 함께 군사 계책을 장관했다. 건안 25년(220년), 조조가 죽자 조조의 장사를 주관했다. 이 해 6월, 조비가 대군을 일으키자 가규는 승상주부좨주를 맡았다.

6 환담(桓譚)은 한(漢)나라 유학자이다. 자는 군산(君山)이며 안휘성 출생이다. 거문고에 능하였고 오경(五經)에 밝았다. 유흠(劉歆)과 양웅(楊雄)을 스승으로 삼고 고학(古學)을 배웠다. 왕망(王莽)이 한(漢)을 찬탈할 때 장악대부(掌樂大夫)와 중대부(中大夫)가 되었고 또 광무제(光武帝) 시기는 의랑급사중(議郞給事中)이 되었다. 광무제가 참(讖)을 통하여 정사를 펴자 이를 반대하고 유학의 입장에서 저지하였다. 그 때문에 육안군(六安郡)의 승(丞)으로 좌천되었다.

한대(漢代) 유가 사상의 변천사인『신론(新論)』29편을 지었다.

7 윤민(尹敏)은 후한 남양(南陽) 도양(堵陽) 사람이다. 자는 유계(幼季)다. 처음에는 금문경학을 연구했다. 후에는 모시(毛詩)와『고문상서(古文尙書)』,『춘추곡량전』,『춘추좌씨전』등도 겸해서 공부했다. 광무제(光武帝) 2년(26) 낭중(郞中)에 오르고, 도참(圖讖)을 교정했다.『참서(讖書)』는 성인(聖人)이 쓴 것이 아니라고 상소했으나 받아들여지지 않았다.

40.

性與道合則爲善, 性與道乖則爲惡, 是故性出於氣而主乎氣, 道出於性而約乎性.

성이 도와 합쳐지면 선이 되고 성이 도와 어그러지면 악이 된다. 이 때문에 성은 기에서 나왔으나 기를 주관하고, 도는 성에서 나왔으나 성을 제약한다.

> 성(性)이 선천적으로 선(善)이 아니기에 도(道)와 합쳐지면 선이 되고 도가 어그러지면 악(惡)이 된다. 선악은 도가 내면에 있는지 없는지에 따라 결정된다.

41.

"程子曰: '待人有道, 不疑而已,' 孔子猶欲以先覺爲賢, 然則不疑未能盡耶?" 曰: "不疑足矣. 覺而疑之, 與逆詐、億不信, 均一損德也. 覺而反已, 以弭外侵, 乃得之. 疑則益其怨, 況自爲心害乎?"

"정자(程子)가 말하기를 '남을 대하는 것에 방도가 있으니, 의심하지 않을 뿐이다'[1]고 했다. 공자(孔子)는 오히려 미리 깨닫는 것을 현명하다고 했다. 그렇다면 의심하지 않은 것은 미진한 것이 아니겠는가?" "의심하지 않는 것은 충분한 것이다. 깨달으면 의심하게 되는데 나를 속일까를 먼저 의심하지 않고, 나에 대한 불신을 억측하는 것은² 모두 균일하게 덕을 손상한다. 깨달으면 자신을 반성하여서 외부의 침범을 중지시켜야 옳다. 의심하면 그 원망을 더하게 되는데 하물며 스스로 마음을 해침에 있어서야?"

注

1 『이정어록(二程語錄)』, 권15: "待人有道, 不疑而已. 남을 대하는 것에 방도가 있으니, 의심하지 않을 뿐이다."라고 하였다.

2 『논어·헌문』: "不逆詐 不億不信 抑亦先覺者 是賢乎. 남이 나를 속이지 않을까를 미리 경계하여 대비하지 않고, 남이 나를 믿지 않을까를 미리 억측하지도 않는다. 또한 그것을 미리 아는 사람이 바로 현명한 사람이다"라고 하였다.

사람이 사람을 대할 때는 의심하지 말아야 한다. 선입견이나 편견을 가지고서, 남을 의심하거나 미리 경계하고 그가 나를 믿어주지 않을까를 억측하면 자신이 지닌 덕을 잃게 된다. 덕을 잃으면 마음이 손상하게 된다. 공자는 '그것을 깨달을 수 있어야 현인이 될 수 있다.'라고 하였다.

42.

"君子成人之美", 天道也, 故光大正直; 小人壞人之善, 鬼道也, 故陰險讒邪.

"군자는 남의 아름다움을 성취시킨다"¹고 한 것은 천도(天道)이다. 그래서 광대하고 정직하다. 소인은 남의 선행을 무너뜨리는데 그것은 귀도(鬼道)²이다. 그래서 음험하고 사악하다.

注

1 『논어·안연(顔淵)』: "君子成人之美. 군자는 남의 장점을 키워준다."라고 하였다.

군자라면 남이 선한 일을 하도록 힘을 써준다는 의미이다.

2 귀도(鬼道)는 천도(天道)의 상대되는 말이다. 남을 음해하여 위험에 빠뜨리고 사악한 것이 귀신의 도이다. 그래서 군자는 남을 잘 되도록 도와주니 천도를 지닌 것이고, 소인을 남을 중상모략(中傷謀略)하고 끌어내려 구렁텅이에 빠뜨리니 귀도를 지닌 것이다.

43.

迂儒強執, 不識古今之宜; 鄙儒依阿, 不顧國家之計; 俗儒淺陋, 不達治忽之機, 皆不堪委任.

우활한 유자는 억지로 고집하고 고금의 타당함을 알지 못한다. 비루한 유자는 아부하는데 기대어 국가의 계책을 살피지 않는다. 속된 유자는 천박하여 치홀(治忽)의 기회에 도달하지 못한다.[1] 이들 모두는 맡겨진 임무를 감당할 수 없다.

注

1 『상서 · 익직(益稷)』: "予欲聞六律五聲八音, 在治忽, 以出納五言, 汝聽. 내가 육률과 오성과 팔음을 듣고서 다스려지고 다스려지지 않음이 있어서 오언을 내니 그대는 들어라."라고 하였다.
치홀(治忽)의 치(治)는 다스려지는 것이고 홀(忽)은 다스려지지 않는 것이다.

44.

探察意外者, 蔽生之端; 虛朗自照者, 明出之度.

뜻 외의 일을 찾아서 살피는 것은 폐단이 생겨나는 단서이다. 허랑(虛朗)[1]하게 스스로를 비추는 것은 광명이 드러나는 정도이다.

1 허랑(虛朗)은 청허(淸虛)하고 밝은 것이다.

45.

聖人酌時審義, 自命出處; 餘人則隨世, 各安其所逢, 外誘之
厄, 不照者多矣.

성인은 짐작할 때 의리를 살피고 스스로 나아갈 곳을 명령한다. 나머
지 사람들은 세상의 추이를 따라서 각자 그 만나는 것을 편안히 여
기는데 밖에서 유혹하는 재앙을 밝게 보지 못하는 것이 많다.[1]

注

1 『순자 · 유효(儒效)』: "炤炤兮其用知之明也. 밝게 보아서 지혜를 쓰
는 것이 명백하다."라고 하였다.

성인은 의리로 자신이 나아갈 바를 판단하지만, 소인은 세상의 추이
에 따라 자신에게 이익이 되는 곳으로 따른다. 따라서 세상에서 유혹
하는 재앙을 밝게 보지 못하게 된다.

46.

誠以當大任, 義以御萬事, 無欲以清心志, 宰相之職盡矣.

정성으로써 큰 임무를 담당하고, 도의로써 만사를 다스리고, 무욕으
로써 심지를 맑게 하면 재상의 직무를 다하는 것이다.[1]

注

1 충성(忠誠)과 충의(忠義)를 다하는 것이 신하의 도이다. 또 신하는
심에 사사로움이 없어야 굳은 심지를 지닐 수 있다.

47.

不直截語道, 而穿鑿以求通, 其蔽於成心乎! 不普焰於道, 而強
執以求辯, 其蔽於私心乎! 此二心者, 學道之大病也. 雖然,
祛偏倚, 則私心可亡. 學至於成心, 則習識堅固, 吝其舊學而不
舍, 雖賢者猶不能辯其惑, 而況愚不肖之無識乎? 故習識害道.

직접 도를 말하지 못하고 천착하여 통함을 구하니 그 폐단은 성심(成心)[1]에서 나온 것인가? 도를 널리 밝히지 못하고 억지로 고집하여 변론을 구한다면 그 폐단은 사심에서 나온 것인가? 이 두 가지 마음은 도를 배우는 자의 큰 병폐이다. 그러나 그 치우치고 의지함을 제거하면 사심을 없앨 수 있다. 배움이 성심에 이르게 되면 습식[2]이 견고하여 그 구학(舊學)을 아껴서 버리지 못하니, 비록 현자라도 오히려 그 미혹함을 변별할 수 없는데 하물며 어리석고 불초하여 식견이 없는 자는 말할 수 있겠는가? 그래서 습식은 도를 해친다.

注

1 『장자 · 제물론』: "隨其成心而師之. 성심을 따르고, 성심을 스승으로 삼는다."라고 하였다.
성심은 세상의 일과 타협하여 이루어진 마음으로 차별적이고 분별적인 고성심은 정관념을 뜻한다.

2 『논어 · 양화』: "性相近 習相遠. 본성은 서로 가까운데 습성이 서로 멀게 한다."라고 하였다.
습(習)은 습식(習識)이 되며 환경에 저절로 익숙해져 생기기 때문에 성심이나 사심이 관여하기 쉽다. 그래서 구습에 얽매일 수 있으며 올바른 지식이 되기 어렵다. 공자는 본성이 습식과 합해져 성이 되기 때문에 처음에 비슷했던 본성이 습식에 의해 서로 멀어진다고 하였다. 때문에 습식이 도를 해치지 않도록 해야 한다.

48.

非吾性分所有, 皆外物已. 君子尊德性, 故得喪重乎內, 重乎
內, 則善日長; 小人恣情欲, 故得喪重乎外, 重乎外, 則惡日長.
是故觀人者, 觀其所重, 而君子小人可知矣.

나의 본성이 가지고 있지 않은 것은 모두 외물일 뿐이다. 군자는 덕
성을 존중[1]하기 때문에 득실에서 내면을 중시한다. 내면을 중시[2]하
면 본성의 선(善)이 날로 자라난다. 소인은 정욕을 멋대로 행하기 때
문에 득실에서 외면을 중시한다. 외면을 중시하면 악(惡)이 날로 자
라난다. 이 때문에 남을 관찰하는 것은 그 중시하는 것을 관찰하게
되는데 군자와 소인을 구별할 수 있다.

注

1 존덕성(尊德性)은 군자가 되기 위한 수양 방법이다. 주자는 존덕성
과 도문학(道問學)을 수양법으로 지적하였는데 덕성을 높게 하는 것
은 정좌를 통해서 하고, 도문학은 공부에서 오는 것이라고 하였다.
왕정상도 수양법으로 존덕성을 들었는데, 이는 내면의 마음을 중시
하여 덕을 키우는 것이다.

2 중어내(重於內)는 마음을 중시하는 것이고, 중어외(重於外)는 마음
밖의 외물을 중시하는 것이다. 그래서 군자는 중어내(重於內)하고
소인은 중어외(重於外)한다.

문왕편
文王篇

1.

文王既沒, 文不在玆乎, 孔子何以文爲? 王子曰: "夫文也者, 道之器、實之華也. 六經之所陳者, 皆實行之著, 無非道之所寓矣. 故無文則不足以昭示來世, 而聖蘊莫之睹. 尚書, 政也; 易、神也; 詩、性情也; 春秋, 法也; 禮、敎也; 聖人之蘊, 不於斯可睹乎? 是故學於六經而能行之則爲實, 反而能言之則爲華, 斯於聖蘊幾矣. 是文也者、道也, 非徒言也, 此仲尼之慕於文王者也."

"공자가 '문왕은 이미 죽었지만 문(文)[1]은 여기에 남아 있지 않는가?'[2]라고 했는데 공자는 문을 무엇이라고 여겼는가?" 왕자가 대답하기를 "문이라는 것은 도의 그릇이고, 실질의 광채이다. 육경에서 진술된 것은 모두 실행이 드러나는 것이고, 도가 깃든 바가 아님이 없다. 그래서 문이 없다면 미래의 세상에 밝게 제시할 수 없어서 성인이 간직한 뜻을 볼 수 없다. 『상서』는 정치에 관한 것이고, 『역경』은 신에 관한 것이고[3], 『시경』은 성정에 관한 것이고, 『춘추』는 법에 관한 것이고, 『예기』는 가르침에 관한 것이다. 성인이 간직한 뜻은 여기에서 볼 수 있지 않겠는가? 이 때문에 육경을 배워서 실행할 수 있다면 실질이 된다. 반대로 능히 말할 수 있다면 도가 꽃 피우게 된다. 이것이 성인이 간직한 것임을 거의 알게 된다. 이 문이란 것은 도이며 헛된 말이 아니다. 이 때문에 공자가 문왕을 그리워한 것이다.

注

1 문(文)은 서주 시대의 예악제도를 가리킨다. 문왕으로부터 예악과 제도가 마련되었고, 주공이 '예악전장제도'라는 기구를 설치하여 문(文)을 확립하였다. 그리고 공자가 주대의 문화를 계승했다.

2 『논어·자한』: "文王旣沒, 文不在茲乎. 문왕(文王)은 이미 돌아가셨지만, 그분이 남긴 문화인 예악(禮樂)과 제도(制度)는 여기 나에게 전해져 있지 않으냐?"라고 하였다.

3 『주역·계사전』, 제5장: "陰陽不測之謂神. 음인지 양인지 헤아릴 수 없는 것을 신(神)이라 한다."라고 하였다.
음양은 만물의 움직임에 관여하는데, 우리는 헤아릴 수 없는 신의 경지를 『주역』이 괘사로 설명하고 있다.

2.

「洪範」, 經世之大法也. 五行者, 六府之義也, 其利民之生不可已者乎! 謂之 "行"者, 流通而爲世用也. 此汩陳焉, 生無所賴矣. 大法安所施乎? 故五行修治於地乎之時, 而九疇以錫禹焉. 謂之 "天"者, 神之也. 五行擧其體用, 示民用也, 非五行家之說也. 五事, 示之君當修德也; 八政, 國有所事, 示當擧也; 五紀, 示民時當授也; 皇極, 君當建極, 爲民之則也; 三德, 示君當以經權馭臣也; 稽疑神道說教也, 其所由來遠矣; 庶徵, 示君德當驗之天也; 五福六極, 示民之休戚, 由君政之臧否也. 嗟乎! 由是擧之, 治世之要其備矣乎! 五行利民, 八疇之本, 言民用足而

後政可興也. 首之者, 其箕子之心乎! 通貫諸疇, 傳以休咎, 漢
儒邪誣之論乎! 後儒信之, 習染之深乎! 吾爲箕子嗟嗟焉!

「홍범(洪範)」[1]은 세상을 경영하는 대법이다. 오행은 육부(六府)[2]의 의미인데 민생을 이롭게 하는 것으로서 그만 둘 수 없는 것이다! '행(行)'은 유통하여 세상을 위해 소용된다는 것이다. 이것이 어지럽게 행해져서[3] 삶이 의지할 바가 없어지니, 대법을 어디에 시행하겠는가? 그래서 오행이 땅에서 다스려질 때[4] 구주(九疇)[5]로써 우(禹)에게 하사했다. '천(天)'은 신묘함이다. 오행은 그 체용을 들어서 백성들이 쓸 것을 제시한 것이고, 오행가(五行家)의 설이 아니다. 오사(五事)는 군주가 마땅히 닦아야 하는 덕을 제시한 것이고, 팔정(八政)은 국가에서 할 일이 있음을 마땅히 거론하여 제시한 것이다. 오기(五紀)는 백성에게 시기를 마땅히 알려준 것이다. 황극(皇極)은 군주가 마땅히 건립해야 할 극인데 백성을 위한 법칙이다. 삼덕(三德)은 임금이 마땅히 상도와 권도[6]로써 신하를 부리는 것이다. 계의(稽疑)는 신묘한 도가 가르침을 세운 것[7]인데 그 유래가 멀다. 서징(庶徵)은 군주의 덕이 마땅히 하늘을 징험해야 한다는 것이다. 오복과 육극(六極)은 백성의 안락과 근심이 군주가 정치를 잘하고 잘하지 않는 것에서 비롯된다는 것을 제시한 것이다. 아! 이로부터 거론하자면 치세의 요점이 구비된 것이다! 오행은 백성을 이롭게 하고, 팔주(八疇)의 근본은 백성들의 쓰임이 풍족한 이후에 정치가 흥할 수 있는 것임을 말한 것이다. 오행을 맨 처음으로 한 것이 어찌 기자(箕子)의 마음이었겠는가! 각 주(疇)에 관통하여 화복으로서 전한 것은 한(漢)나라 유자의 그릇된 거짓[8]의 논의였다! 후대의 유자들이 그것을 믿고 익숙하게 물든 것이 심했다! 나는 기자를 위해 탄식한다!

注

1 『한지(漢志)』: "禹治洪水, 錫洛書, 法而陳之, 洪範是也. 우왕(禹王)

이 홍수를 다스림에 하늘이 낙서(洛書)를 내려주므로 이것을 본받아 늘어놓았는데, 홍범이 이것이다."라고 하였다.

『사기』: "武王克殷, 訪問箕子以天道, 箕子以洪範陳之. 무왕(武王)이 은(殷)나라를 이기고 기자(箕子)에게 찾아가 천도(天道)를 묻자 기자가 홍범을 말했다."라고 하였다.

『서경·주서』: "王訪于箕子, 王乃言曰, 嗚呼箕子, 惟天陰下民, 相協厥居, 我不知其彝倫 攸敍. 曰 …… 禹乃嗣興, 天乃錫禹洪範九疇, 彝倫攸敍. 왕이 기자(箕子)를 찾아가서, 말하기를 '기자(箕子)여 하늘이 속으로 백성들을 안정시켜 거처하는 것을 도와 화합하게 하시니, 나는 그 병이(秉彝)와 인륜(人倫)이 펴지게 된 이유를 알지 못한다.'고 하니 기자가 말하기를, ' …… 우왕(禹王)이 뒤이어 일어나 하늘이 우왕(禹王)에게 홍범구주(洪範九疇)를 내려주시니, 이륜(彝倫)이 펴지게 되었다.'"라고 하였다.

종합해 보면 후대 학자들이 『홍범(洪範)』은 우왕이 하늘로부터 낙서를 받은 것으로 기자(箕子)가 나열하고 부연(敷衍)하여 홍범으로 만들어 낸 것으로 보인다.

2 『서경·대우모』: "政在養民, 水火金木土穀惟脩, 正德利用厚生, 惟和六府三事允治, 九功惟敍. 정사는 백성을 기르는데 있으니, 물·불·쇠·나무·흙과 곡식을 오직 닦으며, 덕을 바르게 하고(正德), 쓰임을 이롭게 하고(利用), 삶을 두터이 함(厚生)을 조화롭게 하여 6부와 3사가 잘 다스려져 아홉 가지 일이 베풀어진다."라고 하였다. 주석에 아홉 가지 공[九功]은 6부[水·火·金·木·土·穀]와 3사[正德·利用·厚生]를 합함이라고 하였다.

3 『서경·주서·홍범』: "在昔鯀陻洪水, 汨陳其五行, 帝乃震怒. 옛날 곤(鯀)이 홍수를 막아 오행을 어지럽게 늘어놓으니 상제가 진노하였다."라고 하였다. 골(汨)은 어지럽히는 것이다. 오행을 어지럽혔다 함은 홍수를 막은 것이 자연의 순리를 거역했다는 것이다. 곤의 치수 방법은 흐르는 물을 틀어막는 수래토엄(水來土掩)이었다. 이는 물길을 막는 것이

라 자연의 순리인 오행을 어지럽혔다고 한 것이다.

4 『서경·대우모』: "地平天成. 땅이 다스려짐에 하늘의 일이 이루어진다."라고 하였다.

오행은 땅을 다스림에 관여하는 것이다.

5 구주(九疇)는 ① 오행(목·화·금·수·토) ② 오사(貌·言·視·聽·思) ③ 팔정(食·貨·祀·司空·司徒·司法·賓·師) ④ 오기(歲·月·日·歷·歷數) ⑤ 황극 ⑥ 삼덕(正直·剛極·柔極) ⑦ 계의(計疑) ⑧ 서징(庶徵) ⑨ 오복(壽·富·康寧·好德·終命)이다.

6 경(經)은 상도(常道)이고 권(權)은 권도(權道)이다. 상도는 일반적인 것이고 권도는 일반에 상대하는 특수한 상황에 쓰이는 도이다. 즉, 형수의 손을 잡을 수 없는 것은 경도이나, 형수가 물에 빠져 손을 잡아주는 것은 권도이다.

7 『주역·관괘·단전』: "神道說教. 신묘한 도는 가르침을 세운다."라고 하였다.

聖人은 천도의 신(神)을 보고, 신도(神道)를 체화(體化)하여 설교하기 때문에 천하가 복종하지 않음이 없다. 천도는 지극히 신묘하기 때문에 신도라 하였다.

8 한유(漢儒)의 사무(邪誣)의 이론은 동중서를 중심으로 한(漢) 나라 오행가들이 주장한 오행론이다.

3.

變質成性, 觀『書』之遜學; 善善惡惡, 觀『詩』之無邪; 禮嚴而法恕, 觀『春秋』之公; 安天地, 遂人物, 觀『禮』之敬; 妙感應, 成變化, 觀『易』之神. 神也者, 學之極致也夫!

기질을 변화하여 성(性)을 이룬 것은 『서경』의 손학(遜學)[1]에서 본다. 선을 선하다 하고 악을 악하다 한 것은 『시경』의 무사(無邪)[2]에서 본다. 예(禮)는 엄격하고 법은 너그러운 것은 『춘추』의 공(公)에

서 본다. 천지를 편안히 하고 인물을 따르는 것은 『예기』의 경(敬)에
서 본다. 감응을 묘하게 하여 변화를 이루는 것은 『역경』의 신(神)에
서 본다. 신이라는 것은 학문의 극치이구나!

注

1 『서경 · 열명(說命)』: "惟學遜志多時敏. 厥修乃來, 允懷于玆, 道積
于厥躬. 오직 배움은 뜻을 겸손하게 하고 언제나 민첩하면 그 닦여
짐이 비로소 다가올 것이니, 진실로 이에 대해 마음을 쓰면 도(道)가
그 몸에 쌓일 것이다."라고 하였다.

2 『논어 · 위정』: "『詩』三百, 一言以蔽之, 曰思無邪. 『시경』 삼백 편
의 시를 한마디로 말하자면, 생각에 거짓됨이 없다."라고 하였다.

4.

冢帝以九式之職論王之用度, 非有制也, 用以養人主之心.

총재[1]는 구식(九式)[2]의 관직으로 왕이 쓰는 재용과 횟수를 논하는데
억제하지는 않지만, 절용으로 왕의 마음을 기른다.

注

1 총재(冢宰)는 태제이며 여섯 경대부의 수장이다.

2 『주례 · 천관총재』: "以九式均節財用. 재용을 구식으로 균등하게 나
눈다."라고 하였다.
구식(九式)은 제사(祭祀), 빈객(賓客), 상황(喪荒), 개복(盖服), 공
사(工事), 폐백(幣帛), 추말(芻秣), 비반(匪頒), 호용(好用)의 아홉
가지로 재용을 나누어 사용하는 것을 말한다.
추말(芻秣)은 소, 말 등 가축과 벼, 곡식 등을 키우는 비용이고, 빈객
(賓客)은 손님을 접대하는 비용이고, 상황(喪荒)은 상례에 쓰는 비
용이며, 개복(盖服)은 의식주에 드는 비용이고, 폐백(幣帛)은 혼례
에 쓰는 비용이며, 비반(匪頒)은 여러 신하들에게 나누어 주는 재원

이며, 호용(好用)은 잔치를 베푸는 데 쓰는 비용이다. 재용(財用)은 쓸 수 있는 조정의 재물이다.

5.

河出『圖』, 洛出『書』, 羲皇因之以畫卦, 若曰本於天地之神理也; 西狩獲麟, 孔子絶筆於『春秋』, 若曰符此天地之文明也. 故「圖」、「書」者, 聖人以之爲始; 麟者, 聖人以之爲終. 『洛書』以『易』言.

하수(河水)에서 『하도(河圖)』가 나오고, 낙수(洛水)에서 『낙서(洛書)』[1]가 나오니, 복희씨[2]가 그것으로 인하여 괘(卦)를 그렸는데 마치 천지의 신리(神理)에 근본을 두었다고 한 것 같았다. 서쪽에서 기린을 잡았다[3]는 것은 공자가 『춘추』에서 절필한 것인데 마치 천지의 문명에 부합하였다고 말한 것 같다. 그래서 『하도』와 『낙서』는 성인이 그로써 시작으로 삼았고, 기린은 성인이 그로써 마침을 삼았다.[4] 『낙서』는 『역경』으로 말한다.

注

1 『주역·계사전』: "河出圖, 洛出書, 聖人則之. 하수에서 도(圖)가 나오고 낙수에서 서(書)가 나와 성인은 이를 본받았다."라고 하였다. 도(圖)는 『하도』이고 서(書)는 『낙서』이다.

2 복희씨(伏羲氏)는 삼황[三皇] 중 한 사람으로 처음으로 백성에게 어렵[漁獵]·농경·목축 등을 가르치고 팔괘[八卦]와 문자를 만들었다고 전한다. 복희씨와 여와씨(女媧氏)는 태어날 때 용의 몸체에 사람의 머리를 가졌다 한다. 이는 복희씨가 용을 토템으로 삼은 부족 두령이었다는 것을 설명해 준다.

3 『춘추·계사전』: "西狩獲麟. 노나라 서쪽에서 기린이 잡혔다."라고 하였다.

4 기린은 예로부터 어진 짐승으로서 훌륭한 임금에 의해 올바른 정치가 행해지면 나타나는 것으로 알려져 있었다. 난세에 잘못 나와 어리석은 인간들에게 잡힌 기린을 보고, 공자는 자신의 운명과 비춰서 슬퍼하였으며, 『춘추』의 저술도 이 '서수획린(西狩獲麟)'에서 끝맺고 있다. 그로부터 획린(獲麟)이라는 단어가 절필, 혹은 임종이라는 뜻을 가지게 되었다.

6.

『易』者, 聖人敎民之書也; 筮者, 神其道, 民信也. 善者吉, 不善凶, 理自然也. 苟不善焉, 筮之何益? 勢有所軋, 時不可爲也. 時不我與, 爲之何益? 謂之"利貞"、"貞吉"、"貞凶"、"貞厲", 微乎深哉! 決疑而已, 得乎?

『역경』은 성인이 백성을 가르친 글이고, 복서(卜筮)[1]는 그 도를 신묘하게 하여 백성이 믿는 것이다. 선한 자는 길하고, 선하지 않은 자는 흉한 것은 이치가 저절로 그렇다. 만약 선하지 않으면 복서가 무슨 이익이겠는가? 형세에 어긋난 바가 있으면 때에 행할 수 없다. 때가 나에게 주어지지 않으니 행해도 무슨 이익이 있겠는가? '이정(利貞)', '정길(貞吉)', '정흉(貞凶)', '정려(貞厲)'[2]라고 한 것은 미묘함이 깊은 것이다! 의심을 풀 뿐인데 얻은 것이겠는가?

注

1 복서(卜筮)는 시귀(蓍龜)라고도 한다. 복서라는 말은 『시경 · 위풍 · 맹(氓)』에 보인다. 복(卜)은 주로 거북의 등껍질이나 동물의 뼈를 태워서 그 균열이 생기는 모양으로 길흉을 알아보는 점법이며, 서(筮)는 산가지[算木]와 서죽(筮竹)을 이용해 그 숫자의 결합에 따라 괘(卦)를 세우는 방법이다.

2 이정(利貞)', '정길(貞吉)', '정흉(貞凶)', '정려(貞厲)'에서 정(貞)은 일

이 올바름[正], 견고함[固]의 뜻이 있다. 이정(利貞)은 인사(人事)에 관계하여 일을 맡아 처리하기에 마땅하다, 정길(貞吉)은 바른 일을 처리하고 결과가 길하다, 정흉(貞凶)은 비록 올바르다 하더라도 흉하다, 정려(貞厲)는 바르더라도 위태하다는 의미이다.

7.

或問禮樂, 曰: "序也, 和也, 捨是不足以成化矣. 鐘鼓、琴瑟、干戚、羽籥、籩豆、簠簋、玉帛、牲醴、禮樂之物也, 待其人者也, 非本也." 曰: "先王禮樂成化之象何如?" 曰: "大道之隱也久矣, 予惡乎以見之? 竊嘗考之矣, 禮行而志定, 尊卑、上下、親疎、貴賤, 各安其常分而不亂, 諸侯四夷, 安其職而守彊土. 其極也, 陰陽順軌而天地位焉; 樂行而情達, 君臣和於朝, 卿大夫和於位, 群士和於職, 庶人和於野, 盜賊奸宄不興, 而夷狄安於四鄙, 四時平而萬物亨焉. 吁! 此 堯、舜、三王之大物也, 予惡乎以見之?"

어떤 사람이 예악에 대하여 물었다. "질서이고, 화합이다. 이를 버리면 교화를 이룰 수 없다. 종고(鐘鼓), 금슬(琴瑟), 간척(干戚), 우약(羽籥),[1] 변두(籩豆), 보궤(簠簋), 옥백(玉帛), 생제(牲醴)[2] 등은 예악의 물건인데, 시행할 사람을 기다리는 것이지 근본은 아니다.[3]" "선왕의 예악은 교화를 이루는 현상인데 어떤 것인가?" "대도가 숨은 지 오래되었다. 내가 어찌 볼 수 있겠는가? 내가 일찍이 고찰해보니, 예가 행해져 뜻이 정해지고 존비, 상하, 친소, 귀천 등이 각각 그 일정한 분수를 편안히 여기고 어지럽지 않고, 제후와 사이(四夷)는 그 직분을 편안히 여기고 강토를 지킨다. 그 지극함은 음양이 궤도를 따르고 천지가 자리한 것이다. 음악이 행해지고 인정이 통하니 군신은 조정에서 화합하고, 경대부는 지위에서 화합하고, 여러 선비는 직책에서 화평하고, 일반 백성들은 재야에서 화평하고, 도적과 간구는 일어나지 않고, 이적은 사방의 변방에서 편안하고, 사시는 화평하고 만물이 형통하도다. 아! 이는 요·순·삼왕의 큰 사건[4]인데 내가 어찌 볼 수 있겠는가?"

注

1 『예기·악기』: "故鐘鼓管磬, 羽籥干戚, 樂之器也. 종(鐘)·고(鼓)·관(管)·경(磬)·우(羽)·약(籥)·간(干)·척(戚)은 모두 음악을 위한 도구이다."라고 하였다.
   간척(干戚)은 무무(武舞)들이 그것을 잡고 춤을 춘다. 우약(羽籥)은 꿩의 깃털과 피리 종류이다.

2 『예기·악기』: "簠簋俎豆, 制度文章, 禮之器也. 보궤와 조두, 제도와 문장은 예의 기구이다."라고 하였다.
   보궤(簠簋)는 제사나 연회 때에 쓰는 그릇인데, 보(簠)는 피쌀(稻)과 메조(粱)를 담는 용기이며, 궤(簋)는 메기장(黍)과 차기장(稷)을 담는 용기이다.
   『논어·태백』: "籩豆之事則有司存. 제사를 차리는 것 같은 소소한 일은 유사가 할 것이다."라고 하였다.
   변두(籩豆)는 제기인데, 변(籩)은 죽기이고 두(豆)는 목기이다. 옥백(玉帛)은 옥과 포백(布帛)인데, 고대의 회맹(會盟)이나 제사에 사용했다. 생제(牲醴)의 생(牲)은 희생 소의 머리이다.
   『주례·주정(酒正)』: "五齊之醍齊. 다섯 가지 술 담그는 방법 중의 제제(醍齊)이다."라고 하였다.
   제제(醍齊)는 제사에 사용하는 옅은 홍색의 맑은 술이다.

3 『예기·악기』: "樂者, 音之所由生也, 其本在人心之感於物也. 악이란 소리에서 생겨난 것이라, 그 근본은 사람의 마음이 외물에 감촉하는 데에 있다."라고 하였다.

4 대물(大物)은 큰 일, 대 사건에 해당한다.

8.

「國風」, 王化之大率也.「七月」, 培養之深乎!「二南」, 發越之
盛乎! 周人德之所由遠矣哉!『小雅』, 西周之典禮也, 成王周公
之盛, 久矣而不可復也. 振振乎, 其民之思乎! 漆漆乎, 民之怨
不可釋乎! 幽、厲媿於繼述矣.「大雅」, 西周之紀綱也, 其三王
之極治乎! 終之以婦人、奄人、小人焉, 言紀綱之所由壞也. 夫
斯人也, 近君而善感者也, 示紀綱之壞自近始也.「周頌」, 受命
之所自乎! 其道熙熙, 其德穆穆, 其攻丕丕, 其化蕩蕩, 抑之而
愈高也, 遠之而愈親也, 其文、武之聖澤乎! 商之德業, 悠悠大
哉! 成湯聖智, 武丁不嘷焉. 雖遇五伯之專, 七雄之橫, 不能乘
其弱也, 其一代之全盛乎! 魯侵王頌, 且僭樂焉, 伯禽之荒也,
宜若可刊矣. 其要, 仲尼之義乎!

『시경 · 국풍』은 선왕이 백성을 교화하였던 대략이다.「칠월(七月)」[1]
은 백성을 길러줌이 깊은 것이다!「이남(二南)」[2]은 뛰어남(發越)[3]이
성대한 것이다! 주나라 사람의 덕이 말미암은 것과는 멀다!「소아(小
雅)」[4]는 서주(西周)의 전례(典禮)인데 성왕과 주공의 성세가 지나간
지 오래되어 회복할 수 없다. 진진(振振)[5]하구나, 그 백성들이 사모함
이여! 칠칠[6]하구나, 백성의 원망을 풀 수 없네! 유왕(幽王)과 여왕(厲
王)[7]은 계술(繼述)[8]에 부끄러웠다.「대아(大雅)」는 서주의 기강인데
그 삼왕의 지극한 통치이다! 부인, 환관, 소인으로써 마친 것은 기강
이 무너진 유래를 말한 것이다. 이 사람들은 모두 임금에게 접근하여
잘 미혹시킨 자들로서 기강의 무너짐은 측근으로부터 비롯됨을 보여
준 것이다.「주송(周頌)」은 명을 받는 것의 유래이다! 그 도는 희희
(熙熙)하고, 그 덕은 목목(穆穆)[9]하고, 그 공은 비비(丕丕)하고, 그 교
화는 탕탕(蕩蕩)[10]하여 우러르면 더욱 높고, 멀어지면 더욱 가깝게 느
껴지는데 아마 문왕과 무왕 등의 성인의 은택이던가! 상(商)나라의
덕업은 유원하고 위대하다! 성탕(成湯)의 성스러운 지혜는 무정(武

丁)**11**에 이르기까지 쇠약하지 않았다. 비록 오백(五伯)의 전횡과 칠웅의 횡행**12**을 만났더라도 그 허약함을 틈탈 수 없었을 것이니, 아마 한 시대의 전성기였던가! 노(魯)나라가 국왕의 송가(頌歌)를 침범하고, 또한 천자의 악장을 참람한 것은 백금(伯禽)의 황탄**13**한 잘못이었으니, 마땅히 고쳐야 할 것이다. 그 요점은 공자의 뜻이었던가!

注

1 『시경·빈풍·칠월(七月)』 3장: "七月流火, 八月萑葦. 蠶月條桑, 取彼斧斨, 以伐遠揚, 猗彼女桑. 七月鳴鵙, 八月載績, 載玄載黃, 我朱孔陽, 爲公子裳. 칠월에 더위가 지나가거든 팔월에 갈대를 베고 누에 치는 달에 뽕나무 가지를 친다. 저 도끼들을 가져가서 멀리 뻗어간 가지를 치고, 부드러운 가지는 놔두어라. 칠월에 왜가리가 울거든 팔월에 곧 길쌈을 하고, 곧 검은 물도 들이고 곧 누런 물도 들여서 우리 붉은 것이 심히 밝거든 공자의 옷을 만든다."라고 하였다.

'칠월' 시는 농사 시이다. 농민들이 일 년 사계절에 맞추어 일하는 과정과 생활을 묘사하여 백성들을 교화했다. 이 시는 고대의 기후와 농업, 거기에 따른 생활상을 알 수 있어서 고증하는 사료로서 큰 가치가 있다.

2 『시경』의 이남(二南)은 주남(周南)과 소남(召南)을 말한다. '주남은 여성이 거처하는 내실인 규문(閨門)의 일로부터 천하의 일에 통달하는 것이요, 소남은 천하의 일로부터 규문의 일에 근본을 둔다.'라고 하였다.

3 발월(發越)은 깨끗하고 훤칠한 것으로 뛰어남이 일정 기준을 넘어선 것이다.

4 『좌전·소공 20년』: "天子之樂, 雅. 천자의 악이 아(雅)이다."라고 하였다.

『시경·소아(小雅)』에서 아(雅)는 주나라 수도 호경 일대에서 불리던 악의 이름이다. 아(雅)는 대아와 소아로 나뉘는데, 소아(小雅) 74편과 대아 31편으로 구성되며 궁중에서 쓰이던 작품이 대부분이다.

5 진진(振振)은 신실(信實)하고 인후(仁厚)한 모양을 뜻한다.

6 『예기·제의(祭儀)』: "漆漆者容也, 自反也. 칠칠은 용모이며 스스로 돌이키는 것이다."라고 하였다.

7 여왕(厲王)은 공포정치를 시행했던 폭군으로, 선왕(宣王)의 아버지이고 유왕(幽王)은 선왕의 아들이다. 시호가 유(幽)인 것은 당시 정치 사회가 모두 어지러웠다는 의미이다. 유왕은 난폭하고 주색을 좋아하여 유흥으로 정사를 돌볼 겨를이 없었다. 결국 포사(褒姒)에게 빠지게 되었고, 유왕은 신후(申后)의 아들 태자 의구(宜臼)를 참소했다. 신후의 부친이 사망 후 신후(申侯)는 화가 나서 증(繒), 서이(西夷) 견융(犬戎)과 함께 유왕을 공격했다. 유왕이 봉화를 올려서 군대를 불렀으나 오지 않았다. 드디어 유왕을 여산(驪山) 아래에서 죽이고 포사는 포로로 잡았다. 이에 제후는 신후에게로 가서 유왕의 태자였던 의구를 옹립했다. 이가 평왕(平王)으로 주(周)의 제사를 받들게 되었다.

8 계술(繼述)은 조상(祖上)의 하던 일이나 뜻을 끊지 아니하고 이어감을 말한다.

9 희희(熙熙)는 그 도(道)가 빛나는 모양이고, 목목(穆穆)은 그 덕(德)이 성대한 모양이다.

10 비비(丕丕)는 공이 크고 위대함이고, 탕탕(蕩蕩)은 그 교화가 광대한 것이다.

11 무정(武丁)은 은나라 22대 왕으로 시호는 고종이다. 무정은 제후의 군대를 규합해, 연달아 국경을 침범해오던 서북지방의 강·홍방·귀방·토방, 남쪽 변방의 호방·형초, 동남지방의 이(夷)를 차례로 토벌했는데 모두 크게 승리를 거두었다. 무정의 통치기간 59년은 은나라 최고 번영기였다

12 오백(五伯)의 전횡은 춘추시대 제 환공, 진 문공, 초 장왕, 오 합려, 월 구천의 다섯 패자를 말한다. 당시 패자를 방백(方伯)이라 불렀다. 칠웅(七雄)의 횡행은 전국시대 진, 제, 연, 초, 위, 조, 한의 일곱 나라를 말한다.

13 『순자 · 요문(堯問)』: "伯禽將歸於魯, 周公謂伯禽之傅曰, 汝將行,
盍志而子美德乎? 백금이 장차 노나라로 돌아가려는데 주공이 백금
의 스승에게 일러 말했다. 그대가 가려고 하는데 어떤 뜻을 두고
덕을 아름답게 할 것인가?"라고 하였다.

백금은 주공의 아들이다. 주공이 어린 조카인 성왕을 섭정(攝政)하
여 정무를 보살폈는데, 자신의 봉지(封地)인 노나라에 장남 백금
(伯禽)을 대리로 부임시켰다. 황탄[荒]은 말이나 하는 짓이 허황하
다는 뜻이다.

9.

「六經」之道, 仲尼刪述焉, 博而有要, 閎而愈精, 施之天下, 中
庸廣遠, 萬世不可易也. 「禮」亡而「記」作. 說者曰漢儒駁集, 不
可據信, 是則然矣; 要善用之, 亦不害其爲學也. 非子贛之問,
我也不知仲尼之祭之無容也; 非賓牟賈之問, 我也不知武王之
「武」遲且久也.

육경의 도는 공자가 뺄 것은 빼고 서술한 것이다. 넓으면서 요점이
있고, 크면서도 정밀하니 천하에 시행하면 중용이 광대할 것이니 만
세(萬世)에서 바꿀 수 없다. 『예(禮)』라는 책은 없어지고 『예기』가
지어졌다. 해설하는 자가 말하기를 "한(漢)나라 유자들이 논박하여
모아놓은 것으로서 근거하여 믿을 수 없다"고 한다. 이는 옳은 말이
다. 그러나 잘 사용하여야 또한 그 학문함에 방해되지 않을 것이다.
자공의 질문이 없었다면 공자가 제사에 대하여 용의(容儀)를 강론하
지 않았음을 나는 몰랐을 것이다.[1] 빈모가(賓牟賈)의 질문이 없었다
면 무왕의 악[2]이 지체되고 오래되었음을 나는 몰랐을 것이다.[3]

注

1 『예기 · 제의(祭儀)』: "已祭, 子貢問曰, 子之言祭也, 濟濟漆漆, 然

今子之祭, 無濟濟漆漆何也. 제사를 마친 뒤에 자공이 묻기를, 전에 선생님께서는 제사 지냄에 있어서 무게가 있어야 되고 모양이 좋아야 한다고 말씀 하셨습니다. 그런데 지금 선생님은 제사 지내면서 무게도 없고 모양도 없어 보이는 것은 어째서입니까?"라고 하였다. 전에 공자는 제자들에게 제사를 지냄에 있어 용모를 말씀하셨는데, 지금은 다르다는 말로 물으니 그 답은 당(當)에 들어맞게 하라고 하셨다. 당(當)은 상황에 들어맞는 마땅함이다.

2 대무(大武)는 주나라 무왕(武王)의 악이다.

3 『예기·악기(樂記)』: "賓牟賈起, 免席而請, 曰, 夫武之備戒之已久, 則旣聞命矣. 敢問遲之遲而又久, 何也? 악관 빈모가가 일어나 자리를 떠나며 청하여 말했다. '무악의 준비하는 경계가 이미 오래되었다는 것이라면 이미 들었습니다. 감히 묻겠는데 그것을 지체하였는데 또 오래되었다는 것은 무엇입니까?"라고 하였다.

대무(大武)에서 악의 내용이 무왕의 성공 과정을 묘사한 것이고, 춤 동작 중에 방패를 들고 서 있는 것은 무왕의 정무를 의미하며, 격앙되듯이 손발을 격렬하게 움직이는 것은 태공(太公) 여상(呂尙)의 전쟁 의지를 표현한 것이다.

10.

古之樂也朴, 今之樂也文; 古之樂也淡, 今之樂也淫, 日趨於變然也. 咏嘆淫液, 『大武』已悅之矣, 鄭、衛安得而不繁乎? 天魔羽衣, 安得而靡嫚乎? 堯、舜之不能簣桴土鼓, 卽三代之不能「咸」、「韶」也, 後世之樂宜乎日下. 雖然, 聖有作者, 可以反之. 祇節淫哇, 平焦殺, 本人心安靜之氣, 調之以中和之律, 亦可以和神祇, 衍幽明矣.

고대의 음악은 순박한데 지금의 악은 꾸며졌다. 고대의 악은 담박한데 지금의 악은 음란하다. 날로 변화를 좇아서 그런 것이다. 영탄(詠

嘆)¹이 길게 이어지는 것으로서 대무(大武)가 이미 사람들의 희열을 받았는데² 정(鄭)나라·위(衛)나라 음악이 어찌 번잡하지 않겠는가?³ 천마우의(天魔羽衣)의 춤⁴이 어찌 화려하지 않겠는가? 요와 순은 식사 때 흙으로 만든 북채와 북의 연주를 하지 않았고⁵, 삼대(三代)에서는 함지(咸池)⁶와 소(韶)의 악⁷을 연주할 수 없었는데 후세의 악은 당연히 날로 낮아졌다. 그러나 성인이 제작한 것은 되돌릴 수 있다. 음와(淫哇)한 가락을 절제시키고, 초살(焦殺)한 가락은 평이하게 하고, 인심의 안정된 기를 근본으로 하여 중정(中正)하고 화평한 음률로써 조율하면 또한 신기(神祇)에 화합하고 유명(幽明)을 즐겁게 할 수 있다.

注

1 영탄(詠嘆)은 노랫가락이다.

2 『예기·제통(祭統)』: "朱干玉戚, 以舞大武. 八佾以舞大夏, 此天子之樂也. 주간 옥척을 가지고 대무를 춤추고 팔일로 대하를 춤춘다. 이것이 천자의 악이다."라고 하였다. 주간(朱干)은 주홍색의 방패 모양이고 옥척(玉戚)은 옥으로 만들었거나 옥 장식을 한 도끼 모양의 춤 도구이다.

3 『예기·악기(樂記)』: "魏文候問于子夏曰, 吾端冕而聽古樂, 則唯恐臥, 聽鄭衛之音, 則不知倦. 위나라 문후가 자하에게 묻기를, 내가 조회의 의관을 하고 옛 악을 들으면 누울까 두려우나 정나라와 위나라의 음악을 들으면 피곤할 줄 모르고 좋아한다."라고 하였다.
자하가 말하기를, "鄭音好濫淫志, 衛音趨數煩志. 정나라 음은 방탕함을 좋아하여 뜻을 음란하게 하고, 위나라 음은 촉박함이 잦아서 뜻을 번잡하게 합니다."라고 하였다.

4 천마우의(天魔羽衣)의 무(舞)는 〈천마무(天魔舞)〉와 〈우의무(羽衣舞)〉를 말한다. 〈천마무(天魔舞)〉는 원대(元代) 찬불의 춤이고 〈우의무(羽衣舞)〉는 당 현종이 만든 예상우의무(霓裳羽衣舞)이다.

5 『예기·예운(禮運)』: "夫禮之初, 汚尊而杯飮, 蕢桴而土鼓. 예의 시초는 먹고 마시는 때에, 흙을 뭉쳐서 북채와 북을 만들었다."라고

하였다.

토고(土鼓)는 흙으로 만든 북이고, 궤부(簣桴)는 흙을 뭉쳐 만든 북
채이다. 토고궤부의 악은 고색(古色)이 짙어서 담백한 맛과 고박(古
朴)한 음조(音調)가 있다. 요와 순은 식사 때에는 이 음악을 연주하
지 않았다고 한다.

6 『예기·악기(樂記)』: "咸池備矣, 韶繼也, 夏大也, 殷周之樂, 盡矣.
요임금의 함지악은 모든 것을 갖추고 있고, 순임금의 소는 요임금을
계승한 것이고 하우씨의 악은 요순의 덕을 크게 빛낸 것이며 탕임금
의 악인 대호(大護)와 주 무왕의 악인 대무(大武)는 지극함을 다했
다."라고 하였다.

7 소(韶)의 악은 순임금의 악이다.

11.

樂也者, 存乎道者也, 抑揚節奏之妙, 存乎聰明而爲之也; 安靜
和暢之體, 存乎實德而象之也. 兩階之干羽, 前徒之倒戈, 揖遜
之雍容, 馴伐之猛厲, 不俟觀乎韶、武而知之矣. 故道之所由
行, 而樂之所由成也.

악이란 것은 도에 존재하는 것으로서 억양절주(抑揚節奏)[1]의 묘함이
총명함에 보존되어 악을 이루었다. 안정되고 화창한 물체가 실제의
덕에 존재하여 형상화한 것이다. 양쪽 계단에서 우모(羽旄)와 간척
(干戚)[2]을 들고, 앞 무리는 창을 거꾸로 들고[3], 겸손하고 조용하며 의
젓한 태도와 사벌(馴伐)[4]의 맹렬함은 반드시 '소(韶)'와 '무(武)'의 악
을 관람하고서야 알 수 있는 것은 아니다. 그래서 도가 행해지는 것
에 따라 악이 이루는 원인이 된다.

注

1 『논어집주·태백』: "吟咏之間 抑揚反覆. 시를 읊는 사이에 억양(抑
揚)과 반복(反覆)이 있다."라고 하였는데, 신안 진씨(新安陳氏)가

"억양(抑揚)은 성음(聲音)의 고하(高下)를 말하고 반복(反覆)은 전
후를 중복으로 번도(翻倒)함을 이르는 것이다."라고 해석하였다.
절주는 반복이다. 즉, 일정한 박자나 규칙에 의해 음의 장단이나 세
기 등이 반복하는 것이다.

2 『예기·악기(樂記)』: "干戚羽旄 謂之樂. 간척(干戚)과 우모(羽旄)
를 잡고 춤을 추는 것을 악(樂)이라 한다."라고 하였다.
우모(羽旄)는 꿩의 깃과 소의 꼬리로 만든 기(旗)에 다는 장식이며
문무(文舞)를 출 때 쓰던 춤 도구[舞具]이다. 간척(干戚)은 방패와
도끼이다. 무무(武舞)를 출 때 손에 잡는 춤 도구이다. 간은 왼손의
방패이고, 척은 오른손의 도끼이다.

3 도과(倒戈)는 창을 거꾸로 든다는 뜻이다. 여기서는 춤을 추는 모습
을 표현하였으나, 그 숨겨진 뜻으로 부하(部下)의 군사(軍士)가 반
란(叛亂)을 일으켜 적(敵)에게 내통(內通)함을 의미하기도 한다.

4 『예기·악기(樂記)』: "夾振之而駟伐, (춤추는 자가) 창을 들어 네
번 친다."라고 하였다.
네 번 침은 주나라가 치는 것을 형용한다. 주(註)에서 "駟當爲四.
每奏四伐, 一擊一刺爲一伐. 사(駟)는 마땅히 사(四)가 되어야 한
다. 연주할 때마다 네 번 치는 것이다. 한번 치고 한번 끊는 것이
일벌이 된다."라고 하였다.
사벌(駟伐)은 사벌(四伐)로 네 번 치는 것이다.

12.

"『春秋』書災異而不言事應, 聖人之微其辭乎?" 曰: "據時書事, 可
以見物理之變爾; 談災應則多誣, 聖人不誣人孰謂其辭之微!"

"『춘추』는 재이(災異)[1]를 적으면서 사물이 응하는 것은 말하지 않았
다. 성인이 그 말을 숨긴 것인가?" "시대에 근거하여 사건을 적었는
데 물리의 변화를 볼 수 있을 따름이다. 재이에 대한 대응을 말하는

것에는 속임이 많은데 성인은 사람을 속이지 않는다. 누가 그 말이 속인 것이라 말했는가?"

注

1 재이론(災異論)은 자연현상의 변괴(變怪)인 천재(天災)와 지이(地異)를 천인감응론(天人感應論)을 바탕으로 인간사회와 연결하여 해석하는 주장이다. 일식(日蝕)·월식(月蝕)·성변(星變) 등은 천재(天災)이고 지진(地震)·가뭄·메뚜기떼[蝗蟲]·태풍(颱風) 등은 지이(地異)이다. 천재(天災)와 지이(地異)가 합해져 재이(災異)가 되었다.

13.

或問: "『禮』曰: '同姓從宗, 合族屬; 異姓主名, 治際會', 從母爲絶屬族父之妻, 當從族父地際會乎?" 王子曰: "『禮』非是之謂也, 謂小宗五世之內言之也. 其曰 '其夫屬乎父道者, 妻皆母道也; 其夫屬乎子道者, 妻皆婦道也', 謂本宗九族之屬論也. 蓋異姓之女來嫁我者, 其在彼黨豈無親屬尊卑之別乎? 使從其外之親, 則法亂而名乖, 非道也. 是故皆從吾之族而理之, 其際會在父道者, 皆母名也; 在子道者, 皆婦名也, 異姓之親皆掩之. 由是觀之, 宗法之理內者, 不亦斬然乎? 六世親盡, 在族父無服矣. 其際會之名, 與庸姓一問耳, 不得以疎屬奪母骨肉之親也. 從母之服, 安可以際會掩之?"

어떤 사람이 묻기를 "『예기』에 '같은 성(姓)끼리는 종(宗)을 따라서 족속(族屬)을 합하게 하는데, 다른 성끼리는 이름을 주로 쓰며 제회(際會)하는 것을 익힌다.'[1] 라고 했다. 모친을 따라 기록하면 족부(族父)의 처에 속하므로, 마땅히 족부의 제회를 따라야 하는가?"라고 했다. 왕자가 대답하기를 "『예기』에는 이런 의미를 말한 것이 아니고,

소종(小宗)² 오세(五世)의 안을 말한 것이다. 『예기』에 '지아비가 부도(父道)에 속하면 처(妻)는 모두 모도(母道)이다. 지아비가 자도(子道)에 속하면 처는 모두 지어미 도[婦道]이다'고 한 것은 본종(本宗) 구족(九族)의 등속³을 말한 것이다. 대개 다른 성의 여자가 나에게 시집을 오면 그가 다른 무리[彼黨]에 있는데⁴ 어찌 친속(親屬)과 존비(尊卑)의 구별이 없겠는가? 만일 그 외친(外親)을 따르게 하면 법이 문란하고 이름이 어긋나니, 도가 아니다. 이 때문에 모두 나의 족속⁵을 따르고 처리하니그 제회가 부도(父道)에 있으면 모명(母名)이고, 자도(子道)에 있으면 모두 부명(婦名)이고, 이성의 친속은 가려진다. 이로 보면 종법이 처리한 안[內]이 분명하지 않는가? 육세(六世)의 친속이 다 없어지면 족부(族父)에 있어서는 제복(祭服)이 없다. 그 제회의 이름은 용성(庸性)과 한 칸의 차이⁶일 뿐이고, 친속과 소원(疏遠)하다고 하여 모속(母屬)의 골육지친(骨肉之親)을 탈취할 수 없다. 모(母)의 복을 따르는 것을 어찌 제회로써 덮어버릴 수 있겠는가?"라고 했다.

注

1 『예기·대전(大傳)』: "同姓從宗, 合族屬; 異姓主名, 治際會. 동성 끼리는 종을 쫓아서 족속(族屬)을 합하게 하고, 이성(異姓) 끼리는 이름을 위주로 하여 제회(際會)하는 것을 다스린다."라고 하였다. 제회(際會)는 만남의 의미인데, 같은 성끼리 모인 것을 말한다.

2 소종(小宗)은 대종에서 갈라져 나간 방계를 말한다.

3 구족(九族)의 등속은 두 가지 설이 있다. ① 이 설은 자기를 중심으로 위로 4세 고조까지 미루어 올라가고 아래로 4세 현손까지 미루어 내려간다. 고조, 증조, 조부, 부, 자기, 아들, 손자, 증손, 현손까지의 동종 친족을 말한다. ② 이 설은 다른 성(姓)을 포함하는 것으로 부계 4대, 모계 3대, 처당(妻黨) 2대를 가리킨다. 여기서는 본족 구족이라고 하였기 때문에 ①설이다.

4 피당(彼黨)은 처의 족을 가리킨다.

5 오지족(吾之族)은 부계의 족을 말한다.

6 용성(庸性)은 보통 사람의 성이며 친족 관계가 없는 사람들을 일컫는다.

가족은 부계와 모계, 처계가 있고 부계도 대종과 소종이 있다. 왕정상은 이러한 종법에 대해 견해를 분명히 했다.

14.

母黨不二服, 重所自出也. 爲繼母黨, 袒免以喪之可也; 爲前母之黨亦如之, 義不可已也. 母出, 猶爲其黨服, 以母子無絶道也.

모당(母黨)에게 두 종류의 제복(祭服)을 사용하지 않는 것은 친모가 출생한 바를 중시한 것이다. 계모(繼母)의 무리에게는 단문(袒免)[1]으로서 상(喪)을 지내는 것이 옳고, 전모(前母)의 무리에게도 또한 이와 같이 하는 것은 의리를 끊을 수 없기 때문이다. 모친이 쫓겨나도, 오히려 그 무리의 복을 시행하는 것은 모자(母子)로서 도리를 끊을 수 없기 때문이다.

注

1 단문(袒免)은 시마(緦麻) 이하의 복(服)에서, 두루마기 따위의 웃옷의 오른쪽 소매를 벗고 머리에 사각건을 쓰는 상례(喪禮)이다. 문(免)은 상복의 윗옷을 뜻한다.

15.

"繼母持父服終, 去隨親子, 比之繼母嫁何如?" 曰: "嫁則義絶, 去就親子, 亦人情也, 況持父服旣終, 於夫無絶道, 其繼子安得以絶待之乎?" 曰: "何以服?" 曰: "生子以嫁母期, 繼子以如母三

年可也." 曰: "何以葬?" 曰: "先夫義絕, 穴不得同也. 反而附於
後夫, 禮也. 親子必欲配父, 是干禮犯義, 自汚其親者也."

"계모가 부친의 상복을 마친 후 친아들을 따라가는 것은 계모가 시집
가는 것과 비교하면 어떠한가?" "시집가면 의리가 끊어진다. 친아들
을 따라가는 것은 또한 인정이다. 하물며 부친의 복을 이미 마쳤으므
로 지아비에게 도리를 끊음이 없는데 그 계자(繼子)가 어찌 의리를
끊고 대할 수 있겠는가?" "어떻게 상복을 시행하는가?" "생자(生子)는
시집간 모친의 기일로써 하고, 계자는 친모의 삼년상처럼 하는 것이
옳다." "어떻게 장례를 하는가?" "전 지아비와 의절했으면 묘혈¹을 함
께 할 수 없다. 도리어 나중의 지아비에게 부장(附葬)하는 것이 예이
다. 친아들이 반드시 부친에게 배장(配葬)하려는 것은 예를 어기고
의를 침범하는 것이니 스스로 그 부모를 더럽히는 것이다."

注

1 묘혈(墓穴)은 뫼를 쓸 때 구덩이 안에 널이 들어갈 만큼 알맞게 파서
다듬은 속 구덩이. 즉, 시체(屍體)를 묻는 구덩이를 뜻한다.

윗글은 남자의 부인이 여럿일 때 지아비가 죽고 난 후 자식에게 친모가 있고
계모가 있으며 전모도 있어 그들의 상례의 법에 대해 논했다. 또 재가한 아내가
지아비 상을 마치고 친자식에게 돌아갈 때 상례는 어떻게 할 것인지에 대해서도
논의되고 있다.

16.

『易』、『書』、『詩』、『儀』禮、『春秋』、『論語』, 聖人之純也, 萬
世人道之衡准乎! 孟子、荀子持仲尼之論, 明仁義者也. 孟之
言也, 閎大高明, 其究也近聖; 荀之言也, 蕪衍無緒, 其究也離
詭. 關、洛之學似孟子; 程伯子淳粹高明, 從容於道, 其論得聖
人之中正, 上也. 閩越之學, 篤信顯卉, 美矣; 而泛探博取, 詮擇

未眞, 要之猶有可議, 次也.

『역경』, 『서경』, 『시경』, 『의례』, 『춘추』, 『논어』 등은 성인이 밝힌 것으로 만세에 인도(人道)의 준칙이다. 맹자와 순자는 공자의 논의를 잡고 인의를 밝힌 자들이다. 맹자의 말은 넓고 크며 식견이 높아 그 궁구함은 성인에 가깝다. 순자의 말은 무성하고 풍부한데 실마리가 없어, 그 궁구함이 궤이(詭異)함에서 벗어난다. 관학(關學)과 낙학(洛學)[1]은 맹자와 같고, 정백자(程伯子)[2]는 순수하고 고명한데 도에 합치하고, 그 논의는 성인의 중정(中正)을 얻어서 학문 중의 상등에 속한다. 민월(閩越)의 학문[3]은 선철(先哲)을 돈독히 믿어서 아름답다. 광범위하게 취재하였으나 선택이 참되지 못하여, 오히려 의론할 것이 있으니, 학문 중의 차등에 속한다.

注

1 관학(關學)은 장재(張載) 학파의 학문이고 낙학(洛學)은 이정(二程) 형제 학파의 학문이다. 또 주렴계 학파는 염학(濂學)이며, 주희학파는 민학(閩學)인데 네 학파를 '염락관민'이라 불렀다. 염(濂)은 호남성의 도현이고, 낙(洛)은 하남성의 낙양이며, 관(關)은 섬서성의 위수부근이며, 민(閩)은 복건성의 민후현이다. 각기 지방의 이름을 따서 학파를 지칭했다.

2 정백자(程伯子)는 이정(二程) 형제 중 형인 정호(程顥)를 가리킨다. 아우인 정이천(程伊川)은 정숙자(程叔子)라 불렀다.

3 민월[閩越]은 민강과 월땅을 말하는데, 민강이 흐르던 주위가 월 땅이었다. 민월의 학문은 주희학파를 가리킨다.

왕정상은 기학의 거두이자 실학의 태두이다. 그는 낙학(洛學)인 정호의 학을 최고로 여겼고 주자학을 다음으로 여겼다. 또 순자의 자연천(自然天) 사상을 따르면서도 맹자의 도덕 지향의 학문을 높이 친다. 순자의 자연의 개념과 맹자와 정명도의 도덕 가치를 바탕삼고, 주희의 학문도 수용하고 융합하여 기일원론을 주장하였기 때문에 그의 학문은 실용적이고 광범위하면서 분명함이 있다.

17.

堯以二女妻舜, 達禮乎? 聖人何安之? 王子曰: "鴻荒之世, 猶夫
禽獸也. 唐虞之際, 男女有別、而禮制尚闊也. 殷人五世之外許
婚. 周人娶婦而姪娣往媵. 以今觀之, 犯禮甚矣. 當時聖人不以
爲非, 安於時制之常故爾. 是故男女之道, 在古尚疏, 於今爲
密, 禮緣仁義以漸而美者也. 以是望於堯舜者, 謂之不知時."

"요임금이 두 딸을 순에게 시집보냈는데,[1] 예에 합당한 것인가? 성인
은 어찌 편안해 하였는가?" 왕자가 대답하기를 "고대에는 금수와 같
았다. 당우(唐虞) 시대에는 남녀의 구별이 있었으나 예제(禮制)는 여
전히 성기었다. 은나라 사람은 다섯 세대 밖에서는 혼인을 허락했다.
주나라 사람은 부인을 맞을 때 질제(姪娣)를 잉첩으로 보냈다.[2] 지금
으로써 보면 예를 범한 것이 심하다. 당시 성인이 잘못이라고 여기지
않은 것은 당시 제도의 상규에 편안하였기 때문이다. 이 때문에 남녀
의 도는 고대에서는 오히려 소홀했으나 지금은 치밀한데 예가 인의
를 좇아 점차 아름다워졌기 때문이다. 이로써 요와 순에게 바라는 자
는 시대를 모른 것이라고 말한다.

注

1 요임금의 두 딸은 아황과 여영이다. 이들은 순임금의 부인이 되었다.
2 『춘추공양전 · 장공 19년』: "諸侯娶一國, 則二國往媵之, 以姪娣從.
제후가 한 제후국의 여자를 얻어 장가간다면 두 제후국의 여인이 가
서 적부인을 수종하는데, 질 · 제와 더불어 적실을 따라간다."라고 하
였다.
질제(姪娣)는 고대의 제후나 귀족의 여자가 출가를 할 때, 조카와
여동생을 데리고 적실을 따라 시집을 가 잉첩이 되는 것을 말한다.
질(姪)은 형의 여식이고 제(娣)는 여동생이다.

18.

作樂者, 才識聰明則無節奏之亂, 心性和平則無聲調之戾. 「韶」、
「武」之所以盡美, 由此道也. 故七音和調、節奏中度者, 在人
不在樂, 在聲不在辭.

악(樂)을 지은 사람은 재능과 견식이 총명하여 절주의 혼란이 없다.
심성이 화평하여 성조(聲調)가 어그러짐이 없다. 「소(韶)」와 「무(武)」[1]
가 아름다움을 다하게 된 이유는 이 도리로써 비롯된 것이다. 그래서
칠음(七音)이 조화롭고 절주가 도(度)에 맞는 것은 사람에게 달려있고
악에 달려있지 않으며, 성조(聲調)에 달려있고 언사에 달려있지 않다.

注

1 『주례(周禮) · 춘관(春官) · 대사악(大司樂)』: "「韶」, 舜樂也, 「大
武」, 武王樂也. '소'는 순임금의 음악이고, '대무'는 무왕의 음악이
다."라고 하였다.

노양생편

魯兩生篇

1.

"魯兩生不行何如?" 王子曰; "其志高, 其見迂." 曰: "何謂也?"
曰: "漢承秦敝, 禮樂崩委, 非其時也; 叔孫生瑣瑣希世, 非其人
也. 拒而不與, 孰如其高? 禮樂者, 齊世之具, 我制之, 民化之,
通百王而不易者也. 一日缺禮樂, 則民不肖之心生; 不肖之心
生, 弑父與君無不爲也, 故有國者不可遲而俟者也. 必積德百
年而後興, 則聖人之沒也久矣, 不亦迂乎哉?"

"노(魯)나라 두 유생(儒生)이 가지 않은 것은 무엇 때문인가?[1]" 왕자
가 대답하기를 "그 뜻이 높고 그 견식이 우활하다.[2]"라고 했다. "무엇
을 말하는가?" "한(漢)나라는 진(秦)나라의 폐망을 계승하였으니 예
악이 붕괴되었는데 그 시대 때문이 아니었다. 숙손생(叔孫生)[3]은 비
속하게 세속과 영합하는 그런 사람이 아니었다. 거절하고 함께하지
않았으니, 누가 그 고상함과 같겠는가? 예악은 세상을 구제하는 도구
로써 내가 그것을 제작하면 백성이 교화되니, 백 명의 왕을 거쳐도
바꿀 수 없다. 하루라도 예악이 없다면 백성에게 불초한 마음이 생겨
난다. 불초한 마음이 생겨나니 부친과 임금을 시해함을 저지르지 않
음이 없게 된다. 그래서 나라를 지닌 자는 지체하고 기다릴 수 없다.

반드시 덕을 쌓은 것이 백 년이 된 이후에 일으켜야 한다면 성인이 없어진 지 오래였으니, 또한 우활하지 않겠는가?"

注

1 『사기 · 숙손통열전』: "於是叔孫通使徵魯諸生三十餘人. 魯有兩生 不肯行. …… 公所爲不合古, 吾不行, 公往矣, 無汚我. 이에 숙손통 이 노나라 지역에서 유생 30여 명을 모았다. 그런데 두 사람이 가지 않겠다고 했다. …… 공께서 하고자 하는 일이 옛 법에 합당하지 않 으니 저희는 가지 않겠습니다. 공께서는 저희를 욕되게 마시고 떠나 십시오"라고 하였다.

숙손생(叔孫生)은 숙손통(叔孫通)이다. 장안으로 돌아온 숙손통은 데리고 온 유생 30명과 조정에 있던 학자, 그리고 자신의 제자 1백여 명과 함께 새로운 예법을 제정하고 한 달 정도 실험을 거친 뒤에 한(漢) 고조에게 보였다. 애초에 쉬운 예법을 주문했던 고조가 그 내용을 보고 매우 흡족해했다고 한다.

2 우(迂)는 우활한 것인데 곧바르지 아니하고 에둘러 실제와는 거리가 멀다는 의미를 지닌다.

3 『사기 · 우경숙손통열전(劉敬叔孫通列傳)』: '숙손통(叔孫通)은 진나 라에서 전한 초기의 관료이며 산동성 설현 사람이다. 진(秦)나라 때 문학(文學)으로 선발되어 중앙정부에 들어가 대조박사(待詔博士)가 되었다. 한이 들어서자 기원전 200년에 유방의 허가를 받아 궁정 예의에 대한 제도를 마련하고 예행연습을 시켰는데, 장락궁(長樂宮) 이 완성되자 한 고조는 처음으로 숙손통이 제정한 궁정 예의에 따라 조회를 했다. 그는 예악을 중히 여겼던 인물이다.

2.

正蒙, 橫渠之實學也. 致知本於精思, 力行本於守禮; 精思故達 天而不疑, 守禮故知化而有漸.

『정몽(正蒙)』은 횡거(橫渠)[1]의 실학이다. 치지(致知)는 정밀한 생각에 근본을 두었고, 힘써 실행함은 예를 지키는 데에 근본을 두었다. 정밀하게 생각하였기 때문에 하늘에 닿아서 의심이 없고, 예를 지키기 때문에 변화를 알고 점진함이 있다.[2]

注

1 횡거의 이름은 장재(張載)이다. 횡거는 자(字)이다.『정몽(正蒙)』은 장횡거(張橫渠, 1020~1077)의 저서이다.

2 『정몽 · 신화(神化)』: "推行有漸爲化. 合一不測爲神. 미루어 행하는 데 점진함이 있는 것이 변화이고, 합일하여 예측할 수 없는 것이 신묘함이다."라고 하였다.

3.

顔子 "在陋巷, 不敢其樂"; 孔子 "蔬食飮水, 樂在其中." 顔子問爲邦, 孔子告以四代禮樂; 門人未嘗有告之者, 此所謂 "惟我與爾有是夫"也.

안자[顔回]는 "누추한 동네에 살면서 그 학문에 대한 즐거움을 변하지 않았다"[1]고 했다. 공자는 "채식을 하고 물을 마시면서도 즐거움이 그 안에 있다[2]"고 했다. 안자가 나라를 다스림에 대해 묻자, 공자는 사대(四代)의 예악으로써 알려주었다. 문인들에게는 알려 준 적이 없었는데 이는 이른바 "오직 나와 너만이 그렇게 할 것이다[3]"라고 한 것이다.

注

1 『논어 · 옹야』: "賢哉 回也. 一簞食 一瓢飮 在陋巷 人不堪其憂 回也不改其樂. 어질도다, 회여. 한 그릇 밥과 한 표주박 물로 누추한 동리에 살게 되면 다른 사람들은 그 괴로움을 견뎌내지 못하는데, 안회는 그 즐거움이 변치 않는다."라고 하였다.

회(回)는 안회(顔回)로, 이름이며 자는 안연(顔淵)이다.

2 『논어・술이』: "飯疏食飮水 曲肱而枕之 樂亦在其中矣. 거친 밥을 먹고 물을 마시며, 팔을 굽혀 그것을 베고 살더라도 즐거움이 또한 그 가운데 있다."라고 하였다.

3 『논어・술이』: "子謂顔淵曰, 用之則行, 舍之則藏, 惟我與爾有是夫. 공자께서 안연에게 말씀하셨다. "써주면 행하고, 써주지 않으면 은둔한다. 오직 너와 나만이 그럴 수 있을 것이다."라고 하였다. 여기서 너는 안회(顔回)이다.

4.

孔子微服過宋, "素患難行乎患難"也. 人不可測, 權吾身吾道之輕重爾, 故微服. 天之意, 夫子則知之, 故曰: "桓魋其如予何?"

공자는 미복(微服)차림으로 송(宋)나라를 지나가는데,[1] "환난에 처하면 환난의 길을 가리라[2]"고 했다. 남들은 예측할 수 없으나 내 몸과 내 도의 경중을 저울질할 뿐이기 때문에 미복차림을 한 것이다. 하늘의 뜻을 부자(夫子)가 알기 때문에 "환퇴(桓魋)가 나를 어찌 할 것인가?[3]"라고 했다.

注

1 『맹자・만장 상』: "孔子不悅於魯衛, 遭宋桓司馬將要而殺之, 微服而過宋. 공자는 노나라와 위나라에서 좋아하지 않았고, 송나라의 환사마(桓司馬)가 길목에서 기다렸다가 죽이려고 한 일을 당하셔서, 미복차림으로 송나라를 지나가셨다."라고 하였다.

2 『중용』: "素患難行乎患難. 환난의 운명을 당하면 환난의 길을 가리라."라고 하였다.
전쟁과 같은 어려운 상황에 처하여도 그 상황에 맞게 행동한다는 의미이다.

3 『논어 · 술이』: "子曰 天生德於予 桓魋 其如予何. 공자가 말했다. '하늘이 나에게 덕을 내시니 환퇴가 나를 어찌 하겠는가?'"라고 하였다.

5.

扣馬而諫, 全君臣之義; 前徒倒戈者, 不害其爲弔民伐罪之師.
"象喜亦喜", 樂兄弟之天; "罪人斯得"者, 不失其爲 "赤舃几几"
之德. 是故伯夷大舜常道也, 武王周公變也. 義有輕重, 聖人取
其義之大者, 以爲天下安, 故武王周公亦不害其常焉. 孟子曰:
"諸侯危社稷, 則變置." 夫一國之主, 臣下可得而易置之, 義之
重在社稷爾.

말을 붙잡고 간(諫)한 것은 군신의 의리를 온전히 한 것이다.[1] 앞 무리가 창끝을 돌린 것은 백성을 위로하고 죄를 정벌하려는 군대를 해치지 않은 것이다.[2] "상(象)이 기뻐하면 또한 기뻐했다[3]"고 한 것은 형제의 천륜을 즐거워한 것이다. "죄인을 이에 잡았다[4]"고 한 것은 그 "붉은 신발을 편안히 여겼다[5]"는 주공의 덕을 잃지 않은 것이다. 이 때문에 백이(伯夷)와 대순(大舜)은 상도(常道)이고, 무왕(武王)과 주공(周公)은 변한 도이다. 의리에는 경중이 있는데 성인이 그 의리의 큰 것을 취하는 것은 천하를 안정시키기 위해서이다. 그래서 무왕과 주공도 또한 그 상도를 해치지 않았다. 맹자가 말하기를 "제후가 사직을 위태롭게 하면 바꾸어야 한다.[6]"고 한 것은 신하가 할 수 있어서 바꾸어 놓은 것인데 의리의 중함은 사직에 있을 뿐이다.

注

1 『사기 · 백이숙제열전』: "孤竹君二子伯夷、叔齊扣馬而諫. 고죽국 군주의 두 아들 백이(伯夷)와 숙제(叔齊)가 말을 붙들고 간했다."라고 하였다.
이글은 주의 무왕이 은의 주왕을 정벌하러 가는 것을 못 가도록 붙잡고 간한 것이다.

2 『사기·주본기(周本紀)』: 紂師皆倒戈以戰, 以導武王. 주왕의 군사들 모두 창으로 전쟁하는데, 무왕을 나라 안으로 이끌어 들였다. "라고 하였다.

은나라 백성들이 자기 나라로 쳐들어온 무왕을 반갑게 맞이하여 나라 안으로 이끌었는데, 은의 주왕이 극악무도했기 때문이다.

3 『맹자·만장 상』: "象憂亦憂, 象喜亦喜. 상(象)이 근심하면 또한 근심하시고, 상(象)이 기뻐하면 또한 기뻐하신 것이다."라고 하였다. 상은 순임금의 이복동생이다.

4 『시경·국풍·파부(破斧)』: "管叔蔡叔, 周公平定之. 관숙과 채숙을 주공이 평정하였다."라고 하였다.

관숙과 채숙은 주공의 형제들인데, 은나라에서 반란을 일으켜, 주공이 그들을 정벌하신 것이다.

5 『시경·빈낭·낭발(狼跋)』: "公孫碩膚, 赤舃几几, 주공은 도량이 넓으시고 붉은 신 신으신 걸음걸이 의젓하시네."라고 하였다.

『시경·대아·한혁(韓奕)』: "王錫韓侯, …… 玄袞赤舃 천자께서는 한나라 제후에게 …… 검은 곤룡포와 붉은 신"라고 하였다.

적석궤궤(赤舃几几)의 적석(赤舃)은 옛날 천자와 제후가 신던 붉은색의 신발이다.

6 『맹자·진심 하』: "諸侯危社稷, 則變置. 제후가 사직을 위태롭게 하면 바꾸어 세운다."라고 하였다.

『맹자·진심 하』: "是君輕於社稷也. 이것은 임금은 사직보다 하찮다는 것이기 때문이다."라고 하였다.

6.

文王事商, 武王伐紂, 其心若是班乎? 王子曰: "君臣之際要諸義, 聖人之心要之安. 無所逃而樂天者, 安於義者也. 起而吊伐

以康世者, 義之變例也; 變則駭於常也, 焉得安. 由是而安, 非
人之本心也. 是安與否, 文武之所由判也, 德之所以至者在是
乎! 善之所未盡者在是乎! 烏得而班諸!" 曰: "天與之, 人歸之,
文王於斯時也亦豈得而辭!" 曰: "吾不爲, 天孰與乎? 吾不行,
人孰歸乎? 商之子孫千億, 天盡絶之耶! 微子, 箕子, 非聖賢之
才耶? 殷墟之民, 豈盡頑耶? 故君之義云爾, 斯文王之心也. 是
故竊負而逃, 三讓而遁, 扣馬諫伐以服事殷者, 吾則服其道而
敬其心. 湯、武革命, 順乎天而應乎人者, 吾則嘉其功而取其
志. 曰其道一者, 吾未之知也."

"문왕은 상(商)나라를 섬겼는데 무왕은 주왕(紂王)을 정벌했으니, 그
들의 마음이 이와 같은데 동등한 것인가?"하니 왕자가 대답하기를
"군신의 사이에는 모든 의리가 중요하고, 성인의 마음은 편안함이 중
요하다.¹ 달아날 곳이 없는데도 천명을 즐겁게 여기는 것은 의리에
편안한 것이다. 군사를 일으켜서 백성을 위로하고 죄를 정벌하여 세
상 사람들을 편안하게 하는 것은 의리가 변한 사례²이다. 변은 상도
를 놀라게 하는데 어찌 편안함을 얻을 것인가? 이로부터 편안하다면
사람의 본심이 아니다. 이 편안함의 여부는 문왕과 무왕이 판단한 바
이다. 덕이 여기에 이르는 까닭인가! 선이 다하지 못한 것이 여기에
있었던가! 어찌 그들의 마음에서 동등함을 얻겠는가?"라고 했다. 또
"하늘이 주었고 사람들이 그에게 돌아오니 문왕이 이때 또한 어찌 사
양할 수 있었겠는가?" 하니 왕자가 "내가 하지 않는데 하늘은 누구와
함께 하겠는가? 내가 가지 않는데 사람들이 누구에게 돌아가겠는가?
상나라의 자손이 천억인데 하늘이 모두 다 끊을 수 있겠는가? 미자
(微子)와 기자(箕子)는 성현의 재능이 아니었겠는가? 은나라 땅의 백
성이 어찌 모두 완악했겠는가? 옛 군주에 대한 의리에서 말할 뿐인
데 이것이 문왕의 마음이다. 이 때문에 몰래 저버리고 은둔했으며³
세 번 사양하고 달아났다.⁴ 말고삐를 잡고 정벌을 반대하며 은나라

를 복종하여 섬길 것을 간한 것[5]에 대하여 나는 그 도리에 승복하고 그 마음을 공경한다. '탕왕과 무왕의 혁명은 천명에 따른 것이고[6], 사람들에게 호응한 것이다'고 하였으니 나는 그 공을 가상하게 여기고 그 뜻을 취한다. 그러나 그 도가 하나였다는 것은 나는 아직까지는 알지 못하겠다.''고 했다.

1 『논어·술이(述而)』: "然有命焉, 非求之可得也, 則安於義理而已矣, 그러나 명(命)이 있으니 구한다고 얻어지는 것이 아니다. 의리(義理)에 편안해 할 따름이다."라고 하였다.

2 변례(變例)는 준칙이 되는 통례(通例)·상례(常例)에 상대되는 말로 통례가 상황에 따라 변한 준칙이다.

3 『사기·백이열전(伯夷列傳)』: "伯夷叔齊避去不肯立. 백이와 숙제는 무왕의 사람으로 서기가 싫어 피해갔다."라고 하였다.
백이와 숙제는 고죽국 왕자로 문왕을 흠모하여 그를 찾아왔으나 무왕이 은나라를 치는 것을 보고 절부이도(竊負而逃)하여 수양산에 은거한 것을 말하고 있다.

4 『논어·태백(泰伯)』: "子曰, 泰伯其可謂至德也已矣. 三以天下讓, 民無得而稱焉. 공자가 말했다. 주나라의 태백은 지극한 덕을 지닌 사람이라고 할만하다. 천하를 동생 계력에게 세 번 양보했는데 백성들이 그 덕을 칭송할 줄도 몰랐다."라고 하였다.
삼양이둔(三讓而遁)의 주체는 태백이다. 태백의 지극한 덕으로 동생 계력에게 천하를 양보하였기에 문왕이 있어 칭송받게 된 것이다.

5 구마간벌(扣馬諫伐)은 백이와 숙제가 말고삐를 잡고 정벌의 부당함을 간했던 일을 말한다.

6 『주역·혁괘(革卦)』: "上六, 君子豹變, 小人革面, 征凶居貞吉. 상육효에 군자는 표범처럼 변하고 소인은 얼굴빛을 고치니 나가면 흉하고 올바름에 자리하면 길하다."라고 하였다.
혁괘는 개혁의 괘로 본다. 소가죽으로 묶음과 변함을 통하여 군자와 대인의 정벌에 대한 길흉을 설명했다. 양계신은 혁괘(革卦)의 상육(上六)효에서는 변혁의 도가 이미 이루어졌으니 공적이 이어져 나라가 평안해졌다. 탕왕과 무왕의 혁명은 변혁으로 이룬 것이며 이는 천명에 따른 것이라고 하였다.

7.

周公負扆, 以天下之重在己也. 二叔以殷叛, 危國; 義當誅也. 東征自當其難, 恐他人非心也, 亦非力也. 制禮作樂, 求太平也. 歸政而猶留之, 不以天下爲無事, 愼終也. 武王、成王之際, 非公焉, 周之業 岌岌乎不可爲矣.

주공이 병풍을 등진 것[1]은 천하의 무거운 임무가 자신에게 있었기 때문이다. 이숙(二叔)은 은나라를 가지고서 주나라를 배반[2]하고 나라를 위태롭게 하였으니, 의리상 마땅히 죽여야 했다. 동정(東征)하여 스스로 그 난리를 맡았는데[3] 타인들의 마음과 힘이 이와 같지 않음을 두려워한 것이다. 예를 제정하고 악을 제작한 것은 태평을 구한 것이다. 성왕에게 정권을 돌려주어야 하는데 오히려 그 지위에 머문 것은 천하가 무사하지 않다고 여기고 끝맺음을 신중히 하려는 것이었다. 무왕과 성왕 때에 주공이 없었다면 주나라의 사업은 위태로워서 이룰 수 없었을 것이다.

注

1 『예기 · 명당(明堂)』: "昔者周公朝諸侯于明堂之位, 天子負斧依南向而立. 옛날 주공은 제후를 명당의 위치에서 조회하도록 했다. 천자는 부의를 등지고 남면하여 섰다."라고 하였다.
부의를 등진 것은 천자의 자리에 계심을 말한다. 의(扆)는 부의(斧依)이다. 부의는 옛날 천자의 거처에 쳤던 도끼 모양을 수놓은 병풍이다. 주공이 명당에서 조회 받은 것은 책무가 막중하여 잠시 그렇게 하였다.

2 이숙(二叔)은 관숙(管叔)과 채숙(蔡叔)을 말한다. 이숙은 주나라 왕
자로서 은나라를 감독하러 갔는데 은나라 사람들을 등에 업고 주나
라를 배반했다.

3 주공이 정사를 맡은 지 4년째 되던 해에 동생인 관숙과 채숙이 주왕
(紂王)의 아들 무경(武庚)과 결탁하여 반란을 일으켰다. 원래 상나
라를 멸망시킨 후 무왕은 무경에게 상왕조의 도읍 조가(朝歌)를 계
속 다스리게 하고, 관숙과 채숙으로 하여금 무경을 감시토록 하였었
다. 그런데 그 두 사람은 동이(東夷)의 여러 부락을 이끌고 반란을
일으켰던 것이다. 주공은 즉시 성왕의 명을 받들고 동으로 출정하여
상왕조의 잔여 세력을 깨끗이 토벌함과 동시에 관숙과 무경을 죽이
고 채숙을 추방하였다.

8.

管仲, 五伯之盛者也. 以救世言, 孔子不得不與其功; 以學道
言, 孟子不得不鄙其志.

관중은 오백(五伯)[1] 중에서 나라를 왕성하게 했던 자이다. 세상을 구
한 것으로써 말한다면 공자도 부득불 그 공을 함께 해야 하고,[2] 학도
로써 말한다면 맹자도 부득불 그 뜻을 비루하게 여겨야 한다.[3]

注

1 춘추시대 패자를 방백(方伯)이라 불렀다. 춘추시대에는 다섯 방백이
있었으니 오백(五伯)인 것이다. 오백은 제의 환공(桓公), 진의 문공
(文公), 초의 장왕(莊王), 진(秦)의 목공(穆公), 송의 양공(襄公)이
다. 진(秦)의 목공(穆公)과 송의 양공 대신 월의 구천, 오의 부차를
넣는 설도 있다.

2 『논어 · 헌문』: "子路曰 桓公殺公子糾. 召忽死之, 管仲不死. 曰 未
仁乎. 子曰 桓公九合諸侯, 不以兵車, 管仲之力也. 如其仁, 如其

仁. 자로가 말하길 '환공이 공자 규를 죽였을 때, 소홀은 함께 따라 죽었으나, 관중은 죽지 않았습니다.' '인(仁)이라고 할 수는 없겠지요?' 공자께서 말씀하시길 '환공이 제후를 규합하되, 무력에 의지하지 않았으니, 이것이 다 관중의 공이었다. 누가 그의 인(仁)만 같겠는가? 누가 그의 인(仁)만 같겠는가?'"라고 하였다.

3 『맹자 · 공손추 상』: "公孫丑問曰 夫子當路於齊, 管仲, 晏子之功, 可復許乎. 孟子曰 子誠齊人也, 知管仲, 晏子而已矣. 공손추가 물었다. 선생님이 제나라에서 중책을 맡으면 관중과 안자의 공이 다시 선생님에게 허락할까요? 맹자가 말했다. 그대는 진실로 제나라 사람이다. 관중과 안자를 알 뿐이구나!"라고 하였다.

또 "管仲得君, 如彼其專也. 行乎國政如彼其久也. 관중이 제환공의 신임을 받은 것이 저렇게 한결같았고, 나라의 정무를 수행한 것이 저렇게 길고 오래였다."라고 하였다.

9.

伯姬適宋而三國往媵, 『春秋』譏之. 猶夫國君也, 管仲三歸, 甚矣! 內嬖六女, 姑姊妹不嫁, 桓也, 孰爲正之? 『書』曰: "后德惟臣, 不德惟臣", 信哉!

노나라 백희(伯姬)[1]가 송나라에 시집을 갈 때 삼국(三國)[2]의 사람들이 모시고 따라갔는데 『춘추』에서 비난했다. 마치 국왕인양 관중(管仲)이 세 여자를 취한 것[3]이니 심하다! 여섯 여자를 내폐(內嬖)로 두고 고자매(姑姊妹)가 시집가지 않게 한 것은 제환공(齊桓公)[4]이었다. 누가 바르다고 하겠는가? 『서경』에 "임금의 덕은 신하에게 달려 있고, 부덕한 것도 신하에게 달려 있다[5]"고 한 말은 믿을 만하다!

注

1 『좌전 · 희공(僖公)』: "宋蕩伯姬來逆婦, 宋殺其大夫. 송나라 탕백희

가 와서 며느리를 맞이하였다. 송나라가 그 대부를 죽였다."라고 하
였다.

송나라 탕백희는 노(魯)나라 사람으로 송의 대부 탕씨(蕩氏)에게로
시집가게 되어 위(衛)나라 계문자(季文子)가 송나라에 후행으로 따
라갔다가 임무를 마치고 돌아왔다. 이를 비난한 것이다. 또 부인이
이미 시집가면 국경을 넘지 않는 것인데, 탕백희가 노나라로 돌아와
서 며느리를 맞이한 것은 잘못이라고 『춘추』에서 비난하고 있다.

2 삼국(三國)은 노(魯), 진(晉). 위(衛)나라이다.

3 『논어 · 팔일(八佾)』: "子曰, 管氏有三歸, 官事不攝, 焉得儉. 공자
가 말했다. 관중은 돌아갈 곳이 셋이나 있고, 관직을 겸하지 않았는
데 과연 검소하다 할 수 있는가?"라고 하였다.

유보남(劉寶楠)의 『논어정의』에서 '삼귀(三歸)는 세 성의 여자를 취
했다고 하여 세 여자를 부인으로 맞았다[三歸娶三姓女]'라는 뜻으로
해석하였다.

4 『좌전 · 희공(僖公)17년』: "諸侯之夫人三, 王姬, 徐熙, 蔡熙, 皆無
子. 諸侯好內, 多內寵, 內嬖如夫人者六人. 제후의 부인은 셋으로
왕희, 서희, 채희인데 모두 아들이 없었다. 제후는 여자를 좋아하고
총애하는 여자가 많아서 부인과 같은 대우를 받은 여인이 6명이었
다."라고 하였다.

내폐(內嬖)는 임금의 총애를 받는 여자들이다.

『한서』: "桓公兄襄公淫亂姑姉妹不嫁. 환공의 형인 양공은 음란하여
아버지의 여자 형제들을 시집보내지 않았다."라고 하였다.

제 환공이 여섯 여자를 둔 것은 근거가 있으나 고자매를 시집보내
지 않은 것은 사실과 다르다. 고자매(姑姉妹)는 아버지의 형제들
이다.

5 『서경 · 경명(冏命)』: "后德惟臣, 不德惟臣. 임금의 덕도 신하에게
달려 있고 덕이 없는 것도 신하에게 책임이 있다."라고 하였다.

10.

孔明出師祁山, 拔衆而歸, 不忍赤子被忠義之禍也. 江、黃遠不能庇, 齊桓貪而受之, 二國之滅, 桓致之也, 焉得仁?

제갈공명은 기산으로 군대를 출동[1]하였다가 군사를 거느리고 돌아왔는데 적자(赤子)[2]들이 충의의 화난[3]을 당하는 것을 참지 못했기 때문이다. 강국(江國)과 황국(黃國)은 멀어서 비호할 수 없었는데 제환공이 탐내어 차지했다.[4] 두 나라가 멸망한 것은 제환공이 불러들인 것이니[5], 어찌 어질다고 하겠는가?

注

1 『삼국연의』: "孔明再議出師伐魏. 제갈공명이 위(魏)나라를 치기 위해 기산(祁山)으로 군사를 보낼 것을 다시 의논하였다."라고 하였다. 제갈공명은 유비의 아들 유선에게 출사표를 올리고 위나라를 정벌하기 위해 병력을 기산에 집결시켰다.

2 적자(赤子)는 백성들을 말한다.

3 충의의 화란[忠義之禍]은 촉의 백성들이 위(魏)나라 사마의와의 전쟁에서 많은 사상자(死傷者)가 있게 된 것을 말한다.

4 『좌전·희공(僖公) 2년』: "齊與江黃盟 제나라는 동쪽에 있는 강나라, 황나라와 동맹을 맺었다."라고 하였다.
은(殷)나라와 주(周)나라의 영토는 동쪽으로 강국(江國)·황국(黃國)에 지나지 않았는데, 강국은 여남(汝南) 안양현(安陽縣)에 있고 황국(黃國)은 여남 익양현(弋陽縣)에 있다.

5 유향(劉向), 『신서(新序)·선모(善謀)』: "齊桓公時, 江國、黃國爲小國, 在江、淮之間 近楚. 管仲死, 楚人伐江, 滅黃, 桓公不能求. 환공시기에 강국과 황국은 소국이었고 강수와 회수 사이에 있었으며 초나라와 가까웠다. 관중이 죽자 초인들이 강국을 정벌하고 황국을 멸망시키는데도 환공은 구할 수 없었다."라고 하였다.

11.

乘其機者易爲功. 機無可乘, 雖聖人且難之. 季孫叔孫之强, 權
力自由, 非孟氏之班也. 仲由倡隳都之議, 蓋爲三家强幹弱枝
之謀, 不獨計公室云爾. 南蒯侯犯負固以叛, 以乘其所惡而惡
之, 故郈、費不言而隳. 公斂處父方籍强固以敗陽虎, 而孟孫
以爲功矣, 安得信而從之? 魯雖致兵, 且柰何哉? 郕之不隳, 機
不由也.

기회를 틈탄 자는 쉽게 공을 이룬다. 기회는 틈탈 수 없으면 비록 성
인이라도 또한 어렵다. 계손과 숙손이 강하여 권력을 자유롭게 행했
는데 맹씨의 반열은 아니다. 중유(仲由)[1]는 삼도(三都)를 무너뜨릴
의론[2]을 제출했는데 대개 삼가(三家)에 대한 강간약지(强幹弱枝)의
계책[3]으로서 공실(公室)을 위한 것뿐만이 아니었다. 남괴(南蒯)와 후
범(侯犯)[4]은 견고함을 믿고 반란을 했는데 이는 그 악을 저지른 것을
틈타서 악을 저지른 것이다. 그래서 후(郈)와 비(費)는 언급하지 않
았는데도 무너졌다. 공렴처보(公斂處父)[5]는 바야흐로 강고(强固)함
에 의지하여 양호(陽虎)를[6] 패배시켰는데 맹손(孟孫)이 공(功)으로
여겼다. 어찌 믿고 따를 수 있겠는가? 노(魯)나라는 비록 군대를 보
냈지만, 또한 어찌하리오? 성(郕)나라가 무너지지 않은 것은 기회가
없었기 때문이었다.

注

1 중유(仲由)의 자는 자로(子路) 혹은 계로(季路)이다. 공자보다 9세
  아래로 공자의 제자들 중 최고 연장자로 가장 성격이 거칠고, 용맹스
  러웠다. 공자는 계손(季孫)의 가신이 된 중유가 계손의 횡포를 막지
  못한 데 대해 못마땅하게 생각했다. 공자와 14년간 주유천하 하다가
  결국 위나라에 남아 왕실 계승 분쟁에 휘말려 괴외(蒯聵)의 난 때
  전사하였다.

2 삼도(三都)는 계손이 세운 비도(費都), 맹손(孟孫)이 세운 성도(郕

都), 숙손(叔孫)이 세운 후도(郈都)이다. 노 환공(桓公)의 아들 중 큰 아들이 장공(莊公)이고 맹손, 숙손, 계손의 아들이 있었다. 공자는 중유를 계씨의 가신으로 세워 삼도를 허물고자 했었다.

3 강간약지(强幹弱枝)는 줄기를 강하게 하고 지엽을 약하게 하는 것으로 즉, 정치에서 중앙정부를 강화하고 지방 세력을 약화시킨다는 뜻이다.

4 공자는 권신(權臣)들인 삼환(三桓)의 세력을 약화시키기 위하여 권신들의 무장(武裝)을 해체하자고 주장하였다. 그리하여 권신들이 거느리고 있던 가신(家臣)을 모두 해체하려고 하였는데 이는 권신들의 힘에 의하여 후작의 자리에 앉은 노 정공(定公)으로서는 모험이었다. 이때 계손의 가신인 남괴(南蒯)·후범(侯犯)·공산불뉴(公山不狃)가 반란을 일으켰다. 공자는 신구수(申句須)와 낙기(樂頎) 두 대부와 함께 정부군을 이끌고 반격을 가하여 이들을 몰아내었으나 맹손의 성읍을 함락시키는데 실패하였다. 그러나 이때부터 노나라는 군주의 지위가 확고해지고 나라 안이 정치가 안정되어갔다

5 공렴처보(公斂處父)는 계손의 가신이다. 기원전 503년, 제나라가 여름에 노(魯)나라를 공격했다. 노나라 양호(陽虎)는 계환자(季桓子)를 위해 전투용 마차를 몰았고, 공렴처보는 맹의자(孟懿子)를 위해 전투 마차를 몰았다.

6 양호(陽虎)는 노나라 계손의 가신이었다. 그는 세력을 모아 정권을 얻기 위해 삼환에게 대항하여 난을 일으켰다. 삼환은 총력을 기울여 양호의 세력을 격파하였고, 당시 노 정공의 신임을 얻고 있던 공자 역시 양호의 난을 신랄하게 비판했다. 결국 양호는 거사에 실패하고 제나라로 도망치게 되었다.

12.

或問: "嚴君平、龐德公、鄭子真、蘇雲卿, 隱者乎?" 曰: "眞隱也." "何名聞於世?" 曰: "行成矣, 足以及物矣, 身雖遜避, 聞烏

得辭." "王孺仲、郭林宗何如?" 曰: "霸也恥其子之鄙, 泰也交於
晉申, 心或未之忘者與?"

어떤 사람이 묻기를 "엄군평(嚴君平)¹, 방덕공(龐德公)², 정자진(鄭子
眞)³, 소운경(蘇雲卿)⁴등은 은자인가?"라고 했다. "참으로 은자이다."
"세상에 어찌 이름이 알려졌는가?" "품행을 이루어서 남에게 미쳤기
때문인데 몸은 비록 멀리 피했지만 그 명성이 알려진 것은 어찌 사양
할 수 있었겠는가?" "왕유중(王孺仲)⁵과 곽림종(郭林宗)⁶은 어떤 사람
인가?" "왕패는 그 자식이 비루한 것을 부끄럽게 여겼고, 곽태는 진신
(晉申)과 교제했는데 마음에서 혹시라도 잊은 적이 없었던 것인가?"

注

1 엄군평(嚴君平)은 한나라 때 은사로 이름이 엄준(嚴遵)이다. 성도
(成都)의 시장에서 가게를 열고 점을 쳐서 생활했는데 하루 백전만
벌면 가게 문을 닫고 주렴을 내리고 생도들에게 『노자』를 가르쳤다.
『한서 · 고사전』

2 방덕공(龐德公)은 동한의 은사(隱士)이다. 양양(襄陽)[지금의 호북
성 양번(襄樊)] 사람으로 방통의 당숙(堂叔)이다. 그는 일찍이 제갈
량을 와룡(臥龍)이라 부르고, 방통을 봉추(鳳雛)라 하고, 사마휘(司
馬徽)를 수경(水鏡)이라 불렀다. 그리하여 사람을 알아볼 줄 안다는
칭찬을 받았다. 『한서 · 고사전』

3 정자정(鄭子貞)은 명(明)의 판본에 정자진(鄭子眞)이라고 되어 있
다. 『한서』에도 정자진으로 되어있어 정자진으로 고쳐야 한다. 정자
진은 한나라 때 은사로 이름이 정박(鄭樸)이다. 그는 도(道)를 닦고
입 다물고 앉아서, 성제(成帝) 때에 대장군 왕봉이 예를 갖추어 맞이
했으나 끝내 나가지 않고 곡구(谷口)의 산 밑에서 농사짓고 살다 생
을 마쳤다. 『한서 · 고사전』

4 소운경(蘇雲卿)은 송나라 소옹(蘇翁)이다. 일 년 내내 해진 옷 한
벌과 짚신 한 켤레로 채소 심고, 짚신 삼아서 자급자족하고, 틈이
있으면 온종일 문 닫고 누웠거나 무릎 꿇고 시간을 보냈다. 어렸을

때 고향의 벗이었던 장준(張浚)이 재상이 되어 끊임없이 서한을 보내고 선물을 보내자 다 버리고 어디론가 사라져 버렸다. 『송사』

5 왕유중(王孺仲)은 이름이 왕패(王霸)이다. 그는 어려서부터 재기가 뛰어났다. 그는 광무제가 불렀는데 사임했다. 그의 아들 왕부(王符, 85~162)는 왕충의 영향을 받은 후한의 기 철학가이며 정론가였다. 그는 회릉후(淮陵侯)에 봉해지고 후에 대후(軑侯)에 봉해졌으나 죽어서 그 아들 왕도(王導)에게 후의 작위가 이어졌다. 그는『잠부론(潛夫論)』을 지었다. 왕패는 그 자식이 벼슬하는 것을 부끄러워했다. 『한서ㆍ고사전』

6 곽림종(郭林宗)은 이름이 곽태(郭泰)이다. 후한(後漢)의 유명한 학자로 수천 명의 제자를 가르쳤는데, 그의 사람됨을 사모하여 사람들이 서로 다투어 그를 방문했다고 한다. 『후한서』

13.

"或言許仲平仕元非義也, 然乎?" 曰: "吾聞之君子云: 忘君事讐, 非義也; 以夷變夏, 非道也, 仲平有一於是乎? 世爲金人, 長於元城, 久矣隔絶於宋也, 無君臣之分矣. 守孔、孟之道, 崇程、朱之學, 中原倫義賴之之隨, 厥功偉哉! 不能盡變其俗者, 勢不能也, 非心也. 一髮千鈞之力, 非可以成敗論者. 謂之非義, 可乎? 且夫元主中國, 皆其臣也, 遁而不爲用, 得乎哉? 不能遁而死, 於義何居? 蔽於大道之觀也已. 仲尼聖者也, 於道爲至, 不沮抑於子西, 仲尼其變荊楚乎? 仲平之出處可以觀矣. 吳幼清, 宋貢士也, 國亡而仕元, 不於故君之義有乖乎? 貶而不之非, 何哉?

"어떤 사람이 말하기를 '허중평(許仲平)[1]은 원(元)나라에 벼슬하였으니 의리가 아니다.'하는데 그렇지 않은가?" 하니, 왕자가 말하기를,

"나는 군자라고 들었다. 임금을 잊고 원수를 섬기는 것은 의리가 아니고, 이(夷)로써 중국을 변하게 하는 것은 도리가 아니다. 허중평이 이에 하나라도 해당되는가? 중평은 대대로 금(金)나라 사람으로서 원(元)나라 지역에서 성장했는데 오래되어서 송(宋)나라와 단절되었기 때문에 군신 간의 구분이 없다. 공자와 맹자의 도를 지키고, 정자와 주자의 학문을 숭상하고, 중원의 윤리와 의리를 보존하여 잃지 않았다. 그 공이 위대하다! 그 풍속을 다 변하게 할 수 없었던 것은 형세가 그럴 수 없었고, 마음 때문이 아니다. 일발천균(一髮千鈞)의 힘으로도 성패를 논할 수 없었다. 의리가 아니라고 한다면 옳겠는가? 또한 저 원나라가 중국의 주인노릇을 할 때는 모두가 그 신하였는데 달아나서 기용되지 않는 것이 가능했겠는가? 달아날 수 없으면 죽어야 하는데 의리에서 어떻게 처신하겠는가? 대도(大道)로써 관찰하지 않은 것일 뿐이다. 중니는 성인으로서 도에 지극한데 자서(子西)에게 저지를 당하지 않았다면 중니가 어찌 형초(荊楚)를 변하게 했겠는가?[2] 허중평이 관에 나아가 처신한 것을 살펴볼 수 있다. 오유청(吳幼淸)[3]은 송나라 공사(貢士)[4]였는데 나라가 망하자 원나라에 벼슬했다. 옛 임금에 대한 의리가 어긋난 것이 아닌가? 관대하게 대하고 그르지 않다고 하는 것은 무엇 때문인가?"

注

1 허중평(許仲平)은 송말 원초의 사상가이다. 이름이 허형(許衡)이다. 하남성 농민 출신으로, 정이(程伊)·주희(朱熹)에게 깊은 영향을 받아 요추(姚樞) 등과 여러 학문을 연구했다. 쿠빌라이 칸이 즉위하기 전에는 경조제학을 지냈으며, 즉위한 뒤에는 국자좨주(國子祭酒)에 임명되었다. 화북의 주자학이 성행하게 된 것은 그의 공적이다

2 『논어·헌문』: "陸通避世, 子西憂國, 夫子懷仁, · 後聞於曾子, 君子不思出其位. 육통은 세상을 피했고, 자서는 나라를 근심했고, 선생님은 인을 추구하셨다."라고 하였다.

육통은 공자 일행이 진나라로 돌아가는 길에 초나라와 국경에서 만나
'봉황새여 봉황새여! 어찌 그리 덕이 쇠했느냐?[鳳兮鳳兮, 何德之衰]'
고 노래했던 은자 초광접여(楚狂接與)이다.

자서(子西)는 소왕(昭王)의 이복형이자 초나라의 영윤이다. 당시 사
람들에게 명재상 소리를 듣던 인물인 그가 임금을 공자와 만나지 못
하게 했다.

『노(魯)나라 양공(襄公) 18년』에 진(晉)나라를 맹주로 하는 노(魯)
·위(衛)·정(鄭)의 연합군이 제(齊)나라를 공격했다. 정나라에서는
정백(鄭伯)이 자교(子蟜), 백유(伯有), 자장(子張) 등을 거느리고 출
정하고, 자공(子孔), 자전(子展), 자서(子西) 등을 남겨 국내를 지키
게 했다. 그런데 자공이 이 기회를 틈타 남쪽의 초(楚)나라 군대를
끌어들여 권력을 장악할 계획을 세웠다. 후에 초나라는 자서(子西),
자기(子期), 자려(子閭) 등을 중용하여 정치를 개혁하여 초를 부흥
시켰다.

3 오유청(吳幼淸)은 원대 유학자 오징(吳澄)이다. 무주(撫州)[현 강서
성 숭인현(崇仁縣)] 사람으로 한림학사를 지냈다. 북의 허형(許衡)
과 함께 남의 오징은 유림들의 영수로, 문학적인 업적에서 보면 허형
보다 앞섰다. 문장이 우아하고 아름다우며, 사실 산문에 있어 정통파
로서 손색이 없다. 저작으로는 『초로집(草盧集)』이 남아 있다.

4 공사(貢士)는 각 성에서 실시하는 향시에 합격하여 지방의 수령으로
부터 서울에서 치러지는 과거에 응시할 자격을 추천받은 사람이다.

14.

古之大臣有國不有己, 人之論己也, 則曰 "彼心之爲國也, 於我
奚讐" 是與非不計焉; 斯人之果賢, 亦因其才而用之. 語曰 "其
心休休, 保我子孫黎民", 其斯人與! 范文正之再用, 呂相以天
下之議己也, 取其悔過可矣. 休休之臣, 要亦終有媿焉者.

옛날의 대신 중에 나라를 유지하고 자신은 버린 사람이 있는데 사람들이 자신을 논하면, 말하기를 "저들의 마음이 나라를 위한 것이니, 나에게 어찌 원수로 여기겠는가?"라고 했다. 이는 시(是)와 비(非)를 헤아리지 않은 것이다. 이 사람이 과연 현명하다면 또한 재능 때문에 기용된 것이다. 옛 책에 "그 마음이 관용하니, 나의 자손과 여민(黎民)을 보호하리라[1]"고 했는데 아마 이 사람을 말한 것인가! 범문정(范文正)[2]이 다시 기용되자, 여상(呂相)[3]이 천하의 의리로써 자기를 논했는데 그 과실을 후회함을 취한 것이다. 관대한 신하는 끝내 후회하는 곳이 있어야 한다.

注

1 『서경 · 진서(秦誓)』: "若有一个臣, 斷斷兮無他技, 其心休休焉, 其如有容焉, 寔能容之, 以能保我子孫黎民. 만약에 한 신하가 단연코 다른 재주는 없는데 그 마음이 여유가 있어 마치 포용함이 있는 듯하다. 이런 이들은 사람들을 포용할 수 있어서 우리 자손과 백성을 보존할 수 있다."

2 범문정(范文正)은 이름이 범중엄(范仲淹, 989~1052)이다. 북송(北宋) 때의 정치가이며 학자이다. 인종의 친정이 시작되자 관료가 되었으나 곽 황후의 폐립 문제를 놓고 구양수 등과 여이간(呂夷簡)과 대립해 지방으로 쫓겨났다. 악양루기(岳陽樓記)에 "先天下之憂而憂 後天下之樂而樂歟. 백성들의 근심은 내가 먼저 근심하고 백성들의 즐거움은 모든 사람이 즐거워한 뒤에 즐긴다.[先天下之憂而憂 後天下之樂而樂歟]고 하여 지금도 '선우후락(先憂後樂)'이 명문으로 남아있다.

3 여상(呂相)은 북송 사람이며 이름이 여이간(呂夷簡)이다. 범중엄과 반대파로 재상 자리에 있으며 범중엄 일파를 귀양 보냈다.

15.

方遜學忠之過者與! 要亦自激之甚致之. 忘身殉國一也, 從容就
死, 不其善耶? 激而至於覆宗, 義固得矣, 如仁孝何哉? 輕重失
宜, 聖人豈爲之? 文山國亡彼執, 數年而後就死, 人孰非之哉?

방손학(方遜學)[1]은 충성이 지나친 자였던가! 또한 자신의 격동이 심
하여 화를 불러들인 것이다. 자신을 잊고 순국한 것은 같은데 조용히
죽음으로 나아갔다면 좋지 않았겠는가? 격동하여 종족을 전멸시켰는
데[2] 의리는 참으로 얻었다고 하겠지만 인과 효는 어찌 할 것인가? 경
중(輕重)이 마땅함을 잃는다면 성인이 어찌 행하겠는가? 문산(文山)[3]
은 나라가 망한 후 저들에게 붙잡혔는데 수 년 후에 죽음으로 나아
갔다. 사람들 중에 누가 그를 그르다고 하겠는가?

注

1 방손학(方遜學)은 '學'字가 志이거나 '遜'字를 正으로 고쳐야 한다.
『遜志齋集』에서 사람들이 그를 '正學'이라 칭했다 하니 '遜學'은 잘
못이고 '정학(正學)' 혹은 '손지(遜志)'라 해야 옳다고 본다.
방손학은 명나라 초기의 학자 방효유(方孝孺, 1357~1402)이다. 자
는 희직(希直)·희고(希古)이며 호는 손지(遜志), 정학(正學)이라고
도 한다. 송렴(宋濂)의 제자로 명나라 태조 때 한중교수(漢中敎授)
가 되었다.

2 영락제가 조카의 황위(皇位)를 찬탈한 뒤, 방효유에게 즉위의 조(詔)
를 기초하도록 명하자 붓을 땅에 내던지며 죽음을 각오하고 거부하
였다. 영락제는 노하여 그의 일족과 친우의 9족과 문인인 제자들까
지 10족을 멸해 847명이 연좌되어 죽였다고 한다.

3 문산(文山)은 이름이 문천상(文天祥)이다. 남송의 정치가이며 시인
이었다. 남송이 원나라에 항복하자 저항하다 체포되었고, 쿠빌라이
칸이 그의 재능을 아껴 몽고에 전향을 권유했는데 거절하고 죽음을
택했다.

16.

"狄梁公事周何如?" 曰: "犯義. 君臣之義, 間不容髮, 非可待者
也." 曰: "返中宗, 非功乎?" 曰: "幸也. 使盧陵未復而公死, 武曌
不改以狂圖, 公將爲唐臣乎哉?"

"적량공(狄梁公)¹은 주(周)나라²를 섬겼는데 어떠한가?" "의리를 범
한 것이다. 군신의 의리는 간격이 머리털도 용납하지 않으니, 동등하
게 상대할 수 없는 것이다." "중종(中宗)을 복위³시켰으니 공적이 아
닌가?" "다행이었다. 만일 노릉(盧陵)⁴을 복위시키지 못하고 공(公)
이 죽었다면 무조(武照)⁵가 미친 도모를 바꾸지 않았을 것이니 공이
장차 당나라 신하가 되었겠는가?"

注

1 적량공(狄梁公)은 이름이 적인걸(狄仁杰, 630~700)이다. 당나라 고
   종(高宗)과 무측천(武則天) 두 황제를 거치면서 일생동안 관료를 했
   다. 청렴하고 인재 등용에 뛰어나 당을 번성하게 한 공신이다. 그는
   "묘당에 있으면 자기 백성을 걱정한다.[居廟堂之上則憂其民]"는 말
   을 역사에 남겼다. 묘당에 있음은 관리가 됨을 의미한다.
2 주(周)나라는 무측천이 즉위하여 세운 무(武)씨의 나라이다. 동주 ·
   서주와 구별하여 무주(武周)라 불렀다.
3 무측천은 집권 초기에 명분을 세워 조카들인 무씨들을 왕에 봉해 특
   권을 주었고, 넷째아들 예종 이단(李旦)의 성을 무씨로 바꾸고 자신을
   이을 황태자로 삼아 동궁에 거하게 했다. 무측천이 하루는 적인걸에
   게 꿈속에서 큰 앵무새의 두 날개가 꺾이는 장면을 보았다고 하며
   자기가 꾼 꿈을 해석해달라고 했다. 적인걸은, "앵무(鸚鵡)의 무자 중
   무(武)자는 폐하의 성씨이고 두 날개는 두 자식입니다. 폐하가 두 자
   식을 세우면 두 날개가 떨쳐진다는 것입니다."라고 하여 자신의 아들
   중 폐태자였던 중종(中宗) 이현(李顯)을 복위하여 황태자로 삼았다.
4 노릉(盧陵)은 중종 이현(李顯)의 능호이다.

5 무조(武曌)는 원래 이름이 무조(武照)이였고, 무측천(武測天)이다. 훗날 황제로 즉위하여 무조(武曌)로 바꾸었다. 당 태종 이세민의 재인(才人)으로 입궁하여 재주가 많아 황실 서가를 관리하게 된다. 황궁에서 사람들이 그녀를 무미랑(武媚娘)이라고 불렀고, 태종이 죽자 환속하였다가 아들인 고종의 후궁이 되어 다시 입궁한다. 그녀는 황후를 몰아내고 자신이 황후가 되고, 후에 아들을 몰아내고 자신이 무주(武周)를 세워 황제가 된다.

17.

溫公變熙寧之法, 何如? 曰: "惡其人並疾其法, 亦甚矣! 介甫固執者也, 法豈無可取者乎? 顧役以便江南, 保甲以省兵費, 經義以崇經學, 存之以益治可也, 因之以明至公亦可也, 識不達其幾, 卒使紹聖以爲口實, 惜哉!"

"온공(溫公)이 희녕(熙寧) 때의 법을 바꾸었는데[1] 어떠한가?" "그 사람을 미워하고 아울러 그 법을 미워한 것이 또한 심했다! 개보(介甫)[2]는 고집스런 자이지만 그 법이 어찌 취할 만한 것이 없었겠는가? 고역(顧役)으로써 강남을 편안하게 했고[3], 보갑으로 군사비용을 절약했으며,[4] 경의(經義)로 경학을 숭상[5]했으니, 그 법을 남겨두었다면 다스림에 이익이 되었을 것이고, 그로 인하여 지극한 공정함을 밝혔을 것이다. 견식이 그 기회에 미치지 못하고 끝내 소성(紹聖)[6]에게 구실로 삼게 했으니 애석하구나!"

注

1 온공(溫公)은 북송의 정치가이며 사학자이다. 이름은 사마광(司馬光, 1019~1086)이고 호는 우수(迂叟), 속수선생(涑水先生)이라고 불렸다. 시호는 문정(文正)이다. 온국공(溫國公)의 작위를 하사받아 사마온공(司馬溫公)이라고 하였다.

선조는 사마의(司馬懿)의 동생 사마부라고 한다. 왕안석(王安石)의 신법 개혁을 반대하다가 관직에서 물러났고, 구법당의 영수로서 철종(哲宗)이 즉위한 후 신법을 모두 폐지했다. 역사서로 사마천(司馬遷)의 『사기』와 나란히 꼽히는 『자치통감』의 저자로서 유명하다. 『자치통감』은 주(周)나라 위열왕 때부터 후주(後周)의 치세인 959년까지 1360년간의 역사를 묶어 기록한 책이다.

2 개보(介甫)는 재상으로 정치개혁가이자 문필가로 당송팔대가의 한 사람이다. 이름은 왕안석(王安石, 1021~1086)이고 호는 반산(半山)이다. 1067년 신종(神宗) 즉위 후에는 한림학사(翰林學士)가 되어 황제의 신뢰를 얻었다. 1069년 참지정사(參知政事)가 되어 다양한 내용의 개혁정책을 실행에 옮겼다. 신법(新法)이라는 혁신정책을 단행하여 재상에 올랐으나 결국 구법당의 반대와 황실의 반대 때문에 실패로 끝났다.

3 고역(顧役)은 왕안석 신법 중 하나로 모역법(募役法)혹은 면역법(免役法)이라고 불렸다. 농민들에게 큰 부담이 되던 노역을 화폐화하여 농민들을 보호하려 하려는 목적으로 추진된 제도이며 이 돈은 실업자들에게 노역을 시키는 임금이 된다. 근대적인 세수 체계로 백성들에게 인기가 높았고 구법당인 소식(蘇軾)조차도 폐지를 반대할 정도였다. 각 농가에 등급에 따라 면역전(免役錢)을 내게 하고 이 돈으로 희망자를 모집해 차역(差役)을 대신하게 했다. 개혁의 토대가 재정 문제였기 때문에 고역을 실행하려했다.

4 보갑(保甲)은 민병제도이다. 지방의 치안을 담당하고 농한기에 군사 훈련을 실시할 목적으로 설립하였다. 보갑은 10가구를 1보(保), 5보를 대보(大保), 10대보를 도보(都保)로 편성하여 농민의 치안을 유지하는 조직의 구성원이 되게 하고, 농번기에 군사훈련을 받아 병농일치의 민병 조직을 발전시켜 군사력을 강화하고 양병비를 절감하기 위한 것이다.

5 왕안석은 경의(經義)로써 경학을 숭상하였다. 그의 저서 『삼경신의(三經新義)』, 『시의(詩義)』, 『상서의(尚書義)』, 『주관신의(周官新義)』등

과 같이 경서의 뜻을 풀었다.

6 소성(紹聖)은 철종(哲宗)이 개원한 연호이다. 수렴첨정 하였던 선인
성렬황후가 죽자 손자 철종이 신법을 다시 시행하였다. 여기서 소성
(紹聖)은 철종을 뜻한다.

18.

“白圭治生之術然乎?” 曰: “趨時射利, 丹也貨之徒也. 治生者,
養生也, 非富其貨者也. 顔子負郭之田十畝, 郊外之田三十畝,
曰 ‘回可以自給矣’, 此治生者也. 趨時射利, 丹也貨之徒也.”

“백규(白圭)의 치생지술[1]은 옳은가?” “시대를 좇아 이익을 취한 것인
데, 단(丹)[2]은 재화를 취하는 무리이다. 치생이라는 것은 양생이고,
그 재화를 풍부하게 하는 것이 아니다. 안자(顔子)[3]는 성곽을 등진
밭이 십 묘였고, 성곽 밖의 밭이 삼십 묘였는데 ‘나는 자급할 수 있
다’고 했다. 이것이 치생(治生)이다. 시대를 좇아 이익을 취한 것이
니, 단은 재화를 취하는 무리이다.”

注

1 『한서(漢書)』: “他是经营贸易发展生产的理论鼻祖. 백규(白圭)는 경
영 · 무역 · 발전 · 생산이론의 비조이다.”라고 하였다.
백규는 전국 시기 낙양(洛阳) 사람이며 이름은 단(丹)이고, 백규는
는 자이다. 상업의 조종[商祖]이라는 영예를 얻었다. 위(魏) 혜왕
(惠王) 시기 대신이 되어 제방을 쌓고 수리시설을 일으켜 생산을
늘리고 무역으로 부(富)를 이루는 이론을 내어 치생술(治生術)로
삼았다.

2 『맹자 · 고자 하』: “白圭曰 丹之治水也 愈於禹. 백규(白圭)가 말하
였다. ‘제가 물을 다스림이 우왕(禹王)보다 낫습니다.’”라고 하였다.
단(丹)은 백규(白圭)의 이름이다.

3 안자(顔子)는 안회(顔回)이다. 안회는 공자의 제자로 '한 표주박의
  식사와 한 바가지 물[一簞食一瓢飲]'로 안빈낙도(安貧樂道)한 인물
  이다.

  치생(治生)은 양생(養生)인데 양생은 안연의 '밥 한 그릇에 물 한 모금[一簞食一
  瓢飲]' 정도로도 충분하다. 백규는 무역의 달인인데 이익을 좇고 돈을 좇으니,
  재화를 취하는 무리라고 해야 한다. 그의 삶은 치생술(治生術)이 될 수 없다.

19.

申鳴、趙苞、徐庶, 敵執其親同也, 而處之異, 何如? 曰: "白公
國賊, 鳴主兵者, 義不得周於親也. 庶周旋玄德, 非迫大難, 可
以去而全母也. 鮮卑寇鈔, 非爭城危主之敵也, 苞遽進戰何居?
緩戰以圖生其母可也."

"신명(申鳴)[1], 조포(趙苞)[2], 서서(徐庶)[3] 등은 적(敵)이 그 부모를 붙
잡은 것이 동일하다. 그러나 처신은 다른데 어떠한가?" "백공(白公)[4]
은 나라의 적(賊)인데 신명은 군사를 담당한 자로서 의리가 부친에
게 미칠 수 없었다. 서서는 현덕(玄德)[5]에게 주선했는데 큰 난리가
긴박한 것이 아니기에 떠나가서 모친을 온전히 할 수 있었다. 선비
(鮮卑)가 침범하여 노략질[6]을 하고 성을 다투고 군주를 위협하는 적
이 아니다. 조포가 급히 진격하여 싸운 것은 무엇 때문인가? 전투를
느슨하게 하여 그 모친을 살리려고 했어야 옳았다."

注

1 신명(申鳴)은 춘추 말기 초나라 사람이며, 하남성 예양(澧阳)에 살
  았다. 효성이 온 나라에 소문이 나서 왕이 불렀으나 사양하였다. 그
  의 아버지가 까닭을 묻자, 신명은 '제가 어찌 아들 노릇을 버리고
  신하 노릇을 하겠습니까?' 하자 그 아버지가 아들이 조정에서 벼슬하
  는 것을 보는 것이 소원이라고 하여 신명이 조정에 나아가 좌사마

(左司馬)가 되었다. 뒤에 백공(白公)이 난을 일으켜 신명의 아비를 인질로 잡고서 신명에게 '나와 동맹한다면 그대에게 초나라를 주겠지만, 나와 동맹하지 않으면 그대 아비를 죽이겠다.'라고 협박하였다. 이에 신명이 '처음에는 아버지의 자식이었지만 지금은 임금의 신하이다. 이미 효자가 되지 못했는데 어찌 충신이 되지 못하랴?' 하고 공격하여 백공을 죽였다. 난이 평정되고 왕이 상을 주려하자 '충효를 다하지 못했다' 하고 자결하였다. 『한시외전(韓詩外傳)』, 卷10

2 조포(趙苞)는 동한의 장수이다. 자는 위호(威豪)이며, 산동성 무성(武城) 사람이다. 조포는 요서 태수(遼西太守)로 있을 때 선비족(鮮卑族)이 1만 군사로 침략하여왔는데, 조포가 2만 병사로 대치하자 선비족이 조포의 어머니와 처자를 납치하여 인질로 삼아 위협하였다. 조포가 어머니에게 '예전에는 어머니의 아들이었으나 지금은 황제의 신하이니 사사로운 정 때문에 충의를 훼손시킬 수 없습니다.' 하고 울며 말하자, 어머니가 오히려 자신을 위해 충절을 버리지 말라고 격려하였다. 이에 조포가 공격하여 선비족을 대파하고, 어머니와 처자의 시신을 수습하여 고향으로 돌아와 장례를 치렀다. 그리고 '충효를 온전히 하지 못했으니 무슨 얼굴로 천하에 살아갈까?' 하고 피를 토하고 죽었다고 한다. 『후한서 · 독행열전(後漢書 · 獨行列傳)』, 卷81

3 서서(徐庶)는 한말 삼국시기 명사이다. 하남성 우주(禹州) 사람으로 이름은 서복(徐福)이고 자는 원직(元直)이다. 제갈량 등과 친구로 유비가 신야에 주둔할 때 귀순하여 신임을 받았고, 또 일찍이 유비에게 제갈량을 적극 추천했다. 건안 13년(208) 조조가 남정을 나서 형주를 공격하자 유비도 군사를 이끌고 남쪽으로 옮겨갔는데, 이때 서서는 제갈량과 함께 유비를 따른다. 그의 모친이 조조군에게 사로잡히는 바람에 유비와 이별하고 조조에게 귀순한다. 그는 위(魏)에서 관직이 우중랑장(右中郎將) · 어사중승(御史中丞)에 이르렀다.

4 백공(白公)은 이름이 승(勝)이다. 춘추시대 초(楚)나라 사람이고, 초평왕(楚平王)의 손자라서 왕손승(王孫勝)으로도 불린다. 태자 건의 아들이며 평왕이 초의 간신인 비무기의 참언에 속아 태자 건(建)을

죽이려 했다. 태자 건이 정나라에서 진(晉)과 공모하여 정(鄭)을 치려고 하자, 그는 정나라에서 죽음을 당했다. 백승은 죽음을 피해 오(吳)나라로 갔다. 후에 초 혜왕(惠枉)이 백공을 초나라에 살게 했다. 백공 승(勝)은 초나라로 돌아온 뒤 자신의 아버지를 죽인 정(鄭)나라에 복수하려는 계획을 세운다. 초(楚)나라는 정(鄭)나라가 진(晋)나라의 침략을 받자, 오히려 정(鄭)나라를 도와주고 맹약까지 맺었다. 백공 승은 원수의 나라인 정(鄭)나라를 도운 초나라 조정에 크게 앙심을 품고 반란을 일으켰다. 섭공(葉公)과 심제량(沈諸梁)이 병사들을 이끌고 나가 백공 승을 공격했고 승은 산으로 달아나 자살했다.

5 현덕(玄德)은 이름이 유비(劉備, 161~223)이다. 하북성 탁현(涿縣) 사람이다. 건안 12년(207) 제갈량의 보좌를 얻게 되고 다음 해 손권과 연합하여 적벽에서 조조를 대파한 후, 형주를 점거하며 그 역량이 점점 커진다. 건안 25년(220) 동한이 망하자, 그 다음 해에 황제의 자리에 오르고 성도(成都)를 도읍으로 정하여 국호를 촉한이라 하고 소열제(昭烈帝)가 된다.

6 선비(鮮卑)는 중국 고대의 부족 이름으로 동한 말에 군사행정 연합체를 조직했는데, 동·중·서의 3부(部)로 나뉘었다. 위진(魏晉)시대에 그 연합체가 와해되면서 여러 부(部)로 분열되어, 지금의 화북(華北) 및 서북 지역에 연달아 정권을 건립했다. 그들은 동호(東胡)의 후예로서 몽골 고원 일대에서 말을 타고 활동한 유목민 집단이며 1세기 말부터 만리장성을 넘어 중국으로 자주 침입해 약탈을 일삼았다.

20.

沈約人倫師表, 史氏之妄言也. 袖中之詔, 其篡賊之尤乎! 君臣, 人道之大倫, 利己而禍主, 表乎? 賊乎? 涕泣於文惠之婢, 其良心之發乎! 懷情不露, 雖衍亦疑之矣. 惜乎丁公之誅不加也.

"심약(沈約)¹은 인륜의 사표²이다"라고 한 것은 역사가의 망언이다.

소매 속의 조서는 그 찬적(簒賊)의 허물이 아니었던가! 군신은 인도의 대륜(大倫)인데 자신을 이롭게 하고 군주에게 화를 입힌 것이 사표인가? 적인가? 문혜(文惠)의 여종 앞에서 운 것³은 그 양심의 발로였던가! 감정을 품고 드러내지 않았다면 비록 소연(蕭衍)이라도 의심⁴했을 것이다. 애석하게도, 정공(丁公)의 주살⁵은 더해지지 않았다.

注

1 심약(沈約, 441~513)은 남북조 시대 송(宋)·제(齊)·양(梁)나라의 공신으로 정치인, 관료, 학자, 역사가, 시인, 문인이다. 절강성 오흥(吳興) 사람이며, 자는 휴문(休文)이고, 호는 은후(隱侯)·동양(東陽)이며 시호는 은(隱)이다. 당시 임방(任昉)의 문장, 심약(沈約)의 시를 제일로 꼽았으며, 궁체시(宮體詩)의 선구였다. 저서로 『진서(晉書)』, 『송서(宋書)』 『제기(齊記)』 등이 있다.

  『양서(梁書)·심약전(沈約傳)』에 "심약은 남제(南齊) 무제 시기의 최고 학자들과 두각을 나타냈고 뒷날 양나라를 세운 무제 소연(蕭衍, 502~549)을 황제가 되도록 도왔다. 그는 제·양 교체기에 많은 관여를 하게 되었다. 그런데 갑자기 양무제와 의견이 맞지 않아 사이가 나빠졌다가 결국 죽음에 이르렀다. 뒷날 '심은후(沈隱侯)'라고 칭해졌다."라고 하였다.

2 인륜사표(人倫師表)에서 인륜은 임금과 신하, 부모와 자식, 남편과 아내, 어른과 아랫사람, 벗과 벗 사이에 지켜야 할 도리를 이르는 말이고 사표(師表)는 학식과 덕행이 높아 세상 사람의 모범이 될 만한 사람이다. 인륜사표는 사람 사이의 도리를 행함이 모범이 될 만한 사람임을 말한다.

3 문혜(文惠)의 여종은 제나라 문혜태자(文惠太子)의 궁녀를 가리킨다. 문혜왕이 일찍 죽어 왕위를 계승할 후사가 없었다. 때문에 나라의 앞날을 걱정하여 울었던 것이다.

4 양나라 무제 소연이 심약을 의심했다.

5 정공(丁公)은 항우의 장수였는데 유방과 전쟁할 때 정공은 달아나는

유방을 쫓았다. 유방이 정공은 설득하자 유방을 도망가도록 두었다. 유방이 항우를 멸하고 천하를 통일하자, 정공이 유방을 찾아갔으나 유방은 정공을 붙잡아 군중에게 보여주며, 항우의 신하로서 충성하지 않았고, 항우가 천하를 잃게 만든 자는 정공이라고 하며, 그의 목을 베었다. 심약도 죽어 마땅한데 정공처럼 주살 당하지는 않았다.

21.

"蹇, 夏, 二楊諸公何如?" 曰: "法語有之, 天下寧無魏公之忠亮, 不可無君臣之義."

"건의(蹇義)¹, 하원길(夏原吉)², 이양(二楊)³의 여러 공(公)들은 어떠한가?" "법어(法語)⁴를 지녔는데 천하에 어찌 위공(魏公)⁵의 충량(忠亮)⁶이 없겠는가? 군신의 의리가 없을 수 없다."

注

1 건(蹇)은 건의(蹇義, 1364~1435)이며 명나라 대신이다. 자는 의지(宜之)이며 홍무(洪武) 18년(1385) 진사출신(進士出身)이 되었으며, 중서사인(中書舍人), 이부우시랑(吏部右侍郎), 이부상서(吏部尚書), 보태자감국(輔太子監國) 등을 역임했다.

2 하(夏)는 하원길(夏原吉, 1367~1430)이며 호남성 상음(湘陰) 사람으로 자는 유철(維哲), 유길(維喆)이다. 주원장의 신임을 받았고 곧 호부(戶部)를 관장하게 되었다. 태조의 뒤를 이어 건문제 때 그는 또다시 호부의 우시랑(右侍郎)에 까지 오르는 등 호부에서만 29년간 일했으며, 거쳐 가는 군현(郡縣)마다 관리들의 행실을 단속하고 민심을 파악하여 사람들의 지지를 얻었다.

3 이양(二楊)은 양우와 양영이다. 양우(楊寓, 1365~1444)의 자는 사기(士奇)이고 호는 동리선생(東里先生)이며 강서성 태화(泰和) 출생이다. 영락제(永樂帝) 성조(成祖)가 즉위한 뒤 내각의 제도가 설정되자, 양영(楊榮)과 함께 입각하였다. 이후 건문(建文)에서 정통

(正統)에 이르기까지 5대의 조정에 출사하였다.

양영(楊榮, 1371~1440)은 명나라 복건성 건안(建安) 사람이다. 자는 면인(勉仁)이고, 초명은 자영(子榮)이며, 시호는 문민(文敏)이다. 건문(建文) 2년(1400) 진사시에 합격하여 한림원편수(翰林院編修)에 임명되었다. 영락제의 신임이 두터웠고 이때 이름을 양영으로 고쳤다. 영락제의 북정(北征)에 수행하여 중요한 군무를 맡았다. 문연각대학사(文淵閣大學士)에 올랐으며 영락23년(1425)에 북방 원정에 나섰다가 영락제가 죽었다. 김유자(金幼孜)와 함께 비밀리에 철병하면서 초상을 발설하지 않았다.

4 『논어 · 자한』: "子曰, 法語之言, 能無從乎? 改之爲貴. 바르게 깨우쳐 주는 말을 따르지 않겠는가? 잘못을 고치는 것이 귀하다."라고 하였다.

법어(法語)는 바른 말[正言]이다.

5 위공(魏公)은 위징(魏徵)이며, 『이정집』에 "天下寧無魏公之忠亮, 而不可無君臣之義. 昔事建成而今事太宗可乎? 천하에 어찌 위공의 충절이 없었겠으며, 군신의 의리가 없을 수 없었다. 옛적에 태종의 형인 이건성(李建成)을 섬겼는데 지금은 태종을 섬김이 가능한가?"라고 하였다.

위징(魏徵, 580~643)은 당나라의 정치가이다. 자는 현성(玄成)이며, 당 태종을 섬겨 간의대부(諫議大夫) · 좌광록대부(左光綠大夫)에 임명되고 정국공(鄭國公)에 봉해졌다. 직간(直諫)으로 이름이 높았다.

6 위징(魏徵)은 수(隋) 말기에 이밀이 지휘하던 와강군(瓦崗軍)에 들어갔다가 이밀이 패한 뒤 당(唐)에 귀순하였고 또 다시 두건덕의 포로가 되었는데, 두건덕은 그의 재능을 아껴서 자신의 휘하로 받아들였다. 하지만 두건덕이 패한 뒤에 당으로 돌아가서, 태자 이건성의 측근으로서 태자선마(太子洗馬)라는 지위에 올랐다. 당시 이세민의 인기와 권력을 불안히 여긴 태자 이건성에게 위징은 이세민을 독살하여 제거할 것을 진언했지만 이건성은 이를 듣지 않았고, 결국 현무문의 변으로 건성은 이세민에게 살해당했다. 위징은 이를 받아들이

고, 이세민에게 죽임을 당할 것을 각오하였다. 그러나 이세민은 위징을 문책하던 중, 이세민의 형인 이건성이 자신의 충언을 듣지 않아 죽음을 맞이한 것과 자신의 주군을 보필하기 위하여 충언을 한 것으로 오히려 그의 충절을 높이 샀다. 충량(忠亮)은 이러한 충절을 말한다.

22.

"于肅愍何如?" 曰: "子獨不見楚人執宋襄, 宋人立目夷乎? 楚謂宋人曰: '不與而國, 乃殺而君.' 宋人曰: '賴社稷之靈, 吾國已有君矣.'" 曰: "不幾於棄襄公乎?" 曰: "時也社稷爲重, 君爲輕. 國有政, 不可一日弗攝, 置君以攝之, 大計也, 可以與權矣." 曰: "目夷終不取之何如?" 曰: "斯人也, 非乘時徼利者, 賢矣. 惜乎肅愍之不遇目夷也, 命矣夫!"

"우숙민(于肅愍)¹은 어떠한가?" "그대는 홀로 초(楚)나라 사람이 송양(宋襄)²을 붙잡으니, 송나라 사람이 목이(目夷)를 임금으로 세운 것³을 보지 못했는가? 초나라가 송나라 사람에게 말하기를 '네 나라를 주지 않으면 네 임금을 죽일 것이다.'라고 하니, 송나라 사람이 말하기를 '사직의 영령을 힘입어 우리나라에는 이미 임금이 있다.'라고 했다." "양공을 거의 버린 것이 아닌가?" "당시는 사직이 중요했고 임금은 가벼웠다. 나라에는 정치가 있으니, 하루라도 다스리지 않을 수없다. 임금을 두고 다스리게 하는 것이 대계이니, 권력을 줄 수 있는 것이다." "목이가 끝내 취하지 않은 것⁴은 무엇 때문인가?" "이 사람은 기회를 틈타서 이익을 취하지 않았으니, 현명했다. 애석하구나, 우숙민이 목이를 만나지 못한 것은 운명이었던가!"

注

1 우숙민(于肅愍, 1398~1457)은 명나라 전기의 대신이다. 이름이 우

겸(于謙)이고 자는 정익(廷益)이고, 호는 절암(節庵)이다. 절강성 항주 전당(錢塘) 사람이다. 어사(御史), 강서성 순안(巡按), 하남과 산서성 순무(巡撫)를 거쳐 영종 정통13년(1448)에 병부우시랑(兵部右侍郎)이 되었다. 친히 정벌에 나섰던 영종이 토목보 전투에서 포로로 잡히는 변고가 일어났다. 이 일로 영종의 서 아우인 경제를 왕으로 옹립하고 병부상서가 되어 수도의 방어를 책임지는 전권을 맡아 국내외의 난리를 모두 막았다. 하지만 후에 영종이 돌아와 복위하게 되면서 그는 반역 죄인으로 처형되었다. 뒷날 그의 우국충절을 표상으로 삼아 시호가 숙민(肅湣)에서 충숙(忠肅)으로 바뀌었다. 그는 중국 우국충절의 표상인 악비(嶽飛), 장황언(張煌言)과 함께 서호3걸(西湖三傑)이라 불린다.

2 송양(宋襄, B.C. 651~637년 재위)은 송나라의 20대 군주 송 양공(襄公)으로 이름은 자보(玆父)이다, 송 환공(B.C. 681~651 재위)의 적자(嫡子)로 왕위에 올랐다. 그는 예를 중시하는 이상주의자였다. 하지만 제 환공의 뒤를 계승하여 중원의 패자가 되어보겠다는 분에 넘친 야심에 사로잡힌 나머지 자신이 주도한 회맹에 오지 않았던 등(滕)나라 선공을 잡고 뒤이어 늦게 온 증(曾)나라 임금을 삶아 죽여 제물로 바쳤다. 그는 서형 목이(目夷)에게 왕위를 양보하는 인(仁)을 보였으나 형은 사양한다. 베풀지 않아도 될 인정을 베풀어 '송양지인(宋襄之仁)'이라는 고사를 남겼다.

3 목이(目夷)는 송환공(B.C. 681~651 재위)의 서장자이며 적장자 양공의 형이다. 자는 자어(子魚)이다. 적자인 아우가 왕이 되어 목이는 재상이 되었는데, 그들은 우애가 깊었다. 홍수(泓水) 전투에서 재상(宰相) 목이(目夷)가 초군(楚軍)이 강을 건너오는 동안에 공격하자고 주장하였으나, 양공은 인정 때문에 이를 받아들이지 않고 강을 다 건너오기까지 기다렸다. 그래서 크게 패하였다.

4 기원전 639년, 제·초가 회맹하고 송나라가 맹주가 되었다. 예전에 목이는 송나라가 맹주가 되는 것은 분수에 맞지 않다고 간하였으나 양공은 듣지 않았다. 곧 양공은 초(楚)·진(陳)·채(蔡)·허(許)·

조(曹)를 불러들여 회맹하였으나, 이때 초나라에게 감금된다. 하지만 초나라 사람들이 양공을 죽이는 것이 자기 국익에 도움이 되지 않는다고 여겨 양공을 석방했다. 목이가 직접 양공을 영접하여 송으로 돌아왔다.

우숙민과 목이는 충신이었으나 숙민(肅慜)은 명나라 영종이 잡혀간 틈에 다른 왕을 세웠고, 목이는 양왕이 잡혀간 사이 추대를 받았으나 오르지 않고 양공을 다시 세웠다. 국가를 위해서는 둘 다 우국충절의 표상이 되는데 기회를 틈타 사사로움을 채운 것이 문제가 되었다. 왕정상은 만약 숙민도 목이같은 현인을 만났더라면 죽임을 당하진 않았을 것이라고 안타깝게 여겼다.

23.

或問周文襄, 曰: "濟務達變, 南服之紀焉." "計儲而民思之不置, 何也?" 曰: "弘羊權利, 劉晏通商, 皆取無入有、以民益國者, 民不興怨足矣. 公也, 以稅之贏餘充民之他賦, 上社科擾之害, 下亨安業之樂, 民烏乎不悅之? 及稽羨餘之刻也, 括而歸之官, 民之他賦自供也, 又烏乎不思之?"

어떤 사람이 주문양(周文襄)[1]에 대해 물었다. "일을 성취하고 변화에 달통하여 남방이 복종하는 기강을 세웠다."고 하고, "저축을 계획하였는데도 백성들의 생각이 그치지 않은 것은 무엇 때문인가?"라고 하였다. "상홍양(桑弘羊)[2]은 이익을 독점했고[3], 유안(劉晏)[4]은 통상(通商)을 했는데 모두 취한 것이 사람들의 소유로 들어오지 않았고, 백성으로써 나라를 이롭게 하였는데 백성이 원망하지 않았으니 만족한 것이다. 주침은 세금의 남은 것으로써 백성의 다른 부세를 충당하고, 위로는 과요(科擾)의 폐해를 막고, 아래로는 편안하게 생업의 즐거움을 누리게 했으니, 백성이 어찌 기뻐하지 않겠는가? 초과된 세금의 혹독함을 헤아리고, 감독하여 관청으로 돌리니 백성들이 다른 부세를 스스로 바쳤다. 또한 어찌 사모하지 않겠는가?"

1 주문양(周文襄, 1380~1453)은 명나라 관리이다. 이름은 주침(周忱)이고 자는 순여(恂如)이며 호는 쌍애(雙崖)이다. 그는 강서성 길안 사람이다. 이재에 밝아 토지와 세금 관련 업무에 유능했다. 성조 영락 2년(1404) 진사에 급제하여 한림원 서길사로 『영락대전』 편찬에 참여하였다. 관리로는 형부주사와 원외랑 등을 지냈다. 선덕(宣德) 5년(1430) 황제가 강남 지역의 재부(財賦)를 관리하기 위해 재주와 역량을 갖춘 중신(重臣)을 찾자, 양영(楊榮)이 추천하여 공부우시랑(工部右侍郎)이 되었다.

2 상홍양(桑弘羊, BC 152?~BC 80)은 낙양 출신으로 전한 무제(武帝)와 소제(昭帝) 때의 관리이다. 무제가 소금과 철의 전매 등 새로운 정책을 필요로 하자, 재무관료로 두각을 나타내 회계를 관장하고 균수관(均輸官) 설치에 착수했다. 염철 전매를 장악, 균수평준법을 실시했고 대사농으로 술의 전매제를 시행했다. BC 87년 어사대부(御史大夫)로 올랐으나 그의 재정정책에 대한 민간의 불만이 높아져 BC 81년 현량문학(賢良文學)의 선비들과 궁정에서 전매법 기타 민간을 괴롭히는 문제에 관하여 격론을 벌였는데, 그때의 기록이 《염철론》이다.

3 각리(榷利)는 정부가 물품의 매매를 독차지하여 이익을 보는 것이다.

4 유안(劉晏, 715~780)은 당나라 때의 경제 모략가이다. 자는 사안(士安)이고 조주(曹州) 남화(南華) 출신이다. 어려서부터 신동이란 소리를 들었으며 후에 임하현 현령, 항주·농주·화주의 자사, 경조윤, 호부시랑 겸 어사중승 등의 직책을 두루 역임했다. 보응 2년인 763년 이부상서·평장사, 영탁지염철전우조용사로 승진했다. 그 후 대부분의 시간을 경제와 관련된 일에 종사했는데, 주로 동도·하남·강회·산남 등지에서 전운조용염철사(轉運租庸鹽鐵使) 일을 했다. 그는 전란에 빠진 당 왕조의 경제를 유지하기 위해 혼신의 힘을 다하여 대대로 '부국의 명신'으로 불리고 있다.

24.

或問薛文清, 曰: "潛心聖賢, 急於踐履, 純儒也." "『讀書錄』何
如?" 曰: "信者之循也, 闡所未發者鮮矣."

어떤 사람이 설문청(薛文淸)[1]에 대하여 물었다. "성현에 마음을 쏟
고, 실천에 급했으니 순수한 유자이다."라고 하니 "『독서록(讀書錄)』
은 어떠한가?" 하였다. 왕자가 "믿는 것은 따랐고, 밝히지 못한 것을
분명하게 한 것은 드물었다."라고 대답했다.

注

1 설문청(薛文淸)은 명(明)나라 때의 성리학자(性理學者)이다. 이름
은 설선(薛瑄)이고 호는 경헌(敬軒), 자(字)는 덕온(德溫)이고 문청
(文淸)은 시호이다. 산서성 하진(河津) 사람으로, 벼슬이 예부우시
랑(禮部右侍郞) 겸 한림원학사(翰林院學士)에까지 올랐다. 저서로
『독서록(讀書錄)』이 있다.

25.

或問陳克菴, 曰: "節行振世." 羅一峰, 曰: "學術衛道." "請折諸
聖", 曰: "由士賢充之也, '仁爲己任, 死而後已'者乎! 由彜正充
之也, '行一不義, 殺一不辜, 得天下而不爲'者乎!"

어떤 사람이 진극암(陳克菴)[1]에 대하여 물었다. "절의의 행실이 세상
을 진동시켰다."고 했다. "나일봉(羅一峰)[2]은 어떠한가?"하니 "학문이
도를 지켰다."고 하였다. "성인과 비교하면 어떠한가?"하고 물으니
"사현(士賢)[3]을 비교하면 '인(仁)이 자기 임무라고 여기고 죽은 후에
그만 둔다'고 하는 자이던가! 이정(彜正)[4]을 비교하면 '행실이 하나라
도 불의하고, 살인이 하나라도 무고하다면 천하를 얻는 것을 하지 않
으리라'고 한 자이던가!"라고 하였다.

1 진극암(陳克菴, 1429~1486)은 명나라의 관리이다. 이름은 선(陳選)
  이고 자는 사현(土賢)이며 호는 극암(克庵)이다. 절강성 임해(臨海)
  성관(城關) 사람으로 자는 사현(土賢)이고, 호는 극암(克庵)이다.
  그의 부친은 진원도(陳員韜)이다. 영종 천순(天順) 4년(1460) 진사
  에 급제하여 벼슬을 시작하여 어사(御史), 강서순안(江西巡按), 독
  학남기(督學南畿) 등을 역임했다. 그는 성품이 강직하여 탐관오리
  와 허물이 있는 대신들을 기탄없이 탄핵했다.
2 나일봉(羅一峰)은 강서성 길안 영풍 사람이다. 자는 이정(彜正)이고
  일봉선생이라고도 불렸다. 『명유학안』에 이름이 그의 전한다.
3 사현(土賢)은 진선(陳選)의 자이다.
4 이정(彜正)은 나일봉의 자이다.

26.

歐陽永叔欲自擬韓子, 故以韓擬孟子. 嗟乎! 孔、孟志在天下
後世, 先自治而治人者也. 退之悠悠戲弄, 然乎? 謂佛骨表近
之, 玆諫官之疏爾; 謂原道近之, 玆文字之偶合爾, 可以槪之
哉? 是故論人者, 當本之實學; 擬人者, 當核於素履.

구양영숙(歐陽永叔)[1]이 스스로를 한자(韓子)[2]에 비교하고자 했기 때
문에 한자를 맹자에 비교하였다. 아! 공자와 맹자는 뜻이 천하 후세
에 두고 먼저 스스로를 다스리고 남을 다스린 자이다. 퇴지(退之)[3]는
유유히 희롱했는데 이것이 옳겠는가? '불골표(佛骨表)'[4]가 가깝다고
하는데 이는 간관의 소홀일 뿐이다. 「원도(原道)」[5]가 가깝다고 하는
데 이는 문자가 우연히 합치했을 뿐이니, 저울질을 할 수 있겠는가?
이 때문에 사람을 논하는 것은 실학에 근거해야 하고, 남에게 비교하
는 것은 평소의 실천을 밝혀야 한다.

1 구양영숙(歐陽永叔, 1007~1072)은 송나라 정치가이다. 이름은 구양
   수(歐陽修)이며 자가 영숙(永叔)이고 호는 육일거사(六逸居士), 취
   옹(醉翁)이다. 강서성 길안에서 태어났다. 4세 때 아버지를 잃고 가
   난한 중에서도 어머니의 교육을 받아 1027년에 진사(進士) 시험에
   합격하여 참지정사(參知政事)에까지 승진했으나 왕안석의 신법의
   개혁 정치에 반대하여 정계에서 물러났다.(1071) 고문(古文)운동을
   부흥하였으며 송대 문학의 기초를 확립하였으며 당·송 8대가 중 한
   사람이다.
2 한자(韓子)는 당나라 정치가이며 사상가이고, 시인이며 문장가이다.
   이름은 한유(韓愈, 768~824)이고 자는 퇴지(退之)며 한창려라고
   도 불렸다. 하남성 남양(南陽)출신이다. 정원 12년(796) 하남성 개
   봉(開封) 선무군(宣武軍)에서 난이 일어나자, 절도사 동진(董晉)을
   따라 부임하여 관찰추관(觀察推官)을 맡아 지내는 동안에 시인 맹교
   와 교분을 맺었고, 이고(李翶), 장적(張籍)이 그 문하에 들었다. 감
   찰어사가 되어 경조윤을 하고 헌종(憲宗) 원화(元和) 6년(811)에 국
   자감 사문박사(四門博士)가 되었고 예부낭중(禮部郎中)이 되었다.
   원화 10년(815)에는 재상인 배도를 따라 회서(淮西) 절도사 오원제
   (吳元濟) 토벌에 공을 세워 형부시랑(刑部侍郎)이 되었다.
3 퇴지(退之)는 한유의 자(字)이다.
4 불골표(佛骨表)는 당 헌종 때 불골(佛骨)을 대궐로 들여오자 한유가
   논불골표를 올려 절대로 불을 신봉해서는 안 된다고 극간했다가 조
   주자사로 좌천되었던 사실에서 나온 말이다.
5 원도(原道)는 '도의 근원을 캐어 묻는다.'는 뜻으로 한유의 저서이다.

27.

驪姬譖, 太子申生知之乎? 曰: "謀久, 國人已危之, 太子烏乎不
知! 士蔿、狐突欲其逃矣; 裂之偏、玦之缺, 示之以不全矣; 太

子亦曰, 蠍譖焉避之, 太子惡乎不知!"曰: 知之何及於殆? 曰:
"夫智之爲用也, 攝物裁變, 酌中成德, 雖大難可圖也. 吾聞之,
寡智而專於仁, 則不忍爲溺愛, 不違爲阿順, 執義爲小廉, 守諒
爲曲信. 大患遠圖則遲貳而不決, 太子之謂也, 安不及於殆! 讓
以悅親之心, 逃以成親之慈, 遠以紓己之危, 泰伯之至德也, 太
子惡足以知之. 遁也, 全父子之親, 孰與守死而陷父於滅子之
不仁! 生而明之, 恐傷其心, 孰與死而彰其嬖內之惡! 君子曰,
太子恭也, 恭而愚."

"여희(驪姬)가 참소 한 것[1]을 태자 신생(申生)[2]은 알았던가?" 말하기
를, "모의가 오래되자, 나라 사람들이 이미 위험하게 여겼는데 태자
가 어찌 알지 못했겠는가? 사위(士蔿)[3]와 호돌(狐突)[4]은 그를 피하게
하려 했다. 의복의 등솔기가 치우치고, 옥돌이 깨지는 것이 나타남으
로써 온전하지 못했는데 태자도 또한 '갈참(蠍譖)[5]'을 어찌 피하겠는
가?'라고 했으니, 태자가 어찌 몰랐겠는가?" 말하기를, "알고서 어찌
위험에 빠졌던가?"하니 말하기를, "지혜가 사용됨은 사물을 처리하고
변화를 결정하고[6], 작중성덕(酌中成德)[7]은 비록 대난이라도 도모할
수 있다고 했다. 내가 듣자니, 지혜를 적게 하여 인(仁)에 전념하면
차마 하지 못하는 것이 사랑에 빠짐이 되고, 위배하지 않는 것이 아
부하여 따름이 되며. 의리를 고집하는 것이 작은 청렴이 되고, 참된
것을 지키는 것이 굽은 신념이 된다고 했다. 큰 환난이 오래 도모한
다면 서서히 어긋나서 결정하지 못한다고 태자가 말했다. 어찌 위험
에 이르지 않겠는가! 물러남으로써 부친의 마음을 기쁘게 하고, 도망
감으로써 부친의 자애로움을 이룰 수 있다. 멀리 떠나서 자신의 위험
을 피할 수 있었던 것은 태백(泰伯)[8]의 지극한 덕이었다. 태자가 어
찌 족히 알았을 것인가? 달아나면 부자의 친애함을 온전히 할 수 있
는데 누가 죽음을 지켜서 부친이 자식을 죽인 불인에 빠뜨리겠는가?
살아서 밝혔다면 그 마음을 상하게 할까 두렵지만 누가 죽어서 그

폐내(嬖內)[9]의 악행을 드러낼 것인가?" 군자가 말하기를 "태자는 공손하다. 공손하나 어리석다"고 했다.

注

1 여희(驪姬, ?~BC 650)는 춘추시대 진(晉) 헌공(獻公)의 부인이다. 헌공이 5년간 여융(驪戎)을 섬멸했다. 여융(驪戎) 군주는 두 딸 여희와 소희(少姬)를 헌공에게 진상하였다. 헌종의 본 왕비는 제나라에서 시집온 제강이었고, 그녀 사이에 아들 신생(申生)이 있었다. 제강이 죽자, 여희는 출중한 미모 덕에 왕비가 되었다. '여희의 참언(讒言)'은 이미 태자가 된 신생을 죽이고 자기 소생인 해제(奚齊)를 태자로 앉히려고 참소한 것을 말한다.

2 신생(申生)이 태자로 있었는데 여희의 자식인 해제(奚齐)를 태자로 삼으려고 신생을 비롯해 중이(重耳), 이오(夷吾) 등을 모함하여 차례로 죽이려고 모의하였다. 이 모의는 오래되었고 결국 태자인 신생은 죽음을 택했다. 아버지인 헌공이 자신의 두 아들인 중이와 이오를 공격하는 상황까지 벌어지면서 진나라의 정치는 큰 혼란에 빠졌다. 중이와 이오는 도망하여 진나라를 탈출했으며, 이 사건으로 진나라의 국력은 크게 쇠퇴하였다.

3 사위(土蔿)는 진나라 신하이다. 『사기』에 "진 헌공 8년(B.C. 669년), 사위(土蔿)의 설득을 받아 여러 공자들을 죽이고, 취(聚)에 성을 쌓아 서울로 삼고 이름을 강(絳)이라 했다."라고 하였다.

『좌전』에는 "사위는 환숙·장백의 종족을 이간질하여 먼저 그중 가장 강한 부자(富子)를 군공자들과 함께 제거하고, 헌공 7년(B.C. 670년)에는 또 유씨의 두 아들도 제거했다. 헌공 8년(B.C. 669년), 사위는 취읍에 성을 쌓아 군공자를 거주하게 해 겉으로 우대했으나, 이해 겨울 진 헌공이 여기를 공격하여 공자들을 모두 죽였다. 헌공 9년(B.C. 668년), 헌공은 사위의 공을 치하하여 대사공(大司空)으로 삼았다."라고 하였다.

4 호돌(狐突)은 진(晉)나라의 충신이다. 자는 백행(伯行)이다. 대부(大夫)에까지 올랐다. 이미 태자인 신생(申生)을 여희(驪姬) 소생

해제(奚齊)로 바꾸려는 진헌공(晉獻公)에게 누차 폐세자의 불가함을 충간(忠諫)했으나 받아들여지지 않았다. 결국 신생은 죽고 공자 중이(重耳)와 이오(夷吾)가 국외로 도주했다. 진 회공(晉懷公)이 즉위하자 호돌의 두 아들 모(毛)와 언(偃)이 중이를 따라 달아나 진(秦)나라로 갔다. 회공이 화를 내면서 그를 가두고 두 아들을 부르라고 협박했지만 듣지 않자 그는 결국 살해당했다.

5 갈참(蠍譖)은 피하기 어려운 극한 상황을 말한다.

6 섭물재변(攝物裁變)은 사물을 처리하고 변화를 결정하는 것이다.

7 작중성덕(酌中成德)은 각종 의견을 참작하여 행할 수 있는 방법을 정하고 겉모습은 덕을 행하는 것이다.

8 태백(泰伯)은 주나라 태왕(太王) 고공단보와 그의 부인 태강(太姜)과의 사이에서 장남으로 태어났다. 고공단보는 셋째아들 계력(季歷)의 아들 창(昌)[훗날 주(周) 문왕(文王)]에게 성덕(聖德)이 있음을 알고는 왕위를 계력에게 물려주려 했다. 이에 태백은 왕위를 계력에게 양보하기 위해 동생 중옹(仲雍)과 함께 형만(荊蠻)으로 가서 은둔했다.

9 폐내(嬖內)는 왕의 총애를 받는 여자이다.

28.

"楊王孫裸葬, 君子謂之犯禮, 何如?" 王子曰: "猶未也. 莊周給烏鳶之食, 則蕩然矣. 夫生已不返矣, 葬之備不備何益? 聖人豈無周之心哉? 而必盡其禮者, 治世之道也. 故禮所以約其仁也, 約其義也, 約其忠與孝也. 忠孝仁義, 所以約天下之心也. 是故仁孝之俗成, 則人惻怛而不遺其親; 忠義之俗成, 則人激烈而不忘其君. 由之, 萬物樂天而生, 正命而死, 聖人之道術不亦神乎? 惡乎過於禮者, 風俗之敝, 僭侈之所賊也, 治其太甚可也. 矯之而滅禮, 是惡駢而刖指, 不亦傷乎哉? 故聖人儉不棄禮."

"양왕손(楊王孫)¹의 나장(裸葬)²에 대해 군자가 예를 범했다고 하였는데 어떠한가?" 왕자가 대답하기를 "오히려 옳지 않다. 장주(莊周)는 까마귀와 솔개의 먹이로 주었으니,³ 그렇다면 허무하다. 생명이 끝나고 돌아오지 않는데 장례가 갖추어지거나 갖추어지지 않는 것이 무슨 이익이겠는가? 성인이 어찌 장주의 마음이 없겠는가? 반드시 그 예를 다하고자 한 것은 세상을 다스리는 도이다. 그래서 예는 그 인(仁)을 약속(約束)하는 바이다. 그 의리를 약속하는 것은 그 충과 효를 약속하는 것이다. 충효와 인의는 천하의 마음을 약속하는 것이다. 이 때문에 인효의 풍속이 이루어지면 사람들이 슬퍼하며 그 부모를 잊지 않고, 충의의 풍속이 이루어지면 사람들이 격렬하게 그 임금을 잊지 않는다. 이로부터 만물이 하늘을 즐거워하며 태어나고 운명을 바르게 하여 죽으니, 성인의 도술이 또한 신통하지 않은가? 아! 예를 허물 삼는 것은 풍속의 폐해이고 심한 사치는 해치는 바가 되니, 그 너무 심한 것을 다스리는 것은 옳다. 바로 잡아서 예를 없애는 것은 붙어있는 것을 미워하여 손가락을 절단하는 것⁴이니, 상하지 않겠는가? 그래서 성인은 검소하면서도 예를 버리지 않는다."

注

1 양왕손(楊王孫)은 전한 중기의 철학자이며 정치가이다. 이름은 양귀(楊貴)이고 자가 왕손이다. 관직은 경조윤이었다. 무제 때 인물로, 황로학(黃老學)을 익혔고, 가산이 천금이나 되었다. 양왕손이 후장(厚葬)의 무익함을 비판한 저서《논나장서(論裸葬書)》는 중국 철학사상 처음으로 무귀신론을 주장한 책으로 평가받는다.
　『한서·양왕손전(楊王孫傳)』: "吾欲裸葬以返其眞. 나는 나장을 하여 그 참으로 돌아가고자 한다."라고 하였다.

2 나장(裸葬)은 장례를 지낼 때 부장품을 넣지 않고 시신만을 묻는 간소한 장례이다.

3 『장자·열어구(列御寇)』: "在上爲烏鳶食, 在下爲螻蟻食. 땅 위에 던져두면 까마귀와 솔개가 먹을 것이요 땅에 묻으면 땅강아지와 개

미가 먹을 것이다."라고 하였다.

4 『장자·변무(騈拇)』: "指二指騈連而祈斷之. 손가락 두 개가 붙어
이어져 절단하는 것이다."라고 하였다.

인의(仁義)는 변무(騈拇)[발가락에 붙은 군살]나 지지(枝指)[손가락
에 붙은 군살]처럼 인간의 몸에 붙은 군더더기에 지나지 않으므로,
자르지 말고 사람은 자기 안에 있는 자연 그대로인 본성을 잘 지키는
것이 바로 참된 도(道)로 가는 길이라는 이론이다.

| 옮긴이 소개 |

권오향

이화여자대학교 자연과학대학 수학과 졸업
성균관대학교 대학원 문학석사 졸업
성균관대학교 대학원 철학박사 중국철학 전공
(사)인문예술연구소 선임연구원
인문과 예술학회 부회장
성균관대학교 겸임교수

신언慎言

초판 인쇄   2019년 12월 20일
초판 발행   2019년 12월 30일

지 은 이 | 왕정상(王廷相)
옮 긴 이 | 권오향
펴 낸 이 | 하운근
펴 낸 곳 | 學古房

주　　소 | 경기도 고양시 덕양구 통일로 140 삼송테크노밸리 A동 B224
전　　화 | (02)353 -9908 편집부(02)356-9903
팩　　스 | (02)6959-8234
홈페이지 | www.hakgobang.co.kr
전자우편 | hakgobang@naver.com, hakgobang@chol.com
등록번호 | 제311-1994-000001호

ISBN 978-89-6071-945-3 93150

값: 25,000원